Dietmar Detering

Ökonomie der Medieninhalte

D1917059

Telekommunikation und Multimedia

herausgegeben von

Prof. Dr. Klaus Backhaus
Prof. Dr. Heinz Lothar Grob
Prof. Dr. Bernd Holznagel
Prof. Dr. Wolfram-Manfred Lippe
Prof. Dr. Gerhard W. Wittkämper

Band 6

LIT

Dietmar Detering

Ökonomie der Medieninhalte

Allokative Effizienz und soziale Chancengleichheit in den Neuen Medien

LIT

D 6

Die Deutsche Bibliothek – CIP-Einheitsaufnahme

Detering, Dietmar:
Ökonomie der Medieninhalte : Allokative Effizienz und soziale Chancengleichheit in den Neuen Medien / Dietmar Detering. – Münster : LIT, 2001
(Telekommunikation und Multimedia ; 6.)
Zugl.: Münster (Westf.), Univ., Diss., 1999
ISBN 3-8258-5634-8

© LIT VERLAG Münster – Hamburg – London

Grevener Str. 179 48159 Münster Tel. 0251–23 50 91 Fax 0251–23 19 72
e-Mail: lit@lit-verlag.de http://www.lit-verlag.de

Vorwort des Mitherausgebers

Medieninhalte zu produzieren, zu verteilen und zu konsumieren ist einer der größten Industriezweige der Welt geworden. Zugleich ist eine heftige politische und ökonomische Debatte darüber entbrannt, wie die Zukunft der Medieninhalte im Zeitalter des Internet aussehen soll. Wer auf welche Weise zu welchem Preis Zugang zu digitalisierten Inhalten bekommen soll, wird zu einer Frage von erheblicher, auch politischer Bedeutung: Vertreter der Nutzerinteressen kämpfen für Freiheit und Chancengleichheit beim Zugang zu den Inhalten, Urheber- und Wirtschaftsverbände üben Druck aus, um ihre materiellen Interessen auch im Internet zu schützen, und unzählige Firmen und Experten versuchen, neue technologische Standards zu setzen.

Nicht *Napster*, der Online-Musiktauschdienst, und auch nicht Orwellsche Kontrolle aller einzelnen Nutzungsvorgänge sind das Ziel von Deterings Lösungsansatz. Stattdessen schlägt er ein Konzept vor, mit dem nach seiner Meinung der Anspruch auf freie Nutzung aller Medieninhalte ermöglicht wird, die Rechteinhaber aber durch einen besonderen Marktmechanismus vollständig für ihre Leistungen kompensiert werden. Dies soll eine Chancengleichheit aller Nutzer in nie dagewesener Weise ermöglichen. Nach Detering soll der vorgeschlagene Handelsprozess zudem auch ein gravierendes Steuerungsversagen am Markt für Medieninhalte beheben und zu einem hochwertigeren Angebot bei geringeren Preisen führen.

Neben der Diskussion des Verfahrens des *Collective Pricing of Differentiated Goods* will diese Arbeit auch dem Bedarf nach einer Neuordnung der Medienökonomie als Wissenschaftsdisziplin nachkommen. Die neuen multimedialen Medien lassen sich nicht mehr entlang einzelner Mediengattungen untersuchen, sondern vielmehr entlang einzelner Dienste wie etwa der Produktion von Inhalten oder deren Verbreitung. So liefert der vorliegende Band einen Beitrag zum Grundlagenwissen für eine der Teildisziplinen der neugeordneten Medienökonomie.

Gerhard W. Wittkämper

Münster, den 2. Januar 2001

Vorwort des Verfassers

Schon als Studienanfänger beschäftigte mich das vorliegende Problem: Über "zu hohe" Preise schlossen mich die Hersteller vieler interessanter Medieninhalte von der Nutzung aus. Dabei hätte ich zusätzlicher Nutzer kaum Kosten verursacht, da das Kopieren der Computerprogramme, Musik-CDs und Datenbanken auf Datenträger nahezu kostenlos ist. Ich wäre auch bereit gewesen, mich im Rahmen meiner Zahlungsbereitschaft an den Entwicklungskosten zu beteiligen. Jedoch konnten die Hersteller kaum individuelle Sonderpreise mit mir aushandeln und für andere Käufer die hohen Preise beibehalten. Dieses Dilemma blieb für mich unlösbar, bis Prof. T. Nicolaus Tideman vom Virginia Polytechnic Institute and State University mich im Frühjahr 1997 auf den Demand-Revealing-Process von Edward H. Clarke aufmerksam machte. Hier bot sich plötzlich ein Verfahren, mit dem Nachfrager ihre faire Zahlungsbereitschaft offen legen und individuell differenzierte Preise ermöglichen können.

Am Institut für Politikwissenschaft der Westfälischen Wilhems-Universität Münster fand ich in Herrn Prof. Dr. jur. Dr. h.c. Gerhard W. Wittkämper einen Betreuer, der mir die Freiheit einräumte, über dieses für einen Politikwissenschaftler außergewöhnliche Thema zu promovieren. Für sein Vertrauen und seinen Sachverstand bin ich ihm zu Dank verpflichtet. Sowohl ihm als auch Herrn Prof. Dr. Klaus Backhaus, Direktor des Betriebswirtschaftlichen Instituts für Anlagen und Systemtechnologien an der Westfälischen Wilhelms-Universität Münster, danke ich zudem für das ermutigende Interesse an meinem Lösungsvorschlag und für die Unterstützung bei der Veröffentlichung meiner Arbeit in der vorliegenden Reihe. Herrn Prof. Dr. Norbert Konegen danke ich für das Zweitgutachten über meine Arbeit.

Von der ursprünglichen Idee bis zur vorliegenden Arbeit vergingen zwei intensive und spannende Jahre, die mich zu so unterschiedlichen Gebieten wie der Kommunikationswissenschaft und der Industrieökonomik führten. Ohne die Unterstützung meiner Familie und Freunde hätte ich kaum alle Herausforderungen überwinden und meistern können. Mein Dank an meinen Bruder Volker steht hier an erster Stelle. Er teilte meine Begeisterung und war mit Kritik, Ratschlägen, eigenen Ideen und Korrekturlesen eine verlässliche Unterstützung. Meinen Freunden Günter Hinken, Sylvia Hoster, Marcus Ostermann und Arnd Waldschmidt gebührt Dank für Korrekturlesen und das nicht minder wichtige regelmäßige Zuhören und Nachfragen. Ich danke Herrn Guido Schröder für viele wissenschaftliche Gespräche über die wirtschaftstheoretischen Aspekte meiner Arbeit und die Hilfe bei der Drucklegung sowie Herrn Andreas Vox für den frühzeitigen Vorschlag, in einer Variation meines Lösungsansatzes ein Auktionsschema anzuwenden (dies ist in Kapitel 5.5 ausgearbeitet). Prof. Dr. T. Nicolaus Tideman, Clifton L. Smith,

Dr. Florenz Plassmann, Prof. Dr. Hal R. Varian, Esther Dyson, Prof. Dr. David Waterman, Prof. Dr. Steven S. Wildman und Dr. Edward H. Clarke waren zu verschiedenen Phasen meiner Forschung wertvolle Ratgeber, und Herrn Dr. Jan Karpe danke ich für die frühe Ermutigung, meine Dissertation diesem Thema zu widmen. Allen voran gebührt meinen Eltern Dank für ihre vertrauensvolle Unterstützung. Ihnen widme ich diese Arbeit.

Die Philosophische Fakultät der Westfälischen Wilhelms-Universität Münster hat die vorliegende Arbeit im Sommersemester 1999 als Dissertation angenommen. Für diese Ausgabe habe ich an einigen Stellen Kürzungen vorgenommen und aktuelle Entwicklungen in der Industrie bis zum Ende des Jahres 2000 sowie konzeptionelle Fortschritte meines Problemlösungsvorschlages berücksichtigt. Parallel zum Buch veröffentliche ich diese Arbeit im Internet unter www.medieninhalte.de. Hier will ich auch auf aktuelles Datenmaterial und relevante Beiträge und Entwicklungen verweisen sowie ein Diskussionsforum bieten.

DD

New York, den 9. Januar 2001

Inhaltsverzeichnis

Abbildungsverzeichnis

Tabellenverzeichnis

„Free or forget it!“
61% aller antwortenden Nutzer des Online-Musiktauschdienstes *Napster* auf die Frage, wie viel sie für den Dienst und die Musik maximal zu zahlen bereit wären. (DSL Reports 2000)

1 Einleitung

1.1 Fragestellung

Warum sollte *Napster* von seinen Nutzern Gebühren erheben?[1] Da die Nutzer die gesamte Infrastruktur bereitstellen, können die Einnahmen nur durch Zahlungen an die Künstler selbst und andere Inhaber von Rechten an der getauschten Musik gerechtfertigt werden. Jedoch machen die *Napster-user* geltend, dass sie durch den Besitz entsprechender CDs oft schon legitime Nutzer der heruntergeladenen Musik sind. Wo dies nicht der Fall ist, können die *Napster-user* oft gar nicht erkennen, wie sie den Künstlern durch Napsternutzung schaden würden, da sie auch ohne *Napster* die Musik zum CD-Ladenpreis auf keinen Fall erworben hätten. Von entgangenem Einkommen der Rechteinhaber könne daher keine Rede sein. Ohnehin wurde Musik schon immer unter Freunden kopiert, ohne dass die Urheber angemessen entschädigt wurden; *Napster* ist da lediglich eine technische Neuerung, die das Bedürfnis und den Umfang des Kopierens verdeutlicht.

Die Vertreter der Urheber können dieser Argumentation erwartungsgemäß nicht folgen: *Napster* und neuere Online-Vertriebskonzepte für Medieninhalte wie *Gnutella* oder *Mojonation* seien hauptsächlich deswegen so populär, weil sie zum exzessiven Raubkopieren von urheberrechtlich geschützten Werken anreizen. Dies unterstellt, dass sie an der technologischen Spitze eines Kriminalitätszweiges liegen, der weltweit eine jährlichen Schaden von fast $10 Milliarden verursacht (IIPA 2000). Auf keinen Fall aber lässt sich ausschließlich über vergütungsfreien Vertrieb von Medieninhalten ein Markt für digitale Medieninhalte aufbauen, dem von Industrievertretern bis zum Jahr 2003 ein Potential von weltweit $700 Milliarden eingeräumt wird (Magex 2000).

[1] *Napster* ermöglicht seinen Nutzern, mit Hilfe eines gratis bereitgestellten Computerprogramms Musikdateien auf dem eigenen, ans Internet angeschlossenen Rechner allen anderen *Napster-usern* zum Kopieren anzubieten und selbst von anderen Nutzern Musik über das Internet auf den eigenen Rechner herunterzuladen und zu speichern. Die eigentliche Dienstleistung von *Napster* beschränkt sich auf die Unterhaltung und Aktualisierung einer zentralen Datei mit Verweisen auf alle Musikdateien, welche zum jeweiligen Zeitpunkt auf den Rechnern aller Nutzer online verfügbar sind.

Dabei bestehen bereits die technischen Möglichkeiten, das Internet nicht nur zum (kostenlosen) Vertrieb von Musik, Texten, Bildern und Computerprogrammen zu nutzen, sondern auch wirksam die Rechte der Urheber zu schützen und deren Bezahlung zu garantieren. In dieser Arbeit soll gezeigt werden, dass die Durchsetzbarkeit der Eigentumsrechte von Urhebern jedoch nur eine notwendige, aber keine hinreichende Bedingung für einen wohlfahrtsoptimalen Medienmarkt ist. Zwar führen herkömmlichen Märkte für „normale" Güter wie Lebensmittel oder Wertpapiere die freiwilligen, vom Eigennutzinteresse gelenkten Entscheidungen der einzelnen Marktteilnehmer über den Marktmechanismus zu optimalen Resultaten. Ein nach den gleichen Regeln gestalteter Markt für Medieninhalte würde jedoch ohne Piraterie oder großzügige Ausnahmen vom Schutzanspruch der Urheber viele, vor allem kaufkraftschwächere Menschen von der Nutzung gewünschter oder benötigter Medieninhalte ausschließen – einzig und allein weil ihre Zahlungsbereitschaft oder Kaufkraft unterhalb der vom Rechteinhaber gesetzten Marktpreise liegt. Diese Arbeit zeigt in einer genaueren Analyse des Marktes für Medieninhalte ein darüber hinausgehendes Versagen auf: Anbieter erhalten Anreize, eine *zu große Vielzahl* gleicher Inhalte, eine *zu kleine Vielfalt* verschiedener Inhalte, und Inhalte mit *zu geringer Qualität* anzubieten.

Es gelingt der Nachweis, dass der Markt für Medieninhalte erst unter vergleichsweise eigenartigen Voraussetzungen wohlfahrtsmaximierende Anreize für die einzelnen Marktteilnehmer setzt: Alle Menschen müssen freien Zugang zu allen Medieninhalten haben, wobei jeder einzelne für die einzelnen Nutzungsrechte individuell angepasste Preise zahlt, welche die persönlichen Zahlungsbereitschaften wiederspiegeln. Nur dann führen die individuellen Entscheidungen der Marktteilnehmer zu der von freien Märkten erwarteten Allokationseffizienz. Ganz nebenbei würde auch das Problem des preis- und kaufkraftbedingten Nutzerausschlusses gelöst – alle Menschen würden uneingeschränkt am kulturellen und intellektuellen Reichtum der Menschheit teilhaben können. Da bislang keine Marktregeln bekannt sind, die diese Bedingungen auf dem Markt für Medieninhalte erfüllen, widmet sich das letzte Kapitel mit der Erarbeitung des Verfahrens des *Collective Pricing of Differentiated Goods (CPDG)* einer Lösung dieses Problems.

1.2 Einordnung in den Stand der Forschung

Die Allokationsfähigkeit des Marktes im Medienbereich wurde lange Zeit von den (kontinentaleuropäischen) Wissenschaften vernachlässigt. Es bestand „kein Erkenntnisbedarf" für eine mikroökonomische Analyse der Medien, weil die Medien als „wettbewerblicher Ausnahmebereich" betrachtet wurden (Schenk und Hensel 1986: 14). Die Dominanz dieser *kommunikationswissenschaftlichen* Betrachtungsweise der Medien ist verständlich angesichts der überragenden gesellschaftlichen Funktion der Medien: Sie und die von ihnen transportierten Inhalte tragen als „Sozialisationsagentur" (Wittkämper 1998: 272) entscheidend zur Bildung des politischen Willens und der sozialen Normen bei. Besondere Bedeutung haben dabei die Fragen, ob die individuelle Nachfrage nach Medieninhalten überhaupt die „wahren" individuellen und/oder gesellschaftlichen Präferenzen widerspiegelt und ob sich die Anbieter über die Nachfrage hinwegsetzen und ihre eigenen Präferenzen zur Grundlage der Produktions- und Angebotsentscheidungen machen.

Wenn solche Defizite festgestellt werden, ist es Aufgabe der Politik, die „Medienmacht" zu kontrollieren und „der technischen und wirtschaftlichen Dynamik der Informationsgesellschaft als Anwalt der Grund- und Menschenrechte" (Wittkämper 1998: 263 und 268) gegenüberzutreten. Grundlage für ein Erkennen der vom Medienwettbewerb nicht hinreichend erfüllten „publizistische[n] Erwartungen" (vgl. Altmeppen 1996a: 265) sowie für das entsprechende politische Handeln muss jedoch ein Verstehen der Ökonomie der Medien sein, denn das kommerzielle Mediengeschäft unterliegt wie jedes andere privatwirtschaftliche Handeln den Regeln des Marktes (vgl. Owen und Wildman 1992: 2; sowie die Forderungen von Schenk und Hensel 1987). Erkenntnisse über den Inhaltemarkt sind daher auch für den medienpolitischen Schutz der publizistischen Werte von entscheidender Bedeutung.

Als die Wissenschaftsdisziplin, die sich mit den wirtschaftlichen Aspekten der Medien auseinandersetzt, hat sich die Medienökonomie entwickelt.[2] Ihr müsste sich eine „Ökonomie der Medieninhalte" als Teildisziplin unterordnen können. Das gelingt ihr jedoch nicht ohne weiteres, da – mit Ausnahme der Medienkonzentrationsforschung – in der historisch gewachsenen Medienökonomie eine Aufteilung entlang einzelner Mediengattungen (Zeitung, Fernsehen, Tonträger etc.) besteht. Innerhalb dieser *vertikalen Gliederung* streben die einzelnen Teildisziplinen, wie zum Beispiel die Ökonomie des Fernsehens, eine möglichst umfassende Analyse aller einzelnen Stufen des Wirtschaftskreislaufes einer Mediengattung an. Ähnliche Wertschöpfungsstufen anderer Mediengattungen werden dagegen von der Betrachtung ausgeschlossen – die Ökonomie des Fernsehens beschäftigt sich entsprechend kaum mit der Herstellung von Zeitungsnachrichten oder dem Vertrieb von Tonträgern. Dieser Ansatz ist zweckmäßig angesichts der

[2] Nach einer von Heinrich (1994: 19) vorgeschlagenen Definition untersucht Medienökonomie, „wie die Güter Information, Unterhaltung und Verbreitung von Werbebotschaften in aktuell berichtenden Massenmedien produziert, verteilt und konsumiert werden." Angesichts der generellen ökonomischen Eigenschaften von Medieninhalten und auch aufgrund der Branchenkonvergenz erscheint es jedoch erforderlich, den entsprechend abgeleiteten Begriff der Medieninhalte erheblich auszuweiten. Mit ihm sollen in dieser Untersuchung daher zum Beispiel auch Computerprogramme, Datenbanken, langlebige Literatur aller Art, Tonaufnahmen, audiovisuelle Filme und multimediale Werke in gleicher Weise erfasst werden.

traditionellen Wirtschaftsstruktur, in der die einzelnen Medienbranchen weitgehend den Mediengattungen entsprechen. Eine eigenständige Teildisziplin für Medieninhalte wäre dagegen unangebracht, da diese bislang nie als solche, sondern immer nur gemeinsam mit den Leistungen anderer Wertschöpfungsstufen der gleichen Mediengattung produziert und angeboten werden.

Die Entwicklung der Neuen Medien erfordert jedoch einen Paradigmenwechsel: Einerseits nimmt die technologische und wirtschaftliche Konvergenz der einzelnen Mediengattungen der Medienökonomie sowohl den Sinn als auch die Möglichkeit der vertikalen Strukturierung der Medienbranche. Andererseits spricht viel dafür, dass in Zukunft die verschiedenen Leistungen *einzelner Wertschöpfungsstufen* als separate „Dienste" am Markt angeboten werden. Mit dem Ersatz des Medienbegriffs durch einen Dienstebegriff in der Medienwirtschaft sollte auch die Medienökonomie eine *horizontale Untergliederung* in Teildisziplinen entlang der Dienste vornehmen. Die Medienökonomie hat für den Bereich der Herstellung, des Vertriebs und der Nutzung von Medieninhalten bislang jedoch noch keinen ausgereiften horizontalen Ansatz entwickelt, da die Inhalte immer noch lediglich als Input-Faktor der Medienproduktion betrachtet werden.

Mit der Entwicklung einer Ökonomie der Medieninhalte entspricht diese Untersuchung der erforderlichen horizontalen Betrachtung der Medien- und Kommunikationsbranche. Sie bemüht sie sich damit, einen grundsätzlichen Beitrag für das Verständnis eines Wirtschaftszweiges zu erbringen, an dessen starkes Wachstum viele Hoffnungen auf Wohlstand und Arbeitsplätze geknüpft werden. In den politischen Stellungnahmen ist dabei zumeist nur von dem ökonomischen Potential der technischen Infrastruktur die Rede. Dagegen orientiert sich diese Untersuchung an der Forderung von Riehm und Wingert (1995: 249), die Inhalte in den Mittelpunkt zu stellen, wenn die Risiken und Chancen der Neuen Medien diskutiert werden.

Da sich die Ökonomie der Medieninhalte prinzipiell der Medienökonomie unterordnet, müssten dort – auch trotz der traditionellen vertikalen Gliederung – viele wichtige Beiträge für diese neue Teildisziplin zu finden sein. Dass dies nur begrenzt der Fall ist, liegt hauptsächlich an dem schon oben angesprochenen Problem des unterentwickelten Interesses an medienökonomischer Forschung. Altmeppen (1996b: 10) zeichnet einen entsprechend desolaten Zustand der Medienökonomie: Sie hat sich noch nicht als selbständige Wissenschaftsdisziplin etablieren können und wird von den Kommunikations-, Wirtschafts-, Rechts- und Politikwissenschaften zugleich thematisiert. „Unterschiedliche disziplinäre Ansätze haben den Vorteil vielfältiger theoretischer und methodischer Zugänge, darin liegen aber auch Nachteile wie eine fehlende fachliche Identität und unsystematische, theoretisch unverbundene Datensammlungen." (Altmeppen 1996b: 10) Ein weiteres Problem besteht in einem Mangel an Kontinuität in der medienökonomischen

Forschung. „[B]ei diesem punktuellen, in zeitlich langen Abständen aufflackernden Interesse an Medienökonomie steht die Disziplin jedesmal vor dem Problem, daß noch nicht einmal die traditionellen Fragen ausreichend beantwortet sind, während es bereits neue Entwicklungen zu bearbeiten gibt." (Altmeppen 1996b: 12)

Altmeppen (1996b) bezieht sich in seinem Urteil auf die deutsche und österreichische Medienökonomie. Es lohnt sich daher ein Blick auf die USA, wo die „Medienwissenschaft seit jeher überwiegend nicht der Kommunikationswissenschaft, sondern der Wirtschaftswissenschaft zugeordnet [ist]" (Schenk und Hensel 1986: 11). Tatsächlich bietet gerade die US-amerikanische Forschung zur Fernseh- und Filmbranche eine vergleichsweise ausgereifte und ökonomisch orientierte Diskussion (vgl. beispielhaft Owen, Beebe und Manning 1974; Owen und Wildman 1992; Noam und Millonzi 1993). Der Grund dafür liegt zum einen in der erheblich stärkeren volkswirtschaftlichen Bedeutung dieser Medien in den USA. Zum anderen ist der dortige Fernsehmarkt traditionell fast ausschließlich privatwirtschaftlich organisiert (vgl. Schröder 1997: 2f). Die Beiträge der *television economists* sind auch deshalb von erheblicher Bedeutung für eine Ökonomie der Medieninhalte, weil das Gut „Fernsehen" fast vollständig allgemeineren Definitionen von Medieninhalten entspricht (vgl. Kapitel 2.1). Es verwundert also nicht, dass die Grenzen der US-amerikanischen Medienökonomie gerade zur Finanzwissenschaft und Industrieökonomik fließend sind (vgl. beispielhaft Minasian 1964; Waterman 1990).

In den Wirtschaftswissenschaften haben sich in den sechziger Jahren zwei Forschungszweige entwickelt, die nur scheinbar einen direkten Bezug zu einer Ökonomie der Medieninhalte haben. Die *„Informations-Society-Forschung"* (Schenk und Hensel 1987: 537) versucht, die volkswirtschaftlichen Leistungen der Produktion, Verbreitung und Verarbeitung von Wissen in einem eigenen Informationssektor zusammenzufassen. Für die USA erarbeitete Machlup (1962) als Erster eine umfassende Zusammenstellung der Leistungen des Informationssektors. Ähnliche Versuche folgten auch in anderen Ländern, vor allem in Japan. Der von der japanischen *Economic Planning Agency* 1985 entwickelte *Information Activity Index* zeigt jedoch, dass sich der Informationssektor so gut wie gar nicht mit den Bereichen der Produktion, Verarbeitung und Verbreitung von *Medieninhalten* deckt: „Information Activities include the following activities: decision making and planning; creation and production of information; collection, storage and supply of information; processing of information; education and training; transmission and provision of information." (Kurisaki und Yanagimachi 1992: 76f)

Die *„Economics-of-Information-Forschung"* untersucht dagegen „die Bedeutung des Faktors Information im Rahmen der ökonomischen Analyse" (Schenk und Hensel 1987: 537). Diese „Informationsökonomie" wird als

Erweiterung der Entscheidungstheorie betrachtet, um den Einfluss von unzureichender oder unsymmetrischer Information auf die Entscheidungsfindung zu diskutieren (vgl. Mattessich 1993: 575-577). Mit einer Ökonomie der Medieninhalte ist diese Informationsökonomie daher nur insoweit verbunden, als manche Medieninhalte informieren können und begrenzte Information auch am Markt für Medieninhalte zu Fehlentscheidungen der Teilnehmer führen kann (vgl. Priest 1994: 19).

Ein relativ neuer ökonomischer Forschungszweig ist in der „*New-*" oder „*Network-Economy-Forschung*" zu sehen. Diese „Informationsgüterökonomie" beschäftigt sich mit Medieninhalten, die wie Computerprogramme eine dauerhafte Nutzerbindung aufweisen und/oder eine besonders hohe Marktsättigung erfordern, um ihren vollen Nutzenwert verwirklichen zu können. Neben diesen Eigenschaften stehen in den Beiträgen dieser Disziplin besonders die extrem niedrigen Reproduktionskosten der Informationsgüter im Vordergrund. (Vgl. die Arbeiten von Varian 1998; Shapiro und Varian 1999; Zerdick et al. 1999: 15f)

Die meisten Ergebnisse der Informationsgüterökonomie können direkt auf die Ökonomie der Medieninhalte übertragen werden. Das allein reicht jedoch nicht aus, um dessen Allokationseffizienz zu bewerten, denn die Informationsgüterökonomie beschränkt sich zumeist darauf, erfolgreiche Vertriebspraktiken zu entwickeln. Die entscheidenden Beiträge für die Beurteilung der Fähigkeit von freien Märkten, die Produktion und Verteilung der Medieninhalte wohlfahrtsoptimal zu steuern, kommen vielmehr aus älteren wirtschaftswissenschaftlichen Disziplinen. Zu nennen sind hier vor allem die Finanzwissenschaft mit ihrer Theorie öffentlicher Güter und die Industrieökonomik mit den Untersuchungen zum Wettbewerb differenzierter Güter und zur Preisdifferenzierung. Ohne die Ergebnisse dieser Forschungsfelder wären weder die Formulierung wohlfahrtsoptimaler Regeln für Inhaltemärkte noch die Beurteilung ihrer allokativen Effizienz möglich.

1.3 Vorgehensweise und Zusammenfassung der zentralen Ergebnisse

Nach der Einleitung bietet das zweite Kapitel („Medieninhalte in der Wirtschaft") zunächst eine detaillierte Definition von Medieninhalten. Darauf aufbauend kann mit Hilfe kommunikationswissenschaftlicher und medienökonomischer Erkenntnisse der Inhaltekonsum untersucht werden. Mit dem Konzept externer Effekte des Inhaltekonsums wird auch die Existenz publizistischer Werte in die ökonomisch orientierte Analyse integriert. Als besonders auffällige Eigenschaft der Medieninhalte wird ihre Nichtrivalität im Konsum herausgestellt, da sie einen besonderen Eigentumsschutz der Medieninhalte durch den anschließend vorgestellten Urheberschutz notwendig macht. Der dafür angelegte Exkurs verdeutlicht bereits einen Teil der besonderen Schwierigkeiten des Inhaltemarktes, eine hohe Allokationseffizienz zu erreichen: Potentielle Nutzer werden auch dann vom Konsum ausgeschlossen, wenn sie lediglich unfähig sind, den geforderten Preis zu zahlen, ihre Zahlungsbereitschaft aber noch immer über den potentiellen Kosten ihrer Versorgung liegt.

Die anschließende Analyse der Produktion und des Zwischenhandels von Medieninhalten stellt die teilweise untergeordnete Rolle der Inhalte in der traditionellen Medienwirtschaft dar. Auch versucht sie eine – angesichts der eingeschränkten Datenlage schwierige – Erfassung der volkswirtschaftlichen Bedeutung der Inhalteproduktion. Die Darstellung der Wettbewerbsbedingungen der Inhalteproduktion und die Analyse der internationalen Verwertung von Medieninhalten liefern direkte Erkenntnisse für die Beurteilung der allokativen Effizienz von Inhaltemärkten.

Im letzten Teil dieses Kapitels werden die zentralen „Kommunikationsmittel" der Inhaltemärkte untersucht: die Finanzierungsformen. Von ihnen hängt entscheidend ab, ob die Präferenzen der Konsumenten am Markt so von den Inhalteanbietern als Nachfrage wahrgenommen werden, dass diese die wohlfahrtsoptimalen Produktions- und Angebotsentscheidungen treffen. Die besonderen Konsumeigenschaften der Medieninhalte sorgen dabei für eine große Vielfalt von Finanzierungsformen. Als *indirekte* Finanzierungsformen nehmen die Werbefinanzierung sowie in Deutschland auch die öffentliche Rundfunkfinanzierung einen erheblichen Umfang ein. In beiden Fällen kann schon dieses Kapitel erhebliche Mängel der Allokationseffizienz aufzeigen. Die *direkten* Finanzierungsformen werden zwar ebenfalls diskutiert, bis auf den – schon im Rahmen der Diskussion des Urheberschutzes vorgestellten – Nutzerausschluss werden hier zunächst jedoch keine Steuerungsprobleme ermittelt.

Nachdem das erste Kapitel die grundlegenden Aspekte des Inhaltekonsums sowie die traditionellen Wege der Inhalteproduktion und des Inhaltevertriebs vorgestellt hat, fasst das dritte Kapitel die „Auswirkungen der Neuen Medien auf den Inhaltevertrieb" zusammen. Grundlage dieser Wirkungen sind die zunächst vorgestellten technischen Veränderungen der Inhalte, welche erhebliche Mehrwerte bei der Inhaltenutzung schaffen. Besondere Bedeutung kommt dabei den Möglichkeiten zum Online-Vertrieb und zur Vernetzung der Inhalte zu, da die sich abzeichnenden Veränderungen der Wirtschaftsstruktur auf sie zurückgeführt werden können. Zu erwarten ist insbesondere ein Anstieg der Wettbewerbsdynamik sowie der Ersatz der vertikalen Gliederung der Medienbranche (entlang einzelner Mediengattungen) durch eine horizontale Gliederung (entlang einzelner Wertschöpfungsstufen). Ebenfalls werden von den technischen Veränderungen der Inhalte verschiedene Anpassungen des Urheberrechts ausgelöst. Deren Diskussion macht deutlich, dass die Neuen Medien für den Urheberschutz weder konzeptionelle noch praktische Schwierigkeiten aufwerfen. Auf der Grundlage dieser Ergebnisse kann abschließend erläutert werden, warum die Medieninhalte zukünftig eine größere Rolle bei der Gewährleistung sozialer Chancengleichheit sowie innerhalb der volkswirtschaftlichen Produktion einnehmen werden.

Die Aufgabe dieser ersten zwei Kapitel besteht in einer ersten analytischen Aufarbeitung der Probleme, die bei der Vermarktung von Medieninhalten auftreten können und in der Regel dazu führen, dass das Ziel der allokativen Effizienz verfehlt wird. Im Vordergrund von Kapitel 3 steht dabei auch, dass (1) in den Neuen Medien eine gesonderte Betrachtung von Medieninhalten als ökonomisches Gut notwendig ist und dass (2) die wirtschaftliche und soziale Bedeutung der Inhalte noch zunehmen wird. In diesen Kapiteln werden auch empirische Daten als Belege der Aussagen angeführt. Da aber die Datenlage aufgrund der geringen Entwicklung einer inhalteorientierten Medienökonomie unbefriedigend ist, können die wesentlichen Aussagen lediglich qualitativ beschrieben werden.

Einige Ergebnisse des anschließenden vierten Kapitels, welches eine „mikroökonomische Theorie der Medieninhalte" entwickelt, könnten jedoch kaum mit qualitativen Argumenten allein erarbeitet werden. Hier wird die Analyse der Effizienzprobleme des Inhaltemarktes mit der Auswertung verschiedener mikroökonomischer Modelle und ökonometrischer Kalkulationen fortgesetzt. Zur Vereinfachung wird dabei in der Regel von Umständen ausgegangen, unter denen einem Markt erwartungsgemäß die wohlfahrtsoptimale Steuerung aller individuellen Handlungen gelingen müsste. Die Untersuchung, ob und nach welchen Regeln ein solches Ergebnis auch von einem Markt für Medieninhalte erwartet werden kann, erfolgt entlang folgender Schritte: Zunächst wird ein einzelner Medieninhalt als *homogenes öffentliches Gut* betrachtet. Hier wird gezeigt, dass nur perfekt differenzierte *Lindahl-Preise* ein wohlfahrtsoptimales Angebot mit individuell gerechten Preisen finanzieren können. Anschließend wird die Untersuchung auf die Betrachtung von Medieninhalten als *differenzierte öffentliche Güter* ausgedehnt. In einer Analyse mehrerer Modelle des *monopolistischen Wettbewerbs differenzierter Güter* können verschiedene Formen des Marktversagens nachgewiesen werden. Diese Probleme werden jedoch immer dann gelöst, wenn die Anbieter perfekt differenzierte Preise erheben. Diese sollen aufgrund ihrer Ähnlichkeit mit den wohlfahrtsoptimalen Preisen für homogene öffentliche Güter ebenfalls Lindahl-Preise genannt werden.

Das letzte inhaltliche Kapitel entwickelt mit dem *Collective Pricing of Differentiated Goods (CPDG)* erstmals ein Vertriebsverfahren für Medieninhalte, welches die Zuweisung perfekt differenzierter Lindahl-Preise ermöglicht. Die zwei zentralen Bedingungen dafür bestehen darin, dass (1) jeder Nachfrager Zugang zu allen existierenden Medieninhalten zu den Grenzkosten der Bereitstellung hat und dass (2) für dieses Zugangsrecht für jeden einzelnen Medieninhalt nur der Preis gezahlt wird, welcher der *allein auf diesen*

Medieninhalt zurückzuführenden Erhöhung des gesamten potentiellen, individuell bewerteten Nettonutzens *aller* Medieninhalte entspricht.

Nach einer ausführlichen Diskussion verschiedener relevanter Aspekte des beim *Collective Pricing of Differentiated Goods* verwendeten *Demand-Revealing-Process* nach Clarke (1971) bietet das Kapitel eine knappe wohlfahrtsökonomische, wettbewerbspolitische, ethische und juristische Beurteilung des Verfahrens. In einem abschließenden Fazit werden wesentliche Erkenntnisse dieser Untersuchung reflektiert und ihre Konsequenzen für die Medienökonomie und die Medienpolitik aufgezeigt.

2 Medieninhalte in der Wirtschaft

Es ist das Ziel dieses Kapitels, eine Vorstellung von der Herstellung, dem Vertrieb und dem Konsum von Medieninhalten zu vermitteln. Im Zentrum stehen dabei jene Eigenschaften, die Medieninhalte von anderen Gütern unterscheiden und besondere Konsequenzen für die Medieninhaltewirtschaft haben. Nach einer Beschreibung offensichtlicher, der Abgrenzung der Medieninhalte dienender Merkmale beginnt die Analyse mit der Beschreibung des Ziels der Inhaltewirtschaft – der Nutzung. Dieser, der Intuition widersprechende Ansatz erscheint notwendig, weil es gerade die Besonderheiten der Nutzung und des Verbrauchs von Medieninhalten sind, welche viele der ungewöhnlichen Praktiken in den vorgelagerten Stadien der Inhaltewirtschaft bedingen. Dieses Kapitel beschränkt sich im Wesentlichen auf die traditionellen Medien (inklusive Rundfunk und Computerprogramme). Es stellt jedoch zugleich auch die Grundlage für das darauf folgende Kapitel dar, wo die mit der Entwicklung der Neuen Medien eintretenden Veränderungen der Medieninhaltewirtschaft diskutiert werden.

2.1 Was sind Medieninhalte?

(1) Eine *technische* Definition von Medieninhalten wird von Varian (1998) vorgeschlagen: Medieninhalte umfassen alles, was sich digitalisieren lässt. Dazu gehört dann nicht das Buch an sich, sondern nur der Text, den es enthält, und auch eine Videokassette an sich kann nicht digitalisiert werden, wohl aber die Bilder und Töne, die sie speichert. Texte, Bilder, Töne, Datenbanken und natürlich Computerprogramme stellen damit lediglich *Zustände* eines Trägers – des Mediums – dar.

Letztendlich ist es gleichgültig, ob diese Zustände digital in Form von Nullen und Einsen vorliegen oder analog, zum Beispiel in Form eines geordneten Drucks von Buchstaben in einem Buch. Der zentrale Unterschied zum Medium besteht in der Kopierfähigkeit der Zustände, die das Medium einnimmt. Gerade in digitalisierter Form können Inhalte verlustfrei auf andere Medien übertragen werden, ohne dass das Ursprungsmedium seinen eigenen Zustand verändern muss. Medien selbst, zum Beispiel Bücher, können hingegen nicht kopiert werden: Man muss für jede Kopie erst noch das Papier produzieren.

(2) Die *funktionale* Definition von Medieninhalten erfolgt über die Beschreibung dessen, wozu diese Zustände von Medien ihren Nutzern dienen können. Hier sind drei Funktionen zu unterscheiden:

- *Helfende Medieninhalte* können elektronische Werkzeuge sein. Zumeist als Computerprogramme sind sie bei der Ausübung verschiedener Tätigkeiten behilflich und dienen damit als Input-Faktor für Produktionsprozesse.
- *Unterhaltende Medieninhalte* können entspannen, anregen oder in einer anderen erwünschten Weise den menschlichen Geist beeinflussen. Sie stellen dann „synthetisierte Erfahrungen" (Priest 1994: 4) dar und dienen dem Menschen als Substitut für eigenes Erleben.
- *Informierende Medieninhalte* können das Wissen eines Menschen verbessern. Ihre *Information* verbessert die Entscheidungsmöglichkeiten oder verringert die Entscheidungsrisiken, indem sie „one's expectation about the occurrence of a specific event" (Mattessich 1993: 585) verändert (Vgl. auch Steinmueller 1992: 174f). Diese Eigenschaft unterscheidet die Information von Wissen, denn Information kann sich allein schon dadurch verbrauchen, indem sie ihren potentiellen Einfluss auf Entscheidungen einbüßt. Wissen hingegen existiert auch ohne diesen Einfluss auf Entscheidungen und bleibt von Umweltveränderungen unbeeinflusst. (Vgl. Mattessich 1993: 585) Zudem gibt es auch „stillschweigendes" Wissen, welches nicht kodierbar ist und deshalb auch nie als Information medial vermittelt werden kann (Foray 1994: 122).

In der Praxis treten die drei Funktionen der Medieninhalte nur selten in Reinform auf. Insbesondere „Information kann mit Unterhaltung verbunden, und Unterhaltung kann durch Information vermittelt sein." (Heinrich 1994: 18; vgl. auch Owen 1975: 11) Entsprechend wird diese Untersuchung nur in wenigen begründeten Fällen die Funktionen unterscheiden, ansonsten jedoch alle Medieninhalte in gleicher Weise behandeln.

(3) Abschließend soll die *ökonomische* Definition von Medieninhalten vorgestellt werden. Danach stellen die Kosten der Medieninhalte ausschließlich und exklusiv alle Kosten dar, die *nur einmal* auftreten, *bevor* Kopien zur Befriedigung der Nachfrage *in beliebiger Anzahl* produziert werden können. Diese Kosten werden dementsprechend als *First-Copy-Costs* bezeichnet.

2.2 Nutzung und Nachfrage

2.2.1 Motive der Inhaltenutzung

2.2.1.1 Der Nutzenansatz

Die Kommunikationswissenschaft hat eine Vielzahl von Theorien hervorgebracht, die Phänomene der Massenkommunikation zu erklären versuchen. Hiervon scheinen die aus dem Nutzenansatz (*uses and gratifications approach*) hervorgehenden Theorien am besten geeignet zu sein, um die ökonomische Nachfrage nach Medieninhalten zu erklären. In der Forschung stellen sie die Frage: „Was machen die Menschen mit den Medien?“ (Maletzke 1988: 24) Der Nutzenansatz beruht daher auf der Annahme, dass die Medienkonsumenten aktiv an der Entscheidung darüber, welche Inhalte sie aufnehmen, beteiligt sind. Merten (1984: 66) erklärt dazu weiter:

„Das impliziert tendenziell einen nicht mehr asymmetrischen, von Kommunikatorintentionen gesteuerten Kommunikationsprozeß, sondern einen *symmetrischen* Kommunikationsprozeß, an dem sowohl Kommunikator als auch Rezipient teilnehmen. Dies ist die basale Annahme des ‘uses and gratifications approach’. Die weiteren Annahmen sind:
- Die Handlungen des Publikums erfolgen zielgerichtet und intentional.
- Die Zuwendung zu Medien wird gesteuert durch einen Typus von Nutzen-Kalkulation.
- Medien-Nutzung stellt einen Akt der Bedürfnis-Befriedigung dar und ist von daher nur im Kontext alternativer Möglichkeiten zur Bedürfnisbefriedigung zu verstehen.
- Rezipienten sind sich ihrer Bedürfnisse und Motive zur Mediennutzung bewußt.“

Palmgreen (1984: 55) ergänzt den Nutzenansatz um einen „Erwartungs/Bewertungsansatz“, der die Entscheidungen eines nach Bedürfnisbefriedigung (Gratifikationen) strebenden Individuums „als eine Funktion (1) einer *Erwartung* (oder Vorstellung) [. . .] und (2) einer Bewertung“ betrachtet. Dabei entspricht die Erwartung „der wahrgenommenen Wahrscheinlichkeit, daß ein Objekt eine bestimmte Eigenschaft hat oder daß ein Verhalten eine bestimmte Folge nach sich zieht“. Die Bewertung bedeutet dagegen „die Stärke einer affektiven Einstellung, positiv oder negativ, gegenüber einer Eigenschaft oder der Folge eines Verhaltens.“ Während die Bewertungen als relativ unbeeinflussbare Persönlichkeitsmerkmale gelten, werden die Erwartungen ständig durch die wahrgenommenen erhaltenen Gratifikationen verstärkt, abgeschwächt oder grundlegend verändert. Insofern besteht durchaus eine Rückwirkung der Medien auf das Verhalten der Nutzer. (Vgl. Palmgreen 1984: 55f)

2.2.1.2 Bedürfnisse der Nutzer von Medieninhalten

Nach den Theorien des Nutzenansatzes bestehen die Ursprünge der Rezipientenabsicht in verschiedenen Bedürfnissen, die mit dem Medienkonsum befriedigt werden können. In der Kommunikationswissenschaft sind dabei Unterscheidungen zwischen (1) physischen, psychischen und sozialen, (2) kognitiven und affektiven oder (3) integrativen und interaktiven Bedürfnissen üblich. Schulz (1994: 164f) gibt eine beispielhafte Aufstellung wieder, welche ursprünglich von McQuail (1983: 82f) entwickelt wurde und die einzelnen Bedürfnisarten konkretisiert:

„*Informationsbedürfnis*
- Orientierung über relevante Ereignisse in der unmittelbaren Umgebung, in der Gesellschaft und in der Welt

- Ratsuche zu praktischen Fragen, Meinungen, Entscheidungsalternativen
- Befriedigung von Neugier und allgemeinem Interesse
- Lernen, Weiterbildung
- Streben nach Sicherheit durch Wissen

Bedürfnis nach persönlicher Identität
- Bestärkung der persönlichen Werthaltungen
- Suche nach Verhaltensmodellen
- Identifikation mit anderen (in den Medien)
- Selbstfindung

Bedürfnis nach Integration und sozialer Interaktion
- sich in die Lebensumstände anderer versetzen (soziale Empathie)
- sich mit anderen identifizieren, ein Gefühl der Zugehörigkeit haben
- eine Grundlage für Gespräche und soziale Interaktion erhalten
- einen Ersatz für (fehlende) Geselligkeit oder Partnerschaft finden
- Hilfe bei der Annahme sozialer Rollen bekommen
- den Kontakt zur Familie, zu Freunden und zur Gesellschaft finden

Unterhaltungsbedürfnis
- Wirklichkeitsflucht, Ablenkung von Problemen
- Entspannung
- kulturelle oder ästhetische Erbauung
- Zeit füllen
- emotionale Entlastung
- sexuelle Stimulation"

Diese Bedürfnisliste kann ohne Einschränkungen auf die Nutzung der hier betrachteten Medieninhalte übertragen werden. Hinzu kommen die von Computerprogrammen befriedigten Bedürfnisse nach Arbeitserleichterung, die mit den Bedürfnissen wenig gemein haben, welche durch die – traditionell im Mittelpunkt der kommunikationswissenschaftlichen Forschung stehenden – Massenmedien befriedigt werden.

2.2.1.3 Kritik am Nutzenansatz

Den Theorien, die den Konsumenten bei der Erklärung des Medienkonsums in den Mittelpunkt stellen und damit dem Nutzenansatz zuzuordnen sind, wird in der wissenschaftlichen Kritik theoretische Beliebigkeit und „Theorielosigkeit" (Merten 1984: 67) vorgeworfen. Die Arbeiten des Nutzenansatzes seien undifferenziert und würden nur das widerspiegeln, was die Konsumenten an Motiven zu haben glauben, ohne dass dies jedoch die ausschlaggebenden Konsumreize seien. Die Konsumenten seien tatsächlich gar nicht in der Lage, die Motive ihres Medienkonsums wiederzugeben. Menschliche Bedürfnisse seien außerdem „als sozial unabhängige basale Faktoren der menschlichen Existenz in nur sehr allgemeinen Kategorien formulierbar". Darauf aufbauende Theorien seien daher nicht prognosefähig. (Vgl. Burkart 1998: 227f; Schönbach 1984)

Andere Modelle der Medienwirkungsforschung betonen entsprechend, dass der Konsument eher dem Einfluss der Medien ausgeliefert ist. Erst durch das Handeln der Medien könne das Handeln des Konsumenten überhaupt erklärt werden. (Vgl. Burkart 1998: 183-265) So können zum Beispiel viele der Bedürfnisse, die die Medienkonsumenten zu verspüren glauben, ein Produkt der vom Markt selbst bereitgestellten Auswahl an Mediennutzungsmöglichkeiten sein (Entman und Wildman 1992: 12).

Eine Verkürzung des Kommunikationsprozesses auf die vollständige und ausschließliche Steuerung durch den Mediennutzer kann daher nicht vertreten werden. Tatsächlich ist dies aber auch nicht das Ziel der neueren Beiträge zum Nutzenansatz, wie beispielsweise Palmgreen (1984) mit der Rückwirkung der erhaltenen Gratifikationen auf die individuellen Erwartungen zeigte (vgl. auch Merten 1984: 69). Statt dessen ist der Nutzenansatz als notwendige Ergänzung des Wirkungsansatzes der frühen Massenkommunikationsforschung zu verstehen, dessen „Stimulus-Response-Modelle" den Medienrezipienten als „ein wehrloses Opfer [betrachten], auf das mit massenkommunikativen Stimuli gefeuert wird (bullet-Theorie)". (Merten 1984: 66; vgl. auch Burkart 1998: 228f; und Maletzke 1988: 29)

Eine umfassende Darstellung der Kritik am *uses and gratifications approach* ist hier ebenso unmöglich wie eine vollständige Darstellung des Nutzenansatzes selbst. Zudem scheinen die Kritik am Nutzenansatz und die ihr zugrunde liegenden alternativen Forschungsansätze für diese eher ökonomisch als kommunikationswissenschaftlich ausgerichtete Untersuchung wenig relevant zu sein. Schließlich geht es bei der ökonomischen Beschreibung der Nachfrage darum, welche Bedürfnisse mit welcher Intensität vorhanden sind und nicht darum, wie diese Bedürfnisse entstanden sind oder wer sie geweckt hat.

2.2.2 Unterschiedliche Verfallraten der Inhaltewerte

Ein Verfall der Werte von Medieninhalten kann auf drei Arten erfolgen:

(1) Der Inhalt veraltet. Das ist besonders relevant für informierende Medieninhalte, deren Wert davon abhängt, dass man mit der Information die eigenen Entscheidungsmöglichkeiten verbessern kann. Wenn sich aber im Lauf der Zeit die Umwelt so verändert, dass überhaupt gar keine Entscheidungen mehr getroffen werden, die durch eine bestimmte Information verbessert werden könnten, ist dieser Medieninhalt wertlos. (Mattessich 1993: 585) So ist zum Beispiel die Information, dass es Sonntag regnet, am Montag sehr viel weniger wert als am Samstag, denn am Samstag kann man noch die für Sonntag gemachten Ausflugspläne ändern – am Montag ist das nicht mehr möglich. Aber auch unterhaltende Inhalte können mit der Zeit veralten: Stile, Ausdrucksweisen und die Mode ändern sich. Ältere Spielfilme wirken daher oft irritierend, und die aufgegriffenen Handlungen scheinen einem viel weniger

bedeutsam zu sein als sie für die damalige Zeit waren. Nur wenige Filme werden daher zu Klassikern. Computerprogramme können veralten, wenn die für den Betrieb notwendige Hardware nicht mehr produziert wird und Reparaturen der Geräte nicht mehr möglich oder zu teuer werden.

(2) Der Inhalt wird durch einen besseren ersetzt. Dieses Phänomen tritt bei Computerprogrammen häufiger auf als der schlichte zeitabhängige Wertverfall: Das alte Textverarbeitungsprogramm wird nicht mehr geschätzt, weil es eine bessere, neue Version gibt oder weil ein konkurrierendes Unternehmen ein überlegenes Produkt entwickelt hat. Zusätzlich sind die neuen Programme vielleicht nicht mehr kompatibel zu den alten, so dass der Austausch von Dateien und Erfahrungen immer schlechter gelingt.

(3) Der Nutzenwert des Inhalts verbraucht sich. Vor allem für informierende Medieninhalte gilt, dass sie nur beim ersten Hören, Lesen oder Sehen interessant sind. Eine wiederholte Rezeption von Nachrichten zum Beispiel ist dagegen vollkommen wertlos. Ähnliches gilt auch für Spielfilme oder Romane. Man sieht oder liest sie ein einziges Mal, und erst nach einigen Jahren ist man an einem erneuten Konsum interessiert, weil man den größten Teil des Inhalts vergessen hat. Bei Musik ist das Phänomen schwächer ausgeprägt: Einen Popsong kann man, wenn er noch neu ist, mehrere Male am Tag genießen, doch schon bald kann man ihn nicht mehr ertragen. Nur wenige der sehr oft gespielten Hits haben eine so hohe Standfestigkeit, dass sie auch noch nach vielen Jahren gerne und oft gehört werden.

2.2.3 Substituierbarkeit der Medieninhalte

Als Substitut bezeichnet man ein Gut, das denselben Nutzen in gleicher Weise erfüllen kann wie ein anderes Gut, ohne vollkommen gleich zu sein. Die meisten Medieninhalte sind vollständig substituierbar: Computerprogramme können so geschrieben werden, dass sie ohne Verletzung des Urheberschutzes die gleichen Funktionen prinzipiell genau so gut wie ein anderes Programm erfüllen können, und auch Spielfilme können mit anderen Schauspielern und einer anderen Geschichte so produziert werden, dass sie in gleichem Grad der Unterhaltung, Anregung oder Ablenkung dienen können. In den Wirtschaftswissenschaften wird der Grad der Substituierbarkeit mit der Kreuzpreiselastizität ausgedrückt, die angibt, wie stark die Nachfrage nach einem Gut A fällt, wenn der Preis für ein Substitut B gesenkt wird.

Es gibt zwei Arten von vollständig substituierbaren Medieninhalten. Bei der ersten Art ist der Grenznutzen zusätzlich verfügbarer Substitute gleich null. Hierzu gehören zum Beispiel Computerprogramme zur Textverarbeitung, von denen man nur ein einziges benötigt. Ein vollständiges Substitut eines anderen Herstellers würde nur Speicherplatz beanspruchen – eine Hilfe wäre es nicht. Auch informierende Inhalte bieten als Substitute keinen zusätzlichen Nutzen, wenn ihr Inhaltsgegenstand lediglich neu formuliert wurde, ansonsten aber identisch ist. Diese Art vollständig substituierbarer Inhalte hat Eigenschaften eines natürlichen Monopols, da das Angebot von Substituten den von allen Konsumenten erzielten Gesamtnutzen nicht steigern kann – die Herstellung dieser Substitute bedeutet lediglich eine Verschwendung von Ressourcen.

Bei der zweiten Art vollständig substituierbarer Medieninhalte ist der Grenznutzen zusätzlich verfügbarer Substitute positiv. Hierzu gehören vor allem unterhaltende Medieninhalte, die lediglich in gleicher Weise gewisse Funktionen erfüllen sollen, deren Fähigkeit dazu sich aber durch die Nutzung verbraucht (siehe oben 2.2.2). Zum Beispiel kann ein Spielfilm als vollständiges Substitut die gleichen Qualitäten aufweisen wie ein anderer Spielfilm, doch ist ein Konsument durch den Konsum beider Filme besser gestellt als wenn er sich statt dessen einen von beiden zweimal ansähe. Gleiches gilt für Musik, die nach vielmaligem Anhören schlicht langweilig wird. Bei diesen Gütern ist lediglich das erste Gossensche Gesetz des abnehmenden Grenznutzens des Konsums weiterer Substitute zu beachten (vgl. Gossen 1992 (1854): 181). Picard (1989: 39) schreibt dazu:

„Because of this phenomenon most cable TV viewers are content with access to fewer than two dozen channels rather than increasing their access to as many as the 120 channels that some television sets will accomodate. For the same reason, magazine readers choose only a few of the thousands of titles available nationwide."

Manche Inhalte können jedoch nicht ersetzt werden. Ihre Ausdrucksform selbst hat einen nicht substituierbaren Informations- oder Unterhaltungswert, auf den der Anbieter ein Monopol hat. Diese Eigenschaft bieten zum Beispiel Darstellungen von wichtigen Ereignissen, Personen oder Kunstgegenständen, die aufgrund urheberrechtlicher Bestimmungen nicht von anderen Anbietern nachgebildet werden dürfen.[3] Aber auch Live-Übertragungen herausragender Sportereignisse oder Medieninhalte, die in irgendeiner Form Kult- oder Fanstatus erlangt haben, können oder dürfen nicht von alternativen Anbietern in der gleichen Form nachgebildet werden.

[3] Bill Gates, Mehrheitsaktionär von *Microsoft*, scheint die besonderen Eigenschaften nicht substituierbarer Medieninhalte früher als andere erkannt zu haben. So berichtete „Der Spiegel" über die 1989 von Gates gegründete Firma *Corbis*: „[Sie] soll, so Corbis-Chef Doug Rowan, 'die gesamten Errungenschaften der Menschheit einfangen' und in einer Kunst-Datenbank speichern. Die Corbis-Truppe versucht deshalb, die Reproduktionsrechte an allen Gemälden in den Museen der ganzen Welt zusammenzukaufen. Nicht nur Schöngeister werden bedient. Corbis kaufte auch die größte private Fotosammlung der Welt, das Bettmann-Archiv. Unter den etwa 15 Millionen Aufnahmen sind so berühmte Fotos wie Marilyn Monroe auf dem Lüftungsschacht, Einstein mit herausgestreckter Zunge oder das explodierende Luftschiff 'Hindenburg'. [. . .] Schon jetzt, schätzt das Magazin 'Interactive Age', kontrolliert der Software-Zar drei Viertel des Welthandels mit digitalen Bildrechten." (DER SPIEGEL 1998: 234f)

Die Verfügbarkeit und der Preis von Substituten sind entscheidend für die Zahlungsbereitschaft der Nachfrager für ein Gut. Für den Markt für Medieninhalte liefert der von Webb (1983) untersuchte US-Kabelfernsehmarkt empirische Belege für diese Beziehung. Webb stellt fest, dass die Nachfrage nach Kabelfernsehen mit der Anzahl terrestrisch empfangbarer Fernsehsignale fällt. Entsprechend erklärt Webb die negative Einkommenselastizität für das Kabelfernsehen-Basisangebot in Großstädten – ärmere Familien geben hier absolut mehr für „basic cable" aus als Familien mit mittlerem Einkommen – damit, dass Fernsehen ein billiges Substitut für andere urbane Unterhaltungsangebote darstellt. (Vgl. Webb 1983: 70-81)

2.2.4 Informationsprobleme des Inhaltemarktes

In Bezug auf die Möglichkeiten der Nachfrager, die relevanten Eigenschaften eines Gutes kennen zu lernen, kann man sowohl bei Medieninhalten als auch generell drei Güterarten unterscheiden. (Vgl. hierzu Ronte und Bonus 1993: 2f) Der einfachste Fall liegt bei *Inspektionsgütern* vor, die man ausführlich betrachten und zutreffend beurteilen kann, ohne sie gleich zu verbrauchen. Zu Inspektionsgütern gehört neben Computerprogrammen auch Musik, welche man probehören kann, bevor man sich für einen Kauf entscheidet.

Viel schwieriger ist der Fall von *Vertrauensgütern* wie informierenden Medieninhalten: Ihre Qualitätsmängel kann man erst dann feststellen, wenn sie ihren Informationswert einbüßen. Zum Beispiel hilft die Urteilskraft, dass die Vorhersage von trockenem Wetter für Sonntag falsch ist, wenig weiter, wenn man sie erst mit dem ersten Regen am Sonntag erhält, denn einen informierenden Charakter hat der Wetterbericht für Sonntag dann nicht mehr.

Zwischen den Inspektionsgütern und den Vertrauensgütern sind die *Erfahrungsgüter* einzuordnen, deren Qualitäten man beurteilen kann, wenn man das Gut benutzt. Medieninhalte, die zu den Erfahrungsgütern zählen, lassen sich von Medieninhalten mit Eigenschaften der Inspektionsgüter sinnvoll abgrenzen, weil bei ihnen eine probeweise Nutzung nicht möglich ist. Wenn man sich beispielsweise einen Spielfilm ansieht, kann man ihn hinterher zwar beurteilen, doch hat man auch das Interesse daran verloren, das Nutzungsrecht an dem Film zu erwerben – man kennt ihn ja schon. Das gleiche gilt für alle Medieninhalte, die durch Nutzung ihren Wert einbüßen. Auch die informierenden Inhalte, welche zu den Vertrauensgütern gezählt werden, sind zugleich Erfahrungsgüter, da ihr potentieller Nutzen erst beurteilt werden kann, wenn ihr Inhaltsgegenstand bekannt ist. Dann ist die Information jedoch bereits in Wissen übergegangen, und der Medieninhalt hat seinen Informationsgehalt verloren.[4]

---

[4] Das Phänomen, dass ein Anbieter von Medieninhalten mit Eigenschaften von Erfahrungsgütern ein Interesse daran hat, die für den Nutzer relevanten Eigenschaften seines Angebots

Um die Informationsprobleme des Marktes für Medieninhalte als Erfahrungs- und Vertrauensgüter zu überwinden, müssen die Medieninhalte zumindest teilweise mit Eigenschaften von Inspektionsgütern ausgestattet werden. In der Praxis gibt es dafür zwei Möglichkeiten:

(1) *Verstetigung der Nachfrager/Anbieterbeziehung:* Die Anbieter ermöglichen es den Nachfragern, mit oft wiederholten Handelsbeziehungen ein Vertrauen in die Qualität der Inhalte zu entwickeln. Dieses Vertrauen ersetzt dann die Notwendigkeit der Qualitätsprüfung vor jedem Kauf. (Vgl. Steinmueller 1992: 175) Der Wetterbericht der Zeitung kann auf diese Weise von einem Vertrauensgut zu einem Inspektionsgut werden, weil der Leser gewissermaßen mit Hilfe von Stichproben die Möglichkeit hat, die dauerhafte Zuverlässigkeit der Information zu prüfen. Damit sind die Anbieter von Medieninhalten darauf angewiesen, bei ihren Kunden mit der Reputation der Qualität ihres Angebots ein Markenbewusstsein aufzubauen und zu pflegen (vgl. Priest 1994: 19; Varian 1998).

Wie wichtig der Aufbau einer Markenbindung für die Massenmedien ist, stellen ihre Werbeausgaben eindrucksvoll dar: Mit über 2,5 Milliarden DM lagen sie 1997 an zweiter Stelle knapp hinter dem Automarkt und wiesen mit 13,9 Prozent ein weit überdurchschnittliches Wachstum auf (Heffler 1998: 272). Hat ein Anbieter erst eine hohe Reputation erreicht, so lohnt es sich für ihn, dieses wertvolle Kapital für den Vertrieb von möglichst vielen Medieninhalten zu nutzen, so lange diese Strategie nicht die Qualität belastet. Die Informationsprobleme des Inhaltemarktes sind daher eine indirekte Quelle für Größenvorteile der Anbieter. (Priest 1994: 19) Für die Nachfrager haben diese ökonomischen Zwänge den großen Vorteil, dass sie nur in Ausnahmefällen eindeutig schlechte Medieninhalte am Markt erwerben, da die Vorprüfung durch die Anbieter eine Mindestqualität garantiert.

In der leichten Verstetigung der Nachfrager/Anbieterbeziehung ist auch zumindest ein Teil des Erfolgs von Fernsehserien und anderen regelmäßig wiederkehrenden Sendungen zu erklären. Ein Konsument erhält jeweils eine abgeschlossene Einheit und kann auf dieser Grundlage entscheiden, ob er auch weitere Folgen oder Ausgaben ansieht. Dies ist bei einteiligen Spielfilmen oder auch Büchern in den Printmedien nicht möglich. Bei diesen Gütern treten daher die Reputation des Senders oder des Verlags sowie die der Schauspieler, Regisseure und Autoren in den Vordergrund. (Vgl. Varian 1998)

(2) *Kritiken und Rezensionen:* Zusätzlich zur Verstetigung der Marktbeziehungen können die Beurteilungen Dritter herangezogen werden, um den Inspektionsgutcharakter eines Medieninhalts zu verbessern, ohne gleich seinen

---

zu verbergen, wurde vermutlich zuerst von Arrow (1971) formuliert und wird daher als *Arrows Informationsparadoxon* bezeichnet: „[I]ts value for the purchaser is not known until he has the information, but then he has in effect acquired it without cost." (Arrow 1971: 148)

Nutzen preisgeben zu müssen. Das Vertrauen der Nachfrager zu den Kritikern und Rezensenten erspart nun dem Nachfrager die unmittelbare Prüfung der Angebote. Diese Funktion können zum Beispiel Herausgeberschaften oder Vorworte bekannter Persönlichkeiten in Büchern unbekannter Autoren einnehmen. Weitaus größere Bedeutung hat aber die Bewertung durch spezialisierte Agenten. So waren 1997 in Deutschland die Fernsehprogrammzeitschriften mit 41,44 Millionen Lesern die mit weitem Abstand am intensivsten genutzten Zeitschriften, gefolgt von „aktuellen Zeitschriften" mit nur 29,66 Millionen Lesern (Media Perspektiven 1998: 80). Weit verbreitet sind auch Kino-, CD- und Buchkritiken, die von vielen informierenden Medien erfolgreich angeboten werden. Besondere Bedeutung bei der Handhabung wissenschaftlicher Literatur als Vertrauensgut haben die rezensierten Zeitschriften: Nur solche Artikel, die einer hochqualifizierten Kritik standhalten können, werden hier abgedruckt. (Vgl. Varian 1998)

Neben der Verstetigung der Marktbeziehungen und der Nutzung von Beurteilungen durch vertrauenswürdige Agenten besteht nur noch die Möglichkeit der teilweisen Preisgabe des Medieninhalts, um dem Nachfrager Inspektionsmöglichkeiten einzuräumen. So wird den Nachfragern oft eine zumindest oberflächliche Prüfung des Inhalts durch Programmvorschauen im Fernsehen und Herumblättern in ausgestellten Büchern erlaubt. Die Gefahr, dass dadurch die Kaufbereitschaft gefährdet wird, ist gegenüber den nachfragesteigernden Effekten vernachlässigbar. (Vgl. Varian 1998)

Auch wenn von allen Möglichkeiten Gebrauch gemacht wird, die Nachfrager über die Eigenschaften der angebotenen Medieninhalte zu informieren, so kann man dennoch nicht von umfassend informierten Nachfragern ausgehen. Das liegt zunächst daran, dass Information generell Schwierigkeiten bei der Appropriation bietet und daher auch die unabhängige Bewertung von Medieninhalten in unzureichendem Ausmaß angeboten wird (Priest 1994: 18). Wichtigster Grund dafür, dass Nachfrager nur begrenzt informiert sind, ist aber das Problem, dass Bewertung und Auswahl der Medieninhalte durch den Nachfrager selbst mit Kosten verbunden ist. Als Nutzenmaximierer wird er daher nur so lange sein Wissen über das Angebot verbessern, wie die Kosten dieser Aktivität geringer sind als der erwartete Wert der dadurch erzielten Verbesserung der getroffenen Auswahl. (Vgl. Bates 1988: 78; Simon 1978: 9f)

Ein Problem, welches aus der unvollständigen Informiertheit der Nachfrager hervorgeht, ist die von Akerlof (1970) beschriebene adverse Selektion: Minderwertige Güter setzen sich am Markt deshalb durch, weil sie preiswerter angeboten werden können, ihre Qualitätsmängel den Nachfragern jedoch weitgehend verborgen bleiben. In der Folge hat das Angebot eine geringere Qualität als dies bei einem optimal funktionierenden Markt zu erwarten wäre. Für Medieninhalte nennt Varian (1998) das Beispiel der *Encyclopaedia Britannica*, die trotz ihrer überlegenen Qualität Schwierigkeiten hat, sich am Markt gegenüber der – so Varian – minderwertigen, aber preisgünstigeren *Microsoft Encarta* durchzusetzen. Das Problem adverser Selektion tritt jedoch grundsätzlich an allen Märkten auf und ist keine Besonderheit des Marktes für Medieninhalte. In dieser Untersuchung wird es daher auch nur noch dort angesprochen, wo die besonderen Bedingungen des Marktes für Medieninhalte dafür sprechen, dass hier die Suchkosten der Nachfrager außergewöhnlich hoch sind.

2.2.5 Besonderheiten der programmgebundenen Medieninhalte

Medieninhalte, die auf Speichermedien wie Büchern, Compact Discs (CDs) oder Kassetten vorliegen, können jederzeit und beliebig lange konsumiert werden. Bei Medieninhalten jedoch, die vom nicht speichernden Medium Rundfunk übertragen werden, gibt es diese Nutzungsfreiheit nicht: Sendungen von Hörfunk- und Fernsehsendern sind an eine Startzeit gebunden, werden in einem fixierten Zeitablauf ausgestrahlt, und ihre Nutzungsmöglichkeit endet mit Ausstrahlungsende. Allenfalls Wiederholungen sind (nach dem gleichen Muster) möglich. Ein Konsument, der in der Regel einen Inhalt entweder vollständig oder gar nicht aufnehmen möchte, muss sich diesem zeitlichen Programmablauf unterwerfen.

Die Programmbindung beeinflusst die Nachfrage nach Medieninhalten auf zwei Arten: (1) Die Suchkosten der Nachfrager nehmen zu, da nicht nur der erwartete Nutzen der Inhalte verglichen werden muss, sondern auch ihre Sendezeit. Damit reicht es nicht mehr aus, einmal eine Prioritätenliste von bevorzugten Medieninhalten zu erstellen, welche man nach Belieben nutzt. Statt dessen muss man jedes Mal, wenn man Zeit und Lust zum Fernsehen oder Radiohören hat, erneut nach einem gefälligen Programm suchen. (2) Die Konkurrenz aller vorhandenen Medieninhalte wird – bedingt durch die Zahl der Sender – auf ein Minimum reduziert, da nur ein kleiner Ausschnitt des verfügbaren Sendematerials gleichzeitig ausgestrahlt wird. Auch büßen die meisten Sendungen allein deshalb an Attraktivität ein, weil sie entweder schon lange angefangen haben oder erst viel zu spät enden und nicht beliebig vom Konsumenten unterbrochen werden können.

Die Wirkungen der Programmbindung sind für die Rundfunkveranstalter von großer Bedeutung:

(1) Die Rezipienten konsumieren oft mehrere Sendungen unmittelbar hintereinander. Da sie von jeder Sendung sowohl den Anfang als auch das Ende sehen oder hören wollen, ist die Wahrscheinlichkeit hoch, dass sie aufeinanderfolgende Sendungen bei einem Sender wählen, weil es nur sehr wenige, zur gleichen Zeit beginnende Alternativen gibt. Dieser „Überleitungseffekt“ (Schröder 1997: 26) bzw. „Lead-In Effekt“ (Kruse 1989: 256) einer Sendung für anschließende Programminhalte ist im deutschen Fernsehen überaus deutlich am Beginn der abendlichen Hauptsendezeit um 20.15 Uhr zu

erkennen: Das Ende der ARD-Tagesschau als weitaus populärster Nachrichtensendung lässt keinem Sender eine Chance, zu einem früheren Starttermin Zuschauer für eine Sendung zu gewinnen. Zudem ist sehr wahrscheinlich, dass ein Großteil der ARD-Einschaltquote der auf die Zwanzig-Uhr-Tagesschau folgenden Sendung auf diesen Lead-In Effekt zurückzuführen ist.

(2) Die Strategie, unliebsamen Werbeblöcken durch Wegschalten auszuweichen, ist nur mäßig attraktiv, da es unwahrscheinlich ist, bei einem anderen Sender ein vergleichbar attraktives Programm zu finden. Zum einen wird es kaum möglich sein, eine gerade beginnende Sendung zu finden, die einen zusätzlich auch noch interessiert, und zum anderen läuft man Gefahr, den mit Spannung erwarteten weiteren Verlauf der unterbrochenen Sendung zu verpassen. Die Bereitschaft, einen Werbeblock zu erdulden, steigt also, weil der Nutzen von Alternativen aufgrund der Programmbindung als zu gering und die zu erleidende Nutzeneinbuße als zu hoch empfunden werden.

(3) Aufgrund der Programmbindung gibt es zwei getrennte Gründe, eine Sendung zu hören oder zu sehen: Zum einen möchte man Sendungen, die einen besonders interessieren, auf keinen Fall verpassen. Um sie zu sehen, richtet man sich den Tagesablauf ein, verzichtet evtl. auf attraktive Alternativtätigkeiten und schaut oder hört so lange zu, bis die Sendung endet, auch wenn man eigentlich keine Lust mehr hat oder zu müde ist. Zum anderen setzt man sich auch vor den Fernseher oder hört Radio, um der „Langeweile zu entkommen" und die „Zeit totzuschlagen" (Schauz 1997: 35). Ob zu diesen Zeiten ein besonders interessanter Inhalt gesendet wird, ist dabei unerheblich. Die Trennung der Gründe, programmgebundene Inhalte zu konsumieren, führt tatsächlich zu einer Steigerung des Rundfunkkonsums. Das zeigt die Beobachtung, dass mit dem Besitz eines Videorekorders die insgesamt vor dem Fernseher verbrachte Zeit abnimmt. Der Videorekorder ermöglicht es nämlich seinen Nutzern, die Abhängigkeit des Fernsehkonsums vom Programmablauf zu beenden und so die zwei Gründe zum Fernsehen zeitlich zu vereinigen. (Vgl. Schauz 1997: 103f) Mit einer „Attraktivität durch Flüchtigkeit" der Fernsehprogramminhalte, wie (Schauz 1997: 103) jedoch mutmaßt, hat dieser Effekt also wenig zu tun.

2.2.6 Nichtrivalität im Konsum

Die aus ökonomischer Sicht wohl interessanteste Eigenschaft von Medieninhalten besteht in ihrer Eigenschaft, ohne Einfluss auf die Herstellungskosten von beliebig vielen Nutzern konsumiert werden zu können: Ein Nutzer eines Medieninhalts schränkt die Nutzungsmöglichkeiten desselben Inhalts für andere potentielle Nutzer in keiner Weise ein. Medieninhalte sind vollkommen *nicht rival im Konsum*, da potentielle Nutzer nicht um die Konsummöglichkeiten konkurrieren müssen. Hier liegt der Grund für die oben genutzte Abgrenzung der Medieninhalte von anderen Gütern über den Begriff der *first copy costs*. Die Darstellung der außerordentlich bedeutsamen Konsequenzen der Nichtrivalität im Konsum für den Medieninhaltemarkt erfolgt in Kapitel 4 dieser Untersuchung.

2.2.7 Unteilbarkeiten des Angebots

Da Medieninhalte sich nicht physisch verbrauchen und in der Regel auch nur in einer einzigen, vollständigen Einheit vorliegen, können sie nicht in einzelnen Teilen oder in verschieden großen Vielfachen eines Ganzen angeboten werden. Mit zwei Kopien eines gleichen Buches, Films oder Musikstücks kann niemand besser gestellt werden als mit einer einzigen Kopie, während ein halbes Buch, halbes Musikstück oder ein halber Film nahezu unbrauchbar ist. Zudem bestünde aufgrund der Nichtrivalität im Konsum auch überhaupt kein praktischer Nutzen in einer Beschränkung der Verfügungsrechte auf Teile eines Medieninhalts. Priest (1994: 21) weist zudem darauf hin, dass die Anbieter oft einzelne, für sich abgeschlossene Medieninhalte noch zu einer größeren Einheit zusammenschließen. Damit erreichen sie eine Einsparung der Transaktionskosten, die unabhängig vom Tauschwert beim Handel und der Übertragung von Nutzungsmöglichkeiten an Medieninhalten auftreten. Ein Beispiel hierfür ist die Bündelung lexikalischer Information in einem Universallexikon, obwohl die meisten Nutzer nur an Teilgebieten interessiert sind. Das gleiche kann bei der Bündelung verschiedenster Nachrichten in einer einzigen Zeitung oder bei der Zusammenstellung vieler Musiktitel auf einer CD beobachtet werden.

Diese Unteilbarkeit von Medieninhalten schränkt die Flexibilität des Handels ein, weil es dem Verbraucher – anders als bei den meisten anderen Gütern – nicht möglich ist, die nachgefragte Menge an den erzielten Nutzen anzupassen. Während zum Beispiel besonders hungrige Menschen viel Brot kaufen und dem Bäcker mehr für seine Dienste bezahlen als weniger hungrige Menschen, müssen alle Käufer eines Medieninhalts die gleiche „Menge“, nämlich ein Ganzes, erwerben. (Vgl. Arrow 1971: 148; Priest 1994: 15) Nur in wenigen Ausnahmefällen ist es möglich, eine Teilbarkeit von Medieninhalten zu simulieren. So wird der Zugriff auf elektronische Datenbanken über Netzwerke in der Regel nach der Nutzungszeit und der Anzahl abgerufener Datensätze abgerechnet. (Vgl. Kapitel 2.5.1.4)

2.2.8 Externe Effekte des Inhaltekonsums

Ein positiver oder negativer Effekt, der mit einem Gut verbunden ist, sich aber nicht in den Kosten seiner Produktion oder seines Verbrauchs niederschlägt, wird als externer Effekt bezeichnet (Priest 1994: 13) Wenn externe Effekte vorliegen, erhalten die Marktteilnehmer falsche Signale, und Qualität und Menge der produzierten und verbrauchten Güter weichen vom Wohlfahrtsoptimum ab; man spricht dann von *Marktversagen.* (Vgl. Fritsch, Wein und Ewers 1993: 54) Die Möglichkeiten externer Effekte der *Produktion* von Medieninhalten sind im Gegensatz zu denen des Inhalte*konsums* sehr begrenzt. Es können allenfalls sogenannte „pekuniäre externe Effekte" (Fritsch, Wein und Ewers 1993: 55) der Produktion auftreten, wenn ein neuer Medieninhalt die Angebote konkurrierender Hersteller auf- oder abwertet. (Vgl. Hall 1981) Im Folgenden werden daher ausschließlich externe Effekte des Inhaltekonsums dargestellt.

2.2.8.1 Positive externe Effekte

Wenn der Konsum von Medieninhalten das Wissen eines Menschen oder sein Sozialverhalten verbessert, können positive Effekte für unbeteiligte Dritte vorliegen: Das Zusammenleben wird angenehmer, die volkswirtschaftliche Produktivität nimmt zu, und gemeinschaftliche Entscheidungen erfolgen besser informiert. (Vgl. Bates 1988; Priest 1994: 13-15) Für die Nachfrage nach informierenden Medieninhalten zur Verbesserung gemeinschaftlicher Entscheidungsfindung formulierte Downs (1957) die Theorie der rationalen Ignoranz: Der persönliche Informationsaufwand führt wohl zu einer Verbesserung der Entscheidung; je mehr Menschen aber an der Entscheidung teilnehmen, desto stärker verteilt sich der Nutzen aus dieser Verbesserung auf viele Nutznießer. Die persönlichen Anreize, Kosten des Informationskonsums aufzunehmen, stehen damit in einem um so schlechteren Verhältnis zum erzielten Gesamtnutzen, je mehr Menschen an der Entscheidung beteiligt sind.

Kritische oder unkonventionelle Medieninhalte, die wichtige Beiträge zum sozialen Fortschritt liefern können, sind in der Nachfrage möglicherweise besonders benachteiligt: Nach dem auf Festinger (1957) zurückgehenden „Konzept der kognitiven Dissonanz" (Maletzke 1988: 22) streben Menschen danach, ihre Einstellungen mit der Umwelt im Gleichgewicht zu halten; sie suchen „kognitive Konsonanz" (Maletzke 1988: 20). Wenn es ihnen nicht durch einen aktiven Einfluss gelingt, Abweichungen der Umwelt von ihren individuellen Sollvorstellungen zu vermeiden, gehen die Menschen zur Selektion informierender Medieninhalte über. Schmitz (1990: 151) erwartet in Bezug auf den Rundfunk einen dreiphasigen Verlauf dieses Selektionsprozesses:

> „Zunächst werden in einer präkommunikativen Phase bevorzugt solche Medienangebote ausgewählt, von denen erwartet wird, daß ihr Inhalt mit den eigenen (Soll-)Vorstellungen nicht kollidiert. Sodann werden während der Mediennutzung, der Kommunikationsphase, dissonanzauslösende Informationen umgedeutet und abgewertet, während konsonanzfördernde Informationen gezielt gesucht und in den Vordergrund gestellt werden. Nach der Mediennutzung, in der nachkommunikativen Phase, setzt sich dieser Reinterpretationsprozeß fort, dissonanzauslösende Informationen werden weiter umgedeutet und leicht verdrängt."

Aufgrund der positiven externen Effekte des Konsums bestimmter Medieninhalte kann davon ausgegangen werden, dass das Ausmaß ihres Konsums zu niedrig ist. Durch *Internalisierung* der externen Effekte sollte versucht werden, die Konsumanreize so weit zu erhöhen, dass die Nachfrager den Konsum dieser Inhalte auf eine optimale Höhe ausdehnen und so das Marktversagen behoben wird. Dabei ist aber unbedingt zu beachten, dass es sich um ein Marktversagen im Konsum und nicht im Angebot handelt; lediglich die Angebotsbedingungen zu verbessern ist also wenig hilfreich. (Vgl. Entman und Wildman 1992: 13)

2.2.8.2 Negative externe Effekte

Neben den positiven externen Effekten können auch negative externe Effekte des Medieninhaltekonsums zumindest nicht ausgeschlossen werden. Zum Beispiel beeinflusst die Rezeption von Medieninhalten mit Darstellungen brutaler Handlungen möglicherweise das Verhalten des Konsumenten, so dass negative Rückwirkungen auf unbeteiligte Dritte auftreten können. (Vgl. Schröder 1997: 8f; Heinrich 1994: 100-104 und die dort angegebene Literatur)

2.2.8.3 Netzwerkexternalitäten

Netzwerkexternalitäten sind zumeist positiv und treten dort auf, wo der Wert einer Einheit eines Gutes mit der Anzahl der in Gebrauch befindlichen Einheiten desselben Gutes variiert (vgl. Economides 1996: 678). Das bekannteste Beispiel positiver Netzwerkexternalitäten ist das Telefon, dessen Gebrauchswert mit der Gesamtzahl der angeschlossenen Telefone zunimmt (Fritsch, Wein und Ewers 1993: 166f). Wenn mehrere inkompatible Alternativen zur Erfüllung desselben Zweckes mit positiven Netzwerkexternalitäten vorliegen, besteht ein Zwang zur Herausbildung eines Standards: Entweder eine Alternative setzt sich im Wettbewerb durch und entwickelt sich von selbst aufgrund des Nachfragervertrauens zu einem de facto-Standard, oder zentrale Akteure einigen sich auf einen allgemein verbindlichen Standard. Wenn sich kein Standard herausbildet, erleiden die Nachfrager einen Wohlfahrtsverlust in Form ausbleibender Netzwerkeffekte. (Vgl. Katz und Shapiro 1986; Owen und Wildman 1992: 265)

Positive Netzwerkexternalitäten können in direkte und indirekte Effekte unterschieden werden (Economides 1996: 679). Die direkten Effekte wirken sich auf den Gebrauchswert selbst aus, so dass zum Beispiel das Telefon nützlicher wird. Die indirekten Effekte wirken sich dagegen über die Produktionsbedingungen positiv für andere Nachfrager aus: Mit steigendem Absatz lohnt sich zum Beispiel die Massenfertigung von Telefonen und Schaltstellen: Die Modellvielfalt nimmt zu und die Gerätepreise fallen. (Vgl. Fritsch, Wein und Ewers 1993: 166f)

Bei Medieninhalten treten positive direkte Netzwerkexternalitäten nur selten in Bezug auf den *Hauptzweck* eines Inhalts auf. Ein Computerprogramm erfüllt seine Funktionen, auch ohne dass Dritte das gleiche Programm benutzen; Ähnliches gilt auch für unterhaltende und informierende Inhalte. Statt dessen entstehen direkte Netzwerkeffekte in Form von Mehrwerten, die über den direkten Produktnutzen hinausgehen: (1) Die Nutzer eines gleichen Computerprogramms können miteinander Erfahrungen und Dateien austauschen sowie sich gegenseitig Hilfestellung bei Problemen leisten. (2) Die Konsumenten können den zugleich von anderen aufgenommen Inhalt zum Gesprächsthema und damit zur Grundlage sozialer Interaktion machen. So etwas geschieht mit Kinofilmen, Live-Shows und besonders auch Sportveranstaltungen, deren gemeinschaftliches Erleben die Grundlage von Fanclubs wird.

Die überragende Bedeutung dieser direkten Netzwerkeffekte für den Bereich der Computersoftware hat Bill Gates frühzeitig genutzt: „Vielleicht haben die PC-Käufer es nicht ausdrücklich gesagt, aber was sie suchten, war die Hardware, auf der die meiste Software lief, und was sie wollten, war dasselbe System, das die Leute hatten, die sie kannten und mit denen sie arbeiteten.“ (Gates 1995: 82) Entsprechend verkaufte Microsoft in der Anfangsphase die produzierten Programme so billig wie möglich, damit sich allein aus der Tatsache, dass diese Programme von nahezu jedem Computerbesitzer benutzt und gekannt wurden, ein einzigartiger Vorteil der Microsoft-Produkte entwickelte. (Vgl. Gates 1995) Mit dieser Strategie gelang es Microsoft auf vielen Teilmärkten, einen de facto-Standard zu setzen, der anschließend – da urheberrechtlich geschützt – mit angehobenen Preisen ausgenutzt werden konnte.

Die indirekten positiven Netzwerkeffekte, die aus den Produktionsbedingungen hervorgehen, treten bei Medieninhalten aufgrund ihrer Nichtrivalität im Konsum besonders deutlich auf. Je mehr Menschen denselben Medieninhalt nachfragen, desto höher ist auch die Summe ihrer Beiträge zu dessen Herstellung. Damit sinkt bei einer größeren Nachfragerzahl der von jedem Einzelnen zu zahlende Preis bei gleichbleibender Qualität, oder die Qualität steigt bei gleichbleibendem Preis. Owen (1975: 26) stellt deshalb eine generelle Benachteiligung von Konsumenten mit ungewöhnlichen Bedürfnissen fest. Diese Benachteiligung ist jedoch nicht nur auf die Preise und Qualität beschränkt, denn die Zahl der Nutzer eines unterlegenen Produkts mit Netzwerkeffekten kann so klein sein, dass der Markt überhaupt nicht mehr versorgt wird (vgl. Owen und Wildman 1992: 266f).

Für Information als Gegenstand von Medieninhalten lassen sich auch negative Netzwerkexternalitäten des Inhaltekonsums nachweisen, da der Wert von Information für einen einzelnen Menschen auch von der Exklusivität des Informationsbesitzes abhängen kann (vgl. Hirshleifer 1973). Zum Beispiel kann die exklusive Information, dass eine weltweite Hungersnot bevorsteht, dazu genutzt werden, an den Agrarmärkten in Nahrungsmitteloptionen zu investieren – ein geradezu unermesslicher Gewinn kann garantiert werden. Wenn alle Menschen diese Information hätten, wäre der Gesamtnutzen aus der Information wohl höher, doch der ansonsten garantierte Gewinn des exklusiv Informierten wäre verloren. (Steinmueller 1992: 175) stellt fest, dass gerade wegen der hohen Transaktionskosten, die bei dem Versuch auftreten, die Wohlfahrtsgewinne einer breiten Informationsstreuung abzuschöpfen, die Anreize zu einer exklusiven Nutzung von Information hoch sein können.

2.2.8.4 Multiple Präferenzen des Inhaltekonsumenten

Das Verhalten mancher Nachfrager beim Konsum bestimmter Inhalte weckt oft den Eindruck einer Sucht: Die betroffenen Personen wissen, dass sie eigentlich zu lange und zu oft fernsehen oder am Computer spielen, doch können sie sich scheinbar nicht anders verhalten. Offensichtlich unterliegen die Menschen in diesen Fällen mehreren, teilweise widersprüchlichen Präferenzsystemen. Tietzel und Müller (1998: 116f) unterscheiden anhand eines einfachen Modells von Thaler und Shefrin (1981) die „unmittelbar handlungsleitenden Präferenzen erster Ordnung (*doer*)“ von den „übergeordnete[n] Präferenzen (*planner*) [. . .], die das langfristige ‘aufgeklärte Eigeninteresse’ des Handelnden reflektieren“. Für den *doer* ist es in den konkreten Situationen zu schwierig, nach den Präferenzen des *planners* zu handeln, so dass er beim Angebot bestimmter Medieninhalte der Verführung zum exzessiven Konsum nicht widerstehen kann.[5]

Die bei Existenz multipler Präferenzen auftretenden Effekte lassen sich gewissermaßen als „intrapersonelle externe Kosten“ (Koboldt 1995: 9) bezeichnen und stellen damit einen Sonderfall der externen Effekte dar. Um das Entscheidungsversagen zu beheben, bieten sich freiwillige Selbstbindungen an, mit denen der Konsum von der Konsumentscheidung zeitlich entkoppelt wird. Damit würden dann den Konsumentscheidungen die langfristigen Präferenzen zugrundegelegt werden. Wenn dennoch einmal aufgrund der kurzfristigen Präferenzen eine Konsumentscheidung getroffen wird, so kann sie anschließend noch auf der Grundlage der langfristigen Präferenzen rückgängig gemacht werden, bevor der Konsum erfolgt. Daneben sind noch viele weitere Möglichkeiten denkbar, mit denen sich das Individuum selbst an die Befolgung der langfristigen Interessen binden kann. Eine dem Problem der Internalisierung „normaler“ externer Effekte vergleichbare Schwierigkeit gibt es dabei jedoch nicht, da kein Eingriff in die individuellen Präferenzen Dritter erfolgt. (Vgl. Tietzel und Müller 1998: 116-123)

---

[5] Auch das bereits bei den positiven externen Effekten erwähnte Konsonanzstreben, welches zum suboptimalen Konsum dissonanter Inhalte führt, widerspricht möglicherweise zugleich anderen, langfristigeren Interessen des Individuums.

2.2.9 Aufmerksamkeit und Zeit als knappes Komplementärgut

Um aus Medieninhalten einen Nutzen zu schöpfen, muss jeder Konsument einen Teil seiner Zeit und Aufmerksamkeit investieren. Tut er dies nicht, so ist ein Medieninhalt ebenso nutzlos wie der linke ohne den rechten Schuh: Die Zeit und die Aufmerksamkeit sind zu Medieninhalten das Komplementärgut des Konsums. Die quantitative Bedeutung dieses Gutes kann schnell gezeigt werden. So betrug die tägliche Nutzungszeit 1995 in Deutschland pro Person 51 Minuten für Bücherlesen, 30 Minuten für Zeitungslesen, 186 Minuten für Fernsehen und 169 Minuten für Radiohören – insgesamt sieben Stunden und 16 Minuten (Bertelsmann AG 1997).[6] Priest (1994: 7) stellt daher fest, dass im Verhältnis zu vielen anderen Gütern Medieninhalte („information") viel Zeit des Konsumenten je Ausgabedollar in Anspruch nehmen.

Die Mediennutzungszeit scheint nicht nur von überragender quantitativer Bedeutung, sondern auch der zentrale limitierende Faktor für die Nutzung von Medieninhalten überhaupt zu sein. Medieninhalte sind in unermesslicher Menge vorhanden und werden durch den Konsum nicht materiell verbraucht. Es ist aufgrund der Knappheit der Zeit und Aufmerksamkeit unmöglich, alle Zeitungen, Zeitschriften und Bücher zu lesen, auch wenn man nur die persönlich interessanten Inhalte auswählt; gleichermaßen unmöglich ist die Anwendung aller sinnvollen Computerprogramme und Spiele. Und selbst ausdauernde Kino- und Fernsehliebhaber dürften Schwierigkeiten bekommen, wenn sie das Archiv des Münchener Filmhändlers Leo Kirch sichten müssten: Sie bräuchten dafür neun Jahre zu 24 Stunden täglich (Fleischhauer 1998: 96). (Vgl. Lanham 1994; Varian 1995)

Die relative Knappheit der menschlichen Aufmerksamkeit ist von entscheidender Bedeutung für die kommerzielle Verwertbarkeit von Medieninhalten, da sie die Effekte verstärkt, die aus der gegenseitigen Substituierbarkeit konkurrierender Medieninhalte hervorgehen (vgl. Kapitel 2.2.3). Wäre die Aufmerksamkeit unbegrenzt, so wäre die Zahlungsbereitschaft gemäß dem ersten Gossenschen Gesetz lediglich durch den abnehmenden Grad der Bedürfnisbefriedigung begrenzt (vgl. Gossen 1992 (1854): 181). Bei begrenzter Aufmerksamkeit sinkt die Zahlungsbereitschaft jedoch zusätzlich, da mit dem Konsum eines Medieninhalts die Zeit für die Nutzung anderer Angebote verloren geht. Diese Verluste an Nutzungsmöglichkeiten stellen für den Konsumenten Opportunitätskosten dar, die den Grenznutzen eines spezifischen Medieninhalts und damit die Zahlungsbereitschaft des Konsumenten zusätzlich senken.

---

[6] Einer Studie des *Südwestfunks* zufolge ist der Zeitaufwand mit sechseinhalb Stunden (1998) geringer, er steige aber bis zum Jahr 2015 um 40 Minuten auf sieben Stunden und zehn Minuten an (QuickLinks: 11. November 1998).

2.3 Exkurs: Urheberschutz als Bedingung privater Inhaltebereitstellung

Damit die Hersteller von Medieninhalten an einem Markt zur Deckung ihrer Kosten Erlöse erzielen können, müssen sie die Nachfrager zur Zahlung eines Preises zwingen können. Das natürliche Mittel dazu ist die Drohung, das gewünschte Gut dem potentiellen Nutzer vorzuenthalten, wenn dieser den Preis nicht zu zahlen bereit ist. Aufgrund der Nichtrivalität im Konsum von Medieninhalten (vgl. Kapitel 2.2.6) ist diese Drohung jedoch zunächst wirkungslos, da der Urheber, sobald er eine Kopie verkauft, nicht mehr der einzige Anbieter von Nutzungsmöglichkeiten ist: Von jeder Kopie können weitere Kopien angefertigt werden, ohne den Urheber an den Erlösen zu beteiligen. Eine solche Situation zu verhindern ist die Aufgabe des Urheberschutzes. Durch ihn werden die Eigentumsansprüche des Urhebers auf das exklusive Recht ausgedehnt, Nutzungsrechte auszusprechen; die Gefahr einer Konkurrenz unberechtigter „Anbieter" soll so ausgeschlossen werden. Dieser Abschnitt der Arbeit zeigt neben den Grundsätzen des Urheberschutzes auch seine Probleme und wohlfahrtsökonomischen Kosten auf.

2.3.1 Geschichte des Urheberschutzes

Als wohl erstes Urheberrecht moderner Prägung gilt das *Statute of Anne* von 1709, welches in England erstmals dem Autor und nicht dem Drucker das Eigentum am Werk zusprach. Vor dem *Statute of Anne* und nach der Erfindung des Buchdrucks wurden in England und im übrigen Europa den Druckern Sonderrechte zugesprochen, womit der Buchhandel politisch kontrolliert und die Piraterie bekämpft werden sollte. (Vgl. Davies 1994: 7) In England waren diese Sonderrechte Gegenstand eines Paktes zwischen den Kirchen und dem Staat zur Zensur des Gedankengutes, bis die Kontrolle des Druckhandwerks auf die Gilden von London überging. Nachdem diese am Ende des 17. Jahrhunderts zusammen mit der Monarchie an Einfluss und Bedeutung verloren hatten, wurde überall und unkontrolliert gedruckt, bis es 1709 zur Einsetzung des *Statute of Anne* kam. (Vgl. Barrow 1997: 71) Damit gab es nicht nur ein echtes Gesetz zum Schutz der Urheberinteressen, sondern es wurden auch erstmals die Interessen der Werknutzer berücksichtigt. Bei zu hoch angesetzten Preisen konnten sich diese auf der Grundlage des Statuts bei staatlichen und kirchlichen Stellen beschweren. (Vgl. Davies 1994: 9)

Das heute in Deutschland gültige Urheberrechtsgesetz (UrhG) geht auf die umfassende Urheberrechtsreform vom 9. September 1965 zurück.[7] Mit ihr

[7] Zu dieser Reform fällte der Bundesgerichtshof im Juli 1971 fünf Entscheidungen bezüglich der §§ 27 (1) UrhG (Vermiet- und Verleihrecht), 46, 47, 53 (5) UrhG (Schran-

wurden erstmals in Deutschland die Urheberrechte und die verwandten Schutzrechte (der ausübenden Künstler und Medienhersteller) deutlich unterschieden sowie der Urheberschutz von 50 auf 70 Jahre nach dem Tod des Urhebers ausgedehnt. (Vgl. Davies 1994: 118) Urheber können seither nur natürliche Personen sein, während zuvor auch Filmproduzenten Urheberschutz genossen. Sie verfügen heute nur noch über verwandte Schutzrechte. (Vgl. Davies 1994: 119)

1985 wurde mit der ersten Ergänzung der Schutz von Computerprogrammen als literarische Werke in das UrhG aufgenommen sowie eine allgemeine Vergütungspflicht auch für solche öffentliche Aufführungen vorgesehen, die bisher wegen ihres nicht kommerziellen Charakters von Zahlungen an die Urheber befreit waren. Der Bundestag verschärfte zugleich die Regelungen gegen Piraterie, welche als wachsendes Problem wahrgenommen wurde. Das Gesetz sieht nun höhere Strafen und die grundsätzliche Verfolgung der Piraterie durch die Staatsanwaltschaft vor, auch ohne dass eine private Anzeige vorliegt oder der Staat ein öffentliches Interesse an der Strafverfolgung erkennt. (Vgl. Davies 1994: 129) Mit der Änderung des UrhG zum 1. Juli 1990 wurden die Strafen für Piraterie weiter verschärft und die Strafverfolgungsmöglichkeiten der Behörden verbessert. Zugleich wurden die Möglichkeiten der Verwertungsgesellschaften zur Erhebung von Tantiemen (vgl. Kapitel 2.5.3) ausgeweitet. Mit dem Vertrag über die Deutsche Einheit schließlich wurde zum 3. Oktober 1990 das Recht der alten Bundesrepublik auf die neuen Bundesländer ausgedehnt.

Die zweite Ergänzung des UrhG arbeitete am 9. Juni 1993 die EU-Computerprogrammrichtlinie vom 14. Mai 1991 ein, eine dritte Ergänzung erfolgte mit der Umsetzung der EU-Datenbankrichtlinie durch das zum 1. Januar 1998 in Kraft getretene Informations- und Kommunikationsdienstegesetz. Eine weitere Änderung des deutschen UrhG ist mit der EU-Urheberrechtsrichtlinie zu erwarten, welche vermutlich im Laufe des Jahres 1999 vom Rat der Europäischen Union verabschiedet wird (vgl. Europäische Kommission 1997c). Kapitel 3.2 wird hierauf im Rahmen der rechtlichen Auswirkungen der *Neuen Medien* ausführlich eingehen.

2.3.2 Grundsätze des Urheberschutzes

Die ausdrücklichen Ziele des Statute of Anne von 1709 als erstem echten Urheberrechtsgesetz „were to be for the encouragement of learning, for preventing the practice of piracy for the future, and for the encouragement of learned men to compose and write useful books." (Davies 1994: 9) Damit lagen dem Statut bereits jene Prinzipien zugrunde, welche auch heute die

---

kenbestimmungen, siehe Kapitel 2.3.3) und 135 UrhG (Übergangsbestimmungen). (Vgl. Davies 1994: 124f)

Rechtfertigung für staatlich garantierten Urheberschutz sind. Davies (1994) bezeichnet diese Prinzipien im einzelnen als (1) natürliches Persönlichkeitsrecht des Autors, die volle Verfügung über seine Arbeit zu haben, (2) natürliches Recht auf Entlohnung für eine Arbeit in Höhe des Nutzens, den andere dadurch haben, (3) gesellschaftlich erwünschter Anreiz kreativer Tätigkeit und (4) Berücksichtigung sozialer Anforderungen der weitestmöglichen Verbreitung eines Werkes, um den gesellschaftlichen Fortschritt zu fördern. (Davies 1994: 10-13).

Davies' (1994) Prinzipien (3) und (4) des Statute of Anne verfolgen das Interesse, den gesamtgesellschaftlichen Nutzen aus der kreativen Arbeit zu maximieren. Gleichlautend nutzenorientiert argumentieren Besen und Raskind (1991: 5): „The objective of intellectual property protection is to create incentives that maximize the difference between the value of the intellectual property that is created and used and the social cost of its creation, including the cost of administering the system." Besen und Raskind weisen aber zugleich darauf hin, dass die Notwendigkeit weitreichender Eigentumsrechte für Urheber von Werken um so geringer ist, je weniger „innovation depends on the resources invested and the potential economic rewards." (Besen und Raskind 1991: 6) Ebenfalls anreizorientiert argumentiert Priest (1994), indem er den Urheberschutz (*copyright*) als Schutzprinzip der materiellen Entlohnung für ein kreatives Werk abgrenzt gegenüber den Plagiarismusnormen als Schutzprinzip der immateriellen Entlohnung: „Copyright actually reduces nonpecuniary rewards by restricting circulation." (Priest 1994: 39)

Die beiden ersten von Davies (1994) genannten Gründe unterliegen dagegen keiner nutzenorientierten (utilitaristischen), sondern einer naturrechtlichen, normativen Argumentation. Diese gesteht dem Autor den Ertrag und die Kontrolle der Ergebnisse seiner Arbeit zu (vgl. Breyer 1970: 284-291). Die Natürlichkeit dieses Anspruches zeigt sich auch darin, dass die Autoren die volle Kontrolle über ihre Werke haben, so lange sie sie nicht veröffentlichen (Barrow 1997: 71). Es wäre den Autoren nur schwer verständlich zu machen, dass sie ihre natürlichen Rechte am Werk erst aufgeben müssen, damit andere an ihrem Nutzen teilhaben können.

Auffällig ist, dass das angloamerikanische *copyright* als Zweck die Förderung von Wissenschaft und Kunst und damit den gesellschaftlichen Nutzen aus kreativer Arbeit verfolgen, während die kontinentaleuropäischen Urheberrechtswerke eher einer naturrechtlichen Argumentation folgen. Werden Einschränkungen („Schrankenbestimmungen", vgl. Kapitel 2.3.4) des Urheberschutzes im öffentlichen Interesse vorgenommen, so stehen diese hier im *Gegensatz* zum eigentlichen Zweck des Gesetzeswerkes. In den angloamerikanischen Werken lassen sich Schrankenbestimmungen hingegen einfügen, ohne dem Gesetzeszweck zu widersprechen. Allerdings widmet auch der Deutsche Gesetzgeber der Bedeutung des Urheberschutzes für die wirtschaftliche Entwicklung und gesamtgesellschaftliche Wohlfahrt eine zunehmende

Aufmerksamkeit. Für Davies (1994: 133) ist die „deutsche Erfahrung" ein Indiz, dass Urheberschutz zunehmend als Kreativitätsanreiz und weniger als Naturrecht verstanden wird.

Die Kritik am Urheberschutz beruft sich nicht nur auf die sozialökonomischen Kosten des Nutzerausschlusses, die in Kapitel 2.3.3 behandelt werden, sondern sie wendet sich zum Teil grundsätzlich gegen die Anwendbarkeit eines Naturrechts des Urhebers auf sein Werk. Das Naturrechtsprinzip wird in der Regel mit dem Lockeschen Prinzip verteidigt, dass ein Mensch sich selbst und damit auch die Früchte seiner Arbeit besitzt. Nozick (1974) stellt allerdings die Frage, ob sich die Ansprüche auf geistiges Eigentum tatsächlich nur auf die Früchte der eigenen Arbeit beschränken. Wird einem geistigen Eigentümer nicht auch Eigentum an der Leistung einer Vielzahl anderer zugesprochen, die überhaupt erst die Grundlage und die Möglichkeit der schöpferischen Arbeit geschaffen haben? „But why isn't mixing what I own with what I don't own a way of losing what I own rather than a way of gaining what I don't? If I own a can of tomato juice and spill it in the sea so that its molecules [. . .] mingle evenly throughout the sea, do I thereby come to own the sea, or have I foolishly dissipated my tomato juice?" (Nozick 1974: 174f) Nozick folgend argumentiert auch Hettinger (1989): „Given this vital dependence of a person's thoughts on the ideas of those who came before her, intellectual products are fundamentally social products. Thus even if one assumes that the value of these products is entirely the result of human labor, this value is not entirely attributable to *any particular laborer* (or small group of laborers)." (Hettinger 1989: 38)[8]

Die Argumente von Nozick und Hettinger sind allerdings nur so weit von entscheidender Bedeutung, als man die utilitaristischen Prinzipien des Urheberschutzes ausklammert *und* sich solchen Werken zuwendet, bei welchen der persönliche Einsatz vergleichsweise gering ist. Nimmt man ein solches Werk, wie zum Beispiel ein Musikstück *C*, das wesentlich auf den Erfahrungen mit den älteren Werken *A* und *B* anderer Urheber aufbaut, so gilt jedoch immer noch, dass die Erträge aus *C* zeitlich begrenzt sind. Immer ist damit zu rechnen, dass ein anderer Urheber ein neues Werk *D* (auf *A*, *B* und *C* aufbauend) schöpft und die Verwertungsmöglichkeiten von Werk *C* ebenso

[8] Hettinger (1989: 38f) macht noch einen weiteren Kritikpunkt am geistigen Eigentum, der aber weit weniger nachvollziehbar ist. Der Wert eines geistigen Eigentums sei „a socially created phenomen, depending on the activity (or nonactivity) of other producers, the monetary demand of purchasers, and the kinds of property rights, contracts, and markets the state has established and enforced." (Hettinger 1989: 38) Ein Problem kann hierin jedoch kaum gesehen werden, schließlich sollen sich die Leistungsanreize in der Wirtschaft nicht nach den persönlichen Mühen der Aktivität richten, sondern nach dem, was andere an Nutzen aus einer Aktivität ziehen. Profitieren viele Menschen mit einer hohen Kaufkraft zugleich von einer Aktivität, so sollten entsprechend auch die Anreize zur Aktivität besonders stark sein.

einschränkt wie dies Werk *C* mit den Werken *A* und *B* tat. Der Ertrag der Arbeit einer Vielzahl aufeinander aufbauender Urheber verteilt sich also auf diese Art gleichmäßig über die Zeit, wobei der Ertragsanteil des Urhebers eines bestimmten Werkes von der Entwicklung von Nachfolgewerken abhängt. Man kann daher den Urhebern auch einen quasi berufsbedingten Konsens unterstellen, dass sie für die intellektuelle Inanspruchnahme früherer Schöpfungen bezahlen, indem sie ihre Werke wiederum nachfolgenden Urhebern als Grundlage fremden Schaffens und fremder Eigentumsansprüche anbieten.

2.3.3 Sozialökonomische Kosten des Urheberschutzes

Da die Urheber den Nachfragern nicht ansehen können, welchen Preis diese maximal zu zahlen bereit sind, wählen sie in der Regel einen einheitlichen, erlösmaximalen Preis P^* für Kopien ihres Werkes. Viele Nachfrager, deren Zahlungsbereitschaft unter diesem Preis liegt, werden damit jedoch von der Nutzung ausgeschlossen, obwohl ihr Nutzen weit über den Produktionskosten einer weiteren Kopie liegt – es tritt ein Wohlfahrtsverlust in Form von Unternutzung auf. In Abbildung 2-1 ist diese Situation dargestellt, wobei alle Nachfrager rechts des marginalen Nachfragers Q^* ausgeschlossen werden. Der Wohlfahrtsverlust besteht aus der Summe der Zahlungsbereitschaften der über den Preis ausgeschlossenen Nutzer und entspricht damit dem Wohlfahrtsverlust eines monopolistischen Marktes. Es ist verlockend, den Urheberschutz für diesen Wohlfahrtsverlust verantwortlich zu machen, da ohne ihn auch niemand von der Nutzung ausgeschlossen werden könnte. Tatsächlich scheint der Grund für die Kritik mancher Autoren am Urheberschutz zu sein, dass dieser (mutmaßlich) ungerechtfertigte Monopole schaffe (vgl. Bettig 1997: 104 sowie die dort angegebene Literatur).

Abbildung 2-1:
Wohlfahrtsverlust durch Unternutzung

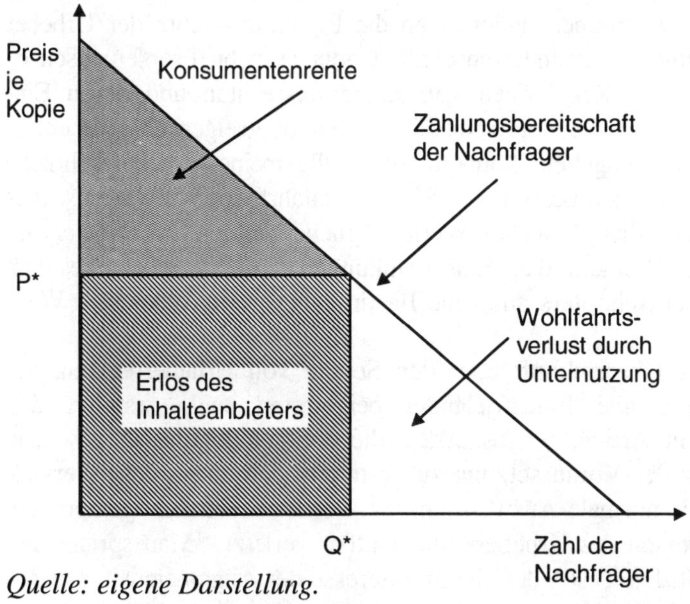

Quelle: eigene Darstellung.

Diese Wohlfahrtseinbußen durch den Nutzerausschluss treten nicht nur bei der *Nutzung* von Inhalten auf, sondern auch bei der *Produktion* neuer, teilweise abgeleiteter Werke: Der Urheberschutz behindert die Schaffung von solchen Werken, weil er die Einbindung von Werken oder Werkteilen anderer Schöpfer erschwert. Dieser schöpfungshemmende Effekt hebt so die materielle Stimulierung des Urheberschutzes zur Schaffung neuer Werke teilweise wieder auf. (Vgl. Besen und Raskind 1991; Bettig 1997; Hettinger 1989)

2.3.4 Schrankenbestimmungen des Urheberschutzes zugunsten der Allgemeinheit

Der Wohlfahrtsverlust durch eine Verstärkung des Urheberschutzes ist leider oft höher als der gesellschaftliche Nutzen aus der dadurch erzielten Optimierung der Markteffizienz. Dafür sind zwei Phänomene verantwortlich. (1) Dem Anbieter von Inhalten ist es unmöglich, seine Preise an die Zahlungsbereitschaft der Nachfrager individuell anzupassen (siehe Kapitel 4). Nachfrager mit einer geringen Zahlungsbereitschaft werden daher systematisch ausgeschlossen. (2) Die Kosten der Übertragung und Kontrolle von Nutzungsrechten sind relativ unabhängig von dessen wirtschaftlichem Wert. Daher unterbleiben viele Nutzungsmöglichkeiten, weil ihr potentieller Nutzen sogar geringer ist als diese Transaktionskosten.

Das Erreichen des Ziels, den gesellschaftlichen Nutzen aus dem Schutz der Urheberinteressen zu maximieren, setzt daher voraus, dass diese zwei Effekte mit berücksichtigt werden. Dabei ist es grundsätzlich denkbar, die soziale Wohlfahrt zu erhöhen, indem man die Eigentumsrechte der Urheber für einzelne Nutzungstatbestände einschränkt oder aufhebt. Problematisch ist jedoch, dass generelle Regelungen von Eigentumsrechten und deren Einschränkungen nicht auf die unterschiedlichen Nutzungseigenschaften unterschiedlicher Inhalte eingehen können. Eine allgemeine urheberrechtliche Bestimmung, die für einen bestimmtes Werk wohlfahrtsoptimal wäre, ist dies für ein anderes, äußerlich ähnliches Werk möglicherweise nicht. Schwerwiegender noch ist das Problem, dass Einschränkungen des Urheberschutzes dem Naturrecht des Werkschöpfers auf volle Bestimmungsgewalt über sein Werk widersprechen.

Die Berner Übereinkunft über den Schutz von Urheberrechten, der mittlerweile nahezu alle Industrieländer beigetreten sind, gestattet den Verbandsländern in Artikel 9 Absatz 2, „die Vervielfältigung in gewissen Sonderfällen unter der Voraussetzung zu gestatten, daß eine solche Vervielfältigung weder die normale Auswertung des Werkes beeinträchtigt noch die berechtigten Interessen des Urhebers unzumutbar verletzt." Man spricht hier auch vom „Drei-Stufen-Test", den die im Interesse der Allgemeinheit von den Vertragsstaaten verfügten *Schrankenbestimmungen des Urheberrechts* erfüllen müssen.

Der deutsche Gesetzgeber sieht Schrankenbestimmungen für die Begünstigung verschiedener Nutzungen vor. Dabei ist die Nutzung von Werken teils unentgeltlich, teils ohne Zustimmung aber mit Vergütung (Zwangslizenzen) zulässig. Grundsätzlich kann die Verwendung jedoch nur in unveränderter Form (§ 62 UrhG, Ausnahmen siehe dort) und unter gleichzeitiger Quellenangabe (§ 63 UrhG) erfolgen. Beschränkungen des Urheberschutzes zugunsten der Informationsfreiheit erfolgen bei amtlichen Werken (§ 5 UrhG), öffentlichen Reden (§ 48 UrhG, Ausnahmen siehe dort), Zeitungsartikeln und Rundfunkkommentaren zu Tagesfragen ohne ausdrücklichen Vorbehalt der Rechte (§ 49 Absatz 1 UrhG), aktueller Bild- und Tonberichterstattung (§ 50 UrhG), unwesentlichem (versehentlichen) Beiwerk einer Publikation (§ 57 UrhG), sowie Wiedergaben von Werken an öffentlichen Plätzen (§ 59 UrhG). (Vgl. Branahl 1996)

Eine Beschränkung des Urheberschutzes zugunsten „der Informationsfreiheit sowie der Fortentwicklung von Wissenschaft und Kunst" sieht der deutsche Gesetzgeber mit dem Recht zur freien Benutzung eines fremden Werkes (§ 24 UrhG) sowie der Zitierfreiheit (§ 51 UrhG) vor. Die §§ 47 und 52 UrhG sehen Einschränkungen des Urheberschutzes in solchen Fällen vor, in denen für den Unterrichtsgebrauch Vervielfältigungsstücke angefertigt oder für kirchliche oder wohlfahrtspflegerische Zwecke geschützte Werke öffentlich wiedergegeben werden. In der Regel entfällt für schulische oder wohlfahrtspflegerische Zwecke auch die Vergütungspflicht. (Vgl. Branahl 1996: 179-183)

Für die nach § 53 UrhG zulässige private Vervielfältigung für den persönlichen Gebrauch dient vor allem dem Schutz der Privatsphäre. Der Gesetzgeber vermeidet damit, dass die ohnehin schwer zu kontrollierende private Mediennutzung einer externen Kontrolle unterliegt. (Vgl. LAB 1995) Da es sich hier nur um eine Zwangslizenz handelt, „hat der Urheber des Werkes gegen den Hersteller 1. von Geräten und 2. von Bild- oder Tonträgern, die erkennbar zur Vornahme solcher Vervielfältigungen bestimmt sind, Anspruch auf die Zahlung einer angemessenen Vergütung" (§ 54 Absatz 1 UrhG). Gleiches gilt gegen Hersteller von Fotokopiergeräten (§ 54a Absatz 2 UrhG). Umfang und Bedeutung dieser Vergütungen wird in Kapitel 2.5.3 dargestellt.

Eine besondere Art der Einschränkung des Urheberschutzes ist in einer nachsichtigen oder nachlässigen Verfolgung von unerlaubten Urheberrechtsverstößen zu sehen. Die dem Schöpfer mit dem Urheberschutz zugesprochenen Eigentumsrechte sind immer nur so wertvoll, wie die Mittel zu ihrer Durchsetzung wirksam sind. Auf sich allein gestellt können die Urheber jedoch in vielen Fällen ihre Rechte nicht durchsetzen. Hier ist der Staat gefordert, die Urheberrechte zu schützen. Zuweilen kommt es aber vor, dass er dies bewusst unterlässt oder seine Bemühungen zumindest einschränkt (vgl. Wildman und Siwek 1988). Die Motive können dabei durchaus ähnlich denen der ausdrücklichen Einschränkungen des Urheberschutzes sein. Vor allem für Staaten, die selbst keine bedeutende Medienbranche aufweisen, kann die Tolerierung von Piraterie attraktiv sein (vgl. Varian 1998): Einerseits werden formal die internationalen Abkommen zum Urheberschutz erfüllt, andererseits kann die eigene Wirtschaft aber von den erleichterten Nutzungsmöglichkeiten profitieren.

Tendenziell wirkt sich die eingeschränkte Piraterieverfolgung ebenso wie die ausdrücklichen Schrankenbestimmungen positiv auf die Ausübung von Nutzungen aus, die ansonsten aufgrund zu hoher Transferkosten oder geringer Kaufkraft der Nutzergruppen unterblieben. Denn die Gefahren der Strafverfolgung sind jeweils dann am kleinsten, wenn der Nutzungswert relativ zum Verfolgungsaufwand bedeutungslos ist oder wenn das Strafrisiko relativ gering ist. Vom Strafrisiko wiederum kann erwartet werden, dass es mit der Kaufkraft wächst. Nachfrager mit hoher Kaufkraft werden es auch bei weniger strenger Verfolgung von Urheberrechtsverstößen unattraktiv finden, Piraterie zu betreiben. Nachfrager, die wenig zu verlieren haben, können hingegen deutlich von Piraterie profitieren. In die gleiche Richtung wirken die Interessen der Urheber: An einer intensiven Strafverfolgung von Urheberrechtsverstößen kann ihnen nur dann gelegen sein, wenn dadurch nicht nur Nutzer ausgeschlossen, sondern auch tatsächliche Umsätze auf ihre Werke gelenkt werden. Kaufkraftschwache Konsumenten werden jedoch auch ohne Piraterie kein Geld für die Inhalte ausgeben können. Begrenzte Piraterietoleranz wird daher, wenn sie nicht bewusst zur Schädigung der Urheber betrieben wird, eher kaufkraftschwache Nachfrager begünstigen, während Marktsegmente mit hoher Kaufkraft weiterhin zur legalen Werknutzung genötigt werden.

2.3.5 Auswirkungen von Schrankenbestimmungen und Piraterie auf die Wohlfahrt

Mit den Studien von Novos und Waldman (1984), Johnson (1985), sowie Besen und Kirby (1989) liegen drei Versuche vor, mit Hilfe ökonomischer Modelle die Auswirkungen von Piraterie und Schrankenbestimmungen auf die soziale Wohlfahrt zu beurteilen. In jedem Modell gibt es für ein Werk nur einen Preis; Preisdifferenzierung ist nicht vorgesehen. Leider weichen die Modellannahmen so weit von den bisher gemachten Aussagen dieser Arbeit ab, dass ihre Ergebnisse nur zum Teil übernommen werden können. Daher soll über die folgende knappe Darstellung und Kritik der Modelle hinaus nicht weiter auf die Modelle eingegangen werden.

2.3.5.1 Das Novos-Waldman-Modell

Novos und Waldman (1984) gehen in ihrem Modell davon aus, dass alle Konsumenten in gleicher Weise das Gut schätzen, aber unterschiedlich hohe Kosten der illegalen Beschaffung haben. Diese unveränderlichen (fixen) Zusatzkosten des „Sekundärmarktes“ kommen zu den Vervielfältigungskosten hinzu, die auch der Urheber bei der Herstellung von Originalen hat. Der *Wohlfahrtsverlust des Urheberschutzes aufgrund von Unternutzung* der Originale besteht dann nicht nur in dem Ausschluss von Konsumenten, sondern auch in der Summe dieser Zusatzkosten im Sekundärmarkt. Diese ist um so höher, je mehr Nachfrager aufgrund des Preises der Originale auf den Sekundärmarkt ausweichen. Wird der Urheberschutz verschärft, so wird ein Teil der Nutzer zurück in den Markt für Originale gedrängt und die Wohlfahrtsverluste aus den Zusatzkosten der Kopienerstellung nehmen ab. Dieser Effekt kann stärker sein als der zunehmende Wohlfahrtsverlust aufgrund des Nutzerausschlusses.[9] Unter Umständen kann also durch verstärkten Urheberschutz eine Senkung des Wohlfahrtsverlustes aufgrund von Unternutzung erzielt werden, was bisherigen Annahmen widerspricht.

Die Annahmen, die zu der relativ geringen Bewertung des Wohlfahrtsverlustes aufgrund des Nutzerausschlusses gegenüber dem der Zusatzkosten der Kopienerstellung führen, erscheinen jedoch unzutreffend. Für die meisten der heute vorliegenden Inhalte kann man im Gegensatz zu Novos und

[9] Dieser zusätzliche Wohlfahrtsverlust besteht im zusätzlichen Ausschluss von Nutzern vom Markt für Originale (durch den jetzt möglichen höheren Preis) sowie im zusätzlichen Ausschluss von Nutzern vom Sekundärmarkt (durch erhöhten Urheberschutz).

Waldman (1984) annehmen, dass die unabhängig vom Urheberschutzniveau auftretenden (fixen) Zusatzkosten der Kopienerstellung für jeden Nachfrager etwa gleich hoch – nämlich sehr niedrig – sind. Statt dessen unterscheiden sich die Nutzer aber in ihrer Zahlungsbereitschaft für das Gut, da sie (1) eine unterschiedliche Kaufkraft und (2) ein unterschiedliches Nutzungsinteresse haben.[10] Der Urheberschutz hingegen wirkt sich nur in Abhängigkeit von der Kaufkraft des einzelnen Nachfragers auf sein Verhalten aus: Je höher die Kaufkraft des Nachfragers ist, desto stärker führt eine Urheberschutzverschärfung zu einem Ansteigen seiner *variablen, immateriellen* Zusatzkosten des Kopierens in Form des individuell empfundenen Strafverfolgungsdrucks.[11]

Auch unter entsprechend korrigierten Annahmen senkt eine Verschärfung des Urheberschutzes zwar die Summe der fixen Zusatzkosten der Kopienerstellung, diese sind aber ohnehin vernachlässigbar. Statt dessen erhöht sich der Ausschluss von Nutzern, die nur eine geringe Kaufkraft oder geringwertige Nutzungsinteressen haben, da ihnen das Ausweichen auf den Sekundärmarkt zu teuer gemacht wird. Nur bei einer hohen Kaufkraft und starkem Nutzungsinteresse wechseln diese Nachfrager aus dem Sekundärmarkt in den Markt für Originale.

Unterschiedliche Kaufkraft und Nutzungsinteressen sorgen bei Einheitspreisen und Urheberschutzverschärfung also für einen größeren Wohlfahrtsverlust durch Unternutzung, als Novos und Waldman (1984) in ihrem Modell vorschlagen. Zusätzlich gilt, dass bei einer Verschärfung des Urheberschutzes die urheberschutzabhängigen Zusatzkosten des Kopierens für diejenigen zunehmen, die im Sekundärmarkt verbleiben. Novos und Waldmans Annahme von abnehmenden Wohlfahrtsverlusten durch Unternutzung aufgrund einer Urheberschutzverschärfung muss also widersprochen werden.

Novos und Waldman (1984) greifen auch beim *Wohlfahrtsverlust aufgrund von Unterproduktion* eine in der Literatur geteilte Annahme an, nach der dieser durch eine Steigerung des Urheberschutzes in jedem Fall gesenkt wird. Normalerweise steigert eine Verschärfung des Urheberschutzes die Erlösmöglichkeiten der Urheber, so dass diese die Qualität des Angebots anheben. Novos und Waldman (1984) weisen aber auf einen gegenläufigen Effekt hin. Durch verschärften Urheberschutz können die Urheber auch die Preise anheben, was mehr Nutzer in den Sekundärmarkt drängt, da sich die Kopierkosten nicht ändern und Kopien damit für eine größere Zahl von

[10] Novos und Waldman (1984) dehnen zwar ihre Aussage, dass der Verlust aufgrund von Unternutzung durch eine Verschärfung des Urheberschutzes nicht zunehmen muss, auch auf diesen Fall aus, bleiben jedoch den Beweis schuldig (vgl. Novos und Waldman 1984: 238 und 245).

[11] Diese Wirkung sieht auch das Modell von Novos und Waldman (1984) vor, ohne dass dieser Kostenanstieg aber in der Bewertung einer Verschärfung des Urheberschutzes berücksichtigt wird.

Nachfragern billiger als Originale werden. Novos und Waldman schließen daraus, dass dieser Effekt zwar in der Regel um so geringer ausfällt, je strenger der Urheberschutz ist, zeigen aber in ihrem Modell die mathematische Möglichkeit, dass dieser Effekt so stark werden kann, dass mit steigendem Urheberschutz der Wohlfahrtsverlust aufgrund von Unterproduktion zunimmt. (Novos und Waldman 1984: 243)

Auf die Realität ist dieses unerwartete Ergebnis jedoch kaum übertragbar: Die Preiserhöhung, die die Nachfrager in den Markt für Kopien drängt, findet schließlich nur deshalb statt, weil die Qualität des Gutes aufgrund des gesteigerten Urheberschutzes erhöht wurde (so auch Novos und Waldman 1984: 243). Führte der Urheberschutz jedoch in Wirklichkeit zu einer Senkung der Qualität – denn nur dies bedeutet einen gestiegenen Wohlfahrtsverlust aufgrund von Unterproduktion –, so sänken notwendigerweise auch die Preise. Dies führte jedoch bei stärkerem Urheberschutz zu einem Verkauf von mehr Originalen als mit geringerem Urheberschutz, und die Qualität könnte wieder gesteigert werden. Der von Novos und Waldman entdeckte Effekt kann daher allenfalls den qualitätssteigernden Effekt aufgrund von Urheberschutzverschärfung abschwächen, nicht jedoch umkehren. Zudem widersprechen sich die Autoren, denn auch in ihrem Modell erhöht eine Urheberschutzverschärfung die Kosten der Kopienerstellung, diese bleiben also nicht konstant.

2.3.5.2 Das Johnson-Modell

Johnson (1985) wendet in seiner Studie „Economics of Copying" das zirkuläre Modell des monopolistischen Wettbewerbs von Salop (1979) an.[12] Nachfrager und Medieninhalte sind gleichmäßig entlang einer Kreislinie angeordnet; die Qualität des Gutes ist nicht veränderbar. Der Bruttonutzen μ des Werkes verringert sich um die Distanz d des Konsumenten vom Werk auf den Nettonutzen μ-d. Der Konsument kann eine Einheit eines Werkes zum Preis von 1 p oder zu den Kopierkosten 1 w (Lohn während der Zeit des Kopierens) erhalten. Erst wenn $\mu - (d + p)$ oder $\mu - (d + w)$ positiv ist, erhält der Konsument eine Konsumentenrente und er konsumiert. Wenn w größer ist als p, so kauft er ein Original; andernfalls ist Kopieren für ihn günstiger. (Johnson 1985: 164)

In diesem Modell kann das Zulassen von Kopieren kurzfristig die Konsumentenrente erhöhen, wenn es dann Konsumenten gibt, deren Kopierkosten w geringer sind als der geforderte Preis. Es können mehr Individuen das Werk konsumieren, und viele Konsumenten erhalten das Werk zu einem geringeren Preis. Die Gesamtwohlfahrt steigt aber um einen sehr viel geringeren Betrag, da die Produzenten geringere Erlöse erzielen und damit die Produzentenrente

---

[12] Das zirkuläre Modell des monopolistischen Wettbewerbs wird detaillierter in Kapitel 4.4.4 vorgestellt und angewendet.

sinkt. Auch sind mit dem Kopieren (wie bei Novos und Waldman 1984) höhere und unproduktive Aufwendungen an Arbeitszeit verbunden. Aus diesem Grunde kann auch der kurzfristige Wohlfahrtsgewinn durch die Zulassung von Kopieren genau dann negativ ausfallen, wenn die Summe der Konsumentenrente der neu hinzugekommenen Nutzer kleiner ist als die Summe der Kopierkosten w der vom Kauf zum Kopieren gewechselten Nutzer.

Langfristig wird das Angebot bei Zulassung von Kopieren auf ein niedrigeres Gleichgewichtsniveau zurückgehen, da mit den geringeren Erlösen weniger Werke finanziert werden können. Daher kann die Summe der Konsumentenrente aller Werke sinken, auch wenn die Konsumentenrente pro Werk steigt. Wie stark die Konsumentenrente durch einen Rückgang der Angebotsvielfalt sinkt, hängt davon ab, wie viel Wert die Konsumenten auf Angebotsvielfalt legen. Sind zum Beispiel alle Angebote perfekte Substitute, so würde die Konsumentenrente durch Sinken der Angebotsvielfalt überhaupt nicht beeinträchtigt werden. Die soziale Wohlfahrt steigt dann sogar, da weniger Ressourcen für die Produktion von überflüssiger Vielfalt aufgewendet werden. (Vgl. Johnson 1985: 165f) Falls die Vielfalt durch Zulassung von Kopieren auf ein suboptimales Niveau gesenkt wird, empfiehlt Johnson Abgaben auf Kopien oder Kopiergeräte, um die soziale Wohlfahrt zu erhöhen. Ähnliches kann durch Subventionierung der Urheber erreicht werden. (Johnson 1985: 171f)

Ähnlich wie bei Novos und Waldman (1984) sieht Johnson (1985) keine Unterschiede in der Kaufkraft der Nachfrager und der ihrer Nutzungsintensität vor. Immerhin berücksichtigt er aber Unterschiede in den Nachfragerpräferenzen, die sich in der Position der Nachfrager auf der Kreislinie ausdrücken. Die Annahme, dass Kopieren entweder zulässig ist oder vollständig unterbleibt, ist jedoch unglaubwürdig. Relativ einfach ist hingegen, eine graduelle Änderung des Schutzniveaus der Werke mit unterschiedlicher Wirkung auf die Nachfrager – abhängig von ihrer Lohnrate w – in das Modell einzufügen. Der Grad des Urheberschutzes könnte wie bei Novos und Waldman (1984) ein Faktor von w sein, der Kopieren besonders für die Nachfrager teurer macht, deren Lohnrate w ohnehin schon hoch ist. Allerdings müsste dafür auch hier die Lohnrate w variieren können.

2.3.5.3 Das Besen-Kirby-Modell

Die zentrale Variable in Besen und Kirbys (1989) Modell besteht in den marginalen Kosten einer Kopie in Abhängigkeit von der Anzahl der von einem Original erstellten Kopien. Die marginalen Kopierkosten verlaufen steigend, wenn die Kosten einer Kopie um so höher sind, je mehr Kopien von einem

Original angefertigt werden.[13] Die Zahl der Kopien von einem Original ist dann begrenzt, und bei steigender Nachfrage nach Kopien steigt auch die Nachfrage nach Originalen. Die Urheber können in diesem Fall die Preise für Originale erhöhen und so von der Nachfrage nach Kopien wenigstens einen Teil abschöpfen („indirect appropriability").

Sind die marginalen Kopierkosten jedoch konstant, so ist der Urheber gezwungen, seine Preise bis zu dem Punkt zu senken, der durch die Substituierbarkeit von Originalen durch Kopien bestimmt ist. Wenn die Nachfrager keinen Unterschied zwischen Kopien und Originalen sehen, kann der Urheber den Preis lediglich in Höhe der marginalen Kopierkosten setzen. Da der Urheber nur noch über die Befriedigung der Nachfrage nach Originalen seine Kosten decken kann, sprechen Besen und Kirby (1989: 257) von „direct appropriability".

Die Urheber können durch die Erhebung von Tantiemen oder Kopierabgaben besser gestellt werden, wenn Kopien von schlechterer Qualität sind als die Originale. Wenn „indirect appropriability" vorliegt, sollte die Abgabenhöhe um so geringer gesetzt werden, je gleichwertiger Kopien und Originale sind und je geringer die Kopierkosten im Vergleich zur Produktion von Originalen sind. (Vgl. Besen und Kirby 1989: 272-280) Besen und Kirby geben leider keine Antwort auf die Frage, wie hoch die Kopierabgaben gesetzt werden sollten, wenn nur „direct appropriability" vorliegt, die Kopien jedoch perfekte Substitute sind. Vermutlich müssten dann die Tantiemen erhöht werden, damit Kopien teurer als Originale werden und die Urheber mehr als ein einziges Exemplar verkaufen können.

2.3.5.4 Quantitative Bewertung von Piraterie und Schrankenbestimmungen

Eine genaue quantitative Bewertung der Wohlfahrtsverluste durch Piraterie und Schrankenbestimmung im Urheberschutz ist aus mehreren Gründen unmöglich. Das geringste Problem ist die Beschaffung von Zahlenmaterial, das den Umfang von Piraterie darstellt. Diese Zahlen werden jedoch in der Regel von Medieninhalteanbietern erhoben, so dass kritisch geprüft werden muss, ob sie nicht aus Eigeninteresse eher zu hoch als zu niedrig angesetzt sind. Oft wird die Methode angewendet, die Zahl umlaufender Raubkopien mit dem durchschnittlichen Stückerlös des Marktes zu multiplizieren, um so einen Wert für den entgangenen Umsatzverlust zu erhalten (vgl. IIPA 1997). Hierbei wird nicht berücksichtigt, dass mit den Raubkopien durch deren zum Teil geringere Qualität und dem Strafverfolgungsdruck ein Marktsegment bedient wird, was über den legalen Markt entweder überhaupt nicht oder nur zu besonders geringen Preisen zu erreichen wäre (vgl. Eisenberg 1993: 26). Andererseits

[13] Dies ist zum Beispiel beim Kopieren von Langspielplatten der Fall, da die Wiedergabequalität mit der Anzahl der Abspielvorgänge zurückgeht. Die Qualitätsabnahme der Kopien kann dann als Anstieg der Kopierkosten aufgefasst werden.

könnten die Urhebervertreter auch argumentieren, dass sie bei einem verbesserten Urheberschutz in der Lage wären, ihre Preise und auch die Qualität ihrer Produkte anzuheben, was die Schadensbeurteilung weiter erschwert. Natürlich fehlen in den Daten der Urhebervertreter auch Aussagen über den Wohlfahrtsgewinn, der durch Piraterie entsteht, indem Nachfrager bedient werden, die sonst durch den Preis vollständig von der Nutzung ausgeschlossen wären. Schließlich finden sich kaum Aussagen zu den Erlösminderungen durch die Schrankenbestimmungen im Urheberschutz. Offensichtlich unterlassen die Urheber dies aus politischen Gründen, um so die Aufmerksamkeit der Öffentlichkeit und der Entscheidungsträger auf Straftatbestände zu konzentrieren.

Auf dem deutschen Buchmarkt ist Piraterie kein Problem mehr, nachdem es in den sechziger und siebziger Jahren noch vereinzelt Schwarzpressungen gab (vgl. Wittmann 1991). Ein relativ neues Phänomen ist die illegale Reproduktion von Softwarehandbüchern, was aber eher der Software-Piraterie zugerechnet werden muss.

Für den Bereich der geschäftlich genutzten Computerprogramme schätzt *Microsoft* – gestützt auf eine Studie der *Business Software Alliance (BSA)* –, dass 1996 der Piraterieanteil in Westeuropa bei 43 Prozent und in den USA bei 27 Prozent lag. In Westeuropa wäre 1996 ein Mehrumsatz von 23 Milliarden US$ möglich gewesen, wenn der Piraterieanteil so niedrig wie in den USA wäre. Dies würde zugleich 201 645 neue Arbeitsplätze und 9,5 Milliarden US$ zusätzliche Steuereinnahmen bedeuten. (Vgl. Microsoft Corporation 1998b) Für die USA hat die *BSA* allerdings eine ähnliche Studie vorgelegt, die weit weniger optimistisch ist. Bei einer vollständigen Eliminierung der Piraterie würden in den USA nur 130 000 neue Arbeitsplätze entstehen, obwohl das Gesamtvolumen des US-Marktes 102,8 Milliarden US$ beträgt und in diesem Modell der Piraterieanteil erheblich stärker (von 27 Prozent auf null) gesenkt würde. (Microsoft Corporation 1998a)

Der Markt für Spielfilme wird vor allem durch Videokassettenpiraterie gestört. Von Bedeutung ist in diesem Fall, dass Pirateriekassetten nicht nur die Auswertung der Filme über den Videoverleih und Videoverkauf stören, sondern auch die Kinoauswertung (Kinofilmpiraterie), denn oft tauchen raubkopierte Videokassetten bereits vor oder während der Kinoaufführung auf. In manchen südamerikanischen und afrikanischen Ländern ist der Piraterieanteil so hoch, dass die Verleihe vollständig auf ein legales Angebot verzichten. Die den Rechtsinhabern entgangenen Erlöse in diesen Ländern sind kaum zu schätzen und bleiben daher in wissenschaftlichen Untersuchungen unberücksichtigt. (Vgl. Wildman und Siwek 1988: 122-125)

Wildman und Siwek (1988) schätzen unter Berufung auf eine Studie der *MPEAA (Motion Picture Export Association of America)* von 1985 den weltweiten Verlust durch Piraterieassetten auf eine Milliarde US$ jährlich. „[The] market shares achieved by pirated videocassettes range from 20 percent in such major markets as Australia, Canada, and France to 100 percent in Brazil, Colombia, and Mexico." (Wildman und Siwek 1988: 103) Für Westdeutschland beispielsweise schätzte die *MPEAA* einen Piraterieanteil von 45 Prozent, für Spanien 65 Prozent und für die Niederlande 60 Prozent (Wildman und Siwek 1988: 103). Der Schaden allein für die deutsche Videowirtschaft wurde für 1985 auf 250 bis 500 Millionen DM geschätzt (Eisenberg 1993: 26). In Reaktion darauf wurde in Deutschland die *Gesellschaft zur Verfolgung von Urheberrechtsverstößen (GVU)* gegründet, welche den Piraterieanteil im legalen Verleihhandel auf „derzeit deutlich unter 10 %" senken konnte; eine Kinofilmpiraterie gibt es „im Gegensatz zu den meisten Ländern der Welt praktisch" nicht mehr (GVU 1998).

Über den Piraterieanteil am Musikmarkt sind kaum Daten verfügbar. Fest steht jedoch, dass in vielen Entwicklungs- und Schwellenländern der Musikmarkt nahezu vollständig durch illegale Kopien bedient wird. So liegt der Piraterieanteil bei Musikkassetten in Brasilien bei 95 Prozent, weil wie auch in anderen lateinamerikanischen Ländern ein qualifizierter Schutz der Urheberrechte fehlt (QuickLinks: 6. Februar 1998).[14] Viel diskutiert wird auch das umfangreiche Schwarzpressen von Musik-CDs (neben Software-CDs) in China. Über die Höhe der Gesamtschäden liegen aber keine Zahlen vor.[15]

Die volkswirtschaftlichen Schäden der Piraterie gehen noch über die Werte hinaus, die allein durch den Piraterieanteil auf den Märkten angedeutet werden, weil (1) die Urheberschutzbranchen beträchtliche Ressourcen aufwenden, nur um Piraterie zu erschweren (z.B. Softwareverschlusselung), und (2) diese Maßnahmen zuweilen völlig unbeabsichtigte, wohlfahrtsschädliche Sekundäreffekte haben. Barrow (1997) zeigt das Beispiel der Spielkonsolen auf, die nur deshalb die Heimcomputer der frühen achtziger Jahre als führende Computerspielplattform ablösten, weil sie schon von ihrer Konstruktion her kein Kopieren der Software zuließen. Mit der Schreibunfähigkeit der Spielkonsolen blieb jedoch viel Kreativität der jungen Nutzer ungeübt und viel Talent unentdeckt. Bei Fortsetzung der Spieleentwicklung auf Heimcomputern – ermöglicht durch einen frühzeitig verliehenen wirksamen Urheberschutz für Computerprogramme – wäre das zu vermeiden gewesen.

---

[14] Seit 1998 scheint zumindest Brasilien den Schutz der Urheberrechte sehr ernst zu nehmen und hat zwei neue Gesetze zur Bekämpfung der Piraterie erlassen (QuickLinks: 6. Februar 1998).

[15] Die *International Intellectual Property Alliance (IIPA)* schätzt die 1995er Gesamtschäden der US-Medienbranche durch Piraterie in anderen Ländern auf fast fünfzehn Milliarden US$. Die Schäden betrugen der Schätzung zufolge im Bereich der audiovisuellen Medien 2 267,1; in der Musikbranche 1 279,5; bei geschäftlichen Computerprogrammen 7 216,9; bei Unterhaltungssoftware 3 092,6 und bei Büchern 783,0 Millionen US$. (IIPA 1997)

2.4 Produktion und Zwischenhandel

2.4.1 Mehrwerte der Inhalteproduktion

Der Urheber eines Medieninhalts erschafft juristisch gesehen zwei unterschiedliche Güter. Das eine Gut ist der Ausdruck oder die Form, mit der sich der Medieninhalt darstellt. Dieses Gut ist urheberrechtlich geschützt, und der Urheber kann einen Eigentumsanspruch darauf geltend machen. Das andere Gut genießt diesen Schutz in der Regel jedoch nicht und wird Allgemeingut. Es ist der *Inhaltsgegenstand* und stellt das dar, was in einem Medieninhalt durch den Urheber Ausdruck gefunden hat. Es steht jedem frei, die Inhaltsgegenstände zu verwenden und neu zu formulieren, solange nicht der urheberrechtlich geschützte Ausdruck des Medieninhalts kopiert wird.[16]

Die Freiheit der Verwendung von Inhaltsgegenständen führt nicht nur zu simpler Neuformulierung schon existierender Medieninhalte. Es werden auch echte Mehrwerte geschaffen, indem durch den Austausch, den Ersatz oder die Weiterentwicklung von Inhaltsgegenständen die neuen Medieninhalte besser werden. Ein Beispiel hierfür ist in der Entwicklung von Computerprogrammen zu sehen, bei der konkurrierende Hersteller erfolgreiche Produktverbesserungen anderer Hersteller ebenfalls in ihr Produkt integrieren, aber auch unabhängig davon eigene Verbesserungen entwickeln. Auch neue Stile in der Popmusik oder im Filmgeschäft stellen Inhaltsgegenstände dar, die zugleich kopiert und weiterentwickelt werden.

Für den Urheber eines Medieninhalts besteht sogar ein ökonomischer Zwang, sich mit seinem Produkt von der Konkurrenz zu unterscheiden. Würde er nämlich ein exakt gleiches Produkt anbieten, so würde er sich mit dem Konkurrenten einen Preiskampf bieten, bei dem die Erlöse auf null fallen können. Die Höhe des Preissetzungsspielraums des Urhebers ist schließlich abhängig von dem exklusiven Mehrwert, den sein Produkt bietet. (Vgl. Kapitel 4) Sein Verdienst hängt jedoch auch von der Zeitspanne ab, über die er den Mehrwert bieten und den Preis fordern kann. Diese Zeitspanne aber bestimmen die Konkurrenten, die daran arbeiten, die exklusiven Inhaltsgegenstände so schnell wie möglich ebenfalls anzubieten.

Weitere Möglichkeiten, einen Medieninhalt mit Mehrwert auszustatten, bestehen in Verfahren, die den Inhaltsgegenstand selbst nicht verändern: (1) Durch Sortieren können die Suchkosten verringert werden, (2) durch Konzentrieren kann der Nutzungsaufwand verringert werden, (3) durch Bewerten kann die Unsicherheit verringert, und (4) durch Kombinieren mehrerer Übertragungskanäle kann die Nutzungseffizienz gesteigert werden.

---

[16] Eigentumsrechte an Ideen oder Prozessen werden nur in den Fällen des Patentschutzes zugesprochen. Im deutschen Urheberrecht gibt es mit dem bedingt geltenden Schutz für die Ideen zu Werken sowie mit dem, in der ganzen Europäischen Union geltenden Schutz *sui generis* der Datenbankhersteller auch einen begrenzten Schutz der Inhaltsgegenstände.

(Vgl. Priest 1994: 32-35) Manche dieser Aktivitäten erfordern Veränderungen an der urheberrechtlich geschützten Ausdrucksform des Medieninhalts und sind daher auf die Zustimmung des Urhebers angewiesen.

2.4.2 Kosten der Medien und des Medienvertriebs

Mit einem Medieninhalt allein kann kein potentieller Nachfrager etwas anfangen. Er braucht ein Medium, um den Medieninhalt aufnehmen und einen Nutzen daraus erzielen zu können. Beim Kino und den auf Papier gedruckten Medieninhalten wird dieses Medium vollständig vom Vermittler des Medieninhalts geliefert. Bei den elektronischen Medien dagegen werden dem Nachfrager mit Rundfunkwellen und Speichermedien nur Trägermedien bereitgestellt, und er muss mit eigenen Geräten für eine wahrnehmbare Wiedergabe der Inhalte sorgen.

Die Kosten der Medienabhängigkeit des Inhaltevertriebs sind beträchtlich. Das liegt zunächst an den Kosten der Herstellung der Medien, die besonders bei den Printmedien hoch sind. Mit der Medienbindung ist man als Vermittler von Inhalten jedoch darauf angewiesen, (1) die Medien als materielle Gegenstände in die Nähe des Nachfragers zu liefern sowie (2) die Höhe der Nachfrage vorauszuberechnen, um eine effiziente Massenproduktion betreiben und jeden Nachfrager befriedigen zu können. Da die Nachfrage aber nicht genau vorausberechnet werden kann, kommt es immer wieder vor, dass zu wenig oder zu viele Stücke produziert werden und / oder einzelne Händler über- oder unterbeliefert werden.[17]

Dieses Problem drückt sich zum einen in den hohen Handelsspannen des Groß- und Einzelhandels aus, welche bei den Printmedien jeweils zwischen 15 und 25 Prozent des von den Konsumenten zu zahlenden Abgabepreises betragen (Heinrich 1994: 197f). Zum anderen zeigt sich dieses Problem in der hohen Remissionsquote im Pressevertrieb, welche 1996 in Deutschland einen wertmäßigen Anteil von 39,8 Prozent der an den Handel ausgelieferten Zeitungen und Zeitschriften ausmachte (Bundesregierung 1998: 89).[18] Der Verleger einer Zeitung oder einer Zeitschrift kann diese Kosten vermeiden, wenn er seine Produkte nicht über den Einzelhandel vertreibt, sondern direkt im Abonnement an den Kunden liefert. Hier treten allerdings

---

[17] Beide Kostenarten fallen selbstverständlich beim Rundfunk nicht an.

[18] Das Remissionsrecht garantiert dem Einzelhändler, dass er für unverkaufte Exemplare den vollständigen Einstandspreis gutgeschrieben bekommt. Es sorgt dafür, dass nicht der Handel, sondern der Produzent die Nachfrage antizipieren muss. Dem Remissionsrecht des Handels steht das Dispositionsrecht des Grossisten gegenüber, der das Sortiment des Händlers und die Anzahl der gelieferten Titel bestimmt. Der Grossist genießt dabei einerseits einen Gebietsschutz, unterliegt andererseits aber auch einem Kontrahierungszwang: Er muss alle Titel in sein Angebot aufnehmen, die ein Verlag aufgenommen sehen möchte. (Vgl. Heinrich 1994: 196; Bundesregierung 1998: 88f)

andere Kosten in vergleichbarer Höhe in Form der Zustellung und Abonnentenpflege auf.

In einer Fallstudie stellt Ludwig (1996) die Kosten des Nachrichtenmagazins DER SPIEGEL für das Jahr 1992 dar. Abzüglich der Mehrwertsteuer (7 Prozent) und des Funktionsrabatts für Grosso und Einzelhandel blieben pro verkauftem Heft (Abonnements und Einzelhandel) 3,72 DM als Erlös. Hinzu kommen Anzeigeneinnahmen in Höhe von 5,30 DM pro Heft. 1992 machte DER SPIEGEL daher 9,02 DM Umsatz pro Heft, wovon jedoch nur 2,22 DM (24,6 Prozent) für Redaktion, Dokumentation und Archiv verwendet wurden. Die sonstigen Kosten je Heft bestanden in Gewinn (1,65 DM vor Steuer); technischer Herstellung (1,82 DM); Remissionsaufwand (0,35 DM); Versand/Vertrieb (0,52 DM); Eigenwerbung und Marketing (0,28 DM); anteiligen Mindereinnahmen für sonstige Verkäufe (0,82 DM) und restliche Kosten (1,36 DM). (Ludwig 1996: 93f)

Der geringe Kostenanteil der von der Redaktion gelieferten Medieninhalte ist keine Besonderheit des SPIEGELs. Die Kosten der Redaktion deutscher Abonnementzeitungen (durchschnittliches Monatsstück aus allen Auflagenklassen) 1997 betrugen lediglich 22,1 Prozent. Übrige Kosten (in Prozent) bestanden in den Ausgaben für Papier und Herstellung (36,8); Vertrieb (19,5); Anzeigen (13,2) und Unternehmensleitung/Verwaltung (8,4). ZAW (1998: 190) Heinrich (1994) stellte immerhin für die Jahre 1984 bis 1992 eine Zunahme der Aufwendungen für die Redaktionen der deutschen Abonnementszeitungen von 16,5 auf 20 Prozent der Gesamtkosten fest. Zurückzuführen sei dies auf die wachsende Bedeutung der lokalen Nachrichten, die personalintensiv sind und nicht von Nachrichtendiensten erworben werden können. (Heinrich 1994: 214f)

Bei Büchern nehmen die Aufwendungen für den Medieninhalt sogar einen noch geringeren Anteil an den Gesamtkosten ein. Mit Daten des Rowohlt Verlags (Reinbek) stellt Ludwig (1998: 329) je eine beispielhafte Hardcover- und Taschenbuchkalkulation vor: Die Kalkulation für die Hardcoverausgabe sieht bei 10 000 gedruckten Exemplaren aufgrund von Freiexemplaren und Remissionen eine zu 38 DM verkaufte Auflage von nur 9 200 Stück vor. Abzüglich der Mehrwertsteuer und des Buchhandelsrabatts von 46 Prozent verbleibt dem Verlag ein Verkaufserlös von 19,18 DM, an dem der Autor mit 3,80 DM (19,8 Prozent) beteiligt wird. Zu dem Autorenhonorar kann man als weitere *first copy costs* noch die Ausgaben für Satz und Korrektur mit 0,60 DM (3,1 Prozent) hinzurechnen. Zwar liegt man dann mit 22,9 Prozent Ausgaben für den Medieninhalte durchaus in der Größenordnung der relativen Redaktionsausgaben von Abonnentenzeitungen, doch sind die Vertriebskosten bis auf die Remissionen noch nicht berücksichtigt. Erst wenn man auch den Buchhandelsrabatt von 46 Prozent des Verkaufspreises zu den Gesamtkosten hinzurechnet, können aussagefähige Vergleiche zu den Abonnentenzeitungen gezogen werden. Der Anteil des Medieninhalts in Höhe von 22,9 Prozent am Verlagserlös schrumpft dann auf 11,6 Prozent am Verkaufspreis. Beim Taschenbuch ist dieser Wert sogar noch geringer: Bei gleichen Werten für Remissionen, Freiexemplare und Buchhandelsrabatt fällt der Anteil der *first copy costs* auf 7,2 Prozent (0,93 DM von 12,90 DM Verkaufspreis).

Für die elektronischen Trägermedien liegen wesentlich weniger detaillierte Aussagen vor. Aber auch hier gilt, dass die Leistungen für die Inhalte nur einen sehr geringen Anteil an den von den Nachfragern zu zahlenden Gesamtkosten ausmachen. So gehen nach einer Vereinbarung mit dem Verband der Tonträgerhersteller in Deutschland lediglich 10 Prozent vom CD-Listenpreis an die Urheber (Becker 1994: 69). Bei reinen Herstellungskosten einer CD von unter 3 DM (Thurow 1994: 77) verbleibt ein Anteil von ca. 70 Prozent des Verkaufspreises bei den Musikverlegern und dem Handel.[19] Ähnliche Werte gibt Waterman (1985: 234) für Spielfilme an, bei dem die Urheberrechtsinhaber im Jahr 1984 in den USA mit 5,80 US$ (12 Prozent) am Verkaufspreis von Videokassetten und mit 30-50 Uz-Cent (10-15 Prozent) vom Kinoeintritt beteiligt wurden.[20]

2.4.3 Wettbewerbsbedingungen der Inhalteproduktion

2.4.3.1 Hohes Marktrisiko

Investitionen in die Produktion und Vermarktung von Medieninhalten gelten als sehr riskant.[21] Für den Büchermarkt stellt Ludwig (1998) dar, dass nur wenige Best- und Longseller den vielen unerwarteten Verlustbringern eines Verlages gegenüberstehen. Für den Tonträgermarkt stellt die Bertelsmann AG (1997) fest, dass „maximal ein Fünftel aller verkauften Titel rentabel ist."

Diese „Attraktivitäts-Unsicherheit" gibt es auch am Markt für Fernsehprogramminhalte. Zum Beispiel werden „ca. zwei Drittel aller neuen TV-Serien innerhalb weniger Monate wegen Mißerfolgs wieder eingestellt." (Kruse 1989: 260) Um die Anzahl gescheiterter Serienprojekte zu begrenzen, wird von der amerikanischen Filmbranche eine umfangreiche Testtechnik angewendet, die Hoskins und Mirus (1988: 505) wie folgt beschreiben:

„From some 9000 ideas received annually, sufficient encouragment will be given to induce about 300 sample scripts. Pilots will be made for 90-100 of these and exposed

---

19 Völlig unklar sind die entsprechenden Werte für die auch auf CDs vertriebene Computersoftware.

20 Allein die Kosten für eine Spielfilmkopie, welche spätestens nach 400 Aufführungen ausgetauscht werden muss (Frank 1993: 8), schlagen mit jeweils 15 000 DM zu Buche (Kruse 1989: 262).

21 Auch für das Marktrisiko liegen keine Angaben über den Nicht-Unterhaltungsbereich vor.

to audience reaction. Twelve to twenty pilots will be broadcast, and ten or so will later be developed into series."

Für die ebenfalls riskante Produktion von Unterhaltungsshows fürs Fernsehen stehen die Testtechniken der Serienproduktion nicht zur Verfügung. Jedoch kann man zumindest wie bei den Serien mit einem erfolgreichen Produkt über einen längeren Zeitraum verdienen, während man nur wenige Male in die Produktion von Flops investiert. Wie bei den Serien bieten sich zwei Produktentwicklungsstrategien an: Zum einen kann man mit der „Pionierstrategie" versuchen, möglichst neue Programmtypen zu produzieren. Im Falle des Erfolgs winken hier die größten Gewinne. Weniger Risiko bietet hingegen die Strategie der „kreativen Nachahmung", die bereits erfolgreiche Produktionen abwandelt. (Vgl. Müller 1998: 40)

Das Spielfilmgeschäft bietet vermutlich das größte Produktionsrisiko: Eine langfristig angelegte Ausbeutung eines erfolgreichen Stoffs wie bei Serien und Fernsehshows ist nicht möglich, und alle Produktionskosten fallen an, bevor der Markterfolg eingeschätzt werden kann. Es können allenfalls einzelne Kinofortsetzungen (*sequels*) zu besonders erfolgreichen Filmen oder Nachahmungen anderer Art gedreht werden, ohne damit jedoch einen Markterfolg zu garantieren. (Frank 1993: 57)

Um das Marktrisiko der Spielfilmproduktion zu mindern bieten sich zwei Wege an: Zum einen kann im Rahmen einer Portfoliostrategie mit der Verteilung der Investitionen auf mehrere, voneinander unabhängige Projekte eine gleichmäßige Risikostreuung erreicht werden. Zum anderen kann man versuchen, sich mit einer aufwendigen Produktion eine Erfolgsgarantie zu erkaufen. (Frank 1993: 35) Aber auch damit gibt es keine Garantie auf Marktgewinne, denn diese Strategie ist sehr teuer. Nicht nur, dass die Gagen für populäre Schauspieler regelmäßig mehrere Millionen betragen, auch die Rechte an erfolgversprechenden Filmideen werden immer teurer. Beeindruckend zeigen dies die Dollarmillionen, die Bestsellerautor John Grisham für die Filmrechte an seinen Romanen erhielt (Verkaufsjahr): Die Firma 0,6 (1993); Die Akte 1,3 (1993); Der Klient 2,5 (1994); Die Kammer 3,75 (1996); die Jury 6 (1996); Der Regenmacher 6 (1997) (TV Spielfilm 1998).

2.4.3.2 Skalenökonomien

Skalenökonomien (*economies of scale*) liegen vor, wenn eine Produktionssteigerung eines Gutes zu einer Senkung der durchschnittlichen Kosten führt. (Vgl. Varian 1993: 313) Für die *einzelnen Kopien* eines Medieninhalts als produziertes Gut ist dies selbstverständlich der Fall, da Kosten der Erstellung des Medieninhalts nur ein einziges Mal anfallen. Eine Skalenökonomie der Inhalteproduktion liegt damit aber noch nicht vor. Sie kann erst dann festgestellt werden, wenn die Produktion *mehrerer verschiedener Inhalte* durch einen Produzenten weniger Kosten verursacht als die Produktion durch mehrere Produzenten.[22] Das kann zum Beispiel auch in einer Senkung der Suchkosten des Nachfragers bestehen, wenn dieser ein Vertrauen in die Qualität der Medieninhalte eines Anbieters hat und sich eine aufwendige Prüfung der Angebote sparen kann (vgl. Kapitel 2.2.4).

Oft können Skalenökonomien der Inhalteproduktion allein schon aufgrund technischer Bedingungen der Medien festgestellt werden: Der Verleger einer Tageszeitung zum Beispiel verhält sich ökonomisch vernünftig, wenn er seine Redaktion beauftragt, die Leser nicht nur über aktuelle Tagesnachrichten zu informieren. Da der Vertrieb den Löwenanteil der Gesamtkosten der Zeitung einnimmt, mit zunehmender Seitenzahl jedoch kaum teurer wird, können ohne eine wesentliche Steigerung der Gesamtkosten weitere Inhalte mitgeliefert werden. Aus ähnlichen Gründen bietet es sich Musikern an, je Veröffentlichung gleich zehn Titel statt nur einen einzigen auf eine CD zu pressen, da der Herstellungs- und Vertriebsaufwand gleich hoch bleibt. Auch solche Fernsehsender, die große Teile ihres Programms selbst produzieren, unterliegen dieser Art von Skalenökonomie der Inhalteproduktion.

In der Filmbranche dagegen gibt es solche, über das Medium erzwungene Skaleneffekte nicht. Aber auch andere Gründe für sinkende Durchschnittskosten bei der Produktion vieler Filme sind nur schwach ausgeprägt. So wird zum Beispiel die gesamte Ausrüstung fast immer gemietet, und das hochspezialisierte Personal erhält ohnehin nirgendwo eine dauerhafte Beschäftigung. Die Filmproduktion hat daher eher einen Projektcharakter; gleiches gilt für die Werbung und Vermarktung. Die Streuung des Marktrisikos auf mehrere Projekte im Rahmen einer Portfoliostrategie könnte zwar ein brauchbarer Grund für die Konzentration der Filmproduktion sein, doch übernimmt hier in der Regel schon bei Produktionsbeginn der spätere Verleiher die finanzielle Verantwortung für den Film. (Vgl. Frank 1993: 61-63) Ähnlich ist die Situation auch für die Produzenten von Fernsehprogramminhalten (Vgl. Kruse 1989: 260). Aufgrund der fehlenden Skalenökonomien sind die Markteintrittsbarrieren in der Film- und Fernsehprogrammbranche sehr niedrig, und es herrscht rege Konkurrenz. (Vgl. Frank 1993: 63-66; Kruse 1989: 260; Owen und Wildman 1992: 54)

[22] Erst bei dieser Verwendung des Begriffs Skalenökonomie wird dessen enger Bezug zur industriellen Massenfertigung deutlich: Mit der bloßen Vervielfältigung des gleichen Medieninhalts betreibt man noch keine Massenfertigung von Inhalten, sondern verbleibt im Gegenteil bei einer Ausbringungsmenge von einer einzigen Einheit. Dass dennoch sehr oft mit Blick auf die geringen Vervielfältigungskosten von Skalenökonomien gesprochen wird (vgl. Zerdick et al. 1999: 164), ist damit zu erklären, dass die einmalige Herstellung des Inhalts und die Produktion der Vervielfältigungsstücke traditionell als ein einziger, zusammengehöriger Prozess betrachtet wird.

2.4.3.3 Economies of scope

Economies of scope liegen vor, wenn die Herstellung mehrerer verschiedener Güter durch denselben Unternehmer wirtschaftliche Vorteile bringt (Fritsch, Wein und Ewers 1993: 131-134). Als verschiedene Güter können bei Medieninhalten jedoch nicht verschiedene Medieninhalte gelten, denn dies fällt schon unter den Begriff der Skalenökonomien. Statt dessen lässt sich das Konzept der *economies of scope* nur auf die Produktion von Medieninhalten übertragen, indem man die Inhalte als ein Gut und das Medium, dessen Handel sowie Produktion und Handel der möglicherweise benötigten Wiedergabegeräte als andere Güter betrachtet. Da die *vertikale Integration* dieser *Wertschöpfungsstufen* durch einen Akteur helfen kann, die beim regelmäßigen Neuverhandeln von Geschäftskonditionen anfallenden Transaktionskosten abzubauen, kann man von begrenzt vorliegenden *economies of scope* in der Medienbranche ausgehen. (Vgl. Müller 1998: 60; Owen 1975)

Bei der Produktion von Computerspielen hat sich zum Beispiel der Weg japanischer Anbieter als erfolgreich erwiesen, die ihre Spiele seit Anfang der achtziger Jahre nur für die von ihnen gleichzeitig produzierten Konsolen entwarfen. Die Spielkonsolen waren so konstruiert, dass sie illegales Kopieren der Programme technisch sehr schwierig und damit unrentabel machten. Hingegen wären die Computerspiele nahezu schutzlos der Programmpiraterie ausgeliefert, wenn sie weiterhin für die offene Plattform der Heimcomputer entworfen worden wären. (Vgl. Barrow 1997)[23]

Für Buch-, Zeitschriften- und Zeitungsverlage kann sich die Integration des Papierdrucks als Form der vertikalen Integration auszahlen. Die Vorteile sind für die Zeitungsverlage am deutlichsten, weil durch eine Zeitung allein schon eine ganze Druckerei ausgelastet werden kann, während Buch- und auch Zeitschriftenverlage nur unregelmäßig eine Druckerei benötigen. Die Integration des Pressevertriebs durch die Verlage jedoch ist zum Schutz der Neutralität des Pressevertriebs in Deutschland verboten (vgl. Bundesregierung 1998: 185).

Bei den deutschen Fernsehanstalten, die traditionell einen vergleichsweise großen Teil ihrer Programminhalte selbst produzieren, zeigt sich seit den sechziger Jahren und besonders seit dem Auftritt der privaten Sender ein starker Trend zur vertikalen Desintegration. (Vgl. Feder 1993; Kruse 1989: 260) Da zeitgleich der Druck des Wettbewerbs zur Kosteneinsparung zunimmt und auch auf dem stark umkämpften US-amerikanischen Fernsehmarkt die vertikale Konzentration viel geringer ist, scheint eine vertikale Integration nur in Ausnahmefällen wirtschaftlich begründbar zu sein.

---

[23] Heute lässt sich nahezu jedes Computerspiel auch auf PCs legal installieren und ist damit natürlich auch leichter illegal kopierbar. Der Grund für diesen Strategiewechsel liegt vermutlich darin, dass das Potential des PC-Spielemarktes einfach zu groß geworden ist, als dass es von den Spieleherstellern noch ignoriert werden könnte.

2.4.4 Kulturbedingte Einschränkung der internationalen Verwertbarkeit von Medieninhalten

Sind sie erst einmal produziert, bieten sich Medieninhalte für eine möglichst umfassende Vermarktung an, denn ihre Produktionskosten treten als *first copy costs* nur ein einziges Mal auf. Fast alle Inhalte stehen jedoch im kulturellen Kontext des Produktionslandes, welcher sich von dem anderer Länder unterscheidet. Je stärker dieser kulturelle Unterschied ist, desto stärker sind auch die Einschränkungen der kommerziellen Verwertbarkeit, wie Hoskins und Mirus (1988: 500) für Fernsehprogramme beschreiben:

„A particular programme rooted in one culture, and thus attractive in that environment, will have a diminished appeal elsewhere as viewers find it difficult to identify with the style, values, beliefs, institutions and behavioural patterns of the material in question. [. . .] As a result of the diminished appeal, fewer viewers will watch a foreign programme than a domestic programme of the same type and quality."

Entsprechend lässt sich mit diesem, „cultural discount" (Hoskins und Mirus 1988) oder „domestic opportunity advantage" (Wildman und Siwek 1988) genannten Effekt erklären, warum vor allem Romane, Musik, Spielfilme, Wissenschafts- und Naturdokumentationen international gehandelt werden. Bei anderen Inhalten ist die Nachfrage schlicht zu stark national, regional oder lokal gebunden, was zum Beispiel für viele Nachrichten oder stark volkstümliche Inhalte gilt. (Vgl. Heinrich 1994: 176, 332; Hoskins und Mirus 1988: 501; Wildman und Siwek 1993: 14)

Wildman und Siwek (1988) und Hoskins und Mirus (1988) haben gleichzeitig und unabhängig voneinander festgestellt, dass die kulturbedingte Einschränkung der Verwertbarkeit auch für die oft festgestellte weltweite Dominanz US-amerikanischer Filmproduktionen in Kinos und Fernsehprogrammen verantwortlich ist.[24] Ihre Aussage beruht auf einer leicht nachvollziehbaren Überlegung: Der Gesamterlös für einen Film besteht aus der Summe der Erlöse auf allen Märkten. Der Erlös auf einem Einzelmarkt wird durch den *cultural discount* eingeschränkt, wenn er wirksam ist. Es ist daher erstrebenswert, den Einfluss des *cultural discount* allein schon dadurch gering zu halten, indem man in dem Kulturraum produziert, der zugleich auch den größten Markt darstellt. Für die meisten Medieninhalte, besonders aber für Spielfilme, ist dies der Markt der USA. Ein einfaches Zahlenbeispiel einer Zweiländerwelt zeigt dies deutlich: Land A hat 1 000 000 € Marktvolumen, Land B nur 100 000 €. Wenn für den Vertrieb eines im jeweils anderen Landes produzierten, ansonsten gleichwertigen Spielfilms in beiden Ländern eine vierzigprozentige Abwertung erfolgt, so betragen die Gesamterlöse bei einer

[24] Vergleiche hierzu zum Beispiel die internationale Statistik über Herkunft gesendeter Programminhalte von (Varis 1984).

Produktion in Land A 1 060 000 €, bei einer Produktion in Land B jedoch nur 700 000 €. (Vgl. Hoskins und Mirus 1988: 503)

Zur empirischen Überprüfung der Auswirkungen des *cultural discount* versuchten Hoskins und Mirus (1988), anhand nationaler Werte über das Sozialprodukt pro Kopf, die Anzahl der TV-Geräte und die Wettbewerbsschärfe am Fernsehmarkt die Exportpreise für amerikanische Programme zu erklären. Dies gelang ihnen immerhin zu 71 Prozent. Der Wettbewerbsschärfe kommt für die Erklärung der gezahlten Exportpreise eine besondere Bedeutung zu, wie ein Vergleich zwischen dem US-Fernsehmarkt und dem im Europa der achtziger Jahre deutlich macht:

Am besonders scharf umkämpften US-amerikanischen Fernsehmarkt betrugen die Einnahmen aus Fernsehwerbung 1982 14,4 Milliarden US$, während sie in Europa nur 3,8 Milliarden US$ betrugen (Hoskins und Mirus 1988: 502). Die wenigen europäischen Stationen hatten gar nicht einen so hohen Finanzbedarf wie die vielen konkurrierenden Stationen in USA. Hinzu kamen in den USA noch Gebühren, die die Kabelnetzbetreiber für die Einspeisung an die Sendeanstalten zahlen mussten – die Mittel für den Programmerwerb nahmen ein weiteres Mal zu. Die Wettbewerbsstruktur übte aber nicht nur einen Einfluss auf das Marktvolumen aus, sondern auch direkt auf die Konkurrenz der Sender beim Programmkauf. So hatten die europäischen Sender überhaupt nicht genug Sendezeit, um alle für den amerikanischen Markt produzierten Programme unterzubringen. Statt dessen nahmen sie die bequeme Position des von allen Anbietern gleichzeitig umworbenen Kunden ein. Sie wählten dabei nur die besten Inhalte aus und zahlten dafür Preise, die geradezu unverschämt niedrig waren, wie Noam (1996: 30) kritisiert:

„Hinter dem schmutzigen kleinen Geheimnis des öffentlichen Fernsehens in Europa verbirgt sich, daß die Attraktivität seiner Existenz auf einer unbeabsichtigten Subvention durch das verachtete Hollywood beruhte. Zahllose Programmstunden wurden erworben, um zu Tiefstpreisen gleichförmiges Programm zu senden. In den meisten Ländern wurden Programme, für die die amerikanischen Networks Millionen von Dollar zahlten, für europäische Zuschauer nur Monate später zu einem Preis von einigen tausend oder sogar nur einigen hundert Dollar erstanden."

Die knappe Sendezeit war es also, die es den europäischen Sendern ermöglichte, die miteinander konkurrierenden amerikanischen Programmanbieter gegeneinander auszuspielen. Hinzu kam, dass sie innerhalb der *European Broadcasting Union* mit einer Monopolmacht den Anbietern gegenübertraten (vgl. Kruse 1989: 261). Damit war nicht nur die Kaufkraft der amerikanischen Konsumenten für die Dominanz amerikanischer Produktionen auf den internationalen Filmmärkten verantwortlich, sondern auch deren Wettbewerbsstruktur: Diese senkte die Preise zusätzlich zum *cultural discount* auf ein extrem niedriges Niveau, und es lohnte sich kaum noch, Inlandsproduktionen zu finanzieren.

Erst mit der Liberalisierung der europäischen Fernsehmärkte nehmen die preissenkenden Effekte der Wettbewerbsstruktur ab, und inländische Produktionen gewinnen zunehmend an Bedeutung für die Programmversorgung der europäischen Sender (vgl. Wildman und Siwek 1988: 79). Dafür, dass der Wettbewerbsdruck aus Amerika auf die europäischen Programmproduzenten groß bleiben wird, spricht jedoch die Vermutung, dass der *cultural discount*, der amerikanischen Produktionen in Europa entgegengebracht wird, geringer ist als der für die in den USA angebotenen europäischen Produktionen:

(1) Amerikanische Produktionen haben einen geringen regionalspezifischen Charakter (Kruse 1989: 261).

(2) Amerikanische Programme sind durch die Fixierung auf den Werbemarkt professioneller, massenattraktiver und unproblematischer als Produktionen anderer Länder (Hoskins und Mirus 1988).

(3) Die Zuschauer sind durch die permanente Präsenz der US-Produktionen an den amerikanischen Geschmack und an die amerikanischen Stars gewöhnt (Hoskins und Mirus 1988).

Die für den Fernsehbereich geltenden besonderen Einflüsse der Marktstruktur gelten natürlich nicht für den internationalen Handel mit Texten, Musik und Computerprogrammen. Gleichwohl gelten auch hier die aus dem *cultural discount* hervorgehenden Vorteile einer Produktion für den größten Abnehmermarkt. Sie helfen mit, Erklärungen für die Dominanz der englischen Sprache (1) in der internationalen Popmusik, (2) in der wissenschaftlichen Literatur und (3) bei den Originalen der ins Deutsche übersetzten literarischen Werke zu finden (Bundesregierung 1998: 84).

Die ökonomischen Effekte des *cultural discount* erklären, warum der internationale Handel mit Medieninhalten *eben nicht* zu einem gleichberechtigten Austausch der Kulturen führt. Statt dessen ist der internationale Einfluss jener Kulturen am größten, welche die meisten Ressourcen für die Inhalteproduktion aufwenden. Kulturräumen, deren aggregierte Kaufkraft gering ist, werden daher unter der Flut billigster Angebote aus den USA die Möglichkeiten eingeschränkt, eine eigene und kulturspezifische Inhalteproduktion zu erhalten oder überhaupt erst aufzubauen.

Für das Publikum in diesen benachteiligten Kulturräumen führt dies dazu, dass sie Teile der importierten Inhalte zunächst gar nicht richtig verstehen können, weil ihnen der soziokulturelle Hintergrund fremd ist (vgl. Jouhy 1985: 417). Langfristig werden dann die überlieferten und in der Kultur verankerten Normen und Werte durch solche ausgetauscht, die mit den am Markt dominanten angloamerikanischen und europäischen Produktionen vermittelt werden. Der damit verbundene Verlust der kulturräumlichen Identität wird um so stärker ausfallen, je geringer die Möglichkeiten einer eigenen Kulturproduktion sind. In der Regel wird der Verlust kulturräumlicher Identitäten bedauert, und es werden Markteingriffe zum Schutz gegen

„Kulturimperialismus" gefordert (vgl. Schröder 1997: 12). Gerade im Rahmen der Globalisierung der Wirtschaft können der Angleichung der kulturbedingten Normen und Werte jedoch auch positive Seiten abgewonnen werden, wie Jouhy (1985: 435) feststellt:

„One outcome is the emergence of a mythology which is neither local nor tribal nor national, but of cosmopolitan origin and orientation. The United States and European cultural industry produces the same feelings, goals, hopes, attitudes, and behavior all over the world. The same rhythms of music, a certain standard in clothing fashions, identical status symbols are gradually being spread on an international scale. From Lima to Rio, from Lagos to Nairobi, from Bombay to Jakarta and to Manila an international language is being spoken."

Diese Angleichung der Kulturen ist möglicherweise notwendig dafür, dass sich die komplexen wirtschaftlichen Beziehungen der globalen Wirtschaft friedlich entwickeln können. Diese Wirkung ist sicherlich zu begrüßen, doch scheint sie in der kulturpolitischen Debatte nur selten erwähnt zu werden. Die Frage jedoch, ob diese vorteilhafte Wirkung ausreicht, um die vielfältigen Nachteile der graduellen Zerstörung funktionierender Kulturen auszugleichen, muss offen bleiben.

2.4.5 Volkswirtschaftliche Bedeutung der Medieninhalteproduktion

Eine zutreffende Darstellung der volkswirtschaftlichen Bedeutung der Medieninhalteproduktion darf nur die *first copy costs* berücksichtigen. Alle wirtschaftlichen Leistungen der Medienbranche, die über die *first copy costs* hinausgehen, stellen lediglich Transaktionskosten der Nutzbarmachung der von den Nachfragern gewünschten Güter dar, die in helfenden, informierenden oder unterhaltenden Inhalten bestehen. Die Abgrenzung der Inhalte von den übrigen Leistungen der Medienbranche erfolgt am einfachsten über das Kriterium der Nichtrivalität im Konsum. Damit wird ebenfalls deutlich, dass auch die Synchronisation eines Filmes oder die Übersetzung eines Buches eine Inhaltsproduktion ist, obwohl damit lediglich ein fremdsprachiger Inhalt einem Publikum verfügbar gemacht wird.

Leider sind die gesuchten Daten überhaupt nicht verfügbar und konnten auch im Rahmen dieser Untersuchung nicht erstellt werden. Der Grund für diesen Datenmangel liegt darin, dass nur in den allerwenigsten Quellen zwischen den nicht rivalen Leistungen der Inhalteherstellung und den übrigen Leistungen der Medienbranche unterschieden wird. Stattdessen unterscheiden die Statistiken zwischen den einzelnen Medien und teilen diese sogar in eine Vielzahl von Unterklassen auf. So unterschied das Statistische Bundesamt in der 1996 eingestellten Pressestatistik allein im Bereich der Zeitschriftenproduktion konfessionelle Zeitschriften, politische Wochenzeitschriften, Publikumszeitschriften, wissenschaftliche Fachzeitschriften, andere Fachzeitschriften und sonstige Zeitschriften und diese wieder in eine Vielzahl von

Untergruppen (Statistisches Bundesamt 1996: 83). Eine explizite Trennung des Aufwands der Inhalteherstellung von den übrigen Aufwendungen erfolgt dagegen nicht.

Auch der Versuch, aus den von den Wirtschaftsverbänden selbst veröffentlichten Daten die gewünschten Informationen herzuleiten, ist wenig erfolgversprechend. Zum Beispiel geht aus den Umsätzen der Computerprogrammhersteller nicht hervor, welcher Anteil davon die Kosten der Programmentwicklung und nicht die des Kundendienstes oder des Marketings repräsentiert. Ähnliches stellte Wilde (1992: 108) für eine Analyse des Marktes für Fernsehprogramminhalte fest: „Fast völlig abgeschottet gegenüber Externen, ist der Programmarkt auch für Brancheninsider kaum zu durchschauen. Erfundene Angaben und unrealistische Forderungen sind an der Tagesordnung. Daten über die tatsächlichen Kosten herauszufinden, die häufig unter einem Berg von zusammenhanglosen Fakten begraben sind, ist eine schwierige Arbeit." Detailliertere Daten über die *first copy costs* als die schon bei der Darstellung der Medienkosten in Kapitel 2.4.2 wiedergegebenen sind daher nicht verfügbar.

In Untersuchungen, die sich ausdrücklich mit der „volkswirtschaftlichen Bedeutung des Urheberrechts" (Hummel 1989; ähnlich lautend auch Scheuch und Holzmüller 1989) oder der Wirtschaftskraft der „copyright industries" (Siwek und Mosteller 1998) beschäftigen, wird – mutmaßlich aufgrund der methodischen Schwierigkeiten – zwischen den Kosten der Inhalteproduktion und der übrigen Wirtschaftsleistung nicht unterschieden. Stattdessen werden allgemein alle „Wirtschaftszweige berücksichtigt, die urheberrechtlich geschützte Werke schaffen bzw. verwerten." (Hummel 1989: 39)[25] Diese „core copyright industries" umfassen in Siwek und Mostellers Studie „newspapers and periodicals, book publishing and related industries, radio and television broadcasting, cable television, records and tapes, motion pictures, theatrical productions, advertising and computer software and data processing." (Siwek und Mosteller 1998: 7)

Die aggregierten Umsatzzahlen der einzelnen relevanten Wirtschaftszweige liefern also kaum befriedigende Aussagen über den Umfang der *first copy costs*. Als sicher kann allenfalls gelten, dass die auf die Inhalteherstellung entfallenden Beträge *kleiner* sind als die festgestellten Zahlen. Nach den Ergebnissen von Kapitel 2.4.2 liegt der Anteil der Medieninhalte an den gesamten Aufwendungen der einzelnen Medien zu Endverbraucherpreisen beim Taschenbuch bei 7,2 Prozent (nur Autorenhonorar); beim gebundenen

[25] Zusätzlich wird in den Studien sogar noch eine erweiterte Kategorie der „indirekt" oder „im weiteren Sinne" (Hummel 1989: 41) vom Urheberrecht abhängigen Wirtschaftszweige untersucht. Diese Leistungen umfassen den Handel urheberrechtlich geschützter Waren und die Erstellung von Vorleistungen (zum Beispiel für die Printmedien in Form von Papier und Druckereianlagen). (Vgl. Hummel 1989; Siwek und Mosteller 1998)

Buch bei 11,6 Prozent (nur Autorenhonorar); bei einer Musik-CD bei 10 Prozent des Listenpreises; bei einer Abonnementzeitung bei 21,1 Prozent und bei Filmen je nach Auswertungsart zwischen 10 und 15 Prozent. Wilde (1992: 108) schätzt für den Fernsehsektor, dass die Programmkosten vermutlich mindestens 60 Prozent der Ausgaben der Sender ausmachen. Da unter Programmkosten fast ausschließlich *first copy costs* fallen können, ist hier der Anteil der Medieninhalte sehr hoch. Für die Computerprogrammbranche liegen überhaupt keine Erkenntnisse über die Bedeutung der Inhalteherstellung vor.

Trotz der unbefriedigenden Datenlage ist zumindest ein oberflächlicher Einblick in die volkswirtschaftliche Bedeutung der Medieninhalte anhand einzelner, ausgewählter Daten möglich:

- Die *International Confederation of Societies of Authors and Composers (CISAC)* vertritt weltweit 165 Verwertungsgesellschaften, welche wiederum mehr als eine Million Komponisten, Dichter, Filmregisseure, Drehbuchautoren, graphische Künstler, literarische und wissenschaftliche Schriftsteller sowie Tonträgerhersteller als Mitglieder zählen (Gervais 1996). Die Zahl der 1994 allein in Westeuropa „mit Software-Aktivitäten befaßten Beschäftigten" wird auf über zwei Millionen Personen geschätzt (Hofman und Saul 1997).
- In Deutschland nahmen die Rundfunkveranstalter 1997 fast elf Milliarden DM an Gebühren und über 8,6 Milliarden DM an Werbeerlösen ein (vgl. Kapitel 2.5). Hinzu kommen die Erlöse der Bezahlfernsehsender *Premiere* und *DF1*. Allein die 1,7 Millionen Premierekunden im Januar 1999 (Communications News: 5. Februar 1999) entsprechen bei Abonnementgebühren in Höhe von 40 DM einem Umsatz in Höhe von 816 Millionen DM. 1994 erzielten die Zeitungsverlage einen Umsatz in Höhe von 20,8 Milliarden DM, die Zeitschriftenverlage 16,6 Milliarden DM (Statistisches Bundesamt 1996: 26) und die Buchverlage 15,2 Milliarden DM (Bundesregierung 1998: 78). Der deutsche Einzelhandel erlöste 1996 mit dem Verkauf von Tonträgern 4,8 Milliarden DM und mit dem von Videokassetten 1,05 Milliarden DM; weitere 780 Millionen DM erlöste der Videoverleih. Der Umsatz der Filmtheater belief sich 1997 auf 1,3 Milliarden DM, und elektronische Datenbanken setzten in Deutschland 1995 ca. 720 Millionen US$ um. (Vgl. Kapitel 2.5)[26]
- Die Beiträge der „urheber- und leistungsschutzrechtlich geschützten Tätigkeiten zum Bruttoinlandsprodukt" der Europäischen Union werden auf drei bis fünf Prozent (Europäische Kommission 1995: 12) bzw. fünf Prozent (CICCP 1996: 6) geschätzt.

---

[26] Das deutsche Bruttoinlandsprodukt betrug 1997 3 641,8 Milliarden DM (Statistisches Bundesamt 1998: 653). Über die Umsätze mit Computerprogrammen liegen keine Zahlen vor.

- Weltweit wurden 1997 Musikaufnahmen im Wert von 38,1 Milliarden US$ verkauft (IFPI 1999). Von dem 1996 erzielten Umsatz in Höhe von 39,8 Milliarden US$ entfielen auf die Europäische Union 34 Prozent (Europäische Kommission 1997c: 4, fn10). Die Umsätze des Computerprogrammhandels betrugen 1997 in Westeuropa[27] 34 Milliarden ECU (Zerdick et al. 1999: 103).
- In den USA belief sich 1996 der Beitrag der „core copyright industries“ zum Bruttoinlandsprodukt auf 278,4 Milliarden US$ (3,56 Prozent). In der Zeit zwischen 1977 und 1996 lag ihre wirtschaftliche Wachstumsrate doppelt so hoch wie die der übrigen Wirtschaft, und das Wachstum ihrer Beschäftigtenzahlen lag sogar dreimal so hoch. (Siwek und Mosteller 1998: 1-3)
- Das wirtschaftliche Wachstum der vom Urheberrecht abhängenden Branchen liegt auch in der Europäischen Union über dem Wachstum der übrigen Wirtschaft. So wuchs der Markt für Computerprogramme 1995 um 8,8 Prozent (für 1996 und 1997 geschätzte Wachstumsraten in Höhe von 9,2 bzw. 8,8 Prozent), und Datenbankdienste wuchsen von 1989 bis 1994 sogar um jährlich 27 Prozent (Europäische Kommission 1997c: 4, fn10). Ein ebenfalls überdurchschnittliches Wachstum wies der audiovisuelle Sektor in den Jahren vor 1995 mit jährlich sechs Prozent auf (Europäische Kommission 1995: 12). Dieses hohe Wachstum gilt auch für die langfristige Entwicklung auf dem (deutschen) Arbeitsmarkt: „Zwischen 1982 und 1991 expandierte der Gesamtarbeitsmarkt um 7,8 Prozent, der Medienbereich aber um 21,3 Prozent.“ (Bertelsmann AG 1997)

2.5 Finanzierungsformen der Medieninhalte

Am Medienmarkt gibt es eine so große Vielfalt von Finanzierungsarten, wie sie an keinem anderen Markt, an dem Konsumenten Güter oder Dienste erwerben, zu finden ist. Der Grund dafür liegt in den besonderen Schwierigkeiten, die die Eigenschaften von Medieninhalten für deren effiziente Vermarktung bereiten. Ausführlich werden diese Schwierigkeiten erst in Kapitel 4 zusammen mit den wettbewerbsabhängigen Wirkungen auf die Zusammensetzung des Medieninhalteangebots diskutiert. Die Darstellung der Finanzierungsformen beschränkt sich daher in diesem Kapitel auf ihre jeweiligen Funktionsweisen und unmittelbaren Wohlfahrtswirkungen.

---

[27] Europäische Union mit der Schweiz und Norwegen.

2.5.1 Direkte Zahlungen durch die Nutzer

Zahlungen, die in direktem Zusammenhang mit dem Erwerb oder Konsum eines Gutes stehen, sind der Normalfall an allen Märkten. Hier gilt das Prinzip der Konsumentensouveränität, und die Nachfrage des Inhaltenutzers bestimmt die Zusammensetzung des Angebots. Auch am Markt für Medieninhalte finanzieren solche Zahlungen einen Teil des Marktvolumens.

2.5.1.1 Einzelverkauf von Speichermedien

Unter Speichermedien sind alle Träger von Medieninhalten zu verstehen, welche wie Bücher oder CDs eine dauerhafte und uneingeschränkte Nutzung der Inhalte erlauben. Mit dem Kauf eines solchen Mediums erwirbt der Konsument die Möglichkeit, dessen Inhalt so oft und ausgiebig zu nutzen, wie es ihm gefällt. Der einzige Preis, den er bei der Nutzung des Medieninhalts zu zahlen hat, entspricht den Grenzkosten der Nutzung (zum Beispiel dem Strom für die Leselampe und die Zeitopportunitätskosten); ein nutzungsabhängiges Entgelt an die Urheber fällt nicht an.

Fast alle Bücher, viele Zeitschriften und Zeitungen, der größte Teil der Tonträger sowie ein großer Teil der Videokassetten gelangen über den Einzelverkauf der Speichermedien an ihre Nutzer. Der deutsche Einzelhandel erzielte mit Büchern und Zeitschriften 1996 Verkaufserlöse in Höhe von 17 230 Millionen DM (Bundesregierung 1998: 79), mit Tonträgern 4 785 Millionen DM (Bundesregierung 1998: 136), mit Kaufvideos 1 050 Millionen DM[28] (Bundesregierung 1998: 135) und mit Kaufzeitungen (1997) 1 382 Millionen DM (BDZV 1998: 63f, jeweils zu Endverbraucherpreisen).

2.5.1.2 Abonnements

Ein Abonnement ist grundsätzlich dem Verkauf einzelner Trägermedien ähnlich, lediglich die Handelsbeziehung wird verstetigt. Das ist von Vorteil, weil es die Informationsprobleme des Nachfragers senkt (vgl. hierzu Kapitel 2.2.4), den hohen Aufwand des Einzelhandels und die Kosten von Remissionen vermeidet (vgl. hierzu Kapitel 2.4.2). Auch werden die Abogebühren im Voraus erhoben, was wertvolle finanzielle Sicherheit bietet. Dafür entfällt allerdings die Werbewirkung der Präsentation des Mediums im Handel (Geretschlaeger und Leinschitz 1993b: 541), und auch die Marktzutrittsbarrieren sind höher, da man zunächst viel Kundenforschung und -werbung betreiben und die Kundenbindung pflegen muss (Heinrich 1994: 197). Für den Werbemarkt bietet der Abonnementvertrieb besondere Vorteile, da sich mit den Daten der Bezieher die Zielgruppenorientierung der Werbung verbessern lässt (vgl. Kapitel 2.5.2.2). Auf diese Weise können höhere Preise am Markt

---

[28] 1997 betrugen die Umsätze mit Kaufvideos nur noch 924 Millionen DM (Medienspiegel 1998c: 6).

für Werbekontakte erzielt werden. Abonnements sind besonders bei Zeitungen und Zeitschriften verbreitet, es gibt sie aber auch vereinzelt bei Musik-CDs. Eine besondere Art von Abonnements bieten Bezahlfernsehsender, da keine Speichermedien vertrieben werden, sondern lediglich das Recht zum Betrachten eines Fernsehkanals.

Für den Zeitungsmarkt ist das Abonnement die weitaus wichtigste Vertriebsform. So wurden 1997 im Vertrieb der regionalen Abonnementzeitungen 5 346 Millionen DM erlöst, fast viermal so viel wie im Einzelverkauf (BDZV 1998: 63f). An der Deckung der Kosten der Verlage waren die Erlöse 1997 dennoch nur mit 38,3 Prozent beteiligt – die restlichen 61,7 Prozent der Kosten werden durch den Anzeigen- und Beilagenvertrieb gedeckt (ZAW 1998: 190). Bei den Zeitschriften gelangten 1993 46,2 Prozent aller verkauften Exemplare per Abonnement an ihre Leser und nur 41,3 Prozent über den Einzelverkauf (Heinrich 1994: 297).[29]

Das Abonnieren von Bezahlfernsehen hat eine besonders große Bedeutung in den USA, wo jeder Sender von den Kabelgesellschaften an deren Anschlussgebühren beteiligt werden muss. Die durchschnittlichen Grundgebühren (*basic cable service*) sind mit monatlich durchschnittlich 26,48 US$ entsprechend hoch. Trotzdem sind 67 Prozent aller Haushalte an ein Kabelnetz angeschlossen, und fünfzig Millionen dieser Haushalte abonnieren zusätzlich auch noch die gegen Extrazahlungen empfangbaren *premium service channels*. (Neue Westfälische 1998)

In Deutschland spielt das Abonnentenfernsehen allein schon deshalb eine vergleichsweise geringe Rolle, weil die Kabelnetzbetreiber den Sendern keine Kompensation für die Programmeinspeisung zahlen. Mit *Premiere* und *DF1* werden allerdings werbefreie Abonnementprogramme angeboten, die mit den US-amerikanischen Premium-Kanälen vergleichbar sind. *Premiere* abonnierten im Januar 1999 1,7 Millionen Haushalte, 430 000 von ihnen sogar *Premiere digital* (Communications News: 5. Februar 1999). Die *Bertelsmann AG* als Miteigentümerin rechnet in Deutschland bis zum Jahr 2007 mit sechs Millionen Abonnenten und erwartet jährliche Erlöse in Höhe von sechs Milliarden Mark (Wössner 1997: 79). *DF1* verfügte als der jüngere deutsche Bezahlfernsehsender Ende 1998 über 300 000 Abonnenten und erwartet eine Steigerung dieser Zahl auf eine halbe Million bis Ende 1999 (Communications News: 14. Januar 1999).

[29] 12,5 Prozent der verkauften Zeitschriften gelangten 1993 über „sonstigen Verkauf" an die Leser. Insgesamt wurden jedoch nur 75,1 Prozent der gedruckten Auflage verkauft. Der Rest fand als Remission keine Leser oder kam in Form von Freiexemplaren in Umlauf. Zusammen mit den grundsätzlich unentgeltlich verteilten Anzeigenblättern und Kundenzeitschriften erzielten so 58,5 Prozent aller gedruckten Exemplare überhaupt keinen Erlös. (Heinrich 1994: 295-298)

Das Bezahlfernsehen erreichte 1995 in der Europäischen Union insgesamt 39 Prozent der Haushalte (gegenüber 54 Prozent in USA und 28 Prozent in Japan), und allein 1996 stieg hier die Zahl der Abonnenten von 13,2 auf 16,1 Millionen. Für den Vertrieb von Spielfilmrechten wird das Bezahlfernsehen gegenüber Kino, Videoverleih und Videoverkauf gegenwärtig das weltweit wichtigste Medium. In der Europäischen Union nahm es diese Stellung mit 34 Prozent der Ausgaben für Filme schon 1996 ein. (Europäische Kommission 1997b)

2.5.1.3 Vermietung von Speichermedien

In der Europäischen Union haben Urheber und ausübende Künstler das ausschließliche Recht, „die zeitlich begrenzte Gebrauchsüberlassung zu unmittelbarem oder mittelbarem wirtschaftlichen oder kommerziellen Nutzen" zu erlauben oder zu verbieten (Artikel 1 (2) EU-Richtlinie 92/100/EWG zum Vermiet- und Verleihrecht). Während für den Bereich der Tonträger von diesem Recht 1996 mit dem Vermietverbot Gebrauch gemacht wurde und auch kein kommerzieller Buchverleih mehr existiert, werden mit der Vermietung von Videokassetten bedeutende Umsätze erzielt. Die Videovermietung ist teilweise sogar der einzige Verwertungsweg für Filme, welche aufgrund ihrer pornographischen oder brutalen Inhaltsgegenstände kaum anders zu vermarkten sind (vgl. Schauz 1997: 89f). 1997 lagen in Deutschland die Erlöse mit 700 Millionen DM (Medienspiegel 1998c: 6) hinter den Erwartungen der Videovermieter, nachdem sie 1996 auf 780 Millionen DM von einem Vorjahreswert von 740 Millionen DM gestiegen waren (Bundesregierung 1998: 135).

2.5.1.4 Nutzungsabhängige Zahlungen

Beim Vertrieb von Speichermedien über Einzelmedienverkauf, Abonnements oder Vermietung ist die Höhe der geforderten Preise unabhängig von der Nutzungsintensität. Im Gegensatz dazu stehen nutzungsabhängige Zahlungen in direktem Zusammenhang dazu. Diese Art des Vertriebs kann in zwei unterschiedliche Verfahren eingeteilt werden: Das erste Verfahren erhebt pro Nutzer ein Entgelt für einen Medieninhalt, der sich bei der Nutzung verbraucht (vgl. Kapitel 2.2.2). Am gebräuchlichsten ist diese Form bei Kinovorführungen, zunehmend wird sie aber auch für *pay per view*-Abrechnungen für Bezahlfernsehen angewandt.[30] Das andere Verfahren erhebt von Nutzern ein Entgelt für einzelne Nutzungseinheiten eines Medieninhalts, der sich mit der Nutzung nicht verbraucht, sondern beliebig lange bestimmte Funktionen erfüllt. Werden die Inhalte mit diesem, in Abgrenzung zum *pay per view* hier als *pay per use* bezeichneten Verfahren bepreist, so wird eine Teilbarkeit des

[30] Musikkonzerte können nicht hinzu gezählt werden, da hier kein beliebig oft reproduzierbarer Medieninhalt vertrieben wird, sondern eine konsumrivale Dienstleistung.

Gutes simuliert, die bei allen anderen Vertriebswegen fehlt. Angewendet wird *pay per use* für den Zugriff auf elektronische Datenbanken und wird auch als adäquate Abrechnungsmethode für die Nutzung von Computerprogrammen innerhalb von Netzwerken favorisiert (vgl. Kapitel 3.4.1).

Für den Wettbewerb der Anbieter bieten die Vertriebsverfahren sehr unterschiedliche Bedingungen: Beim *pay per view* treten die Anbieter genau wie bei den anderen Verfahren in einen Preiswettbewerb gegeneinander, bei dem es darum geht, den Preis so zu setzen, dass möglichst viele Nachfrager das Angebot wahrnehmen und einen möglichst hohen Preis zahlen. Im Gegensatz zu diesem, sogenannten Bertrand-Wettbewerb steht der Cournot-Wettbewerb, der beim *pay per use*-Verfahren herrscht. Hier setzen die Anbieter die Preise je Nutzungseinheit so, dass sie möglichst viele Einheiten an jeden Nutzer verkaufen können. Man sagt daher auch, dass die Anbieter in einem Mengenwettbewerb zueinander stehen. In Kapitel 4 wird deutlich, welche zentrale Bedeutung die Unterschiede der Wettbewerbsformen auf die qualitative und quantitative Zusammenstellung des Angebots haben.

Die quantitative Bedeutung in Deutschland ist beim *pay per view*-Verfahren als nutzungsabhängige Zahlung schnell erfasst, da es sich hier bislang praktisch nur um die Einnahmen der Filmtheater handelt.[31] 1997 nahmen diese in Deutschland 1 268,6 Millionen DM ein, wovon die Filmverleiher als eigentliche Bereitsteller der Inhalte 619,2 Millionen DM erhielten (Media Perspektiven 1998: 63). Über *pay per use* liegen keine vergleichbar aussagekräftigen Daten vor. Ausgehend von sechzehn Milliarden US$ Umsatz von elektronischen Datenbanken weltweit im Jahr 1995 und einem deutschen Anteil von 4,5 Prozent daran (Bundesregierung 1998: 148) müsste noch bekannt sein, wie viel davon tatsächlich nutzungsabhängig und nicht pauschal mit unbegrenzter Nutzung (etwa auf CD-ROM) vertrieben wird. Entsprechende Daten liegen aber nicht vor.

2.5.2 Werbefinanzierung

2.5.2.1 Werbeformen und Werbezweck

Ein beträchtlicher Teil der Finanzierung der Produktion von Medieninhalten erfolgt über Einnahmen aus Werbung, welche gemeinsam mit den Medieninhalten an die Nachfrager verbreitet wird. Dabei sind die Werbebotschaften in vielerlei Hinsicht nicht von anderen Medieninhalten zu unterscheiden, wie

---

[31] Die Zahl der europäischen Anbieter von *pay per view*-Fernsehen wächst gegenwärtig sehr schnell: Von 1997 bis 1998 stieg die Zahl der Anbieter von 11 auf 17 und die Zahl der Kanäle von 67 auf 200. Vom Umsatz her dominieren die französischen Anbieter mit drei Vierteln des Gesamtvolumens den europäischen Markt deutlich, absolute Zahlen liegen aber über die Umsätze nicht vor. (Zerdick et al. 1999: 42)

Owen (1975: 28) darstellt: „They are valued by consumers (many people read newspaper ads more regularly than editorial content). They are sometimes entertaining, sometimes informative. They are sometimes exaggerated and untruthful, but so is much nonadvertising content.“ Auch steht Werbung unter dem verfassungsrechtlichen Schutz des Grundrechts auf Meinungsfreiheit (Medienspiegel 1998b: 3). Unterscheidbar wird Werbung lediglich in ihrer Funktion zur Verkaufsförderung anderer Dinge, anstatt selbst Gegenstand der Nachfrage der Konsumenten zu sein (Vgl. Owen 1975: 28f).

Werbefinanzierung funktioniert deshalb, weil die Werbetreibenden nur eingeschränkte Möglichkeiten haben, die Konsumenten zur freiwilligen Aufnahme ihrer Werbebotschaften zu bewegen: In der Regel sind die Konsumenten an anderen Tätigkeiten interessiert, und eine materielle Kompensation für die aufgewendete Aufmerksamkeit ist meistens technisch ausgeschlossen. Statt dessen bieten sich die Anbieter von Medieninhalten aufgrund ihrer Vermarktungsschwierigkeiten an, gegen Entgelt die von den Nachfragern geschätzten Inhalte mit den Botschaften der Werbetreibenden zu vermischen. Mit den Inhalten erhalten die Inhaltenachfrager eine Kompensation für die Aufnahme der Werbebotschaften, und an die Werbekunden kann eine Verbreitungswahrscheinlichkeit der Werbebotschaften verkauft werden. „TV stations are in the business of producing *audiences*. These audiences, or means of access to them, are sold to advertisers.“ (Owen, Beebe und Manning 1974: 4)

Entscheidend für die Attraktivität der Werbefinanzierung sind auch die Schwierigkeiten alternativer Finanzierungsmöglichkeiten für Medieninhalte. Zum einen ist es technisch sehr aufwendig, für Radio- und Fernsehsendungen monetäre Preise zu fordern; früher war es sogar vollkommen unmöglich oder sogar (in den USA) rechtlich verboten (vgl. Owen 1975: 89). Zum anderen ist es aufgrund der Unteilbarkeit der meisten Medieninhalte oder ihrer Angebotsformen unmöglich, den monetären Preis an die Nutzungsintensität anzupassen: Derjenige, der eine Zeitung vollständig liest, zahlt den gleichen Preis wie jemand, der ausschließlich wenige Wirtschaftsnachrichten liest, und auch beim Abonnentenfernsehen zahlt derjenige, der viele Stunden des Programms sieht, den gleichen Preis wie jemand, der kaum zum Fernsehen kommt (vgl. Butters 1978: 18). Werbefinanzierung stellt ähnlich wie nutzungsabhängige monetäre Konsumentenzahlungen bei bestimmten Inhalten eine Möglichkeit dar, die erhaltenen Zahlungen an die Nutzungsintensität anzupassen.

Werbefinanzierung erfolgt zumeist in Form von Spotwerbung in Fernsehen und Hörfunk, bzw. Anzeigen in Büchern, Zeitungen und Zeitschriften, aber auch *product placement* und *sponsoring* verschaffen dem Inhalteanbieter Einnahmen und dienen der Verkaufsförderung. Davon sind andere Werbeformen zu unterscheiden, welche nicht zur Finanzierung von Medieninhalten beitragen, wie Briefsendungen, Telemarketing, Messestände, Schaufensterpräsentationen und Plakate. (Vgl. Bruck 1993: 37)

Werbung in den Medien unterliegt zunächst verschiedenen gesetzlichen Bestimmungen zum Verbraucher- und Jugendschutz. Insbesondere gelten Verbote für (1) Werbung für einige Produkte in einigen Medien (z.B. Tabak im deutschen Rundfunk), (2) Irreführung der Verbraucher, (3) die gezielte Ansprache bestimmter Zielgruppen (zum Beispiel Kinder) und (4) Bezüge von Werbebotschaften auf die eigentlich verbreiteten Inhalte. Darüber hinaus gelten für den Rundfunk Beschränkungen, welche die Gesamtdauer der Werbeunterbrechungen und ihre zeitlichen Abstände zueinander regeln, wobei der öffentlich-rechtliche Rundfunk besonders strengen Vorschriften unterliegt (vgl. Wirtz 1994: 147).[32] Unzulässig sind im deutschen Rundfunk außerdem „Werbung politischer, weltanschaulicher oder religiöser Art" (§ 7 Absatz 7 Rundfunkstaatsvertrag) sowie Werbeunterbrechungen von Gottesdiensten und Sendungen für Kinder (§ 44 Absatz 1 bis 5 Rundfunkstaatsvertrag). (Vgl. Landesmedienanstalten der Bundesrepublik Deutschland 1998; Bruck und Selhofer 1996: 189)

2.5.2.2 Eignungskriterien der Medieninhalte als Werbeträger

Die Werbetreibenden interessieren sich nicht nur für den Preis je erzielten Werbekontakt, sondern auch für die Wirksamkeit der Kontakte. Diese wird neben der Werbebotschaft selbst von (1) der qualitativen Zusammensetzung der Rezipientengruppe, (2) dem Image des Medieninhalts, welcher die Werbebotschaft zeitlich oder räumlich umgibt, und (3) der technischen Eignung des Mediums bestimmt. (Vgl. Heinrich 1994: 79)

Die Bedeutung der qualitativen Zusammensetzung der Rezipiententengruppe erklärt sich dadurch, dass die Werbetreibenden potentielle Käufer ansprechen wollen. Da diese bei lokalen oder regionalen Angeboten räumlich konzentriert sind und fast immer besondere sozialdemographische Eigenschaften aufweisen, ist jeweils nur ein Teil der Rezipienten für die Werbetreibenden von Interesse (vgl. Owen und Wildman 1992: 11). Je genauer es gelingt, mit der Auswahl des Inhalts eine homogene und zugleich attraktive Zielgruppe zu erreichen, desto höhere Preise können für den durchschnittlichen Kontakt erzielt werden. Aus diesem Grund sind die Preise vieler Zeitschriften auch als Schutzgebühren zu verstehen: Sie sind die Versicherung für den Werbekunden, dass er tatsächlich die Gruppen erreicht, die er zu erreichen plant (vgl. Rosse 1987: 121). Eine besonders begehrte Zielgruppe

---

[32] In den USA fehlen zeitliche Beschränkungen der TV-Werbung. Es gab zwar bis 1981 eine freiwillig vereinbarte und von der *Federal Communications Commission (FCC)* kontrollierte Werbegrenze in Höhe von sechs Minuten pro Stunde *prime time*, doch musste sie aus kartellrechtlichen Gründen aufgegeben werden. (Vgl. Owen und Wildman 1992: 157)

sind die jungen Konsumenten, da ihre Markentreue noch wenig ausgeprägt ist. Das drückt sich deutlich in den Kontaktpreisen für einen Fernsehspot aus: „Beim ZDF zum Beispiel kosten tausend Zuschauer unter 50 Jahren 58,86 Mark, über 50 aber nur 19,83 Mark" (Hüetlin und Schnibben 1995: 121).

Das Image eines Medieninhalts oder anderer Werbung entscheidet mit über das Bild, welches sich der Leser, Zuschauer oder Zuhörer bei der Aufnahme einer zeitlich oder räumlich benachbarten Werbebotschaft vom beworbenen Gut macht. Die „Stimmung von Programmumfeld und Werbespot" sollte daher einheitlich sein (Heinrich 1994: 173). So wäre Werbung für Alkoholika im Umfeld eines Berichts über Alkoholismus wohl wenig wirksam, ganz im Gegenteil zu einer Werbung für Säfte. Entsprechend würde auch ein Autohersteller nach einem Bericht über Verkehrsunfälle vergeblich für sein sportliches Image werben, während er mit Verweisen auf seine überlegene Sicherheitstechnologie schon eher Erfolge beim Zielpublikum hätte.

Die technischen Unterschiede zwischen den Medien sind von entscheidendem Einfluss für die Art der von ihnen vermittelten Werbung und den damit beworbenen Gütern. Werbung in Büchern zum Beispiel ist besonders ungünstig, da Bücher meistens im gesamten Sprachraum verbreitet werden und die Rezeption über einen langen Zeitraum erfolgt (Owen 1975: 29). Regionale und aktuelle Werbebotschaften können also nur schlecht vermittelt werden. Auch ist bei Büchern die Unteilbarkeit des Medieninhalts kein Problem, welches mit einer nutzungsabhängigen Zahlung gemindert werden könnte – Bücher werden von jedem Leser nahezu gleich intensiv gelesen. Zeitungen und Zeitschriften sind da ganz anders, da sie über die rasche Verbreitung der Botschaften den Werbetreibenden eine hohe Flexibilität ermöglichen. Zudem bieten sie oft einen extrem genauen sozialdemographischen Zielgruppenbezug (Zeitschriften) oder einen geographischen Zielgruppenbezug (Lokalzeitungen). In den Printmedienanzeigen können außerdem „sehr viel mehr und sehr viel genauere Informationen angeboten werden als in der Hörfunk- und Fernsehwerbung." (Kantzenbach 1984: 299) Zudem wählen sich die Konsumenten die Werbung zur genaueren Betrachtung aus, für die sie sich interessieren (vgl. Butters 1978: 18). Werbung in Fernsehen und Hörfunk bietet zwar prinzipiell die gleiche Flexibilität und Zielgruppengenauigkeit wie die Printmedien. Sie ist jedoch eher für emotional ansprechende „suggestive" Werbung geeignet als für die Vermittlung umfangreicher Informationen, und der Rezipient hat überhaupt keine Auswahlmöglichkeiten (vgl. Kantzenbach 1984; Schmitz 1990: 172).

Problematisch ist vor allem die Erfolgsmessung von Anzeigen und Werbespots. Abgesehen davon, dass über die tatsächliche Wirkung eines Werbespots in der Regel nur spekuliert werden kann, bleibt unklar, wie viele potentielle Konsumenten erreicht worden sind. Bei Anzeigen in Presseerzeugnissen, die in den Einzelverkauf gelangen, steht erst mit Eingang der Remissionen fest, wie viele Exemplare verkauft wurden; wie viele Leser das ausmacht, bleibt jedoch im Dunkeln. Die Erfassung von Zuschauer- und Zuhörerzahlen ist ähnlich ungenau. Hinzu kommt, dass mit den methodisch schwierigen und technisch aufwendigen „Media-Analysen“ das „Nutzerverhalten nur mit Hilfsindikatoren wie ‘Sitzen vor dem Fernsehgerät’ oder ‘Kaufen einer Zeitung’ erfaßt“ wird und daher das tatsächliche Nutzungsverhalten unklar bleibt. (Heinrich 1994: 78)

2.5.2.3 Umfang des Werbemarktes

Zunächst ist festzustellen, dass Werbung eine bedeutende Wirtschaftsbranche mit erheblichem Umsatzvolumen ist. 56,6 Milliarden DM investierte die deutsche Wirtschaft 1997 in die Werbung, und für 1998 wurden 58,5 Milliarden DM prognostiziert. Dies entspricht 1,55 Prozent vom deutschen Bruttoinlandsprodukt (3 641,8 Milliarden DM 1997), und 350 000 Menschen (1997) sind unmittelbar in der Werbebranche beschäftigt. (ZAW 1998)

Für den Markt für Medieninhalte ist jedoch nicht die Höhe der Werbeinvestitionen der Wirtschaft von Bedeutung, sondern nur der Anteil, der für die Finanzierung von Medieninhalten zur Verfügung steht. Die Aufwendungen der Werbedesigner, Werbefilmer etc. dürfen also nicht mitgezählt werden, sondern nur die sogenannten Werbeträgereinnahmen – die Erlöse aus dem Anzeigengeschäft der werbefinanzierten Inhalteanbieter. Europaweit betragen die gesamten Werbeträgereinnahmen 77 829 Millionen US$ – das sind 29,9 Prozent des Weltmarktes in Höhe von 260 297 Millionen US$, an dem allein die USA einen Anteil von 98 876 Millionen US$ haben (1996). (ZAW 1998: 30f) Von diesem Wert müssen zusätzlich die Erlöse der Direktwerbeträger (1997 in Deutschland 5 926 Millionen DM) und Außenwerbung (1997 in Deutschland 1 002,4 Millionen DM) abgezogen werden, weil sie keinerlei Beiträge zur Finanzierung anderer Medieninhalte liefern. Von den deutschen Netto-Werbeträgereinnahmen in Höhe von 38 653,7 Millionen DM (1997; 1,06 Prozent des BIP) stehen daher noch 31 725,3 Millionen DM (1997) zur Finanzierung der Erstellung und Verbreitung redaktioneller Inhalte der Trägermedien zur Verfügung (laut Prognose für 1998: ca. 33 119 Millionen DM). (Media Perspektiven 1998; ZAW 1998)

Einem Gutachten der Basler *Prognos AG* zufolge werden die gesamten Netto-Werbeträgereinnahmen in Deutschland bis zum Jahr 2010 im Vergleich zur übrigen volkswirtschaftlichen Leistung überproportional um 4,4 Prozent auf 67 Milliarden DM anwachsen. Mittelfristig ist bis zum Jahr 2002 mit einer Steigerung der Nettowerbeeinnahmen auf insgesamt 48 183 Millionen DM zu rechnen. Wenn die Anteile der Direkt- und Außenwerbung unverändert bleiben, stehen danach im Jahr 2002 aus der Werbung ca. 41,3 Milliarden DM und im Jahr 2010 ca. 57 Milliarden DM für die Finanzierung redaktioneller Inhalte in Deutschland zur Verfügung. (Medienspiegel 1998d: 21-24)

Im Verhältnis zu alternativen Quellen zur Finanzierung von Medieninhalten sind die Werbeeinnahmen von überragender Bedeutung. So übertrafen 1997 die Einnahmen aus der Fernsehwerbung mit 7 438,2 Millionen DM die der Fernsehgebühren (6 890,5 Millionen DM), und auch die Hörfunkwerbung stellte mit 1 176 Millionen DM einen beachtlichen Wert gegenüber 4 081,9 Millionen DM aus der deutschen Hörfunkgebühr (Rundfunkgrundgebühr) dar. Vollständig aus Werbung finanzieren sich die Anzeigenblätter mit 3 278,8 Millionen DM (1997) Werbeeinnahmen. Zwischen 61,7 Prozent (Abonnementzeitungen 1997) und 48,8 Prozent (Straßenverkaufszeitungen 1990) finanzieren sich Tageszeitungen aus den Werbeeinahmen in einer Gesamthöhe von 10 869,7 Millionen DM (1997). Bei den deutschen Zeitschriften liegt der Anteil der Werbefinanzierung bei durchschnittlich 54,3 Prozent (1990). Bei den Printmedien ist im Vergleich zu den elektronischen Medien jedoch zu beachten, dass die Anzeigen auch selbst erheblich zu den Kosten der Verlage beitragen: So verursachen allein die Anzeigenabteilungen der Abonnementzeitungen 13,2 Prozent der Kosten (1997); hinzu kommt der Druckkostenanteil der Anzeigen, welcher aufgrund vieler Farbanzeigen möglicherweise über ihrem Seitenanteil von 37,3 Prozent (1990) liegt. Bei einem Anteil der Kosten für Papier und Herstellung in Höhe von 36,8 Prozent (1997) an den Gesamtverlagskosten wird daher schon ein beträchtlicher Teil der Anzeigenerlöse allein für deren Druckkosten verwendet.[33]

2.5.2.4 Zeitopportunitätskosten und Ressourcenverbrauch der Werbung

Die noch von Spence und Owen (1977) und anderen Autoren in Bezug auf Fernsehen vertretene Ansicht, dass werbefinanzierte Programme den Nachfragern kostenlos zur Verfügung stehen, kann nicht mehr geteilt werden. Statt dessen muss eher davon ausgegangen werden, dass Werbung als zeitintensive Belästigung empfunden wird und Zeitopportunitätskosten verursacht. Schließlich könnten die Fernsehkonsumenten, statt Werbung erdulden zu müssen, einer anderen, frei gewählten Beschäftigung mit einem höheren Nutzen nachgehen; von „Free-TV“ kann also keine Rede sein. Entsprechend gehen Wildman und Owen (1985: 264-272) davon aus, dass Werbung den Bruttonutzen eines Fernsehprogramms senkt. Dabei werden die Medieninhalte durch Werbeeinblendungen so weit entwertet, dass ihr Konsum gegenüber alternativen Tätigkeiten gerade noch attraktiver ist.

Eine Argumentation für diese Annahme besteht darin, dass es (abgesehen von rechtlichen Beschränkungen) kein weiteres Hindernis für die Programmveranstalter gibt, so viele Werbespots wie nur irgend möglich zu senden. Wenn das keinen Einfluss auf die Attraktivität der Sendungen hätte,

[33] Die Quellenlage in diesem Bereich ist leider sehr unübersichtlich. Die hier gemachten Angaben sind entnommen aus Media Perspektiven (1998), Heinrich (1994) und ZAW (1998) und können lediglich der Orientierung dienen.

könnten so die Erlöse maximiert werden, und eine solche Programmgestaltung wäre sehr erfolgreich. Die Aufmerksamkeit ist jedoch knapp, und die Zuschauer meiden Sendungen, in denen ihnen ein hohes Maß an Aufmerksamkeit für solche Inhalte abverlangt wird, die sie gar nicht suchen oder wünschen.

Die Werbungsaversion ist auch empirisch belegt. Bei der Erhebung von Zahlungsbereitschaften für *Video-auf-Abruf*-Systeme verlangten die potentiellen Nachfrager je Film einen Preisnachlass um 20 Prozent, wenn fünf Minuten Werbung vor den Film geschaltet werden, und einen Nachlass um 40 Prozent, wenn die Werbung im Film gezeigt wird (Schauz 1997: 160).[34] Im Auftrag des SPIEGELs ermittelte das Meinungsforschungsinstitut Emnid, dass Fernsehzuschauer die Werbeunterbrechungen zu 51 Prozent als ärgerlich, zu 15 Prozent als informativ, zu 32 Prozent als langweilig und zu 22 Prozent als unterhaltsam empfinden. Nur 11 Prozent sehen sich die Werbung interessiert an, während der Rest nicht interessiert hinsieht (21 Prozent), den Raum verlässt (18 Prozent), umschaltet (53 Prozent) oder in die TV-Zeitschrift sieht (9 Prozent). (Hüetlin und Schnibben 1995: 120) In einer repräsentativen Umfrage stimmten 59 Prozent der Befragten der Aussage „Ich wäre froh, wenn es in . . . keine Anzeigen/Werbung mehr gäbe“ in Bezug auf privates Fernsehen zu (51 Prozent Zustimmung beim öffentlich-rechtlichen Fernsehen). Beim öffentlich-rechtlichen Hörfunk stimmten der Aussage immer noch 43 Prozent zu; beim privaten Hörfunk taten dies 39 Prozent der Befragten. (Medienspiegel 1998a: 6)

Die für Rundfunkwerbung festgestellte Werbungsaversion der Nachfrager kann auf die Printmedien nicht übertragen werden. Weil es hier kein festgefügtes zeitliches Programmschema gibt, können die Konsumenten die von ihnen aufgenommenen Werbebotschaften frei wählen. Es gibt auch keine aufgezwungenen Unterbrechungen des Konsums eines bestimmten, an sich unteilbaren Medieninhalts (Owen und Wildman 1992: 125). In der Folge sind die Werbebotschaften viel stärker auf den interessierten Leser zugeschnitten und enthalten wesentlich mehr Information, was durch die Möglichkeit unterstützt wird, auch längere Texte abdrucken zu können. (Vgl. Butters 1978: 18; Kantzenbach 1984: 299) Auch diese Argumentation kann empirisch belegt werden: In der oben aufgeführten Umfrage äußerten sich nur 26 Prozent der Befragten, dass sie froh wären, wenn es in „Zeitschriften/Illustrierten“ keine Werbung mehr gäbe, bei den „regionale Abonnementzeitungen“ waren es gar nur 20 Prozent (Medienspiegel 1998a: 6).

Bislang findet in der Literatur noch wenig Berücksichtigung, dass Werbung auch wertvolle Ressourcen belegt: (1) Für die Sendung von Rundfunkwerbung werden knappe Frequenzen belegt, die für die Übertragung erwünschter Inhalte genutzt werden könnten. (2) Die Wiedergabe von

[34] Dies gilt zumindest bei der befragten Nutzergruppe, welche als Videothekenbesucher möglicherweise eine besonders starke Aversion gegen Werbeunterbrechungen haben.

Werbesendungen trägt zu Verschleiß von Geräten bei, verbraucht Elektrizität und wird möglicherweise als Lärmbelästigung von Dritten wahrgenommen. (3) Der Druck von Anzeigen in den Printmedien erhöht den Farb- und Papierverbrauch und steigert damit die Umweltbelastung aus Herstellung, Transport und Entsorgung (vgl. Geretschlaeger und Leinschitz 1993b: 518f). Zudem werden die Zeitungen und Zeitschriften mit hohen Werbeanteilen für den Leser nicht nur schwerer, sondern auch unhandlicher.

2.5.2.5 Fehlsteuerung des Inhalteangebots

Damit ein werbefinanziertes Angebot von Medieninhalten den Präferenzen der Inhaltenachfrager entspricht, müssen die Präferenzen der Werbetreibenden für ein mit einem Programm verbundenes Publikum mit den Präferenzen der Inhaltenachfrager für ein Programm übereinstimmen. Davon kann jedoch aus mehreren Gründen nicht ausgegangen werden. (Vgl. Frank 1993: 25; Owen und Wildman 1992: 92, 98f) Ein Grund liegt darin, dass die Werbetreibenden besondere Publikumsqualitäten bevorzugen. Zu diesen Eigenschaften gehört eine hohe Kaufkraft und eine geringe Markenbindung bzw. eine allgemein leichte Beeinflussbarkeit durch Werbebotschaften (vgl. Minasian 1964). Vor allem alte Menschen sind daher eine unattraktive Zielgruppe für Werbung; entsprechend sind Inhalte für diese Gruppe am Werbemarkt benachteiligt (vgl. Kapitel 2.5.2.2). Ein Indiz dafür kann in der scharfen Konkurrenz „jugendlicher" Vorabendserien im deutschen Fernsehen oder auch in der Vielzahl neu erscheinender Zeitschriften mit jungem Zielpublikum gesehen werden. Eine andere benachteiligte Gruppe könnten Nachfrager mit einer ausgeprägten Werbeaversion sein. Wenn diese Gruppe bestimmte Inhalte exklusiv nachfragt, dürften auch solche Angebote über den Werbemarkt schwer zu finanzieren sein.

Neben diesen qualitativen Gründen der Bevorzugung bestimmter Rezipientengruppen durch die Werbetreibenden gibt es aber auch noch quantitative Gründe, die zu Abweichungen eines werbefinanzierten Inhalteangebots von den Zuschauerpräferenzen führen können. Zum einen ist anzunehmen, dass das Werbebudget der Werbetreibenden begrenzt ist und einen Wert einnimmt, der von der aggregierten Zahlungsbereitschaft der Nachfrager abweicht. In der Folge nimmt das Gesamtangebot an Medieninhalten ein zu hohes oder zu geringes Niveau ein. (Vgl. Müller 1998: 116) Zum anderen können die Werbeerlöse für einen Inhalt auch direkt mit der Zahlungsbereitschaft der Nachfrager verglichen werden. Hier kann sich herausstellen, dass Inhalte, die den Nachfragern die Produktionskosten mehr als wert wären, über Werbefinanzierung nicht kostendeckend sind (Spence und Owen 1977: 105). So schätzten Noll, Peck und McGowan (1973), dass die US-Fernsehzuschauer bis zu sieben mal mehr für Programminhalte bezahlen würden als diese an Werbeeinnahmen erzeugen könnten (zitiert aus Owen und Wildman 1992: 98).

Ein Blick auf die 1991er Tausenderkontaktpreise für Dreißig-Sekunden-Fernsehspots scheint diesen Eindruck zu bestätigen (in DM): *ARD* (9,35), *ZDF* (18,50), *RTL* (12,42) (Heinrich 1994: 72). Nimmt man pro Stunde 20 Spots an, so erhält z.B. *RTL* knapp 25 Pfennige je Zuschauerstunde.[35] Da diese Beträge weitgehend unabhängig vom tatsächlich erzielten Zuschauernutzen sind, bestimmen sie auch die von den Medieninhalten maximal erreichte Qualität, soweit diese vom Ressourceneinsatz abhängt. Es ist daher leicht vorstellbar, dass der durchschnittliche Zuschauer nicht nur einen wesentlich höheren Betrag bieten würde, um sich die Werbeunterbrechungen zu ersparen, sondern dass auch monetäre Zahlungen der Nutzer für die Inhalte eine viel höhere Produktionsqualität erlauben könnten. (Vgl. Owen und Wildman 1992: 22) Für viele Medieninhalte, die aufgrund besonderer Eigenschaften auf eine sehr hohe Zahlungsbereitschaft der Nachfrager stoßen, ist eine direkte Entgeltfinanzierung daher einer Werbefinanzierung im Prinzip überlegen: Selbst wenn zum Beispiel *pay per view*-Sender für bestimmte „Top-Sportereignisse" einen Preis verlangen, der neunzig Prozent der potentiellen Zuschauer ausschließt, so können von den übrigen zehn Prozent immer noch Erlöse erzielt werden, die weit über die Erlöse einer potentiellen Werbefinanzierung hinausgehen.

Aus den genannten Gründen spricht viel gegen die Annahme, dass mit einer Werbefinanzierung, vor allem im werbefinanziertem Rundfunk, ein wohlfahrtsoptimaler Präferenztransfer gelingt. In der Folge wird ein Inhalteangebot bereitgestellt, welches bestimmte Nachfragergruppen besonders benachteiligt und schlechter ist als die Nachfrager selbst fordern würden. Die Steuerung des Inhalteangebots funktioniert daher nur insoweit, als dass stärker nachgefragte Inhalte mehr Zuschauer haben, die die Werbung akzeptieren und damit auch höhere Werbeeinnahmen einspielen.

Abbildung 2-2 deutet diese Situation am Markt für werbefinanzierte Fernsehprogramminhalte an. Zwar erzielen einige Zuschauer eine Konsumentenrente, doch entspricht der von ihnen zu zahlende Preis (in Form von Opportunitätskosten P^W) nicht den finanziellen Einnahmen des Inhalteanbieters. Wenn dies jedoch der Fall wäre, so (1) ständen viel mehr Ressourcen für die Produktion des Inhalts bereit oder (2) viel mehr Zuschauer als Q^W sähen sich das Programm an. Die Steuerung des Inhalteangebots funktioniert daher nur insoweit, als dass stärker nachgefragte Inhalte mehr Zuschauer haben, die

[35] Hüetlin und Schnibben (1995: 109) geben an, dass Werbetreibende einen Zuschauerkontaktpreis von 1,5 Pfennig je Spot bezahlen. Bei 20 Spots mit je dreißig Sekunden Länge erhält der Sender 30 Pfennig pro Zuschauerstunde an Werbeeinnahmen. Für die USA gibt Bonin (1997/98) an, dass „selbst Fernsehereignisse der Spitzenklasse wie der 'Superbowl' nur Einnahmen von deutlich unter $ 0,50 pro Zuschauer pro Stunde einspielen."

die Werbung akzeptieren und damit auch höhere Werbeeinnahmen einspielen.[36]

Abbildung 2-2:
Der Markt für werbefinanzierte Fernsehprogramminhalte

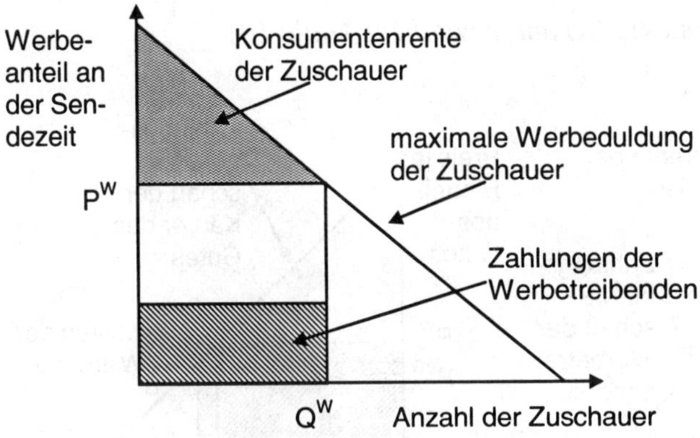

Quelle: eigene Darstellung.

2.5.2.6 Volkswirtschaftliche Wirkungen

Die Auswirkungen der Werbung beschränken sich nicht auf den Markt für Medieninhalte. Zusätzlich müssen der Markt für Werbekontakte und der für die beworbenen Güter betrachtet werden. Abbildung 2-3 stellt die beiden Märkte in ähnlich vereinfachter Form so dar, wie es mit Abbildung 2-2 für den Markt für werbefinanzierte Fernsehprogramme erfolgte. In den beiden Teilen der Abbildung werden die Zahlungsbereitschaften der Nachfrager entsprechend dem abnehmenden Grenznutzen als fallende Kurven dargestellt. Damit erhalten die Nachfrager eine Konsumentenrente, die der Fläche des Dreiecks entspricht, welches unten durch die Preislinie (P^K bzw. P^W/P^{oW}) und oben durch die Zahlungsbereitschaftskurve begrenzt wird. Während Abbildung 2-3 (A) damit schon vollständig erklärt ist, werden in Abbildung 2-3 (B) zwei Situationen dargestellt: P^{oW} gibt den Preis des Gutes an, der zur Deckung der Kosten des Anbieters *ohne Werbung* notwendig wäre. Zu diesem Preis könnten Q^{oW} Einheiten des Gutes verkauft werden. P^W zeigt dagegen den tatsächlich geforderten Preis. Nur er ist in der Lage, auch noch die Kosten der Werbung (entsprechend der Fläche des kleinen, oben liegendenden Rechtecks) mitzutragen. Da P^W höher als P^{oW} ist, liegt die abgesetzte Menge Q^W des Gutes

---

[36] Der Wohlfahrtsverlust, der im Ausschluss der über Q^W hinausgehenden Zuschauer besteht und in gleicher Form auch bei anderen Finanzierungsformen auftritt, wird in Kapitel 4 ausführlich behandelt.

unterhalb der ohne Werbung möglichen Menge. Da die Werbung keinen Beitrag zur Steigerung des Nutzenwertes des Gutes leistet, führt sie zu einem Wohlfahrtsverlust in Höhe des zwischen den Preislinien P^{oW} und P^{W} liegenden Trapezes: Die Konsumentenrente der Käufer wird um diesen Betrag reduziert.

Abbildung 2-3:
Die Märkte für Werbekontakte (A) und beworbene Güter (B)

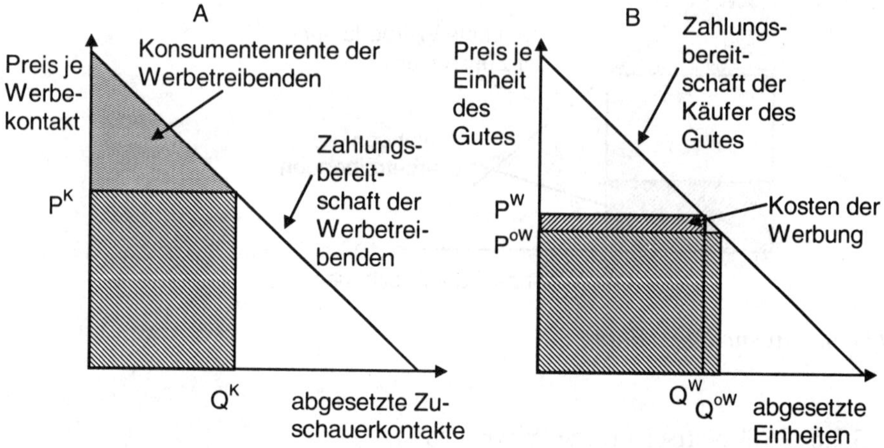

Quelle: eigene Darstellung.

Eine so einfache Darstellung der Auswirkungen von Werbung bietet sich als Einstieg in die Thematik an; die hohe Komplexität der Werbewirkungen erfasst sie allerdings nicht. In der intensiveren Diskussion der volkswirtschaftlichen Effekte in der Literatur zur Werbung kann man drei Argumente unterscheiden, welche sowohl von Befürwortern und Gegnern der Werbung verwendet werden: (1) das *Informationsargument*, (2) das *Nachfrageargument* und (3) das *Wettbewerbsargument*. Eine vollständige Würdigung aller diskutierten Teilaspekte ist an dieser Stelle nicht möglich. Die folgende Skizze kann allenfalls aufzeigen, wie schwierig eine eindeutige Beurteilung der volkswirtschaftlichen Effekte von Werbung ist.

Die Befürworter von Werbung weisen mit dem *Informationsargument* darauf hin, dass es zu den Aufgaben der Unternehmer gehört, die Nachfrager über ihre Angebote zu informieren. „Werbung ist dann keine vom beworbenen Produkt unterscheidbare Dienstleistung." (Müller 1998: 119) Werbung hat nach dieser Position sehr wohl einen eigenen Nutzen für die Konsumenten, da sie über die Existenz und die Eigenschaften von (alternativen) Angeboten informiert und so die Suchkosten der Käufer verringert. Informierend in diesem Sinne sind dann nicht nur die kognitiven Bestandteile der Werbebotschaften, sondern auch die – besonders in der Rundfunkwerbung dominierenden – emotionalen Bestandteile. Gerade sie könnten die kognitiv schwer vermittelbaren Eigenschaften verdeutlichen und den Verbrauchern helfen, ihre latent vorhandenen autonomen Präferenzen zu entdecken. (Vgl. Kantzenbach 1984: 300f) Butters (1978: 15) weist weiter darauf hin, dass Werbung für den Verbraucher auch deshalb einen Mehrwert eines Produktes darstellen kann, weil sie einen „pleasant mystique“ aufbaue. Zudem könne Werbung oft als Unterhaltung aufgefasst werden, und allein die Existenz massiver Bewerbung für ein Produkt stelle oft wertvolle Information dar.

Gegner der Werbung finden im Informationsargument nur wenig Überzeugendes, was für Werbung spricht. Lediglich die Anzeigen von Privatpersonen und Anzeigen der Beschaffungsseite von Unternehmen hätten eindeutigen Informationswert und trügen damit zur Markttransparenz bei (vgl. Sohmen 1971). Besonders der „rundfunktypische[n] Form der Suggestivwerbung“ wird dagegen vorgeworfen, die „autonom gegebenen Verbraucherpräferenzen“ zu verändern (Müller 1998: 118; vgl. auch Schumann 1984: 60f und die dort angegebene Literatur). Die Nachfrager würden dann Produkte wählen, die ihnen tatsächlich einen geringeren Nutzen stiften als die Produkte, die sie ohne Werbebeeinflussung wählen würden. (Vgl. auch Butters 1978: 15) Gegen suggestive Werbung wird auch eingewendet, dass sie oft schon deshalb kaum zu einem Abbau der Informationskosten beitragen kann, weil sie hauptsächlich für Markenartikel betrieben wird, welche „sich technisch fast überhaupt nicht, sondern vorwiegend durch ihre äußere Aufmachung und die für sie betriebene Werbung von einander unterscheiden“ (Sohmen 1971: 11). Allein schon die Menge an Werbung übertreffe bei weitem „that which could conceivably convey useful information“ (Butters 1978: 15). Hinzu kommen Streuverluste, weil (1) die Botschaften Teile der Zielgruppe mehrfach erreichen, andere dagegen gar nicht und (2) viele Nachfrager außerhalb der Zielgruppe erreicht werden, ohne überhaupt als Konsumenten in Frage zu kommen (vgl. Schmitz 1990: 174). Kantzenbach (1984: 172) schlussfolgert daher:

> „In einer Umwelt, in der meist weniger die Beschaffung als die Auswahl der richtigen Informationen und deren Verarbeitung die Entscheidung der Nachfrager erschwert, führt suggestive Werbung über eine Erhöhung des Angebots an nur bedingt entscheidungsrelevanten Informationen nicht zu einer Reduktion sondern zu einer Erhöhung der Informationskosten.“

Die komplexe Diskussion des *Nachfragearguments* bezieht sich hauptsächlich auf die in Abbildung 2-3 (A) dargestellte Konsumentenrente der Werbetreibenden. Zwar ist offensichtlich, dass diese Konsumentenrente in einem funktionierenden Wettbewerb nicht zu Gewinnen der Unternehmer führt, sondern zur Kostendeckung eingesetzt wird. Befürworter von Werbung argumentieren jedoch, dass Werbung zu einer Verbesserung der Kapazitätsauslastung führe und so die Gesamtwohlfahrt steigere. Zudem stimuliere sie den Konsum und helfe daher, Arbeitslosigkeit und volkswirtschaftliche Stagnation zu vermeiden. (Vgl. Medienspiegel 1998b: 2)

Gegen diese Auffassung wendet Sohmen (1971: 18) jedoch ein, dass Werbung kaum Einfluss auf die Gesamtnachfrage ausübe, weil „sich die Werbeanstrengungen konkurrierender Oligopolfirmen größtenteils gegenseitig neutralisieren" (Sohmen 1971: 19). Die durch Werbung erzielten Umsatzsteigerungen einzelner Unternehmen sind daher größtenteils auf Umsatzverluste anderer Unternehmen zurückzuführen. Entsprechend bezeichnet Sohmen (1971) Werbung unter Berufung auf die erstmalige derartige Beschreibung durch Pigou (1960: 196-200) sogar als Spezialfall externer Kosten. Dort, wo es mit Werbung gelingt, Kapazitäten effizient auszulasten, wendet Sohmen (1971: 17) ein, dass dies in der Regel durch Preiswettbewerb geschehen müsse. Andererseits könne Werbung auch derartig wirksam sein, dass erst sie zu Ungleichmäßigkeiten in der Kapazitätsauslastung führe (Sohmen 1971: 22). Sollte sich im Übrigen Werbung tatsächlich auf die Gesamtnachfrage auswirken, so würde sie die Konjunkturschwankungen eher noch verstärken, da ein prozyklisches Verhalten der Werbeaufwendungen beobachtbar sei (Sohmen 1971: 19).

Mit dem *Wettbewerbsargument* schließlich weisen die Befürworter der Werbung darauf hin, dass Werbung oft notwendig sei, um als neuer Anbieter oder mit einem neuen Produkt überhaupt erst Zugang zum Markt zu erlangen (vgl. Butters 1978: 16; Kantzenbach 1984: 300f; Medienspiegel 1998b: 2). Butters (1978: 16) weist jedoch auf die Schwierigkeiten bei einer Beurteilung der Wettbewerbswirkungen hin: So gebe es zwar Hinweise für „substantial diseconomies of scale" der Werbung, doch wird von vielen Autoren argumentiert, dass Werbung den Wettbewerb eher behindere. So kritisiert Sohmen (1971: 15), dass Werbung „ein *Substitut* für Preiswettbewerb" sei, Marktstellungen festige und die Preisstarrheit weiter stärke. Die Einführung neuer Produkte werde durch Werbung keineswegs erleichtert, da gegen die Übermacht der übrigen Reklame nur noch mit sehr hohem Aufwand Aufmerksamkeit gewonnen werden könne. Tatsächliche Neuerungen würden im Übrigen den Nachfragern auch von den Massenmedien vermittelt. (Sohmen 1971: 17f)

Eine abschließende Beurteilung von Werbung ist an dieser Stelle nicht möglich. So beruhen zum Beispiel die meisten der hier wiedergegebenen Aussagen auf Mutmaßungen und Theorien, denen schlagkräftige empirische Beweise bislang fehlen. Als gesichert kann allenfalls gelten, dass es ein pauschales Urteil über die Werbung nicht geben kann; zu groß sind die Unterschiede zwischen Werbung in unterschiedlichen Medien und zwischen solcher für neue und für etablierte Produkte.

2.5.3 Reprographie-, Geräte- und Trägermedienabgaben

Das deutsche Urhebergesetz (UrhG) gestattet mit den Schrankenbestimmungen des § 53 UrhG die Anfertigung von Kopien geschützter Werke für den privaten oder schulischen Gebrauch. Nach § 54 UrhG haben die Urheber solcher Werke jedoch über ihre Verwertungsgesellschaften einen „Anspruch auf Zahlung einer angemessenen Vergütung". Diese Vergütung ist zum einen durch die Hersteller von Geräten (seit 1965) und Bild- oder Tonträgern (seit 1985), die „erkennbar zur Vornahme solcher Vervielfältigungen bestimmt sind," und zum anderen durch die Hersteller und Betreiber von Reprographiegeräten zu zahlen (vgl. Davies 1994: 128; Pethig 1988). Für die Vergütung werden in der Anlage zu § 54d UrhG detaillierte Richtwerte genannt, welche der tatsächlichen urheberrechtlichen Relevanz des Einsatzes der Geräte und Trägermedien angepasst werden sollen. Ähnliche Pauschalvergütungen wie das deutsche UrhG sehen die Bestimmungen in elf Mitgliedstaaten der Europäischen Union sowie – einer entsprechenden aktuellen Gesetzesinitiative zufolge – in Kürze möglicherweise auch das kanadische Urheberrecht vor (Europäische Kommission 1997c: 16; QuickLinks: 5. Januar 1999).

Während die weitaus meisten Einnahmen der Verwertungsgesellschaften bereits Bestandteil anderer Umsätze in der Medienbranche sind, müssen die Erlöse aus den Reprographie-, Geräte- und Trägermedienabgaben gesondert gezählt werden, da sie an keiner anderen Stelle miterfasst werden. Von den weltweit etwa fünf Milliarden US$ (in 1994, Cisac 1998), die von den Verwertungsgesellschaften insgesamt eingenommen werden, machen diese Erlöse allerdings einen sehr kleinen Teil aus. Als Hauptempfänger sind nur die deutsche *GEMA (Gesellschaft für musikalische Aufführungs- und mechanische Vervielfältigungsrechte)*, die *Verwertungsgesellschaft Bild-Kunst* und die *Verwertungsgesellschaft Wort* zu nennen. Zusammen kommen sie auf Einnahmen in Höhe von etwa 104,48 Millionen DM (1997), wobei 43,3 Millionen DM auf die Geräte- und Medienabgaben sowie 61,18 Millionen DM auf Reprographieabgaben entfallen (GEMA 1998: 63; VG Bild-Kunst 1998: 3; VG Wort 1998: 9).

2.5.4 Spenden und andere Finanzmittel

Nur der Vollständigkeit wegen ist die Finanzierung von Medieninhalten über Spenden, Mitgliedsbeiträge oder Eigenmittel zu nennen, welche quantitativ völlig unbedeutend ist. In den USA ergänzt das Public Broadcasting System die staatlichen, steuerfinanzierten Zuweisungen durch Spenden, Mitgliedsbeiträge und Stiftungsmittel. (Vgl. Schmitz 1990: 175; Schröder 1997: 42f) Nur aus den Spenden der Gläubigen finanziert sich religiöses Fernsehen wie die „Electronic Church" in den USA (Schröder 1997: 43). In Deutschland scheinen Spenden, Mitgliedsbeiträge und Stiftungen jedoch überhaupt keine

Bedeutung bei der Finanzierung von Medieninhalten zu haben, es sei denn es handelt sich um ausschließlich für Mitglieder bestimmte Werke wie Mitgliedszeitschriften.

2.5.5 Öffentliche Rundfunkfinanzierung in Deutschland

2.5.5.1 Umfang und Entwicklung der Rundfunkgebühr

Die Rundfunkgebühr in Deutschland finanziert einen wesentlichen Teil der hier konsumierten Medieninhalte. Sie setzt sich aus der Grundgebühr und der Fernsehgebühr zusammen. Die Grundgebühr beträgt seit dem 1. Januar 1997 9,45 DM monatlich und ist von jedem Haushalt zu zahlen, der ein Radio- oder Fernsehgerät zum Empfang bereithält und nicht aufgrund besonderer Umstände gebührenbefreit ist. Die Fernsehgebühr beträgt seit dem 1. Januar 1997 18,80 DM monatlich und ist zusätzlich zur Grundgebühr von allen gebührenpflichtigen Haushalten zu zahlen, die ein Fernsehgerät zum Empfang bereithalten. 1997 betrug das Gesamtaufkommen aus den Gebühren knapp elf Milliarden DM für 34,59 Millionen gebührenpflichtige Radiogeräte und 30,98 Millionen gebührenpflichtige Fernsehgeräte. Davon gingen abzüglich einer zweiprozentigen Verwaltungsgebühr der Landesmedienanstalten (219,4 Millionen DM) 2 438,9 Millionen DM an das ZDF und 8 314,1 Millionen DM an die ARD (Hörfunkanteil 4 081,9 Millionen DM). (Media Perspektiven 1998) Den „Empfangsberechtigten" wurden damit vierzehn Fernsehprogramme und über fünfzig Radioprogramme finanziert (Schneidewind 1997).

Im Vergleich mit anderen OECD-Ländern stellt Deutschland nicht unbedingt eine Ausnahme dar: Fast alle Länder mit bedeutsamen Rundfunkmärkten[37] betreiben eine öffentliche Form der Rundfunkfinanzierung, wobei die jährlichen Gebühren je Haushalt (in DM) in Österreich (382), Belgien (347), Dänemark (331), Island (530), Norwegen (320), Schweden (289) und der Schweiz (295) den deutschen Wert (285,60) zum Teil erheblich überschreiten (OECD 1997: 86).[38] In anderen Ländern kommen dabei nicht nur Gebühren auf Geräte als Bemessungsgrundlage zur Anwendung: In Großbritannien wird eine jährliche Steuer auf jeden einzelnen Haushalt erhoben (91,50 Pfund) (Communications News: 12. Juli 1998) und von den privaten Sendern eine Umlage zur Finanzierung des *Channel Four* erhoben (Schmitz 1990:

[37] Auch die USA unterstützen ein *Public Broadcasting Services Network* aus öffentlichen Mitteln in unbekannter Höhe, doch scheint *PBS* nur eine sehr geringe wirtschaftliche Bedeutung im Vergleich zum US-Gesamtmarkt zu haben. Es liegen keine Angaben für Mexiko und Luxemburg vor.

[38] Die Werte beziehen sich auf das Jahr 1995, ausländische Werte umgerechnet aus US-Dollar zum Jahresdurchschnitts-Wechselkurs 1 US$=1,43 DM (OECD 1997: 183). Die seit 1997 gültige Rundfunkgebühr wird mit jährlich 339 DM nur noch von wenigen dieser Werte von 1995 überschritten.

181). In Südkorea und Griechenland wird statt dessen eine Abgabe auf den Elektrizitätsverbrauch der Haushalte erhoben. (Vgl. Media Perspektiven 1995) 1994 betrug die Summe aller bekannten öffentlichen Finanzmittel in den OECD-Ländern 21,26 Milliarden DM (deutscher Anteil 7,65 Milliarden DM) und machte damit 69,7 Prozent der Gesamteinnahmen des Rundfunksektors in diesen Ländern aus (OECD 1997: 87).

2.5.5.2 Rechtfertigung der Rundfunkgebühr

Die deutsche Rundfunkgebühr ist heftig umstritten. Als staatlich erzwungene Abgabe für eine Leistung, die grundsätzlich auch durch den auf freiwilligen Vereinbarungen beruhenden Markt bereitgestellt werden könnte, muss sie durch besondere Umstände begründet sein. Diese Rechtfertigung erfolgt vor allem durch das Bundesverfassungsgericht, welches sich in mittlerweile schon neun Fernsehurteilen immer wieder auch zur Rechtmäßigkeit der Finanzierung des öffentlich-rechtlichen Rundfunks äußerte. Dabei müssen nicht alle Argumente der „Rundfunkdogmatik“ (Bonin 1997/98) vollständig und mit Logik nachvollziehbar sein: Sprache und Argumentationsmuster der Gebührenrechtfertigung sind – da notwendigerweise auf älteren Urteilen aufbauend – nahezu unverändert geblieben, obwohl sich die technischen Bedingungen und damit auch die Möglichkeiten eines Rundfunkmarktes grundlegend geändert haben.

Der Mangel an Rundfunkfrequenzen und Kapital ermöglichte es im Nachkriegsdeutschland nicht, die grundgesetzlich garantierte Meinungsfreiheit (Art. 5 Absatz 1) auch im Rundfunk durch konkurrierende private Programmveranstalter sichern zu lassen (vgl. Scholz 1996: 79). Man beschloss daher, den Rundfunk öffentlich-rechtlich zu organisieren, womit der Rundfunk den Gefahren eines privaten Meinungsmonopols entzogen wurde. Zugleich wurde mit dem „Binnenpluralismus“ ein Konzept entwickelt, mit dem eine „Vielfalt und Ausgewogenheit der Meinungen in einem Kanal“ bei relativer Staatsferne garantiert werden sollte (Schröder 1997: 59f; vgl. Bonin 1997/98). Die Ersatzfunktion des gebührenfinanzierten Rundfunks wird besonders deutlich im ersten Fernsehurteil des Bundesverfassungsgerichts von 1961 (BVerfGE 12, 205: 261). Dort schreibt es:

> „Hier wird die Besonderheit bedeutsam, durch die sich der Rundfunk von der Presse unterscheidet. Zwar ist es unrichtig, daß Zeitungsverlage, Zeitungsdruckereien und Zeitungen in beliebiger Anzahl neu gegründet und unterhalten werden können. Der Unterschied zwischen Presse und Rundfunk besteht aber darin, daß innerhalb des deutschen Pressewesens eine relativ große Zahl von selbständigen und nach ihrer Tendenz, politischen Färbung oder weltanschaulichen Grundhaltung miteinander konkurrierenden Presseerzeugnissen existiert, während im Bereich des Rundfunks [. . .] die Zahl der Träger solcher Veranstaltungen verhältnismäßig klein bleiben muß.“

Mit dem dritten Fernsehurteil vom 16. Juni 1981 (BVerfGE 57, 295) lässt das Bundesverfassungsgericht jedoch auch private Rundfunkveranstalter zu. Neue Entwicklungen (Ausbau der terrestrischen Frequenzen, Kabel- und Satellitenfunk) haben die technischen Möglichkeiten für weitere Kanäle gebracht. Der Binnenpluralismus kann so im „dualen Rundfunksystem" durch den „Außenpluralismus" des Meinungswettbewerbs privater und öffentlicher Sender ergänzt werden. Dass die Möglichkeit einer größeren Zahl unabhängiger Programmveranstalter jedoch nicht zu einem Ersatz des öffentlich-rechtlichen Rundfunks führen kann, legt das Bundesverfassungsgericht in seinem vierten Fernsehurteil 1986 (BVerfGE 73, 118) dar. Danach kann der private Rundfunk aufgrund seiner geringen tatsächlichen Reichweite und der angenommenen Notwendigkeit, wegen der Werbefinanzierung ausschließlich massenattraktive Programme bereitzustellen, keinen vergleichbaren Beitrag zum Meinungsbildungsprozess leisten. Es sei daher notwendig, dass öffentlich-rechtlicher Rundfunk die „unerläßliche Grundversorgung" leiste. Nur solange diese gewährleistet sei, „können die Mängel der anderen Programme verfassungsrechtlich hingenommen werden" (Bonin 1997/98).

Die Grundversorgung besteht in (1) der technischen Empfangbarkeit für alle, (2) der vollständigen „Versorgung mit Programmen, die dem klassischen Rundfunkauftrag entsprechen" (Vollprogramm) und (3) der Aufgabe, „im Rahmen dieses Programmangebots Meinungsvielfalt in der verfassungsgebotenen Weise" herzustellen (Scholz 1996: 78). Die Beschränkung der Grundversorgung auf „den Charakter einer Mindestreserve und/oder eines bloßen Ausgleichs- oder Auffangtatbestandes" ist nicht die Absicht des Gerichts (Bethge 1996: 67). Obwohl das Bundesverfassungsgericht nur die öffentlich-rechtlichen Rundfunkanstalten zur Grundversorgung verpflichtet, muss „die Grundversorgung nicht unter allen Umständen durch die öffentlich-rechtlichen Anstalten sichergestellt werden. [. . .] Dies ist nach der Rechtsprechung nur solange und soweit erforderlich, wie das Gericht die Erfüllung des Rundfunkauftrags nicht durch eine andere Rundfunkorganisation als gewährleistet ansieht." (Müller 1998: 24f; vgl. auch Bonin 1997/98; Ricker 1998)

Einer populären Rechtfertigung der Existenz (und Finanzierung) öffentlich-rechtlichen Rundfunks liegt die Auffassung zugrunde, dass das Fernsehen aufgrund seiner „Eindringlichkeit, Wirkmächtigkeit und teilweise Suggestionskraft eine eigene prägende Qualität" besitze. Als „Kulturgut eigener Art" stehe es in der Verantwortung für Organisation, Austragung und Antrieb des Zeitgesprächs und könne daher nicht als „bloße Ware" aufgefasst werden. (Stolte 1998) Außerdem wird stellenweise für öffentlichen Rundfunk argumentiert, dass ihm allein die Vermittlung bestimmter, gesellschaftlich wertvoller Inhalte zugetraut werden kann. Am Markt würden diese Inhalte als „meritorische Güter" ohne „erzwungene Gratisbereitstellung" gar nicht nachgefragt werden. (Owen, Beebe und Manning 1974: 158f; vgl. auch Hartwig und Schröder 1998; Möschel 1998a) Vom Bundesverfassungsgericht werden diese beiden Argumente jedoch nur vereinzelt und am Rande aufgegriffen (vgl. BVerfGE 90, 60: 87; BVerfGE 73, 118: 156).

2.5.5.3 Kritik an der Rundfunkgebühr

Die öffentliche Rundfunkfinanzierung ist die einzige Form der Bereitstellung von Medieninhalten, die nahezu vollständig ohne Exklusion auskommt (Schröder 1997: 23). Da hier – im Gegensatz zur Werbe- oder Entgeltfinanzierung – niemand von der Inhaltenutzung ausgeschlossen wird, kann mit den bereitgestellten Inhalten ein maximaler Nutzen verwirklicht werden (vgl. Kapitel 2.3.3). Dieser Nutzungseffizienz der öffentlichen Inhaltebereitstellung stehen jedoch mehrere Probleme auf der Angebotsseite gegenüber:

(1) Zunächst muss man feststellen, dass bei der Gebührenfinanzierung Transaktionskosten in nicht unerheblicher Höhe auftreten. So betrugen 1997 die Ausgaben der Gebühreneinzugszentrale 171,4 Millionen Mark – etwa 1,5 Prozent der gesamten Gebühreneinnahmen (Communications News: 16. Oktober 1998). Müller (1998: 148) weist zudem darauf hin, dass schon die Kontrolle des Finanzbedarfs der Rundfunkanstalten durch externe Sachverständige besonders zeit- und arbeitsintensiv ist.

(2) Als leistungsunabhängige Einnahmeform bietet die Rundfunkgebühr keinerlei Information über die Wertschätzung des Programms durch die Nutzer. Für die bedarfsgerechte Steuerung des Angebots, welche an einem freien Markt über den Preismechanismus erfolgt, ist das öffentlich-rechtliche Rundfunksystem daher auf ein abstraktes Zielsystem angewiesen, welches „die Landesrundfunkgesetze, Staatsverträge und Anstaltssatzungen nur sehr allgemein" formulieren (Müller 1998: 80). Mit der dem Zielsystem zugrundeliegenden Verpflichtung auf das „Gemeinwohl" (Reiter 1996: 98) verletzt man nicht nur die Konsumentensouveränität (vgl. Bonus 1980: 151f), sondern man unterwirft sich auch einem schwer zu definierenden und noch schwerer zu kontrollierenden Zielbegriff (vgl. Werner Kaltefleiters Diskussionsbeitrag in Hilterhaus und Scholz 1996: 130). So kann unmöglich festgestellt werden, ob die Entscheidungsträger im öffentlich-rechtlichen Rundfunk tatsächlich das „Gemeinwohl" maximieren und sich nicht etwa statt dessen in ressourcenverschwendendem Rent-Seeking betätigen (vgl. Müller 1998: 147f).

(3) Probleme der Produktionseffizienz werden anhand der Produktionskosten und der Kostenkontrolle deutlich. So produzieren die öffentlich-rechtlichen Rundfunkanstalten das weltweit teuerste Fernsehprogramm je Sendeminute und sind in allen Bereichen „deutlich teurer als private Anbieter" (Hartwig und Schröder 1998: 12). Zurückgeführt wird dies auf die „fehlende Sanktionswirkung des Wettbewerbs" was dazu führt, dass der „Zwang zur sparsamen Mittelverwendung und Kostensenkung [. . .] in einer Anstalt des öffentlichen Rechts weniger stark durchzusetzen [ist] als in einem privatwirtschaftlichen Unternehmen" (Schröder 1997: 67).

Eine andere Kritik an der öffentlich-rechtlichen Rundfunkfinanzierung besteht darin, in ihr selbst eine Gefährdung der grundrechtlich garantierten Rundfunkfreiheit zu sehen, zu deren Schutz der öffentlich-rechtliche Rundfunk überhaupt erst eingerichtet wurde. Zwar hat das Bundesverfassungsgericht eine Rundfunkfinanzierung unmittelbar aus staatlichen Haushalten ausgeschlossen, doch unterliegt die Finanzierung durch die parlamentarische Festsetzung der Gebührenhöhe einer direkten staatlichen Kontrolle (vgl. Schmitz 1990). Ein Bemühen der finanziell abhängigen Anstalten, sich den staatlichen Instanzen gegenüber wohlgefällig gegenüber zu verhalten, kann daher prinzipiell nicht ausgeschlossen werden (vgl. Barrow 1997: 72f). Sogar einen direkten Verstoß gegen die Artikel 5 I des deutschen Grundgesetzes sieht Wenzel (1990: 499f) in der Verletzung der negativen Informationsfreiheit durch die Rundfunkgebührenpflicht. Durch sie werde dem Bürger die Freiheit genommen, bestimmte Meinungen und Informationen *nicht* zu rezipieren, zu äußern oder deren Rezeption oder Äußerung zu finanzieren.

Eine besondere Schärfe erfährt die Diskussion über die öffentliche Rundfunkfinanzierung aufgrund der von ihr hervorgerufenen Wettbewerbsstörungen. So führt Wernhard Möschel (1998a), der Vorsitzende der deutschen Monopolkommission, „die Verengung des Marktes in wenige Anbieterfamilien" auf die Bestands- und Entwicklungsgarantie der öffentlich-rechtlichen Anstalten zurück. In der Tat sind die Entfaltungsmöglichkeiten privater Rundfunkanbieter auf vielfältige Weise durch den öffentlichen Rundfunk in Deutschland eingeschränkt:

(1) Eine rein technische Behinderung des privaten Rundfunks besteht in der bevorzugten Vergabe knapper Sendefrequenzen an die öffentlichen Anstalten. So werden die jeweils leistungsfähigsten terrestrischen Fernsehfrequenzen an *ARD*, *ZDF* und das jeweilige *Dritte Programm* vergeben, während den privaten Sendern *RTL*, *SAT1* und *VOX* die übrigen Frequenzen zugeteilt werden. Andere private Sender gehen gleich ganz leer aus. Nicht unähnlich erfolgt die Belegung der Frequenzen im Fernsehkabel: In Nordrhein-Westfalen werden gleich neun öffentlich-rechtliche Vollprogramme[39] ins Kabel eingespeist, wobei sogar große Teile der Programme der vier „Dritten" und der *ARD* aus gegenseitigen Wiederholungen bestehen.

(2) Am Werbemarkt machen die öffentlich-rechtlichen Anstalten auf zwei Arten den werbefinanzierten Sendern Konkurrenz: Zum einen betreiben sie im Vorabendprogramm des Fernsehens und im Tagesprogramm des Hörfunks selbst Werbung. Es ist nicht auszuschließen, dass dies die Preise für Rezipientenkontakte unter das Niveau senkt, was ohne Werbeschaltung der öffentlich-rechtlichen Programme bestände. In diesem Fall sind durch die öffentlich-rechtlichen Aktivitäten am Werbemarkt die Entwicklungsmöglich-

[39] *ARD, ZDF, ARTE/Kinderkanal, 3SAT, Phoenix, WDR, BR, NDR* und *MDR*

keiten des privaten Rundfunks eingeschränkt.[40] Zum anderen sind die Erlösmöglichkeiten der werbefinanzierten Rundfunkveranstalter allein schon dadurch eingeschränkt, dass die Zahl möglicher Werbekontakte um den Anteil reduziert ist, den die öffentlich-rechtlichen Anstalten als Zuschauer- und Hörerquote aufweisen. Von den Effekten einer Angebotsausweitung am Markt für Werbekontakte abgesehen, könnte zum Beispiel mit den Zuschauerquoten des öffentlich-rechtlichen Fernsehens in Höhe von 43,5 Prozent (1998) (Stolte 1998) fast eine Verdoppelung der Zahl privater Fernsehsender über Werbung finanziert werden.

(3) Am Markt für Bezahlfernsehen benachteiligt die öffentliche Rundfunkfinanzierung private Veranstalter, weil sie die Zahlungsbereitschaft für werbefreie Fernsehprogramme bei einer offensichtlich großen Zahl der Zuschauer so weit abschöpft, dass ein weiteres entgeltfinanziertes Programm nur noch schwer zu vertreiben ist (vgl. Schmitz 1990: 212f). Der staatliche Zwang zum „Abonnement öffentlich-rechtlicher Sender" behindert so in diesem Segment die Entwicklung privater Veranstalter, welche auf die Bedienung der freiwillig artikulierten Zuschauernachfrage beschränkt sind.

Um den staatlichen Eingriff in den Rundfunkmarkt zu rechtfertigen, bemühen die öffentlich-rechtlichen Rundfunkanstalten oft den direkten Vergleich mit den privaten Sendern anhand der Kriterien Einschaltquoten und Programmkategorien (vgl. Stolte 1998). Die auf den ersten Blick für die überlegene Zuschauergunst und Programmqualität sprechenden Zahlen sind für einen Vergleich mit dem privaten Rundfunk jedoch nur bedingt tauglich:

(1) Die Einschaltquoten der werbefinanzierten Sender lassen sich kaum mit denen der gebührenfinanzierten vergleichen, da letztere durch die erzwungenen Beiträge zur Finanzierung des Programms keinen Nutzerausschluss betreiben. Beim werbefinanzierten Fernsehen müssen die Zuschauer hingegen Zeitopportunitätskosten zahlen (vgl. Kapitel 2.5.2.4). Damit wird eine werbefinanzierte Sendung automatisch weniger attraktiv als ein ansonsten vergleichbares Programm der öffentlich-rechtlichen Veranstalter, dessen Preis ja bereits am Monatsanfang in voller Höhe gezahlt wurde.[41] Ein Rückschluss von den Einschaltquoten auf die Programmqualität ist damit kaum möglich.

---

[40] Ein Beleg dafür ist in der Forderung der privaten Rundfunkbetreiber zu sehen, dem öffentlich-rechtlichen Rundfunk jegliche Werbefinanzierung zu untersagen. Besonders heftig wird die von *ARD* und *ZDF* geforderte Ausweitung der Werbemöglichkeiten nach 20 Uhr vom *Verband Privater Rundfunk und Telekommunikation (VPRT)* angegriffen: In diesem Fall sei mit dem „wirtschaftlichen Aus für eine Reihe von privaten Sendern" zu rechnen. (Communications News: 11. März 1998)

[41] Hinzu kommen die vielfachen Möglichkeiten der *ARD*, auf den Dritten Programmen Sendungen zu wiederholen sowie der Effekt, dass das *ARD*-Programm als Programm Nr. 1 bei den meisten Fernsehgeräten beim Einschalten empfangen wird. (Vgl. Werner Kaltefleiters Diskussionsbeitrag in Hilterhaus und Scholz 1996: 130)

(2) Die niedrigeren Anteile der privaten Sender in den Programmkategorien „mit besonderem gesellschaftlichen Interesse“ (Nachrichten, Informations-, Kultur- und Kindersendungen) (Stolte 1998) können zumindest nicht vollständig auf vermeintliche „‘inhärente’ Unterschiede von kommerziellen und öffentlichen Programmen“ (Müller 1998: 141) zurückgeführt werden. Vielmehr kann man anhand des „public and private choice model of broadcasting“ von Noam (1987) davon ausgehen, dass die öffentlich-rechtlichen Sender durch Besetzung der niveauvollen Programmkategorien private Angebote in diesem Segment vorwegnehmen.

Nimmt man die Existenz des öffentlich-rechtlichen Rundfunks als gegeben hin, so stellt sich immer noch die Frage, ob die Rundfunkgebühr die angemessene Form der Finanzierung ist. Hierzu kann zunächst der berechtigte Zweifel geäußert werden, ob die Rundfunkgebühr überhaupt finanzwissenschaftlich eine Gebühr darstellen kann. Die dafür notwendige Bedingung, dem Äquivalenzprinzip zu entsprechen, erfüllt die Rundfunkgebühr jedenfalls nicht: Sie ist immer zu zahlen, auch wenn gar keine Gegenleistung in Anspruch genommen wird. (Schröder 1997: 25; vgl. Wenzel 1990: 499) ZDF-Intendant Stolte (1998) bezeichnet die Rundfunkgebühr – vom Gebührenbegriff abweichend – als „ein funktionsgerechtes beitragsähnliches Finanzierungsmittel der Solidargemeinschaft zur Gewährleistung gesamtgesellschaftlicher Aufgaben für ebendiese Gemeinschaft.“ Aber auch diese Darstellung ist finanzwissenschaftlich ohne Überzeugungskraft, denn eigentlich ist die Rundfunkgebühr eine zweckgebundene *Steuer auf Rundfunkgeräte*, da der Kreis der vermeintlichen Beitragszahler mehrfach vom Kreis der Nutzer abweicht. Beweise dafür bestehen (1) in der Umverteilungskomponente der Gebührenbefreiung für Einkommensschwache gemäß Artikel 4 § 6 Rundfunkstaatsvertrag, (2) in der interregionalen Umverteilung durch den Finanzausgleich der Landesrundfunkanstalten, und (3) in dem Ziel, mit der Gebühr ein Programm zu finanzieren, dessen („gesamtgesellschaftlicher“) Nutzen über den Kreis der Rundfunkteilnehmer hinausgeht. (Schmitz 1990: 303-308; vgl. Wenzel 1990: 499) Vor allem der letzte Punkt, dass der öffentliche Rundfunk einen gesamtgesellschaftlichen Nutzen in Form externer Effekte stifte, spricht dafür, nicht mehr am Gebührenbegriff festzuhalten und statt dessen eine Finanzierung über solche Steuern zu wählen, welche von allen Mitgliedern der Gesellschaft geleistet werden müssen (vgl. Hartwig und Schröder 1998: 13).

Die Hauptkritik an der Rundfunkgebühr basiert jedoch auf den Zweifeln, ob die vom Bundesverfassungsgericht geforderte Grundversorgung überhaupt noch notwendig ist. So weist Bonin (1997/98) zum Beispiel darauf hin, dass das Gericht noch 1986 in seinem vierten Fernsehurteil die technischen Möglichkeiten für eine Vielfalt terrestrisch, über Kabel oder Satellit übertragener Programme unterschätzte und gleichzeitig die Kosten des direkten Satellitenempfangs durch Haushalte mit „Investitionen in Höhe von mehreren Tausend Mark“ (BVerfGE 73, 118: 124) überschätzte. Mit der

Realität hatte das schon in den achtziger Jahren wenig zu tun. Heute ist Satellitenempfang von bis zu 200 europäischen Kanälen durch eine einmalige Investition in Höhe von 100 € möglich, und im Netz der deutschen Telekom können gegen eine monatliche Gebühr von maximal 26,13 DM vierunddreißig Kabelprogramme empfangen werden. Entsprechend hoch ist die tatsächliche Versorgung (1997) der Haushalte mit Programmvielfalt: 53,3 Prozent der deutschen Wohnungen sind an das Kabelnetz angeschlossen, weitere 33,7 Prozent der TV-Haushalte betreiben eine Satellitenempfangsanlage, und nur noch 13 Prozent nutzen ausschließlich den terrestrischen Empfang. (Vgl. Bonin 1997/98; Zimmer 1998: 353)

Auch die inhaltlichen Unterschiede zwischen den privaten und den öffentlich-rechtlichen Programmen sind längst nicht mehr so deutlich. Ricker (1998) weist darauf hin, dass die privaten Programme „eine ständige Optimierung der weltanschaulichen Vielfalt" betreiben und ihnen die Rezipienten „weitestgehend weltanschauliche Neutralität bescheinigen." Auch eine durch Marktgesetze erzwungene Fixierung der privaten Anbieter auf den Massenmarkt ist nicht mehr feststellbar. Statt dessen betreiben die „Privaten" eine zunehmende Zielgruppenorientierung und bieten differenzierte Programmangebote an. Ihre Anreize dazu liegen in der Möglichkeit, mit „rezipientenorientierter Werbung" höhere Erlöse je Zuschauerkontakt erzielen zu können. „Die deskriptiv zu verstehende Feststellung des BVerfG, wonach der private Rundfunk schon aufgrund seiner Finanzierungsform die Vielfaltsanforderung nicht 'in vollem Maß' erfülle, dürfte somit mehr und mehr überholt sein." (Ricker 1998)

Die heutigen Gegebenheiten des Rundfunks unterscheiden sich also grundsätzlich von den Gegebenheiten von 1961, als das Bundesverfassungsgericht begann, die „Rundfunkdogmatik" (Bonin 1997/98) zu entwickeln. Entsprechend fordert Bonin (1997/98), das Gericht solle „die Realität berücksichtigen und feststellen, daß heute solche Konkurrenz in mindestens mit der Presse vergleichbarer Weise möglich ist." Demnach gibt es auch keine Rechtfertigung mehr für die von Scholz (1996: 83) geforderte Einordnung der öffentlich-rechtlichen Grundversorgung „in eine komplementäre und damit auch subsidiäre Rolle", wie Arndt (1996: 104) treffend formuliert: „Es gibt auch keine subsidiäre öffentlich-rechtlich finanzierte Presse-Grundversorgung."

2.5.6 Verleiheinrichtungen

Neben dem öffentlich-rechtlichen Rundfunk gibt es öffentliche Bibliotheken als staatliche und damit wettbewerbsfreie Versorgung der Nachfrager mit Medieninhalten. Gemäß Artikel 1 Absatz 3 der EU-Verleih- und Vermietrichtlinie 92/100/EWG wird das von öffentlichen Bibliotheken betriebene „Verleihen" vom kommerziellen „Vermieten" durch den fehlenden Erwerbszweck unterschieden. Bedeutsam ist dieser Unterschied, weil die Richtlinie in Artikel 5 den Mitgliedsstaaten freistellt, „hinsichtlich des öffentlichen Verleihwesens Ausnahmen von dem ausschließlichen Recht" der Urheber vorzusehen, „sofern zumindest die Urheber eine Vergütung für dieses Verleihen erhalten." Das deutsche Recht entspricht dieser Anforderung bereits mit dem 1971 wegen eines Bundesgerichtshofurteils geänderten § 27 Absatz 1 UrhG (vgl. Davies 1994: 124f). Auf dessen Grundlage schlossen die Gebietskörperschaften 1975 mit den Verwertungsgesellschaften[42] den „Vertrag über die Abgeltung urheberrechtlicher Ansprüche". Ihm gemäß wurden ursprünglich alle Ansprüche der Verwertungsgesellschaften mit jährlich 9 Millionen DM pauschal abgegolten. (vgl. Rechtskommission des Deutschen Bibliotheksinstituts 1992: 433-435) Seit 1996 werden auf der Grundlage einer neuen Vereinbarung 25 Millionen DM (einschließlich 7 Prozent Mehrwertsteuer) Vergütung an die Verwertungsgesellschaften gezahlt. (Thoms 1999)

Neben diesen Vergütungszahlungen sorgen die öffentlichen Verleiheinrichtungen selbstverständlich auch durch ihre Erwerbungen für Einnahmen der Urheber. So betrugen 1997 die Gesamtbeschaffungen aller deutschen Bibliotheken immerhin 737,5 Millionen DM (Deutsches Bibliotheksinstitut 1999). Dabei ist zu beachten, dass in der Regel über geschickte Anwendung von Preisdifferenzierung besonders hohe Preise von den Bibliotheken gefordert werden: Zum einen sind Bibliotheken aufgrund der intensiven physischen Beanspruchung der Bücher auf gebundene Werke angewiesen, deren Preise viel höhere Aufschläge zur Deckung der *first copy costs* enthalten (vgl. 2.4.2). Zum anderen wird von den Bibliotheken vor allem bei wissenschaftlichen Zeitschriftenabonnements ein viel höherer Preis verlangt als von Einzellesern.[43]

Die Preisdifferenzierung kann ebenso wie die vertraglich vereinbarten Vergütungszahlungen als Kompensation für Einnahmen, welche ohne die öffentliche Bereitstellung der Inhalte am Markt zu erzielen wären, verstanden werden. Allerdings ist zu beachten, dass Bibliotheken durch die Bereitstellung von Medieninhalten auch zusätzliche Einnahmen für die Urheber schaffen: Die Bibliotheksnutzer nutzen die ausgestellten Werke nicht nur, sondern sie kopieren sie zum Teil auch. Die dabei verwendeten Geräte und Trägermedien unterliegen jedoch der Abgabenpflicht nach § 54a Absatz 1 UrhG, so dass auch über diesen Weg Einnahmen der Rechtsinhaber geschaffen werden (vgl. Kapitel 2.5.3).

[42] *VG Wort, VG Wissenschaft, GEMA* und *VG Bild/Kunst*

[43] Kapitel 4.2.3 wird diese „institutionelle" Preisdifferenzierung ausführlicher darstellen.

2.5.7 Subventionen und Wettbewerbsbeschränkungen

Für den Bereich der Printmedien sieht sich der deutsche Staat in einer besonderen Verantwortung. Nur so ist „institutionelle Funktionsgarantie des Staates" (Heinrich 1994: 192) zu erklären, mit der die Versorgung der Bevölkerung mit vielfältigen und hochwertigen Druckerzeugnissen gesichert werden soll. Die einzelnen Maßnahmen stellen zwar keine direkte Form der Finanzierung von Medieninhalten dar, sollen aber doch die in diesem Sektor möglichen Umsätze steigern.

Als *steuerliche Begünstigung* des Pressewesens ist zunächst der ermäßigte Mehrwertsteuersatz in Höhe von 7 statt 16 Prozent auf die Verkaufserlöse von Zeitungen, Zeitschriften und Büchern zu nennen. Zusätzlich profitieren besonders die Buchverlage vom steuerlichen Ausnahmetatbestand der Teilwertabschreibung von Verlagsbeständen, mit welcher bis zu 55 Prozent des Lagerbestands bei der Kalkulation des Betriebsgewinns als Bemessungsgrundlage der Steuerzahlungen unberücksichtigt bleiben.

Als *wettbewerbsrechtliche Begünstigungen* bestehen in der Bundesrepublik die Erlaubnisse der Gebietsschutzkartelle im Pressegrosso und der Preisbindung im Buchhandel nach § 15 des Gesetzes gegen Wettbewerbsbeschränkungen (GWB). Von diesen – in der übrigen Wirtschaft als Wettbewerbsbehinderung verbotenen – Vereinbarungen im Verlagswesen verspricht sich der deutsche Gesetzgeber eine besonders hohe Vielfalt an Werken und Händlern sowie die sichere Versorgung ländlicher Gebiete mit Verlagserzeugnissen. Weil damit jedoch der Preiswettbewerb im Buchhandel ausgeschaltet wird, geht die Europäische Kommission davon aus, dass der Verbraucher mit zu hohen Preisen belastet wird. (Vgl. Bundesregierung 1998: 242)

Schwierig einzuschätzen ist der Umfang der *Quersubventionierung der Pressepost*: Noch 1989 kostete der Postzeitungsdienst in Westdeutschland 1,23 Milliarden DM, erbrachte aber nur 690 Millionen DM Einnahmen (Geretschlaeger und Leinschitz 1993a: 629). Ob der Verlust in Höhe von 540 Millionen DM bis heute wie angestrebt abgebaut werden konnte, ist nicht festzustellen, da die Deutsche Post AG in ihrem Geschäftsbericht keine Kostenaufstellung der einzelnen Geschäftsbereiche angibt (vgl. Deutsche Post AG 1998).[44]

[44] Die Einnahmen der Pressepost betrugen 1997 1 492 Millionen DM (Vorjahr 1 481) (Deutsche Post AG 1998: 73), wobei 1996 2 226 Millionen Stück vertrieben wurden (für 1997 geplant: 2 226 Millionen Stück) (Bundesregierung 1998: 90). Die Gesamteinnahmen aus der Briefpost (inklusive Pressepost) betrugen insgesamt 1997 19 757 DM Millionen bei insgesamt 20 023 Millionen gelieferter Poststücke (Deutsche Post AG 1998: 26).

2.5.8 Exkurs: Inhalteverwertungskaskaden zur Erlössteigerung

Fast alle Medieninhalte, deren Werte nicht von einer hohen Aktualität abhängen, werden im Lauf der Zeit zu unterschiedlichen Konditionen vertrieben: (1) Spielfilme werden zuerst im Kino gezeigt, nach sechs bis zwölf Monaten auf Videokassetten verkauft und verliehen, nach einem weiteren Jahr im Bezahlfernsehen und weitere zehn bis zwölf Monate später schließlich im werbe- oder gebührenfinanzierten Fernsehen gezeigt (Schauz 1997: 56f). (2) Neuerscheinende Bücher werden zuerst in der teuren und gebundenen Ausgabe im Einzelhandel verkauft, erst viele Monate später auch preiswerter als Taschenbuch und im Club-Buchhandel. (3) Neuerscheinende Pop-Musik erscheint zunächst als einzelner Musiktitel auf einer Single, später dann zusammen mit vielen weiteren Titeln derselben Künstler auf einem Longplay-Album oder auf einem Sampler mit populären Stücken anderer Künstler. Nach mehreren erfolgreichen Jahren geben die Musikverleger oft auch „Best of...“-Sampler heraus, auf denen die besten Musikstücke mehrerer Jahre nochmals und zum Teil sehr preiswert erscheinen. (4) Von vielen Computerprogrammen sind auch noch veraltete Versionen im Handel erhältlich, welche nicht nur billiger sind als die aktuellen Versionen, sondern auch billiger als zu der Zeit, als sie selbst die aktuellste Version waren.

Diese sequentielle Vertriebsweise von Medieninhalten wird als „Windowing“-Strategie (Owen und Wildman 1992) bezeichnet; am treffensten wird der Begriff als „Kaskadenstrategie“ ins Deutsche übersetzt. Mit ihr versuchen die Inhalteanbieter, durch anfänglich hohe Preise die hohe Zahlungsbereitschaft der besonders interessierten Nutzer abzuschöpfen, ohne jedoch auf Dauer auf die Erlöse in jenen Nachfragergruppen verzichten zu müssen, die aufgrund der hohen Preise vom Erwerb ausgeschlossen sein würden. Sie bezahlen später einen geringeren Preis, müssen sich dafür aber auch länger mit der Nutzung gedulden. Zunächst ist diese Preisstrategie eine zeitliche Preisdifferenzierung, welche als „Skimming“-Strategie (Schmalen 1995: 129) auch beim Vertrieb neuer Technologien angewendet wird. Bei Medieninhalten geht diese zeitliche Preisdifferenzierung jedoch in der Regel auch mit einer Verschlechterung der Nutzungsqualität einher, was sich in einer objektiven, technischen Verschlechterung (Buchbindung, Bildauflösung und Tonqualität) oder in einer relativen Entwertung (durch überlegene neue Versionen eines Computerprogramms oder Lehrbuchs) zeigt. Kapitel 4.2.3 wird nicht nur detaillierter darstellen, wie eine zeitliche Preisdifferenzierung die Erlöse steigern kann, sondern auch, welchen Beitrag eine Qualitätsdifferenzierung zum selben Ziel liefern kann.

Die Abfolge der einzelnen „Verwertungsfenster“ oder „Verwertungsstufen“ einer Kaskadenstrategie hat zum Ziel, möglichst hohe Deckungsbeiträge auf jeder einzelnen Stufe einzunehmen und zugleich die Erlösmöglichkeiten auf nachfolgenden Stufen möglichst wenig einzuschränken. Eine

Einschränkung der Erlösmöglichkeiten kann durch sogenannte „Voraufführungseffekte“ (Kruse 1989: 259) geschehen, weil durch die Nutzung auf einer frühen Stufe das Interesse herabgesetzt wird, auf nachfolgenden Stufen einen Inhalt erneut zu konsumieren. Die Preisschritte zwischen jeder Stufe müssen daher hinreichend groß sein, um die Erlöse einer Stufe nicht auf Kosten der Erlöse einer nachfolgenden Stufe zu maximieren. In Bezug auf die Verwertungskaskaden bei Spielfilmen nennen Owen und Wildman (1992: 30) sechs wichtige Faktoren, die zur Profitmaximierung beachtet werden müssen:

„(1) differences in the per viewer price earned in the different distribution channels;
(2) differences in channels' incremental audiences, by which we mean differences in the number of new viewers they contribute to a program's total audience;
(3) the interest rate as a measure of the opportunity cost of money;
(4) the extent to which viewers exposed to a program through one channel are eliminated from its potential audience in other channels;
(5) differences among channels in their vulnerability to unauthorized copying; and
(6) the rate at which viewer interest in a program declines following its initial release.“

Mit dieser Auflistung tragen Owen und Wildman (1992) auch der Tatsache Rechnung, dass mit einer zeitlichen Verzögerung der Inhalteverwertung auf Zinsgewinne von vorgezogenen Erlösen verzichtet werden muss und zugleich auch der Inhalt an Aktualität und damit oft an Nutzungsqualität einbüßt. Wegen ihrer relativ dauerhaften Aktualität eignen sich Spielfilme daher besonders gut für die Kaskadenstrategie und dominieren das Programm der Bezahlfernsehsender. Eigenproduzierte Talk-Shows werden entsprechend oft unverschlüsselt im Bezahlfernsehen gesendet, weil bei ihnen der Werbeeffekt einer breiten Nutzung viel höher ist als die Erlösminderung bei nachfolgenden Verwertungsstufen – diese gibt es bei Talk-Shows schließlich so gut wie überhaupt nicht.[45]

Die *Windowing*-Strategie der Inhalteanbieter erklärt, warum die Preise für den Filmkonsum im Kino, im Videoverleih oder im Bezahlfernsehen viel höher sind, als sie offensichtlich zur Erlösmaximierung der einzelnen Verwertungsstufe sein müssten: Würde man beispielsweise den Preis für den Kinoeintritt so weit senken, dass die produktionskostendeckenden Beiträge aus der Kinoaufführung maximiert würden, so wären automatisch die Deckungsbeiträge aus dem Video-, Bezahlfernsehen- oder „Free-TV“-Geschäft so weit

[45] Dass der deutsche Bezahlfernsehsender *Premiere* regelmäßige Bundesligafußball und Boxwettkämpfe verschlüsselt sendet, liegt an der mutmaßlich besonders geringen Preiselastizität der Nachfrage nach diesen Ereignissen, was wiederum im Bezahlfernsehen zu den höchsten Erlösen führt. Mit einer Verwertungskaskade hat dies an sich nur noch wenig zu tun, da es hier ebenso wie für Talk-Shows so gut wie keine nachfolgende Verwertung gibt.

reduziert, dass die Summe aller Deckungsbeiträge nicht größer, sondern kleiner wäre.

Vor allem in der Geschichte des Spielfilms haben sich die Möglichkeiten zur Erlösmaximierung durch Verwertungskaskaden deutlich und kontinuierlich verbessert. Während zunächst Filme nur im Kino gezeigt werden konnten, kam seit dem Ende des Zweiten Weltkriegs das Fernsehen hinzu: So schnellte die Zahl der Spielfilmsendetermine im deutschen Fernsehen von 55 im Jahr 1954 über 180 (1964), 729 (1974), 1 526 (1984) und 4 219 (1988) auf 16 972 im Jahr 1997, wobei davon 6 521 Sendeplätze für Wiederholungen waren (Media Perspektiven 1998: 28). Hinzu kamen in den achtziger Jahren zum einen die Verwertungen über den Verkauf und Verleih von Videokassetten, welche seit 1986 die Erlöse der deutschen Filmtheater regelmäßig übertreffen (Media Perspektiven 1998: 63) und zum anderen die Möglichkeiten, im Bezahlfernsehen Zahlungen direkt von besonders zahlungsbereiten Zuschauern zu erheben.

Owen und Wildman (1992) führen verschiedene Beobachtungen auf die Erlössteigerungen durch verbesserte Verwertungskaskaden zurück. Zunächst stellen sie fest, dass es zu unverhofften Gewinnen („windfall profits") *bereits produzierter Programme* kommt, wenn durch neue Verbreitungstechnologien die Möglichkeiten zur Preisdifferenzierung zunehmen. Auch sei die zunehmende Tendenz der großen US-Fernsehstationen (*networks*) zur Eigenproduktion sogenannter „'made-for-television' motion pictures" (Owen und Wildman 1992: 40) mit der Einschränkung der Spielfilmverwertung im werbefinanzierten Fernsehen durch die neu hinzugekommenen Verwertungen am Videomarkt und durch Bezahlfernsehsender zu erklären. Der Grund für die von 1976-1985 erfolgte Aufstockung der Produktionsbudgets pro Film der großen Hollywood-Studios um 122 Prozent könne ebenfalls auf die gestiegenen Erlösmöglichkeiten aufgrund differenzierter Verwertungsmöglichkeiten zurückgeführt werden. (Vgl. Owen und Wildman 1992: 40-45)

Noam (1987: 182) geht davon aus, dass bei zunehmenden Möglichkeiten zum *Windowing* in Wirklichkeit eine Preisdifferenzierung nach dem Einkommen betrieben werde. Die mit den Erlössteigerungen einhergehenden Produktionsausweitungen würden daher vor allem in jenen inhaltlichen Kategorien betrieben, welche den Präferenzen der höheren Einkommensschichten entsprechen. Da hohes Einkommen mit Präferenzen für ein qualitativ hochwertiges Programm zusammenfalle, stellt Noam (1987: 182) fest: „In this media environment, the higher-taste preferences are better served than before, by permitting the superior economic position of their holders to make itself felt."

„Confronted with new technological developments, we always tend to overestimate its short-term effects and to underestimate its long-term effects." Jaron Lanier (zitiert in Dreier 1994: 123)

3 Auswirkungen der Neuen Medien auf den Inhaltevertrieb

Das vorgehende Kapitel stellte Medieninhalte als ein Wirtschaftsgut dar, welches dem Konsumenten nur selten in seiner Reinform begegnet. In der Regel erwirbt dieser Trägermedien, welche Medieninhalte enthalten und ihm deren Nutzung ermöglichen. Lediglich ein Teil der Kosten der Medien wird für die Erstellung der Inhalte aufgewendet. Nur beim Rundfunk kann nahezu der gesamte Herstellungsaufwand als *first copy costs* aufgefasst werden – der Erwerb von Fernseh- oder Radioprogrammen kommt daher dem Erwerb von Medieninhalten sehr nahe. Allerdings mindert die Bindung der Inhaltenutzung an einen zeitlich festgelegten Programmablauf den Wert der Inhalte erheblich.

In diesem Kapitel wird gezeigt, dass die gegenwärtigen Neuen Medien große Veränderungen für den Vertrieb von Medieninhalten mit sich bringen. Sowohl die erzwungene Bündelung des Erwerbs von Medieninhalten mit dem von Trägermedien als auch die erzwungene Programmabhängigkeit der Inhaltenutzung beim Rundfunk werden mit den Möglichkeiten der Neuen Medien entfallen. Als Konsequenz dieser Entkopplung sowie weiterer Mehrwerte der Medieninhaltenutzung kann weiter gezeigt werden, dass die Medieninhalte in Zukunft eine wesentlich wichtigere Rolle – sowohl bei der Wertschöpfung moderner Volkswirtschaften allgemein als auch für die soziale Chancengleichheit der Menschen – einnehmen werden. Kapitel 4 wird anschließend zeigen, dass aufgrund der besonderen ökonomischen Eigenschaften von Medieninhalten ein Marktversagen vorliegt, was angesichts ihrer zunehmenden Bedeutung ein ernstzunehmendes Problem darstellt. Das im Rahmen der Neuen Medien oft im Zentrum der politischen Diskussion stehende Urheberrecht bietet hingegen keine unüberwindbaren Probleme, wie noch dieses Kapitel deutlich macht.

3.1 Technische Veränderungen der Inhalte

3.1.1 Digital statt analog

Der Begriff der „Neuen Medien" wird traditionell für die Beschreibung neuer Kommunikationstechnologien verwendet und muss naturgemäß in Abhängigkeit von den zu einer bestimmten Zeit vorherrschenden Medien definiert werden. So wurden zum Beispiel in den achtziger Jahren Kabel- und Satellitenfernsehen sowie Video- und Bildschirmtextsysteme als „neue Medien" bezeichnet. Im Rahmen dieser Arbeit ist es die *Digitalisierung* der Inhalte, welche ein Medium in den neunziger Jahren „neu" gegenüber den traditionellen Medien macht. (Pfammatter 1998b: 10-12) Die Digitalisierung vereint die ökonomischen Sektoren Informatik, Telekommunikation und Massenmedien und ist damit die Grundlage all der umwälzenden Entwicklungen und Möglichkeiten der Mediennutzung, welche dieses Kapitel beschreibt. (Vgl. Europäische Kommission 1995: 19)

Die traditionelle Form der Speicherung und Übertragung von Medieninhalten erfolgt *analog* (griechisch: *ähnlich*). Analoge Signale oder Speicherformen haben eine Erscheinung, die in irgendeiner Weise ähnlich dem zu übermittelnden oder speichernden Inhalt ist. „Das Telefon zum Beispiel verwandelt Ihre Sprache in elektrische Schwingungen, die genauso aussehen würden, wenn Sie Ihre Sprache auf einem Oszilloskop betrachten könnten." (Gates 1995: 403) Bei der Digitalisierung werden die Inhalte dagegen in einen binären Kode umgewandelt und als eine Abfolge von Nullen und Einsen dargestellt. Jede Ziffer wird als *Bit* bezeichnet, und acht Bits ergeben zusammen ein *Byte* als die kleinste eigenständige Informationseinheit.

Digitalisierte Medieninhalte ermöglichen im Gegensatz zu analogen sowohl ihre Aufteilung in einzelne *Datenpakete*, was einen *diskontinuierlichen* Betrieb ermöglicht (Gates 1995: 403-410), als auch *Datenkompression*, was zum Beispiel im Rundfunk eine Vervielfachung der Übertragungskapazitäten um den Faktor vier bis sechs ohne Qualitätseinbußen ermöglicht (Zerdick et al. 1999: 43). Zudem ist der digitale Kode sehr unempfindlich gegenüber Störfaktoren, da er mit nur zwei Zuständen (Null und Eins) äußerst grob strukturiert ist. Der analoge Kode weist dagegen mit seiner unendlich hohen Zahl unterschiedlicher Zustände eine so feine Struktur auf, dass deren absolut störungsfreie und unveränderte Übertragung oder Reproduktion unmöglich ist. Zunächst ist daher festzustellen, dass die Digitalisierung die Kosten der Speicherung und Übertragung von Medieninhalten erheblich senkt und daher auch technische Qualitätsverbesserungen der Inhaltewiedergabe erlaubt.

3.1.1.1 Gestiegenes technisches Potential von Urheberrechtsverletzungen

Der Schutz der Urheberinteressen ist bei analogen Medieninhalten zu einem entscheidenden Teil darauf zurückzuführen, dass nur die Rechtsinhaber mit Filmnegativen, Masterbändern von Tonaufnahmen oder Druckplatten von Büchern in der Lage sind, qualitativ hochwertige Kopien anzufertigen. Zudem können sie bei der Kopienproduktion eine effiziente Massenproduktion betreiben, mit denen die Kosten der Trägermedien bei einer zugleich hohen Nutzungsqualität niedrig gehalten werden können. Fertigen andere als die legitimen Rechtsinhaber analoge (Schwarz-)Kopien an, so unterliegen sie einerseits deutlichen Qualitätsverlusten, da Kopien von Kinofilmen, Schallplatten oder Büchern zwangsläufig unschärfer, unklarer oder unleserlicher sind als ihre Vorlagen. Andererseits erreichen die Schwarzkopierer auch keine so hohen Stückzahlen, so dass sie – mangels Ausnutzung von Skalenökonomien der Reproduktion – einen höheren zeitlichen und materiellen Aufwand pro Stück haben. Um Kosten zu sparen, werden sie daher oft auf minderwertige Trägermedien zurückgreifen, wie zum Beispiel ungebundene Blätter statt eines aufwendig gebundenen Buches. Aus diesen Gründen kann ein rechtmäßiger Anbieter von analogen Medieninhalten seine Preise höher als die Kosten einer Kopie setzen und so Deckungsbeiträge für die Erstellung der Inhalte einnehmen, ohne einen besonderen Aufwand bei der Kontrolle nicht autorisierter Kopiervorgänge (mit niedrigen Stückzahlen) betreiben zu müssen.

Bei digitalen Medieninhalten sind dem nicht autorisierten Vervielfältigen keine vergleichbaren Schranken gesetzt: Digitale Schwarzkopien sind von rechtmäßigen Vervielfältigungsstücken nicht zu unterscheiden und daher auch immer von gleich hoher Qualität. Zugleich verschwindet der zeitliche und materielle Mehraufwand der Schwarzkopien vollständig, denn das Kopieren zum Beispiel von Computerdateien erfolgt sekundenschnell, und der eingenommene Platz auf dem Datenträger ist genau so groß wie bei einer vom Urheber erstellten Kopie. Zudem ist ein digitalisierter Medieninhalt vielfältigen Manipulationen ausgeliefert, die bei analogen Medieninhalten nur schwierig vorzunehmen wären. Sowohl die Authentizität eines Werkes als auch der Schutz des Urheberpersönlichkeitsrechts sind daher ebenfalls Gefahren ausgesetzt, zumal Manipulationen nur schwer festzustellen sind, wenn das Original nicht zum Vergleich vorliegt.

3.1.1.2 Neue technische Möglichkeiten des Urheberschutzes

Die Digitalisierung bringt jedoch nicht nur Gefahren für den Urheberschutz mit sich, sondern gleichzeitig auch neue und wirksame Möglichkeiten, um diesen Gefahren zu begegnen: Mit *Digitalen Wasserzeichen*, auch *Tätowierungen* genannt, können Informationen über Urheberschaft und Nutzungsrechte (*electronic rights management information – ERMI*) in einen Medieninhalt eingefügt werden, ohne dass sie durch die menschliche Sinne wahrgenommen werden können oder anderweitig den Nutzenwert beeinträchtigen. Zugleich kann es technisch nahezu unmöglich gemacht werden, diese ERMI durch Datenkompression, analoge Kopiervorgänge oder durch gezielte Manipulationen zu entfernen oder zu verändern. (Vgl. Tuck 1997)

Mit diesem, als *watermarking* bezeichneten Prozess ist es möglich, digitale Medieninhalte oder sogar Fragmente davon eindeutig einem Urheber zuzuordnen. Wenn die zur Nutzung der Inhalte benötigten Geräte entsprechend ausgestattet sind, können mit dieser Information auch die Verwendungsmöglichkeiten eines Medieninhalts eingeschränkt[46] oder an bestimmte Voraussetzungen geknüpft werden. (CICCP 1996: 22; vgl. Dyson 1997: 181)[47] Solche Voraussetzungen können zum Beispiel der Besitz eines zeitlich begrenzten Freischaltkodes oder die erfolgreiche persönliche Identifikation als Nutzungsberechtigter über ein Netzwerk sein.

Aktive *electronic rights management systems (ERMS)*, die allerdings noch nicht in der Praxis verwendet werden, wären sogar in der Lage, die mit einem Computer vorgenommenen Nutzungshandlungen selbständig zu registrieren und in Rechnung zu stellen. Auch könnten sie Manipulationsversuche protokollieren und (bei Netzwerkanbindung) den Rechtsinhaber informieren. Entsprechend zahlreich sind die von Dussollier (1998) aufgezählten Funktionen eines ERMS:

- „it can record the terms and conditions of the contracts between concerned agents
- it monitors the access to and the usage of these applications
- it can prepare usage and attack reports for market feedback, invoices to end-users and acknowledgement of debt to the concerned rightholders. The invoice and acknowledgement of debt can be of course sent electronically to the end-user and the rightholders.
- it manages payments
- it has strong security functions
- it can integrate EDI [*Electronic Data Interchange*] messages and finally
- it integrates the identification number for works and their rights-owners."

Mit dem WIPO-Urheberrechtsvertrag vom 20. Dezember 1996 verpflichteten sich die unterzeichnenden Staaten, die von den Rechtsinhabern

---

[46] Ein frühes Beispiel dieser Technologie ist das *serial copy management system (SCMS)*, welches bei digitalen Musikrekordern (DAT oder MiniDisk) keine digitale Kopie von einer selbst erstellten digitalen Kopie zulässt. Für digitale Videoaufnahmen einigten sich Mitte Februar 1999 *IBM, NEC, Hitachi, Pioneer* und *Sony* auf einen *watermarking*-Standard, der (1) das Anfertigen digitaler Kopien unmöglich machen wird, (2) vielfältige Kompressionsprozesse und Formatumwandlungen übersteht und (3) analoge Kopien zwar zulässt, aber immer noch verhindert, dass von diesen analogen Kopien erneut digitale Kopien angefertigt werden können. Laut Herstellerangaben sollen im Jahr 2000 die ersten Geräte und Videos angeboten werden, die diesen Standard nutzen. (Fixmer 1999)

[47] Eine Darstellung der Codes, die zur eindeutigen Identifizierung urheberrechtlich geschützter Werke (analog und digital) dienen, findet sich in Green und Bide (1997). Ruanaidh, Boland und Sinnen (1997) stellen verständlich dar, auf welche Art und Weise die technische Umsetzung beispielsweise beim *watermaring* von digitalisierten Bildern erfolgt. Verschiedene staatliche und non-gouvernementale Einrichtungen bemühen sich um die Standardisierung von Identifizierungssystemen als Grundlage des *watermarking*; die Europäische Kommission (1996: 15) nennt hier beispielhaft die Organisationen *ISO/IEC, DAVIC, CISAC, CITED/COPICAT* und *IMPRIMATUR*. Zur weiteren Information bietet sich das Angebot von *IMPRIMATUR* im Internet an, zu finden unter http://www.imprimatur.alcs.co.uk/.

angewendeten technischen Mittel zur Verteidigung ihrer Rechte zu schützen. Dieser Schutz besteht im Verbot (1) der Entfernung oder Manipulation der *rights management information* und (2) der Verwertung manipulierter Werke (Artikel 12) sowie im angemessenen Schutz vor einer Umgehung der verwendeten technologischen Maßnahmen (Artikel 11). Die USA sind diesen Bestimmungen bereits Ende 1998 mit dem *Digital Millenium Copyright Act* nachgekommen. Dieser verbietet unter anderem die Herstellung oder den Vertrieb von Technologie, die zur Manipulation der zum Schutz der Urheberinteressen eingesetzten technologischen Maßnahmen verwendet werden kann. (Macavinta 1998) Ähnliche Maßnahmen sieht auch der Vorschlag der Europäischen Kommission zu einer Urheberrechtsrichtlinie in Artikel 6 und 7 vor (vgl. Europäische Kommission 1997c).

Varian (1998) weist darauf hin, dass auch die besten juristischen Maßnahmen zum Schutz der Urheberinteressen ins Leere laufen, wenn nicht autorisierte Verwendungen der Werke unentdeckt bleiben. Gerade hier zeichnet sich jedoch ab, dass die Neuen Medien auch die Möglichkeiten zur Entdeckung von Piraterie verbessern. Schließlich müssen zumindest kommerzielle *Inhaltepiraten* auf ihre Angebote aufmerksam machen, um Käufer zu finden. Wenn den Konsumenten diese nicht autorisierten Angebote innerhalb der Neuen Medien gemacht werden, können sie sehr viel einfacher als früher entdeckt werden, da gerade die digitale Technik die automatische Suche erleichtert. (Vgl. auch Shapiro und Varian 1999: 92f)

Es bleibt daher festzuhalten, dass die Digitalisierung zwar theoretisch die perfekte und effiziente Reproduktion geschützter Werke auch durch nicht autorisierte Nutzer ermöglicht, mit digitalen Verfahren aber auch der technische Aufwand zunimmt, bevor überhaupt die erste Schwarzkopie angefertigt werden kann. Um diese Kosten durch Verkaufserlöse decken zu können, muss der Inhaltepirat größere Stückzahlen absetzen, was die Rechtsinhaber jedoch mit sehr geringem Aufwand entdecken können. Es ist daher zumindest langfristig davon auszugehen, dass sowohl im kleinen als auch im großen Maßstab betriebene Urheberschutzverletzungen innerhalb der Neuen Medien ausgeschlossen werden können.

3.1.1.3 Nachteile der Schutztechnologien

Gerätehersteller und Konsumentenvereinigungen kritisieren gemeinsam den rechtlichen Schutz von technischen Systemen zum Schutz der Urheberinteressen, weil damit zukünftig auch das Anfertigen privater Kopien der Kontrolle der Urheber unterliegt. Genau dies ist aber bislang aufgrund von Schrankenbestimmungen bzw. der *Fair Use Doctrine* der amerikanischen Urheberrechtssprechung gestattet. Ohne die Schrankenbestimmungen direkt aufzugeben, werden sie doch de facto annulliert, da es keine technischen Möglichkeiten mehr zur Ausübung dieser Rechte geben wird. (Vgl. HRRC 1997; Shapiro 1997) Kapitel 3.3.3 wird auf diese Problematik detailliert eingehen.

Aufgrund der eingeschränkten Nutzungsmöglichkeiten von technisch geschützten digitalen Medieninhalten erwarten einige Kommentatoren auch eine Ablehnung dieser Inhalte durch die Konsumenten. Dies geschah bereits in den achtziger Jahren in der Computerprogrammbranche, als die Konsumenten auf den Erwerb von Programmen, die mit einem aktiven elektronischen Kopierschutz versehen waren, nahezu vollständig verzichteten und weitgehend auf „gekrackte", das heißt illegal vom Kopierschutzmechanismus befreite Software zurückgriffen. Daraufhin verschwanden diese Kopierschutzsysteme wieder vom Markt, und die meisten Computerprogramme sind seither vollkommen ohne Einschränkungen durch die Konsumenten kopierbar. Ob und in welcher Weise die Konsumenten Kopierschutzsysteme bei anderen Medieninhalten akzeptieren werden, ist allerdings noch völlig unklar, da diese noch niemals für Filme oder schriftliche Texte verwendet wurden und sich auch bei Musik erst in der Anfangsphase der Markteinführung befinden. (Vgl. LAB 1995)

Das Verbot der Manipulation von Urheberschutzsystemen ist auch dort problematisch, wo zu Forschungszwecken oder zu dem Zweck, andere Computerprogramme interoperabel zu machen, ein legitimer Grund besteht, Schutzsysteme zu entfernen oder zu verändern. Selbst wenn es dafür rechtliche Ausnahmeregelungen gibt (der US-amerikanische *Digital Millenium Copyright Act* sieht diese vor), so ist doch im Einzelfall eine deutliche Abgrenzung gegenüber unzulässigen Handlungen schwierig. Zudem behindert der erhöhte technische oder materielle Aufwand bei der Umgehung von Schutzsystemen die Entwicklung neuer Medieninhalte sowie die Verbesserung von Nutzungsmöglichkeiten bestehender Medieninhalte. (Vgl. Dreier 1994: 140-141; Lesser und Arafeh 1996)

Entscheidende Gefahren für Privatsphäre und Datenschutz der Medienkonsumenten gehen aus der Fähigkeit der aktiven *electronic rights management systems* hervor, jegliche Nutzunghandlungen zu protokollieren und weiterzugeben. Die so erstellten Inhaltenutzungsprofile sind von sehr hohem Wert für die Anbieter aller möglichen Güter und Dienste und unterliegen daher einer großen Gefahr der unerwünschten Weitergabe. (Vgl. LAB 1995; Medosch 1997) Das Legal Advisory Bord fordert daher die Europäische Kommission auf, alle notwendigen Schritte zu unternehmen, um die Kommerzialisierung oder den Missbrauch dieser Daten zu verhindern.

3.1.2 Multimedia statt Medientrennung

Bei der Übertragung oder Speicherung von digitalen Signalen ist es technisch gesehen ohne Bedeutung, was für eine Art Medieninhalt – Schrift, Ton, Bild oder Computerprogramm – der binäre Kode repräsentiert. Dies ermöglicht die technisch problemlose Kombination verschiedener Medienarten zu einem einzigen Inhalt – der Inhalt wird *multimedial*. Der Begriff „Multimedia", 1995 zum deutschen Wort des Jahres gewählt, steht daher eigentlich für einen „Multikode" (Doelker 1998: 37). Mit ihm werden inhaltliche Bedeutungen durch die gleichzeitige Verwendung mehrerer Kodes („einfache Texte" im Sinne von Schrift, Ton, Bild oder Computerprogrammen) konstituiert.[48] Solche multimedialen Darstellungen bezeichnet Doelker (1998: 38) als „Gesamttexte", während „additive Texte" zwar mehrere Kodes verwenden, diese aber getrennt voneinander und ohne semantisch zusammenzuhängen Bedeutungen konstituieren.

Die Vorteile des Multikodes liegen in der Möglichkeit, die spezifischen Leistungen der unterschiedlichen Kodes optimal zu kombinieren und so die Nutzungswerte von Medien zu erhöhen: In der gleichen Zeit können mehrere Informationskanäle gleichzeitig genutzt und komplexe Zusammenhänge verständlicher dargestellt werden. Als unterschiedliche Eigenschaften der Kodes stellt Doelker (1998: 38f) zum Beispiel der „Abstraktheit", „Zeitlichkeit", „Rationalität" und „festgeschriebenen Bedeutung des Wortes" die „Konkretheit", „Räumlichkeit", „Emotionalität" und „offene Bedeutung des Bildes" gegenüber. Noam (1995) erwartet entsprechend für die Zukunft als Standardformat der Informationsdarstellung einen „comic strip", in dem Schrift, Symbole, unbewegte und bewegte Bilder kombiniert werden und sich als „'hyper' comic strip" den Nutzungswünschen des Rezipienten anpassen (vgl. Kapitel 3.1.4.3 zur Interaktivität von Medieninhalten).

Es bestehen allerdings noch technische Defizite bei der Erstellung von Gesamttexten: Zum einen werden gegenwärtig fast ausschließlich die Distanzsinne (Sehen und Hören) angesprochen, während die Nahsinne (Tasten, Riechen und Schmecken) in den meisten Fällen ungenutzt bleiben (vgl. Pfammatter 1998b: 10). Doelker (1998: 39) stellt zum anderen in der Praxis „Defizite an Bildgrammatik" fest:

> „Sobald man mit dem integralen Kode Bild-Wort-Ton arbeitet, wird spürbar, daß für den Umgang mit wortsprachigen Texten auf eine vielfältig elaborierte Theorie (Semiotik, Linguistik, Grammatik) rekurriert werden kann und daß dagegen für den Gebrauch von Bild kaum umfassende Bildtheorien oder Bildgrammatiken verfügbar sind. Ausgerechnet in unserem 'optischen Zeitalter' (Karl Pawek) werden Bildtexte meistens 'spontan' und deshalb oft nicht mit der erforderlichen Qualität produziert."

---

[48] „Text" bedeutet im Sinne Doelkers nicht nur die schriftliche Darstellung von Wörtern und Satzzeichen: „Wir gehen damit von der ursprünglichen Bedeutung von lateinisch *textum* 'Gewebe, Gefüge' (*texere* = weben, flechten, verfertigen) aus. Ein 'Gefüge' entsteht dann [. . .] auch durch das Zusammenfügen von visuellen Texten (im Sinne von Standbild und Bewegtbild) und auditiven Texten (im Sinne von Sprechtexten, Musik und Geräuschen) und audiovisuellen Texten (aus Bild-, Wort- und Tonsträngen)." (Doelker 1998: 37)

Für den *Multimediaentwickler* bietet es sich an, auf bereits produzierte Medieninhalte zurückzugreifen. Oftmals ist die Einbindung von bereits bestehenden Werken sogar aus künstlerischen Gründen oder aus Gründen der Authentizität unvermeidlich. Da in der Regel eine große Zahl kleinerer Fragmente von vielen Werken in einem Multimediawerk kombiniert wird, stellt die Akquisition der entsprechenden Nutzungsrechte einen erheblichen Aufwand dar. Die Transaktionskosten der Rechteakquisition sind auch deshalb besonders hoch, weil viele Urheber ihre Rechte persönlich statt durch die eine Verwertungsgesellschaft ausüben. (Vgl. LAB 1995)

3.1.3 Online statt trägergebunden

Die Universalität des digitalen Kodes ermöglicht es, jeden beliebigen Medieninhalt mit Hilfe drahtgebundener oder drahtloser Telekommunikationstechnologien zu übertragen. Materielle Trägermedien werden daher für den Vertrieb von Medieninhalten nicht mehr benötigt. Aufgrund seiner vielfältigen Vorteile ist zu erwarten, dass sich der *Online-Vertrieb* gegenüber dem trägergebundenen Vertrieb durchsetzen wird. Voraussetzungen dafür sind vor allem (1) die in Kapitel 3.1.1.2 vorgestellten technischen Möglichkeiten zur Sicherung des Urheberschutzes (online erhaltene Inhalte sind sehr viel bequemer zu kopieren als wenn sie auf einem gesonderten Trägermedium vorliegen) und (2) die erfolgreiche Weiterentwicklung der in Kapitel 3.1.5 diskutierten technischen Infrastruktur der Neuen Medien.

3.1.3.1 Entfallen der Trägerkosten

Während Online-Medien nur einmalige Investitionen der Nachfrager in die Wiedergabegeräte sowie Datenübertragungskosten zahlen müssen, werden andererseits erhebliche Kosten eingespart, die mit dem trägergebundenen Inhaltevertrieb verbunden sind. Zum großen Teil bestehen diese Aufwendungen in Transaktionskosten, und sie entfallen mit der Online-Übertragung auf drei Stufen des Inhaltevertriebs:

(1) Es erübrigt sich die *Produktion von Trägermedien*, die vor allem im Printbereich für einen erheblichen Anteil an den Gesamtkosten der Inhaltevertriebs verantwortlich ist. Zugleich verschwindet der transaktionskostenbedingte Zwang zur Bündelung verschiedenster Inhalte in einem Vervielfältigungsstück, weil nur so eine kosteneffiziente Massenproduktion von Trägermedien erreicht werden kann. (Vgl. Kapitel 2.4.2)

(2) Es entfällt der *Vertrieb* von Trägermedien, welcher zumindest im Printbereich in Form der Handelsspannen und des Remissionsaufwands etwa die Hälfte der gesamten Kosten ausmacht. Auch in anderen Bereichen können erhebliche Kosten, die auf die Trägermedienbindung der Inhalte zurückgeführt werden können, eingespart werden: So wird für Computerprogramme geschätzt, dass der Vertrieb durch einen traditionellen Einzelhändler etwa 15

US$ kostet, während der Online-Vertrieb mit 20-50 Cent pro Transaktion nahezu kostenlos erfolgt (vgl. Wyckloff 1997: 7), und für den Bereich des Videokassettenverleihs wird vermutet, dass „von den zwölf Milliarden Dollar, die die US-Videoverleiher jährlich umsetzen, drei Milliarden als Verspätungszuschläge gezahlt [werden]" (Negroponte 1995: 22).

Diese materiellen Einsparungen der Nachfrager werden ergänzt durch Einsparungen eher immaterieller Transaktionskosten, welche vor allem mit dem Aufwand des Inhalteerwerbs zusammenhängen. Im Rahmen einer Analyse von Video-auf-Abruf-Diensten liefert Schauz (1997: 14-16) eine umfassende Analyse dieser Mehrwerte, welche zusammengefasst werden können als

- die unbegrenzte Freiheit der zeitlichen Nutzung, da der Online-Vertrieb keinen Ladenschluss kennt;
- die Abnahme von Suchkosten, da gezielt und zugleich umfassend Zusatzinformationen zu den Angeboten aufgerufen werden können;
- die geographische Unabhängigkeit, da ein Nachfrager von zuhause aus und gegebenenfalls mit anderen Menschen gemeinsam eine Transaktion beschließen und vornehmen kann (gegenüber Leihkassetten entfällt das Zurückspulen und die Rückgabe);
- die theoretisch uneingeschränkte Auswahl und jederzeitige Abrufbarkeit des gesamten Angebots, da es ohne materielle Träger weder Platzprobleme noch den Ausverkauf von Titeln gibt sowie
- die Anonymität des Inhaltekonsums.

(3) Schließlich entfallen für die Nachfrager die Kosten der *Lagerung und Entsorgung* von Trägermedien. Besonders für Musikliebhaber und Vielleser stellt der Platzbedarf der Bücher und Compact Disks eine Herausforderung dar, und schnell wachsen die Probleme, einen gewünschten Titel aufzufinden.

Zudem stehen viele Zeitungsleser aus ökologischen Gründen den dicken Ausgaben und Beilagen kritisch gegenüber, zumal sie sich nur für einen verschwindend geringen Teil der gedruckten Inhalte interessieren (vgl. Geretschlaeger und Leinschitz 1993b: 518f).

3.1.3.2 Information ohne physische Grenzen

Die traditionellen, per Rundfunk oder dauerhafte Trägermedien verbreiteten Inhalte unterliegen einer grundsätzlichen physischen Begrenzung: Beim Rundfunk kann zu einem Zeitpunkt nur eine begrenzte Anzahl von Programmen empfangen werden, und das Konsumverhalten hat sich nach dem zeitlichen Programmschema zu richten. Dauerhafte Trägermedien lassen zwar einen zeitlich unabhängigen Zugriff zu, doch ihre Inhalte veralten. Die Inhalte in den Online-Medien stehen dagegen jederzeit und in ihrer aktuellsten Fassung allen Nutzern zur Verfügung. (Vgl. Sennewald 1998)

Weitere Nachteile gegenüber den Online-Medien bieten die traditionellen Medien, weil sie in ihrem Umfang begrenzt sind. Besonders deutlich ist dies bei der Nutzung von Nachschlagewerken, welche entweder eine große „Breite“ an Fachgebieten abdecken oder in großer „Tiefe“ detaillierte Information enthalten, niemals aber beides zugleich. Bei einem Online-Vertrieb bestehen diese Grenzen nicht mehr: Ohne beständig die Inhalteträger zu wechseln, beziehen die Nutzer die gewünschten Inhalte von „einem ständig wachsenden Netz rechnerabhängiger Systeme, deren Kapazität letztendlich grenzenlos ist.“ (Negroponte 1995: 89- 90) Ein Beispiel für diese Entwicklung bietet die *Encyclopaedia Britannica Online*: Sie bietet selbst schon wesentlich mehr Informationen, als auf Trägermedien (CD-ROM oder Bücher) unterzubringen wären, und ist darüber hinaus über unzählige *hyperlinks* (Verknüpfungen) mit weiteren Quellen im Internet verbunden (siehe www.britannica.com).

3.1.4 Individualisierung des Inhaltekonsums

3.1.4.1 Asynchronisierung des Inhaltekonsums

Die vor allem beim Rundfunk, aber auch bei den Printmedien erzwungene Gleichzeitigkeit der Nutzung von Medieninhalten gibt es in den Neuen Medien nicht mehr, da die technischen Verbreitungsmöglichkeiten nicht mehr durch die Frequenzknappheit oder durch den Zwang zur getakteten Massenproduktion von Vervielfältigungsstücken begrenzt sind. Die Inhaltenutzer werden sich dann unterhalten oder informieren, wann sie es wollen, und nicht dann, wenn ein interessanter Film gesendet, die neue Zeitung geliefert oder ein aktueller Hintergrundbericht abgedruckt wird. Nur noch solche Inhalte, deren synchrone Rezeption positiv zum Nutzungserlebnis beiträgt (zum Beispiel bei Sportereignissen oder *Live-Shows*), werden von allen Interessierten gleichzeitig konsumiert werden. (Vgl. Noam 1995)

Die Neuen Medien verdrängen auch die passive Fernsehnutzung, da die Inhaltenutzung eine aktive Auswahl aus dem Angebot und die zeitliche Abstimmung der Nutzung mit anderen Aktivitäten erfordert. Mit ihrem „Hol-Charakter“ unterscheiden sich die Neuen Medien deutlich vom den traditionellen Medien mit ihrem „Bring-Charakter“. Während die Nutzung letzterer oftmals eher davon abhängt, dass man Zeit für den Konsum hat als dass brauchbare Inhalte angeboten werden, ist dies in den Neuen Medien umgekehrt. (Vgl. Schauz 1997: 28) Ebenso wie die Delinearisierung ist auch die Asynchronisierung des Inhaltekonsums scheinbar ein natürliches Bedürfnis des Menschen. Dies deuten die Entwicklung der Schrift zur Fixierung des gesprochenen Wortes ebenso wie die Siegeszüge von Anrufbeantwortern oder Videorekordern an, wobei die Neuen Medien dieses Ziel offensichtlich am besten erreichen. (Vgl. Gates 1995: 103; Rötzer 1996: 77)

3.1.4.2 Interaktive Nutzung nicht linearer und vernetzter Inhalte

Im allgemeinen bieten die Inhalte in den Neuen Medien schon deshalb einen Nutzenmehrwert, weil jedes Fragment unmittelbar zugänglich ist und jederzeit einzeln aufgerufen werden kann. Zum Beispiel können einzelne Stichwörter in einem schriftlichen Text gefunden werden, ohne gleich ein ganzes Buch durchblättern zu müssen; ebenso kann in einem Film jede beliebige Sequenz aufgerufen werden, ohne minutenlang eine Kassette spulen zu müssen. Darüber hinaus können sich die Inhalte in den Neuen Medien jedoch auch den Bedürfnissen des Nutzers anpassen, wenn sie entsprechend technisch ausgestattet sind. Diese technische Ausstattung besteht entweder (1) im Angebot an den Nutzer, durch bewusstes Aktivieren von *hyperlinks* seine Wünsche an den sogenannten *Hypertext* aktiv zu äußern oder (2) in der Fähigkeit des Dokuments, durch den Gebrauch von technischen Sensoren selbständig die Entwicklung der Nutzeraufmerksamkeit festzustellen und entsprechend zu reagieren. Während der Einsatz von Hyperlinks schon sehr verbreitet ist, befindet sich die selbständige Sensorik von Dokumenten jedoch noch in der Frühphase der Entwicklung – herkömmlichen Anwendergeräten fehlt bislang jegliche Möglichkeit, Interesse, Langeweile, Aufregung, Ablenkung oder selbst die Anwesenheit der Nutzer wahrzunehmen.[49]

Die Interaktivität der Inhalte ermöglicht es, jene Teile eines Dokuments zu erweitern, welche auf besonderes Interesse stoßen, und andere Teile abzukürzen, wenn dies dem individuellen Nutzer Vorteile bietet; auch können Hintergrundinformationen und Verweise geboten werden. Zudem verlieren die Dokumente in den Neuen Medien den Zwang zur Linearität, welcher in den traditionellen Medien die Möglichkeiten zur Darstellung komplexer Zusammenhänge stark einschränkt. Hyperlinks lassen sich daher in die Tradition älterer Techniken von schriftlichen Texten (Fuß- und Endnoten, Querverweise, Sachregister) einordnen, welche das schon immer bestehende Bedürfnis nach *Delinearisierung* von vielen Medieninhalten andeuten. (Nickl 1998: 393) Auch Romane, Spielfilme und Musik werden in den Neuen Medien nur soweit ihren linearen Charakter behalten, wie dieser zu ihrem künstlerischen Ausdruck gehört (Gates 1995: 174f). Die Delinearisierung der Inhalte in den Neuen Medien muss sich nicht notwendigerweise auf die Nutzung eines einzelnen Dokumentes beschränken, da *hyperlinks* auch auf andere Dokumente verweisen können. Mit dieser *Vernetzung* der Dokumente wird die physische Begrenztheit der traditionellen Medien (vgl. Kapitel 3.1.3.2) endgültig durchbrochen, da so alle Dokumente zu einem einzigen Dokument mit praktisch unbegrenzter Kapazität verwachsen können.

---

[49] Zu ersten Vorschlägen und Entwicklungen, wie Computer oder auch Videorekorder die Gefühlswelt der Nutzers beurteilen und darauf reagieren können, vgl. (Adolph 1998).

Mit der Delinearisierung und Vernetzung der Inhalte bieten die Neuen Medien entscheidende Möglichkeiten zur Steigerung des aus den Inhalten erzielten Nutzens. So habe Hypertext eine „hohe kognitive Plausibilität bei der Darstellung von Wissen“, fördere die Kreativität des Nutzers und sei sowohl leicht zu handhaben als auch extrem flexibel bei der Darstellung von Inhalten (Pfammatter 1998a: 47). Für Lernsituationen bieten Hypertexte einen vielfältigen Nutzen, da sie „herkömmliche Lehr- und Lernmittel optimal ergänzen, bzw. in Kontexten, in denen ein bestimmtes Vorwissen und eine hohe Lernmotivation vorhanden sind, sogar die bessere Alternative gegenüber Büchern darstellen.“ (Pfammatter 1998a: 74f)

Von dieser *reaktiven Interaktivität der Inhalte*, bei der die Dokumente auf die Wünsche und Bedürfnisse individueller Nutzer reagieren, lässt sich noch die *volle Interaktivität der Medien* unterscheiden. Mit ihr bezeichnet man die Einfachheit, selbst zum Anbieter von Inhalten zu werden, mit Kommentaren oder Ergänzungen auf andere Inhalte zu antworten und Verknüpfungen zu diesen herzustellen oder selbst neue inhaltliche Impulse zu geben. Bullinger und Mestmäcker (1997: 20f) sehen daher in den Neuen Medien einen fließenden Übergang vom „Sich-Informieren“ zum Informieren, und Maier-Rabler und Sutterlütti (1996: 124f) konstatieren, dass die klassische kommunikationswissenschaftliche Unterscheidung zwischen Sender und Empfänger in den Neuen Medien hinfällig wird.

An die Vernetzung der Dokumente und an die interaktive Vernetzung der Nutzer werden weitere hohe Erwartungen an die Zunahme des von den Menschen erzielten Nutzens geknüpft. So spricht Kahin (1997: 174f) von einer Implosion des Verhältnisses Kosten/Wert, da Hypertext zum Netz werde, „das die Nutzer mit allen Ressourcen der Welt verbindet: Menschen, Organisationen, Informationen, Dienste.“ Der amerikanisch-chinesische Wirtschaftsphilosoph John Kao erwartet darüber hinaus, dass „die menschliche Kreativität exponentiell in dem Maße wachse, in dem alle Menschen und Meinungen in einem Netzwerk verfügbar seien und gehört werden könnten“, und auf den Netzwerkentwickler Robert Metcalfe geht die Behauptung zurück, dass „der Wert eines Netzwerkes exponentiell mit dem Quadrat aller Nutzer eines Netzwerkes wächst.“ (Borchers 1998: 75)

3.1.4.3 Ausfall der Massenmedien als soziale Integratoren

Die zunehmende Individualisierung des Medienkonsums wurde schon von McCombs (1972) erwartet. Zwar sollte sich an der Produktion der für die Massen bestimmten Botschaften kaum etwas ändern, doch werde der Konsum ungebündelt und asynchron erfolgen: „Each individual can structure his own individual ‘mass’ communication. From the audience viewpoint, what was mass communication may become a more personal and individual thing.“ (McCombs 1972: 60) In der Tat erfolgte die Individualisierung des Inhaltekonsums nicht erst mit der Entwicklung des digitalen Online-Vertriebs, sondern graduell schon mit der zunehmenden Zahl von Zeitschriften, Rundfunksendern, Programmwiederholungen und Videotextangeboten (vgl. Bullinger und Mestmäcker 1997: 21f).

Aufgrund der Individualisierung des Inhaltekonsums stößt der kommunikationswissenschaftliche Begriff „Massenmedium" bei der Beschreibung der Neuen Medien an seine Grenzen. Zum einen kann nur anhand der konkreten Situation, nicht aber anhand einfacher technischer Merkmale zwischen Vorgängen der Massenkommunikation und solchen der Individualkommunikation unterschieden werden (vgl. Morris und Ogan 1996: 42). Bullinger und Mestmäcker (1997: 17) schlagen daher vor, von einer „Verschränkung von technischen Formen überindividueller und individueller Kommunikation" zu sprechen. Hier ersetzt ein „gestückelter" Informationsabruf die von den klassischen Medien betriebene „Gesamtversorgung mit politisch-kulturellen Informationen".

Die Individualisierung der Inhaltenutzung bedeutet die (Rück-)Gewinnung einer Informationsfreiheit, welche durch die technischen Zwänge der traditionellen Massenmedien eingeschränkt wurde (vgl. Gauron 1996: 27). Die Neuen Medien unterscheiden sich daher von den traditionellen Medien wie der Individualverkehr von den Massentransportmitteln: Beim Individualverkehr gibt es keine zentrale Steuerung, einen Fahrplan und bestimmte Zeiten und Orte, an denen man zu- oder aussteigen kann, ebenso wenig gibt es in den Neuen Medien einen Programmablauf und eine vorgegebene Linearität oder Struktur des Inhaltekonsums (Rötzer 1996: 75). Noam (1995) fasst die Zukunft des Inhaltekonsums zusammen in dem Bild des „persönlichen Kanals" („me-channel", „Kanal ich" oder „canal moi"): „The simultaneous mass medium experience will be replaced by individualized experience. This is not just narrow-casting. It is custom-casting."

Mit den Neuen Medien verschwindet auch das massenmediale Phänomen, dass ganze Nationen zur gleichen Zeit die gleichen Inhalte aufnehmen. Diese Informationssynchronisierung, welche es vor der Entwicklung des Rundfunks und der Tageszeitung nicht gab, bietet nicht nur eine oberflächliche Stimulanz für gesellige Gespräche, sondern konfrontiert die Rezipienten auch mit zufälliger, nicht gesuchter Information. Diese „Reibungsverluste" (Dyson 1997: 16) zwingen uns in den traditionellen Medien, auch solche Informationen und Meinungen aufzunehmen, die von unseren vorgefassten Weltbildern abweichen (vgl. Kapitel 2.2.8 zum Streben nach kognitiver Konsonanz). In den Neuen Medien ist es dagegen viel einfacher, „Abweichendes" automatisch auszublenden und einer Auseinandersetzung damit zu entgehen (vgl. Dyson 1997: 16f). Traditionelle Gemeinschaften, welche sich über nationale oder territoriale Merkmale definieren, sind jedoch auf eine ständige Bearbeitung der internen Meinungsdifferenzen angewiesen, um keine gefährlichen Spannungen entstehen zu lassen. Da man in den Neuen Medien einer solchen Auseinandersetzung leicht ausweichen kann, werden diese Gemeinschaften möglicherweise destabilisiert. (Vgl. Noam 1995)

3.1.5 Technische Infrastruktur der Neuen Medien

3.1.5.1 Das Internet als Prototyp der neuen Vertriebsstruktur für Medieninhalte

Wenn man von den Neuen Medien spricht, so steht meistens das Internet im Zentrum des Interesses – es ist praktisch zum Symbol der Neuen Medien geworden (Europäische Kommission 1997a: 6; Booz·Allen & Hamilton 1997b: 40). Das Internet gilt als das erste „neue Medium", welches erstmals seit der Erfindung von Fernsehen und Radio neben der Zeitung zum Publizieren geeignet ist, ohne – wie Telefaxgeräte – auf Punkt-zu-Punkt Kommunikation angewiesen zu sein (Kahin 1997: 176). Allgemein wird erwartet, dass die Architektur des Internets die Grundlage für die Telekommunikationsnetzwerke der Zukunft sein wird (vgl. Booz·Allen & Hamilton 1996; Noam 1995).

Über drahtgebundene oder drahtlose Telekommunikationsverbindungen und unter Nutzung zwischengeschalteter Netzwerke kann jeder angeschlossene Computer mit jedem anderen Kontakt aufnehmen, ohne eine direkte Verbindung herstellen zu müssen. (Vgl. Gates 1995: 425) Netzaufbau und Netzentwicklung des Internets werden wesentlich durch seine Dezentralität bestimmt: „The switching function is performed by decentralized routers, and intelligence is distributed throughout the network to smart clients and servers built using standard (low-cost) components to an open architecture. Services are software-defined; the underlying computing and transport platforms are generic." (Booz·Allen & Hamilton 1996) Diese Dezentralität wird für den Erfolg des Internets verantwortlich gemacht, und es wird erwartet, dass sich diese Struktur langfristig in allen Bereichen der Telekommunikation durchsetzt (vgl. Booz·Allen & Hamilton 1996; Europäische Kommission 1997a: 6f; Noam 1995).

Die Geschichte des Internets begann im Jahr 1969 mit dem ARPANET-Projekt des US-amerikanischen Verteidigungsministeriums.[50] Die ursprünglich rein wissenschaftlich/militärische Orientierung verlor das Internet mit der Entwicklung des World Wide Web (WWW) am Genfer Kernforschungszentrum CERN im Jahr 1990. Mit dem WWW wurde die direkte Vernetzung der Dokumente durch die auf Nutzerwünsche reagierenden *hyperlinks* möglich. Zu der mit der Vernetzung und Interaktivität der Dokumente verbundenen Nutzensteigerung der bereitgestellten Dokumente kam auch eine entscheidende Vereinfachung der Netznutzung: Statt über besondere Befehle entfernte Computer zur Übertragung bestimmter Daten zu veranlassen ist es

---

[50] ARPA steht für *Advanced Research Project Agency*, der für das Projekt zuständigen Stelle im US-Verteidigungsministerium (Gates 1995: 426).

im WWW möglich, sich allein mit der Computermaus durch das Netz zu „klicken“ und Dokumente aufzurufen. 1992 fand das WWW eine erste Anwendung in einem *Serverprogramm* (welches die Dokumente auf Abruf sendet) und in einem (noch textorientierten) *browser* (Betrachterprogramm). Für Personalcomputer gab es 1993 mit *Mosaic* den ersten grafikorientierten (und damit sehr bedienungsfreundlichen) *browser*, der seit 1994 weitgehend durch den *Netscape Navigator* und seit 1996 zusätzlich auch durch den *Microsoft Internet Explorer* mit jeweils ständig verbesserten Versionen am Markt ersetzt wurde. (Recke 1998: 46f)

Auf die Entwicklung des WWW gehen die eindrucksvollen Steigerungen der Nutzerzahlen im Internet zurück: In Deutschland gibt es im Jahr 2000, acht Jahre nach der Einführung des WWW, bereits 19,1 Millionen Internetnutzer, und in den U.S.A. allein 135,7 Millionen. Allerdings gehen die Schätzungen über die zukünftige Geschwindigkeit der Internetentwicklung auch weit auseinander. Von schätzungsweise 374,9 Millionen Nutzern in 2000 werde die weltweite Internetpopulation auf 490 Millionen bis 2002 (Computer Industry Almanac), auf 641 Millionen bis 2004 (eMarketers November 2000 eGlobal Report), oder auf eine Milliarde bis 2005 (Angus Reid Group Toronto) wachsen.[51]

Nicht nur die Nutzerzahlen steigen, sondern auch die Nutzungsintensität jedes einzelnen Nutzers nimmt zu, während Zahl und Qualität der bereitgestellten Angebote steigen. So stieg in den U.S.A. die Zeit, die Internetnutzer pro Woche online verbrachten, von 241 Minuten im Januar 1998 auf 548 Minuten im Juli 1999 (Odyssey, L.P. Homefront Studie).[52] Diese Tendenz wird von der im Folgenden vorgestellten technischen Entwicklung unterstützt, welche den dezentral strukturierten Netzwerken auch zunehmend datenintensive und mobile Anwendungen ermöglichen wird.

3.1.5.2 Übertragungskapazitäten der Infrastruktur

Ein wichtiger begrenzender Faktor bei der Entwicklung von Online-Medien ist die Kapazität der Übertragungswege, die sogenannte *Bandbreite*. Sie begrenzt die maximal mögliche Datenmenge, die pro Zeiteinheit bei einer Verbindung übertragen werden kann. Die gegenwärtig unter den Übertragungen im Internet bei weitem dominierenden Medieninhalte sind die sogenannten *Webseiten*, welche in der *Hypertext Markup Language* (HTML) geschrieben sind. HTML-Seiten bestehen aus einfachen Schriftzeichen und kommen in der Regel mit einem Datenvolumen zwischen fünf und fünfzig Kilobyte aus. Oft

---

[51] Neben dem WWW gibt es noch weitere sogenannte Dienste des Internets, welche ebenfalls erheblich für die Anziehungskraft des Internets verantwortlich sind. Zu nennen sind hier zum Beispiel Email, Internettelephonie, oder auch Musiktauschdienste wie *Napster*.

[52] Alle Daten können bequem bei www.cyberatlas.com abgerufen werden. Der Übersichtlichkeit halber werden die vielen Einzelquellen nicht im Literaturverzeichnis aufgeführt.

sind in einem HTML-Dokument auch Graphiken, Bewegtbilder oder Töne (*Multimediaanimationen*) sowie kleine selbständig laufende Programmpakete eingebettet, welche die Datenmenge erheblich erhöhen können.

Mit einem herkömmlichen *Computermodem*, welches gesendete Dateien für das zur Übertragung genutzte analoge Telefonnetz *moduliert* und die empfangenen Signale in digitale Dateien *demoduliert*, sind diese relativ kleinen Dokumente noch schnell zu übertragen: Bei einer Übertragungsgeschwindigkeit von 56 000 Bits pro Sekunde kann eine Webseite mit 20 Kilobytes (entspricht 160 000 Bits) innerhalb von drei Sekunden übertragen werden. Sollen jedoch andere Dateien übertragen werden, so gerät die weit verbreitete Übertragung über Analogmodems an ihre Grenze. So dauert die Übertragung von einer Minute Musik im populären MP3-Format bei annähernder CD-Qualität auch unter optimalen Bedingungen bei 56 000 Bits pro Sekunde etwa zweieinhalb Minuten. Ein neunzigminütiger, digitalisierter und nach dem verbreiteten *MPEG-2* Standard komprimierter Film in VHS-Qualität benötigt sogar ermüdende sechzig Stunden zur vollständigen Übertragung.[53]

Ein erster Lösungsansatz zur Erweiterung der den Online-Nutzern zur Verfügung stehenden Bandbreite war ISDN (*Integrated Services Digital Network*). Mit 64 000 Bits pro Sekunde erreicht ISDN eine höhere Übertragungsgeschwindigkeit als die schnellsten analogen Modems, zudem können zwei Kommunikationskanäle auf einmal genutzt werden, womit sich 128 000 Bits pro Sekunde erreichen lassen. Deutschland ist jedoch nahezu das einzige Land, in dem ISDN bei der Internetnutzung eine wesentliche Rolle spielt. Hier wählen 38% aller Onlinenutzer ISDN als Zugang zum Internet, und 52% nutzen die analoge Einwahl über ein Modem. 10% der Internetnutzer machen Gebrauch von anderen breitbandigen Technologien, die in anderen Ländern bei der Breitbandnutzung des Internets dominieren und denen aufgrund ihrer technischen Leistungsfähigkeit auch in Deutschland das größte Wachstum vorausgesagt wird. (Vgl. Cyberatlas 2000a)

Die fast überall vorhandenen zweiadrigen *Kupferkabel des Telefonnetzes* können mit der ADSL-Technologie (*asymetrical digital subscriber line*) mit einer erheblichen Bandbreite ausgestattet werden. Der Empfang von Daten ist dann – je nach Länge des Übertragungsweges – mit bis zu acht Millionen Bits pro Sekunde möglich, und selbst das Senden von Daten ist je nach Konfiguration mit einem mehrfachen der ISDN-Leistung möglich. Während Daten übertragen werden, kann sogar noch ganz normal telefoniert werden, wenn mit Hilfe eines *splitters* die analogen oder ISDN-Signale des Telefongesprächs aus dem Datenstrom herausgefiltert werden. In den U.S.A.

---

53 Der neue MPEG-4 Standard für Video und Multimedia ist jedoch wesentlich besser für die Online-Verbreitung geeignet, da er eine verbesserte Kompressionstechnologie verwendet und verschieden hohe (und datenintensive) Qualitätsstufen anbietet.

nutzen 1,4 Millionen Haushalte diese Technologie im Jahr 2000, und in 2004 werden es 9,8 Millionen sein (Cyberatlas 2000b).

Mittelfristig wird der Datenübertragung über die Koaxialleitungen des Fernsehkabelnetzes größere Bedeutung beigebemessen als der ADSL-Technologie. Im Gegensatz zu ADSL hat hier kein Teilnehmer einen exklusiven Zugriff auf die Bandbreite, welche aufgrund der hohen Leistungsfähigkeit des Koaxialkabels wesentlich höher ist als bei ADSL. Statt dessen wird die Bandbreite von allen Nutzer geteilt, welche gemeinsam an einem Kabelstrang angeschlossen sind. Je nach Nutzungsintensität und Ausbaugrad des Fernsehkabels sowie der Modemkapazität sind technisch bis zu 36 Millionen Bits pro Sekunde an einen Nutzer übertragbar. (Buchholz 1997) In der Praxis berichten Nutzer jedoch zumeist eher von Geschwindigkeiten zwischen 400 000 und 1,4 Millionen Bits pro Sekunde (Langa 1999). In den U.S.A. nutzen 3,3 Millionen Haushalte ein Kabelmodem für den Internetzugang, und nach Schätzungen der Gardner Group werden es in 2004 14 Millionen sein (Cyberatlas 2000b).

Die Nutzung der Stromnetze zur Versorgung der Haushalte mit großen Datenübertragungskapazitäten hat möglicherweise ebenfalls eine große Zukunft. Aufgrund des Stromnetzanschlusses aller Haushalte und der möglicherweise sehr einfachen und – gegenüber dem Telefonnetz – sehr kostengünstigen Nutzung räumt Lübcke (1998) dem Online-Anschluss über das Stromnetz mittelfristig sogar größere Marktchancen ein als ADSL. Allerdings gibt es offenbar immer noch technische Schwierigkeiten, und Berichte über einen erfolgreiche kommerziellen Einsatz stehen noch aus.

Neben den drahtgebundenen Übertragungstechnologien gibt es auch noch eine Vielzahl von denkbaren Möglichkeiten, das elektromagnetische Spektrum zur Datenübertragung zu verwenden. Ihre besondere Bedeutung liegt darin, dass sie den Mehrwert der Online-Verfügbarkeit von Medieninhalten unabhängig von einem "on-line"-Anschluss bieten. Besondere Erwähnung verdient dabei erneut die Fähigkeit digitaler Medieninhalte, in Datenpakete zerlegt zu werden. Hiervon wird in den Mobilfunknetzen der sogenannten Dritten Generation (UMTS und andere Standards) genutzt um zur Verfügung stehende Frequenzen einer Vielzahl von Nutzern flexibel zur Verfügung zu stellen. Dadurch können bei Bedarf einem Nutzer auch hohe Bandbreiten zur Verfügung gestellt werden, während andere Nutzer zur gleichen Zeit und im gleichen Netz nur sehr geringe Bandbreiten beanspruchen und bezahlen müssen.

Bei der Entwicklung der Nutzungsintensität, die mit der erheblichen Erweiterung der den Haushalten angebotenen Bandbreite zu erwarten ist, stellt sich möglicherweise die Frage, ob dies nicht zu Übertragungsengpässen im *backbone*, den gebündelten Fernverbindungen der Datennetze, führen wird (vgl. Lübcke 1998). Falls hier ein Problem auftauchen wird, ist dies jedoch nicht mit dem Bandbreitenengpass zu den Haushalten vergleichbar, wo man eine Zeit lang allein in der flächendeckenden, sehr kostspieligen Glasfaserverkabelung eine Lösung der Übertragungsengpässe sah. Im Gegensatz dazu sind die zahlenmäßig sehr viel überschaubareren *backbones* vergleichsweise schnell, preiswert und vor allem mit bekannter Technologie ausbaufähig. Zudem wird weiter an einer Verbesserung der Übertragungstechnologien gearbeitet, was die Kapazität der im *backbone* eingesetzten Glasfaser schon in der Vergangenheit mehrmals vervielfacht hat (vgl. Europäische Kommission 1997a: 4).

3.1.5.3 Anwendergeräte

Das einzige Anwendergerät, welches sich aufgrund seiner technischen Leistungsfähigkeit uneingeschränkt für den interaktiven Online-Vertrieb von Medieninhalten eignet, ist der Personalcomputer (PC). Bei ständig fallenden Preisen werden diese Geräte immer besser ausgestattet; voll multimediataugliche Geräte kann man für weit unter 2 000 DM kaufen. Verschiedene Schwachpunkte des PCs als Zugangsmedium bieten Chancen für andere Technologien, in der Zukunft ebenfalls eine erhebliche Bedeutung bei der Nutzung der Neuen Medien zu spielen:

- Für das Lesen von längeren Texten ist der PC Bildschirm ungeeignet da er die Augen vieler Menschen schneller ermüdet als Papier. Sowohl die am *Massachusetts Institute of Technology* gegründete Firma *E Ink* als auch Rank Xerox arbeiten an einer auf Kunststofffolie aufgetragene „elektronische Tinte“, welche partikelweise wie die Pixel eines Computerbildschirms an- und abgeschaltet werden kann. Damit würde der Leser eine papierähnliche Oberfläche mit der Funktionalität eines Computerbildschirms erhalten. (Vgl. Lemons 1998)
- Set Top Boxen und Spiel-Konsolen können als PC-Ersatz an herkömmliche Fernsehgeräte angeschlossen werden und so zum Beispiel eine preiswertere Internetnutzung ermöglichen oder den großen Bildschirm zum Spielen (auch über das Internet) oder zum Betrachten von Filmen zu nutzen.
- Für die mobile Nutzung bieten sich Laptop-Computer mit optionaler Online-Verbindung über ein Mobiltelefon, Mobiltelefone neuerer Generation mit Bildschirmen, *Personal Digital Assistants* wie der *Palm VII* (verfügt über eine eigene Online-Verbindung), oder sogenannte *elektronische Bücher* an.

3.2 Auswirkungen auf die Wirtschaftsstruktur

3.2.1 Konvergenz der Medien und Divergenz der Dienste

Die mannigfaltigen Vorteile, welche die Digitalisierung für die Produktion, den Vertrieb und die Nutzung von Medieninhalten bietet, werden dazu führen, dass sie sich weiter am Markt durchsetzen wird. Aufgrund der Universalität des digitalen Kodes ist es jedoch unerheblich, welche äußere Form die in den Neuen Medien übertragenen Inhalte haben. Selbst die – sich deutlich vom Vertrieb von Medieninhalten unterscheidende – Individualkommunikation wird äußerlich die gleiche Form einnehmen und die gleichen Verbreitungswege nutzen. (Vgl. Europäische Kommission 1997a: 3) Statt die einzelnen Medien und Telekommunikationsformen anhand ihrer materiellen Erscheinung (Buch, Zeitung, Zeitschrift, Compact Disk, Rundfunk, Telefonnetz) unterscheiden zu können, verschwimmt alles zu einer einzigen, „virtuelle[n] Informations- und Kommunikationswolke" (Maier-Rabler und Sutterlütti 1996: 124).

Diese *horizontale Konvergenz*[54] der Medieninhalte macht nicht nur die Unterscheidung zwischen Buchtexten, Zeitungs-, Fernseh-, Hörfunk-, und Online-Berichten sowie sogar Computerprogrammen zunehmend irrelevant oder sogar unmöglich. Sie sorgt auch für eine Konvergenz der auf die Inhalteherstellung folgenden Wertschöpfungsstufen der traditionell getrennten Medien (vgl. Tabelle 3-1). Die verschiedenen Institutionen, die für die Inhalte durch Auswahl, redaktionelle Bearbeitung und Qualitätssicherung Mehrwerte produzierten, werden sich als *Mehrwertdienste* in den Neuen Medien kaum noch voneinander unterscheiden. Auch die von den verschiedenen Druckereien, Compact Disk-Presswerken oder Rundfunksendeanlagen betriebene Produktion der Transportmittel für Medieninhalte wird ebenso durch das – für alle Arten von Inhalten gleichermaßen genutzte – elektronische Netzwerk ersetzt werden wie der Zwischen- und Einzelhandel der Speichermedien. Der Wechsel von den traditionellen *Wertschöpfungsketten* zu der der Neuen Medien findet dabei in Form einer kontinuierlichen Verlagerung der Nachfrage und der damit verbundenen Zahlungsströme statt (vgl. Zerdick et al. 1999: 177).

---

[54] In der aktuellen Diskussion bezieht sich der Konvergenzbegriff im Allgemeinen auf die Konvergenz der Branchen Telekommunikation, Medien und Informationstechnologie (vgl. Europäische Kommission 1997a; Zerdick et al. 1999). Die Konvergenz der *einzelnen Medien und ihrer Inhalte* ist als ein Teilbereich dieses Prozesses zu verstehen. Dienste stellen in diesem Teilbereich nicht die – allgemein konvergierenden –Telekommunikationsdienste, sondern einzelne Stufen des Wertschöpfungsprozesses der Herstellung und Übermittlung von Medieninhalten dar.

Tabelle 3-1:
Konvergenz gleicher Wertschöpfungsstufen der traditionell getrennten Wertschöpfungsketten der einzelnen Medien

	Inhalteproduktion	**Mehrwertdienst**	**Medienproduktion**	**Medienvertrieb**	**Anwendergerät**
Zeitung und Zeitschrift	Reporter bzw. Autoren	Redaktion/ Layout	Druckerei	Zustelldienst oder Grossist mit Einzelhandel	entfällt
Buch	Buchautor	Herausgeber/ Lektorat	Buchdruckerei	Grossist und Bucheinzelhandel	entfällt
Musik	Komponist + Interpret	Produzent/ Label	Presswerk	Grossist und Musikeinzelhandel	Audio-Abspielgeräte
Computerprogramm	Programmierer	Softwareverlag	Presswerk	Einzelhandel oder Direktvertrieb	Computer
Hörfunk	Produktionsfirma o.ä.	Programmredaktion	Sendeanlagen	passiver Funkempfang	Radiogerät
Fernsehen	Produktionsfirma o.ä.	Programmredaktion	Sendeanlagen	passiver Funkempfang	Fernsehgerät
Neue Medien	verschiedenste Inhalteproduzenten	Mehrwertdienstleister (Bewertung, Bündelung, Navigation, Abrechnung, etc.)	Netzwerk	aktive Auswahl und Empfang über Netzwerke direkt von einzelnen Inhalteanbietern und Mehrwertdienstleistern	multimediale Steuer-, Empfangs-, Speicher- und Sendegeräte

Quelle: eigene Darstellung.

In den traditionellen Medien besteht eine direkte Abhängigkeit der Inhaltehersteller von den Medienunternehmen, weil diese die Medienproduktion und den Medienvertrieb vornehmen. Auf der anderen Seite sind auch die Medienproduzenten von den Urhebern abhängig: Ohne Inhalte ist das teure „Medienproduktionskapital" in Form von Sendefrequenzen oder Verlagseinrichtungen praktisch wertlos. Da es für die einzelnen Wertschöpfungsstufen in der Regel mit zu hohen Transaktionskosten verbunden ist, die Produkte der jeweils vorhergehenden Wertschöpfungsstufe einzeln zu erwerben, weisen die traditionellen Medien eine Wirtschaftsstruktur mit einer starken vertikalen Integration auf: Mehrere Wertschöpfungsstufen werden von einem einzigen wirtschaftlichen Akteur ausgeübt. Eine Möglichkeit der dauerhaften Bindung der Inhaltehersteller an nachfolgende Wertschöpfungsstufen besteht in der dauerhaften Anstellung, wie dies zum Beispiel mit Nachrichtenkorrespondenten praktiziert wird. Eine andere Möglichkeit sind langfristige, teilweise exklusive Verträge mit Buchautoren, Musikern und Nachrichtenagenturen sowie entsprechende Programmliefer- und Sendeverträge mit Produktionsfirmen im Rundfunkbereich.

Auch in den Neuen Medien können immer wieder Versuche von Akteuren beobachtet werden, vor- oder nachgelagerte Wertschöpfungsstufen durch *vertikale Konvergenz* zu integrieren (Europäische Kommission 1997a: 2). Diese Bemühungen sind dann besonders sinnvoll, wenn erst durch die eigene Tätigkeit auf mehreren Wertschöpfungsstufen ein neuer Markt entwickelt werden kann (Kahin 1997).[55] So haben die drei ältesten Online-Diensteanbieter *America OnLine (AOL)*, *CompuServe*[56] und *Prodigy* mit der Integration von Netzzugang, Abrechnungsmöglichkeiten und dem Angebot eigener, exklusiver Inhalte in den USA den Weg für die populäre Nutzung des Internets geebnet (Kahin 1997: 176). In Deutschland können als Beispiele die *Bertelsmann AG* und die *Deutsche Telekom AG* genannt werden, welche als hochintegrierte Konzerne das Potential haben, eine neue Entwicklung wie das Internet entscheidend zu fördern: Beide Konzerne besitzen bereits Kundenkontakte und bieten zugleich unter anderem Inhalte, Netzzugang (*AOL Deutschland* und *T-Online*) und Netzleitungen (*mediaWays* und *Telekom-Netz*) an. (Booz·Allen & Hamilton 1997b: 80-82)

Mittlerweile kann man jedoch feststellen, dass die Neuen Medien in Form des Internets der Frühphase der Marktentwicklung entwachsen sind – es gibt bereits eine Vielzahl konkurrierender Anbieter auf allen Stufen der Wertschöpfungskette. „Die Hauptvorteile der traditionellen Online-Dienste gegenüber dem Internet – Qualität und Strukturiertheit der Daten, Sicherheit insbesondere bei Transaktionen, Zuverlässigkeit und Geschwindigkeit der Übertragung – schwinden zunehmend." (Booz·Allen & Hamilton 1997b: 61) Die Phase, in der die vertikale Integration mehrerer Wertschöpfungsstufen in einem Angebot die Marktentwicklung fördert, kann daher als abgeschlossen betrachten werden (vgl. Kahin 1997: 176).

Während die Digitalisierung zwar die horizontale Konvergenz der Medien verursacht, fördert sie zugleich die *vertikale Divergenz* der Dienste: Jeder Anbieter einer Teilleistung kann hier auch ohne garantierte Liefer- und

---

[55] Innerhalb der traditionellen Medien kann dieses Motiv die entscheidende Rolle beim Engagement der Mikro- und Unterhaltungselektronik-Hersteller *Sony* und *Toshiba* im Mediensektor gewesen sein: Zu *Sony* gehört *Sony Music* (*Columbia Records*) und *Sony Pictures* (*Columbia Studios*), und *Toshiba* hält einen beträchtlichen Anteil an *Time Warner* (vgl. Gates 1995: 431; Kahin 1997). Diese Engagements sind auch dann von Vorteil, wenn mit der Besetzung strategisch günstiger Positionen ein erheblicher Einfluss auf die Entwicklung von Industriestandards ausgeübt werden kann, was zum Beispiel die Vermarktungschancen der eigenen Technologien erhöhen kann.

[56] *CompuServe* wurde mittlerweile von *AOL* übernommen.

Absatzbeziehungen zu benachbarten Wertschöpfungsstufen seine Leistungen an die Nachfrager vertreiben. „In consequence, the future will likely see a much greater separation of the different functions of media firms. [...] In particular, content and conduit functions are likely to be much more separate than many expect today." (Noam 1995) Als vorbildlich wird von Noam (1995) der US-amerikanische Telekommunikationskonzern *AT&T* genannt, der sich 1995 in drei getrennte Gesellschaften aufspaltete. Auch die *Bertelsmann AG* scheint der vertikalen Integration zunehmend weniger Bedeutung zuzumessen (vgl. Bertelsmann AG 1997).[57] Komplett-Dienstleistungsangebote durch einen Akteur werden nur noch dann sinnvoll sein, wenn jeweils die optimalen Elemente aus dem gesamten Marktangebot ausgewählt und kombiniert werden, ohne konzerninterne Leistungen besonders zu berücksichtigen (Noam 1995).[58]

Die in den Neuen Medien zu erwartende Wirtschaftsstruktur, welche die Spezialisierung der Akteure auf die Leistungen einer Wertschöpfungsstufe widerspiegelt, wird von Booz·Allen & Hamilton (1996) am Beispiel des Internets beschrieben:

- „Telcos [Telekommunikationsunternehmen] provide raw capacity.
- Internet service providers configure it for Internet protocol.
- Hardware vendors compete to provide client/server and network hardware.
- Software players provide products that define network functionality.
- Context providers facilitate resource location and navigation.
- Media players provide content."

Aufgrund der sich abzeichnenden, durch die Digitalisierung hervorgerufenen Entwicklung der Wirtschaftsstruktur im Mediensektor wird der „Medienbegriff" langfristig durch den „Dienstebegriff" abgelöst (Maier-Rabler und Sutterlütti 1996: 121-122): Bei der Einordnung einer Leistung oder eines Akteurs wird nicht mehr die Zugehörigkeit zum Print-, Musik- oder Rundfunksektor von Bedeutung sein, sondern die Zugehörigkeit zu einer der Wertschöpfungsstufen, das heißt zu einem Wertschöpfungsdienst. Die so genannte *Internet-Portale* bieten hier ein anschauliches Beispiel: *Yahoo* als der

---

[57] Als langfristige Strategie nennt die *Bertelsmann AG*: „Konzentration auf Inhalte und Programmarbeit, denn der Kunde will neben der Schaffung von Infrastrukturen und Kundenservice vor allem inhaltlichen Mehrwert. Wir verstehen uns als 'Software'-Haus; die Generierung und multimediagerechte Aufbereitung von Stoffen wird vorrangig betrieben." (Bertelsmann AG 1997)

[58] Viele der dennoch bestehenden vertikalen Kooperationen im Bereich der Neuen Medien stellen keine „echte" Industriekonvergenz dar. Hier werden lediglich die auf anderen Wertschöpfungsstufen gemachten Erfahrungen ausgetauscht und für die Verbesserung der Kundenorientierung verfügbar gemacht; exklusive Austauschbeziehungen von Gütern und Diensten werden dagegen nicht vereinbart. (Vgl. Dyson 1996)

größte und zugleich erfolgreichste Anbieter eines solchen *context provider*-Dienstes produziert selbst nur sehr wenige Medieninhalte. Statt dessen unterhält das Unternehmen ein umfangreiches Netzwerk aus Partnerschaften mit ansonsten unabhängigen Inhalteanbietern und verwaltet einen Katalog mit vorsortierten und geprüften Inhalten und Angeboten, die von dritten Parteien im Internet angeboten werden.

Inwieweit die seit Januar 2000 von *AOL* und *Time Warner* angestrebte Konzernfusion dem hier dargestellten Trend widerspricht, ist noch nicht abzuschätzen. Eine überragende Rolle spielt hier zwar *AOLs* Erfahrung bei der Online-Verbreitung von Medieninhalten, was für die zukünftige Nutzung der umfangreichen *Time Warner*-Bestände an Filmen, Musik und Texten hilfreich sein wird. Von Industriebeobachtern wird jedoch regelmäßig *Time Warners* Fernsehkabelnetz hervorgehoben, welches – per Kabelmodem – erleichterten Zugang zu einer großen Zahl potentieller Nutzer von Breitband-Internetzugang verspricht. Die durch kartellrechtliche Zwänge zu erwartende Öffnung des Kabelnetzes für andere Internetdienste und Inhalteanbieter wird entsprechende Effekte allerdings begrenzen. Ohnehin ist der langfristige Nutzen aus einer Begrenzung der Wahlfreiheit von *Time Warner Cable*-Kunden auf *AOL/Time Warner*-Dienste und -Inhalte in Frage zu stellen.

Die Divergenz bislang integrierter Dienste und die Konvergenz der bislang getrennten Medien wird ergänzt durch die Konvergenz der regionalen Märkte, welche ebenfalls durch die Digitalisierung hervorgerufen wird. Drei Faktoren lassen dabei den globalen Markt auf eine „globale Nachbarschaft" zusammenschrumpfen: (1) Die weltweite Präsenz eines für die Übertragung digitaler Daten geeigneten Transportnetzes; (2) das damit ermöglichte kostengünstige Versenden von Inhalten über beliebige Distanzen; und (3) die problemlose Vervielfältigung von Medieninhalten an beliebigen Orten, falls dies zur Entlastung der Transportwege geboten scheint. (Vgl. Dyson 1997: 17f).

3.2.2 Zunehmende Wettbewerbsdynamik aufgrund eines leichteren Marktzutritts

In den Neuen Medien sind die Wettbewerber gezwungen, sich auf die Erstellung eines Dienstes zu konzentrieren und gegenseitige Nutzungskompatibilität mit den Leistungen der anderen Akteure auf benachbarten Wertschöpfungsstufen anzustreben. Damit bestehen im Gegensatz zu den traditionellen Medien keine weiteren Markteintrittsbarrieren als (1) die Vorbereitung der Leistungserstellung selbst und (2) das Überwinden der „kritischen Masse", um einen tragfähigen Kundenstamm zu haben und von Netzwerkeffekten zu profitieren.[59] Das Internet als Prototyp der neuen Vertriebsstruktur für Medieninhalte zeigt bereits, dass jede Person, die Zugang zu etwas Speicherplatz auf einem vernetzten Computer hat, eigene Inhalte anbieten kann und diese von allen potentiellen Nachfragern erreicht werden können. Dafür sorgen auch die unabhängig agierenden Mehrwertdienste, welche das Angebot bewerten oder einfach nur in einer Übersicht aufnehmen. (Noam 1995; vgl. Booz·Allen & Hamilton 1997a: 85f) Die Leichtigkeit des Markteintritts gilt sogar für die Netzleitungen, da auch hier bei ausreichender Marktreife eine gegenseitige Kompatibilität allgemein erwünscht sein wird (Booz·Allen & Hamilton 1996). Der leichte Marktzutritt wird nach Ansicht von Booz·Allen & Hamilton (1997a: 85f) eine „Flut innovativer Angebote" einer „Vielzahl hochspezialisierter Anbieter" hervorbringen. Die damit gestiegene Wettbewerbsdynamik wiederum führe zu einem schnelleren Branchenwachstum, weil die Konsumentenwünsche früher entdeckt und bedient werden (Booz·Allen & Hamilton 1996).

3.2.3 Horizontale und globale statt vertikaler und territorialer Regulierung

Die Veränderungen in der Struktur der Medienwirtschaft erfordern umfangreiche Anpassungen der staatlichen Regulierungsstrukturen:

(1) Die Digitalisierung verursacht eine Neugliederung der Medienstruktur entlang horizontal integrierter Dienste anstelle der bisherigen Gliederung entlang unterschiedlicher, vertikal integrierter Medien. Dies muss durch die Ablösung der medienorientierten Regulierungsstrukturen durch eine horizontale, an den Diensten ausgerichtete Kontrolle beantwortet werden. Ansonsten könnte es die Regel werden, dass sich für die Aufsicht über einen einzigen Dienst jeweils mehrere verschiedene Stellen gleichzeitig zuständig wähnen, während es sich zur Ausnahme entwickelt, dass ein Dienst tatsächlich nur der Aufsicht einer einzigen Behörde unterliegt. (Vgl. Europäische Kommission 1997a: 24; Europäische Kommission 1998b) In diese Richtung geht die Empfehlung der *OECD*, die Politiktrennung zwischen Telekommunikationsinfrastruktur, Rundfunksendeeinrichtungen und Kabelfernsehversorgung vorzunehmen, indem die Regulierung der reinen Leitungsdienste von der der Inhaltsdienste getrennt wird (vgl. CICCP 1997: 159). Entsprechend strebt die US-amerikanische *Federal Communications Commission* im Laufe des Jahres 1999 eine umfangreiche Neuordnung an. Die seit der Gründung der Behörde 1934 bestehende Strukturierung in „common carrier, mass media,

[59] Das Problem der „kritischen Masse" bei Informationsgütern wird von der „Informationsgüterökonomie" ausführlich diskutiert. (Vgl. hierzu Shapiro und Varian 1999; Zerdick et al. 1999) Allerdings ist dies im Mediensektor kein neues Phänomen, da es auch innerhalb der traditionellen Medien zu beobachten ist.

wireless and other bureaus" soll dabei aufgegeben werden. (Vgl. Communications News: 2. Oktober 1998)

(2) Der sich herausbildende globale Markt für die Dienste erfordert eine Ablösung der vielfältigen nationalen oder gar regionalen Regulierungsansätze durch eine international möglichst einheitliche Regulierung. Darauf macht auch die Europäische Kommission (1997a: 38) in ihrem Grünbuch zur Konvergenz im Medien- und Telekommunikationssektor aufmerksam: „Zahlreiche Regelungsansätze auf nationaler Ebene könnten den Interessen der Benutzer eher schaden als nutzen, könnten die Vielfalt, die der Binnenmarkt anbietet, untergraben und könnten zu Verzerrungen führen, die Betriebsansiedlungen in Regionen mit geringerer Regulierung fördern."

(3) Die Entwicklung der Neuen Medien macht auch eine Neuorientierung der Regulierungsschwerpunkte erforderlich. Auf der einen Seite entfällt aufgrund der Vielzahl möglicher und gleichberechtigt im Wettbewerb stehender Übertragungsmöglichkeiten die Knappheit an Sendefrequenzen, welche bislang noch behördliche Sendegenehmigungen für die Inhalteanbieter im Rundfunk erzwingt (Europäische Kommission 1997a: 23). Noam (1995) erwartet zudem, dass auch die Meinungsmacht großer Medienkonzerne eingeschränkt werden wird: Sie werden sich auf Produktionsschwerpunkte konzentrieren müssen, und der Marktzutritt neuer Wettbewerber wird sehr viel einfacher werden. Auf der anderen Seite werden sich möglicherweise Regulierungsschwerpunkte in anderen, bislang weniger bedeutsamen Bereichen entwickeln: Die Kontrolle solcher Inhalte, deren Verbreitung aufgrund ihrer sittenwidrigen, verleumderischen oder volksverhetzenden Botschaften verboten ist, der Schutz der Urheberrechte (vgl. Kapitel 3.2) und eine möglicherweise erweiterte Definition der Universalversorgung mit Mediendiensten zur Sicherung der sozialen Chancengleichheit (vgl. Kapitel 3.4.8). (Vgl. CICCP 1997)

3.3 Für den Medieninhaltevertrieb relevante Reaktionen des Urheberrechts

Mit den neuen Nutzungsformen von Medieninhalten, die mit der explosionsartigen Entwicklung des Internets in den neunziger Jahren an Bedeutung gewannen, rückte auch der Urheberschutz in den Neuen Medien ins öffentliche Interesse. Zunächst wurde das Internet vor allem als Gefahr für den Urheberschutz betrachtet, weil lediglich wahrgenommen wurde, wie leicht Piraterie zu betreiben und wie verbreitet sie war: Urheberrechtlich geschützte Inhalte konnten von jedem Nutzer des Internets (oder anderer Netzwerke) zum kinderleichten Herunterladen durch jeden anderen bereitgestellt werden.[60] Dabei war zudem lange Zeit noch nicht einmal klar, was an diesem Vorgehen der eigentliche Akt der Piraterie war – das Bereitstellen auf einem öffentlich zugänglichen Server durch einen rechtmäßigen Besitzer oder das Herunterladen durch Dritte, die keine Nutzungsrechte von den Rechtsinhabern erworben hatten?

Mitte der neunziger Jahre begann die von den Vereinten Nationen einberufene *World Intellectual Property Organization (WIPO)*, die USA mit ihrer *Information Infrastructure Task Force* (vgl. Lehman 1995) und die Europäische Kommission unter anderem mit dem *Grünbuch über das Urheberrecht in der Informationsgesellschaft* (Europäische Kommission 1995), die urheberrechtlichen Fragen der Neuen Medien aufzugreifen. Bei der damit verbundenen politischen Auseinandersetzung wurde deutlich, wie unterschiedlich die Auffassungen der verschiedenen Interessengruppen waren. Während die Inhaltevermittler und die Urheber selbst im Internet nicht nur einen urheberrechtlichen Notstand, sondern immer mehr auch kommerzielle Chancen sahen (vgl. Barrow 1997), fanden sich unter den (selbsternannten) Sprechern der Nutzerinteressen „Ureinwohner" (Möschel und Stiegler 1996) aus der Pionierzeit des Internets, welche den Urheberschutz in den Online-Medien am liebsten für ungültig erklären würden: „Wenn es die alten Gefäße nicht mehr gibt, ist alles, was wir über geistiges Eigentum wissen, falsch. Wir werden alles darüber vergessen müssen. Wir werden Information betrachten müssen, als hätten wir das Zeug noch nie gesehen." (Barlow 1996: 106)

In der politischen Debatte konnten sich die Positionen der Urheberrechtsgegner jedoch nie durchsetzen. Statt dessen zeigte sich, dass sich die dem Urheberrecht zugrundeliegenden Konzepte durchaus auch auf die Neuen Medien anwenden lassen. Diese Auffassung wurde schon seit Beginn der Diskussion weitestgehend sowohl in akademischen Kreisen (vgl. Schricker 1997: 5) als auch von den beteiligten Regierungsorganisationen geteilt (vgl. Bundesministerium für Wirtschaft 1996: 55; Europäische Kommission 1997c: 10). Erklärtes Ziel der gouvernementalen Bemühungen zur Anpassung des Urheberschutzes ist es, sowohl ein Gleichgewicht „zwischen den Interessen aller Beteiligten"[61] (Europäische Kommission 1995: 7) als auch zwischen den

---

[60] Den Trend zur bequemen Urheberschutzverletzung zeigen so genannte *peer-to-peer*-Internetanwendungen wie Napster, Gnutella und Mojonation: Napster macht es einfacher denn je, den eigenen Personalcomputer zum Internet-Musikserver umzugestalten. Gnutella schafft das gleiche für alle denkbaren Dateiformate und kommt sogar ohne eine zentrale Steuerungseinheit aus, welche bei Napster immer noch nötig ist, um eine Art Inhaltsverzeichnis aller verfügbaren Musiktitel zu verwalten. Mojonation als neuester und technisch am weitesteten entwickelter Dienst arbeitet ähnlich wie Gnutella, benötigt jedoch einen zentralen Agenten um Mikrozahlungen zwischen den Teilnehmern auszuführen.

[61] Als „Beteiligte" gelten Rechtsinhaber, Hersteller von Material, Verteiler und Benutzer von Diensten sowie Netzbetreiber (Europäische Kommission 1995: 10).

im öffentlichen Interesse liegenden Zielen[62] herzustellen und zu erhalten. An dieser Stelle soll lediglich auf die ökonomisch bedeutsamen Anpassungen im Detail eingegangen werden, da sich die Neuen Medien allenfalls formal auf die Zuordnung der Urheberschaft, das Urheberpersönlichkeitsrecht, das Urhebervertragsrecht und die verwandten Schutzrechte auswirken.

3.3.1 Schutzgegenstand

Das Urheberrecht gewährt den Urhebern Schutz auf ihre Werke. Aus den technischen Entwicklungen der Neuen Medien erwächst in drei Bereichen ein Anpassungsbedarf des Werkbegriffs, was für den Vertrieb von Medieninhalten jedoch nur von geringer Bedeutung ist:

(1) Die Digitalisierung ermöglicht eine wirtschaftlich bedeutsame Verwertung von Werkteilen, die so klein sind, dass ihnen eine hinreichende Individualität fehlt und daher bislang auch kein urheberrechtlicher Schutz zusteht. Es empfiehlt sich jedoch nicht, die Schutzschwelle für den Werkteilschutz abzusenken, um eine missbräuchliche Verwendung fremder Werkteile zu verhindern, da dies letztendlich „zu einer unerträglichen Behinderung des Schaffens“ zum Beispiel von Multimediaentwicklern führen könnte. Schricker (1997: 32) rät statt dessen, *systematische* Ausbeutungshandlungen mit Hilfe des Gesetzes gegen unlauteren Wettbewerb zu unterbinden. (Vgl. auch Becker 1994: 54)

(2) Viele Mehrwertdienste innerhalb der Neuen Medien, welche eine Überprüfung, Vervollständigung und Ordnung von Daten oder Inhaltsfragmenten leisten, wurden durch das traditionelle Urheberrecht nicht geschützt: Da sich der Urheberschutz nur auf die äußere Form des Werkes und nicht auf seinen Inhaltsgegenstand erstreckte, konnten die als Mehrwertdienste geschaffenen Datenbanken durch den freien Gebrauch einzelner Teile beliebig ausgebeutet werden. Selbst wenn für die einzelnen Fragmente ein urheberrechtlicher Schutz bestand, wie in Sammelwerken der Literatur, konnte nicht der Hersteller einer Datenbank, sondern nur der Rechtsinhaber des einzelnen Datenbankbestandteils die freie Nutzung der selbständigen Teile untersagen. Zwar ging der deutsche Gesetzgeber schon in seiner Amtlichen Begründung zur Urheberrechtsreform von 1965 zu einer „prinzipiellen Gleichbehandlung von Form und Inhalt“ über[63]. Es wurde jedoch erst mit der Umsetzung der europäischen Datenbankrichtlinie (96/9/EG) ein Rechtsschutz *sui generis* für Datenbanken geschaffen und mit dem Informations- und Kommunikations-

---

[62] Schutz der Privatsphäre, Schutz der geistigen Eigentumsrechte, Betrugsvorbeugung, Verbraucherschutz und öffentliche Sicherheit (o.V. 1997).

[63] „Einschränkungen werden nur noch bei den wissenschaftlichen Werken gemacht: Wissenschaftliche Theorien, Entdeckungen und Daten sind im Interesse der freien wissenschaftlichen Diskussion gemeinfrei.“ (Schricker 1997: 33)

dienste-Gesetz zum 1. Januar 1998 als „Schutz des Datenbankherstellers" ins deutsche UrhG eingefügt. Mit diesem, im traditionellen Urheberrecht bislang unbekannten Recht werden die „für die Beschaffung, die Überprüfung oder die Darstellung" (Artikel 7 Absatz 1 der Richtlinie) des Datenbankinhalts aufgewendeten wesentlichen Investitionen geschützt. Eine eigene geistige Schöpfung bei der Herstellung oder die Schutzfähigkeit der einzelnen Datenbankbestandteile ist daher für einen Schutzanspruch nicht mehr notwendig. (Vgl. Pethig 1997: 16)

Mit dem Rechtsschutz *sui generis* steht die Europäische Union jedoch noch weltweit alleine da: Allein schon die Diskussion über einen entsprechenden, weltweiten Vertrag (WIPO 1996) auf der Diplomatischen Konferenz der WIPO im Dezember 1996 in Genf wurde aufgrund des heftigen Widerstands vertagt (Lorenz-Meyer 1997; Medosch 1997). Auch in den USA wurde eine entsprechende Passage aus dem *Digital Millenium Copyright Act* ersatzlos gestrichen. (Macavinta 1998)

(3) Multimediawerke stellen aufgrund ihrer Verschmelzung unterschiedlicher Werkarten zu einer Einheit sowie aufgrund ihrer Interaktivität eine eigene Werkart dar. Zum einen können sie nicht als bloße Sammelwerke oder Datenbanken aufgefasst werden, weil sie mehr sind als eine bloße Zusammenstellung voneinander unabhängiger Werke. Das ganzheitliche Zusammenwirken aller einzelnen Bestandteile stellt sie zwar in die Nähe der Filmwerke, welche ebenfalls als Gesamtkunstwerke einen eigenen Schutz genießen, doch gehen die Multimediawerke mit der ihnen möglichen Interaktivität auch weit über die Darstellungsmöglichkeiten von Filmwerken hinaus. Schricker (1997: 43) schlägt daher vor, Multimediawerke als eigene Werkart im (ohnehin nicht abgeschlossenen) Werkskatalog von § 2 Absatz 1 UrhG aufzunehmen. Alternativ könne überlegt werden, allgemein als Werk eine untrennbare Verbindung von Elementen anzuerkennen, auch wenn die Elemente verschiedenen Kategorien angehören. (Vgl. Schricker 1997: 38-43) Während der deutsche Gesetzgeber in dieser Frage bislang nicht aktiv geworden ist, geht die Europäische Union in der Urheberrechtsrichtlinie den Weg, auf die Auflistung einzelner Werkskategorien ganz zu verzichten (vgl. Europäische Kommission 1997c).

3.3.2 Urheberverwertungsrecht

In den Neuen Medien entfällt bei der Vermittlung von Medieninhalten an die Nutzer der bisher übliche *Vertrieb von Vervielfältigungsstücken* oder die programmgebundene *Sendung* der Inhalte. Statt dessen erhalten die Nutzer jederzeit, an jeden beliebigen Ort und ohne Fixierung auf einem Speichermedium die gewünschten Inhalte auf individuellen Abruf. Diese neue Verwertungsart urheberrechtlich geschützter Werke ist nicht oder nur bedingt in die traditionellen Nutzungsarten einzuordnen. Die Reichweite des urheberrechtlichen Schutzes sowie die Anwendung des Urheberrechts war vor allem aus diesem Grund in den Neuen Medien besonders schwierig. Anfangs wurde von vielen Autoren und Interessenvertretern versucht, die Verwertungshandlungen entweder unter das Senderecht, das Verbreitungsrecht oder das Vermietrecht zu fassen. Letztendlich konnte sich eine Argumentation durchsetzen, welche zwar an das Senderecht als Form der öffentlichen Wiedergabe angelehnt ist, jedoch die Interaktivität und Individualität der Bereitstellung berücksichtigt. Nach der Darstellung dieser Auffassung, welche sich auch in den WIPO-Verträgen und im Vorschlag zu einer EU-Urheberrechtsrichtlinie wiederfindet, wird die Problematik des Erschöpfungsgrundsatzes gesondert aufgegriffen.

3.3.2.1 Ausschließliches Recht der „öffentlichen Zugänglichmachung"

Bei den Konsultationen zum europäischen Grünbuch über den Schutz der Urheberrechte in der Informationsgesellschaft sprach sich eine deutliche Mehrheit dafür aus, die auf Abruf erfolgenden Übertragungen von Medieninhalten auf der Basis der Rechte zur öffentlichen Wiedergabe zu regeln. Da das bereits unter diese Gruppe fallende Senderecht aufgrund seiner engen technischen Definition und der auf den Rundfunk zugeschnittenen Regulierungen nicht für eine Anwendung geeignet ist, bot es sich an, eine neue Nutzungsart der öffentlichen Wiedergabe zu definieren. (Europäische Kommission 1996: 12) Mit Artikel 3 Absatz 1 des Vorschlags zu einer Urheberrechtsrichtlinie der Europäischen Union spricht die Europäische Kommission den Urhebern ein entsprechend umfassend definiertes Recht der öffentlichen Wiedergabe zu:

> „Die Mitgliedstaaten sehen vor, daß Urhebern das ausschließliche Recht zusteht, die öffentliche drahtgebundene oder drahtlose Wiedergabe von Originalen und Vervielfältigungsstücken ihrer Werke einschließlich der öffentlichen Zugänglichmachung der Werke in der Weise, daß sie Mitgliedern der Öffentlichkeit von Orten und zu Zeiten ihrer Wahl zugänglich sind, zu erlauben oder zu verbieten."

Eine fast wortgleiche Regelung wurde auf Vorschlag der Europäischen Union und ihrer Mitgliedstaaten auch durch die Genfer WIPO-Konferenz in Artikel 8 des WIPO-Urheberrechtsvertrags von 1996 getroffen. Das damit neu geschaffene ausschließliche *Recht der öffentlichen Zugänglichmachung* ist direkt auf den interaktiven Online-Abruf zugeschnitten. Durch den kumulativen Öffentlichkeitsbegriff grenzt es sich von dem – ebenfalls unter diesen Absatz fallenden – deutschen Senderecht in § 20 UrhG ab, welches damit eindeutig nur noch für programmgebundene Übertragungen gilt (vgl. Europäische Kommission 1996: 21). Zugleich wird der Vorgang der öffentlichen Zugänglichmachung eindeutig vom Vervielfältigungsrecht und vom Verbreitungsrecht abgegrenzt (Liedes und Olsson 1998: 104). Den Rechtsinhabern, welche ihre Werke öffentlich zugänglich machen, steht es damit vollkommen frei, welche Rechte sie ihren Kunden mit der Gewährung des Abrufs zu welchen Bedingungen einräumen. Eingeräumte Nutzungsrechte können daher – wie beim Empfang eines Rundfunkprogramms – ausschließlich das einfache Nutzungsrecht oder auch das Recht zur Anfertigung einer dauerhaften Kopie umfassen.[64]

3.3.2.2 Erschöpfungsgrundsatz des Verbreitungsrechts

In den USA, in Deutschland und in den meisten anderen Mitgliedstaaten der Europäischen Union erschöpft sich das ausschließliche Recht eines Urhebers zur Verbreitung des Originals oder von Vervielfältigungsstücken seines Werkes mit der ersten rechtmäßigen Eigentumsübertragung dieses Gegenstandes (Europäische Kommission 1996: 17).[65] Der ökonomische Grund für diesen *Erschöpfungsgrundsatz des Verbreitungsrechts* besteht nicht nur in den fehlenden Kontrollmöglichkeit des weiteren Verbleibs der Gegenstände. Entscheidend ist vielmehr der hohe materielle Herstellungsaufwand von Vervielfältigungsstücken. Nachdem ein Nutzer den Gebrauchswert des von ihm erworbenen Vervielfältigungsstückes durch den Konsum des gespeicherten Medieninhalts für sich verwirklicht hat, können weitere Personen den Inhalt nutzen, ohne dass ein neues Vervielfältigungsstück angefertigt werden muss. Gleichzeitig kann der erste Nutzer zusätzlich zum Gebrauchswert auch den Tauschwert des Werkes realisieren, was seine Zahlungsbereitschaft erhöht. Wenn ihm hingegen vom Urheber der Wiederverkauf untersagt werden könnte, so würde seine Zahlungsbereitschaft entsprechend niedriger ausfallen. Zudem würden dem Rechtsinhaber bei der Herstellung der eigentlich überflüssigen Vervielfältigungsstücke unnötige Kosten entstehen. (Vgl. Möschel und Stiegler 1996)

Bei der Verbreitung der Medieninhalte in den Neuen Medien gibt es keinen derartigen materiellen Aufwand wie bei der körperlichen Verbreitung. Ebenso wie beim Rundfunk oder beim Vermieten von Werken ist es bei der Online-Verbreitung unnötig, für jeden Nutzer ein eigenes Vervielfältigungsstück anzufertigen. Die Übertragung von Werken auf Abruf kann wie Rundfunk oder Vermietung als eine Dienstleistung aufgefasst werden, die beliebig oft wiederholt werden kann. Aus ökonomischen Gründen gibt es daher keine Rechtfertigung für die Erschöpfung irgendeines Rechts durch die elektronische Verbreitung der Werke. Entsprechend sollte der Online-Vertrieb den – sich ebenfalls durch keine Verwertungshandlung erschöpfenden – Rechten zur Sendung und Vermietung gleichgestellt werden. (Möschel und

---

[64] Vergleiche hierzu den neuen Regelungen zu den Schrankenbestimmungen des Urheberrechts in Kapitel 3.3.3.

[65] Der *Erschöpfungsgrundsatz* bezieht sich nur auf die Verbreitung dieses einen Gegenstandes, nicht aber auf das Recht zur Anfertigung und zum Vertrieb weiterer Vervielfältigungsstücke oder auf das Vermiet- und Verleihrecht als weitere Bestandteile des Verbreitungsrechts.

Stiegler 1996; Möschel 1998b; Europäische Kommission 1995: 47f) Würde sich hingegen das Verbreitungsrecht durch die Online-Übertragung eines Werkes in Bezug auf eine dabei angefertigte, rechtmäßige Kopie erschöpfen, so wäre mit erheblichen Störungen der legitimen Verwertungsinteressen zu rechnen: Aufgrund der geringen Transaktionskosten in den Neuen Medien könnte eine einzige elektronische Kopie eines Werkes allein durch regelmäßige Neuverkäufe einer unüberschaubaren Vielzahl von Nutzern bereitgestellt werden. Das würde dem Rechtsinhaber die Kontrolle über die Nutzung seines Werkes weitestgehend entziehen, ohne jedoch in irgendeiner Form zu volkswirtschaftlichen Einsparungen zu führen.

Im Wesentlichen gab es daher in der Literatur sowie in den Konsultationen bei den Bestrebungen zur Harmonisierung des Urheberrechts in der Europäischen Union einen Konsens, dass eine Online-Übertragung eines Werkes zu keinerlei Erschöpfung der Rechte führen darf. Mit der Subsumierung der Online-Verbreitung unter die Rechte der öffentlichen Wiedergabe kommen der Vorschlag der europäischen Urheberrechtsrichtlinie sowie der WIPO-Urheberrechtsvertrag dieser Auffassung automatisch nach. Der Entwurf der Urheberrechtsrichtlinie weist sogar in Absatz 3 von Artikel 3 ausdrücklich auf fehlende Erschöpfungswirkung der öffentlichen Zugänglichmachung hin.

3.3.3 Schrankenbestimmungen

Die zum Schutz der Interessen der Allgemeinheit eingerichteten Schrankenbestimmungen des Urheberrechts wurden bereits in Kapitel 2.3.4 ausführlich diskutiert. In bestimmten Sonderfällen sollen sie die Werknutzung erleichtern, ohne jedoch die berechtigten Interessen der Urheber unzumutbar zu verletzen oder die normale Verwertung ihrer Werke zu beeinträchtigen (sogenannter „Drei-Stufen-Test" der Schrankenbestimmungen). Durch die Gewährung von Zwangslizenzen mit Vergütungspflicht oder durch die Gewährung völliger Nutzungsfreiheit schützen die Schrankenbestimmungen die Privatsphäre, ermöglichen geringwertige Nutzungen durch Wegfall der Kosten der Nutzungsrechteübertragung oder fördern soziale, kulturelle, wissenschaftliche, schulische oder sonstige öffentliche Belange. Mit den durch die Neuen Medien hervorgerufenen Veränderungen tauchen im Bereich der Schrankenbestimmungen zwei Probleme auf:

(1) Die EU-Urheberrechtsrichtlinie sieht keine Schrankenbestimmung im Bereich des *Rechts der öffentlichen Zugänglichmachung zugunsten der öffentlichen Bibliotheken* vor. „Im Hinblick auf die zu erwartenden wirtschaftlichen Auswirkungen wäre eine gesetzliche Ausnahme für derartige

Nutzungen nicht gerechtfertigt.“ (Europäische Kommission 1997c: 41)[66] Den Bibliotheken und vergleichbaren Einrichtungen bleiben lediglich die traditionellen Rechte zum Verleihen und zum Anfertigen von Vervielfältigungsstücken „ohne unmittelbaren wirtschaftlichen oder kommerziellen Nutzen“ (Artikel 5 Absatz 2c des Richtlinienvorschlags). Natürlich können sie geschützte Inhalte immer noch öffentlich zugänglich machen, indem sie die entsprechenden Nutzungsrechte vertraglich erwerben. Die Preise für solche Lizenzen dürften jedoch schnell eine kritische Höhe erreichen, da die öffentliche Online-Bereitstellung zu einem vollständigen Verlust der entsprechenden Erlösmöglichkeiten auf Seiten des Rechtsinhabers führen würde. Es ist daher tatsächlich zu erwarten, dass den öffentlich zugänglichen Einrichtungen das Bereitstellen solcher Medieninhalte, deren Nutzung nur über den interaktiven Online-Abruf geschehen kann, praktisch vollständig unmöglich gemacht wird. Besonders sozial schwache Nachfrager werden dann beim Zugang zu Medieninhalten benachteiligt, weil die öffentlichen Bibliotheken im Bereich der Neuen Medien nur noch eingeschränkte Leistungen zur Berücksichtigung ihrer Belange erbringen können. Kapitel 3.4.8 wird dieses Problem unter dem Gesichtspunkt der Bedeutung des Zugangs zu Medieninhalten als Bedingung sozialer Chancengleichheit weiterverfolgen.

(2) Die Schrankenbestimmungen, die in Deutschland (§ 53 UrhG, vgl. Kapitel 2.3.4) und auf vergleichbare Weise auch in vielen anderen Mitgliedstaaten der Europäischen Union verschiedene Nutzungshandlungen *zum persönlichen Gebrauch* gestatten, sollen die Privatsphäre schützen und die Kosten der Rechteübertragung und Nutzungskontrolle einsparen. Aufgrund der neuen Möglichkeiten zum elektronischen Rechtemanagement ist es jedoch zunehmend möglich, mit geringem Aufwand und ohne unzumutbare Eingriffe in die Privatsphäre auch die dort vorgenommenen Nutzungshandlungen unter die Kontrolle der Rechtsinhaber zu stellen. Außerdem sehen die Rechtsinhaber besonders in einem Fortbestehen der Erlaubnis zur privaten Vervielfältigung angesichts der einfachen Möglichkeiten zur Anfertigung zahlreicher und hochwertiger Kopien eine erhebliche ökonomische Bedrohung. Sie fordern daher, keine der Schrankenbestimmungen zugunsten der privaten Nutzung auf die Neuen Medien zu übertragen. (Vgl. Europäische Kommission 1996: 11)

Während aus diesen Gründen mit Artikel 4 der EU-Computerprogrammrichtlinie (91/250/EWG) und mit Artikel 5 der EU-Datenbankrichtlinie (96/9/EG) die Schrankenbestimmungen zur privaten Vervielfältigung für einen Teilbereich der Neuen Medien bereits außer Kraft gesetzt wurden (Hoeren, Büning und Kaestner 1998), finden sich in dem Vorschlag zur EU-Urheberrechtsrichtlinie keine vergleichbaren Bestimmun-

[66] Tatsächlich würde eine gesetzliche Ausnahme wohl kaum den „Drei-Stufen-Test“ bestehen können. Sie widerspräche damit auch den Bestimmungen zu den Schrankenbestimmungen in Artikel 10 des WIPO-Urheberrechtsvertrags.

gen. Es scheint den Rechtsinhabern jedoch nicht verboten zu werden, mit Hilfe technologischer Maßnahmen die private Vervielfältigung zu verhindern und so die möglicherweise bestehenden nationalen Schrankenbestimmungen de facto außer Kraft zu setzen (vgl. Dussollier 1998). (Vgl. Europäische Kommission 1997c: 39f) Deutlicher wird die Änderung 37 des Europäischen Parlaments, nach dem die Richtlinie die private Vervielfältigung nur noch gestatten soll, „wenn keine verläßlichen und wirksamen technischen Mittel zum Schutz der Interessen der Rechtsinhaber zur Verfügung stehen." (Europäisches Parlament 1999; vgl. Barzanti 1999)

Die technologischen Maßnahmen zur Kontrolle aller Nutzungshandlungen haben jedoch nicht nur den – an sich positiven – Effekt, dass die privaten Nutzungen nicht mehr gesetzlich lizenziert zu werden brauchen. Zugleich erfordern sie nämlich grundsätzlich für *alle* Nutzungshandlungen die Lizenz durch den Rechtsinhaber. Dabei ist es ihnen nicht möglich zu berücksichtigen, ob die Nutzung im Einzelfall schon durch irgendeine Schrankenbestimmung (z.B. zur Förderung der Wissenschaft, der Informationsfreiheit oder sozialer und kultureller Belange) rechtmäßig ist. Um von den entsprechenden Rechten Gebrauch machen zu können, muss der Nutzer daher zumindest erhebliche Mühen auf sich nehmen, um den Rechtsinhaber zur Entfernung des technologischen Schutzes zu bewegen. Sollte der Nutzer hingegen vorziehen, den Schutz selbst zu entfernen, so bleibt zwar seine Nutzungshandlung selbst nach wie vor straffrei, doch macht er sich dann der Umgehung der gesondert geschützten technologischen Maßnahme schuldig. (Vgl. Dussollier 1998)

3.3.4 Verantwortlichkeit der Netzbetreiber bei Urheberrechtsverletzungen durch Netznutzer

Um Urheberrechtsverletzungen, aber auch Verstöße gegen andere Rechtsbereiche (z.B. Presserecht und Jugendschutz) zu kontrollieren, bietet es sich an, die Netzbetreiber für die Handlungen ihrer Nutzer mitverantwortlich zu machen: Sie haben zum einen die besten technischen Möglichkeiten, die angebotenen und übertragenen Daten auf Rechtmäßigkeit zu überprüfen und im Straffall einzuschreiten (*least-cost-avoider*-Prinzip). (Baker und Oblon 1996) Zum anderen sind sie jedoch auch die geeigneteren Ziele, wenn die Rechtsinhaber für die mutmaßlichen Schäden aus vorsätzlichen Vergehen möglichst hohe Kompensationszahlungen einklagen wollen (vgl. Panethiere 1998).

Verständlicherweise haben sich die Telekommunikationsunternehmen vehement und auch bislang erfolgreich gegen die Verantwortungsübertragung gewehrt. Sie vergleichen sich als Dienstleister mit den Telefongesellschaften, welche schließlich auch nicht für strafbare Gesprächsinhalte ihrer Kunden verantwortlich sind. (vgl. Baker und Oblon 1996; Barrow 1997: 76) Entsprechend wurde der ursprünglich die Verantwortung der Netzbetreiber regelnde

Artikel 7 aus dem Entwurf zum WIPO-Urheberrechtsvertrag vollständig gestrichen (Lorenz-Meyer 1997). Auch der Vorschlag der Europäischen Kommission für eine Richtlinie zum elektronischen Geschäftsverkehr stellt in den Artikeln 12 bis 15 die Netzbetreiber weitgehend von der Verantwortung für die Inhalte frei (Europäische Kommission 1998a: 11).

Während die Europäische Kommission auch mit Artikel 5 Absatz 1 ihres Vorschlages zu einer Urheberrechtsrichtlinie beabsichtigte, die Netzbetreiber von der Verantwortung für die übertragenen Inhalte freizustellen, schränkte das Europäische Parlament mit der Änderung 33 die Freiheit der Netzbetreiber wieder ein (vgl. Barzanti 1999; Europäisches Parlament 1999).[67] Ziel der vom Parlament vorgenommenen Änderung am Richtlinienvorschlag scheint zu sein, den Rechtsinhabern gegenüber den Netzbetreibern die Möglichkeit zu Unterlassungsaufforderungen und -klagen für den Fall zu geben, dass sie eine unerlaubte Zugänglichmachung feststellen. Jedoch könnte der neue Wortlaut auch so zu interpretieren sein, dass die Netzbetreiber grundsätzlich in jedem Einzelfall prüfen müssen, ob die Nutzung zulässig ist. Zudem schränkt die neue Fassung die zulässigen Vervielfältigungshandlungen auf diejenigen ein, die „unerlässlicher Teil" der Übertragung sind. Das von den Netzbetreibern vorgenommene *caching* häufig abgerufener Inhalten, welches wesentlich zur Netzentlastung und Übertragungseffizienz beiträgt, wäre damit in Europa verboten. (Vgl. Creed 1999)

3.3.5 Internationaler Regelungsbedarf

Der Schutz des Urheberrechts richtet sich gemäß dem „Schutzlandprinzip" nach den nationalen Regelungen des Landes, für das der Schutz in Anspruch genommen wird (Möschel 1998b: 8). Das führt dazu, dass die Rechtsinhaber bei der Ausbeutung ihrer Werke auf mehreren nationalen Märkten jeweils verschieden hohe Schutzniveaus genießen (Europäische Kommission 1996: 22). Soweit sich die nationalen Märkte nicht überschneiden, macht dies die Werkverwertung lediglich komplizierter, stellt aber kein prinzipielles Problem

---

[67] Artikel 5 Absatz 1, Vorschlag der Kommission: „(1) Die *in Artikel 2 bezeichneten* vorübergehenden Vervielfältigungshandlungen, die als Teil eines technischen Verfahrens nur deshalb vorgenommen werden, um eine Nutzung eines Werks oder sonstigen Schutzgegenstands zu ermöglichen *und die keine eigenständige wirtschaftliche Bedeutung haben*, werden von dem in Artikel 2 bezeichneten Recht ausgenommen." Durch das Parlament am 10. Februar 1999 geänderte Fassung: „(1) Die vorübergehenden *und begleitenden* Vervielfältigungshandlungen, die als *wesentlicher und unerläßlicher* Teil eines technischen Verfahrens nur deshalb vorgenommen werden, um eine Nutzung eines Werks oder sonstigen Schutzgegenstands zu ermöglichen, werden von dem in Artikel 2 bezeichneten Recht ausgenommen. *Eine derartige Nutzung muß von den Rechtsinhabern genehmigt werden oder gesetzlich erlaubt sein und darf keine wirtschaftliche Bedeutung für den Rechtsinhaber haben.*" (Europäisches Parlament 1999, Hervorhebungen dort)

dar. Innerhalb der Neuen Medien ist die Situation jedoch grundsätzlich anders, denn von territorial begrenzten Märkten kann hier nicht mehr die Rede sein. Jedes geschützte Werk kann von jedem beliebigen Ort an jeden anderen Ort der Welt geliefert werden, ohne dass dies technische Probleme aufwirft.

Die direkte Übertragung des Schutzlandprinzips auch auf die Nutzung online zugänglich gemachter Werke würde erfordern, sich zu entscheiden, wo eine Verletzungshandlung begangen wird: in dem Land, in dem die abgerufenen Daten gespeichert sind (Ursprungslandprinzip) oder in dem Land, in dem die Daten schließlich empfangen werden (Empfangslandprinzip). Welchem Prinzip auch immer gefolgt wird, die Auswirkungen auf die Entwicklung der Neuen Medien wären erheblich. Bei dem Empfangslandprinzip wäre zu befürchten, dass ein Inhalteanbieter grundsätzlich die höchsten, in irgendeinem Land geltenden Schutzbestimmungen befolgt, um so nirgendwo auf der Welt die Bestimmungen zu verletzen (*race to the top*). Beim Ursprungslandprinzip würden sich hingegen die Anbieter von Inhalten mit Sitz in Ländern mit minimalem Schutzniveau durchsetzen, weil hier die Werkausbeutung am leichtesten ist (*race to the bottom*). (Möschel 1998b; vgl. Europäische Kommission 1996: 23)

Für die Online-Verbreitung von geschützten Werken werden aus diesen Gründen gegenwärtig jeweils die Schutzstandards aller an einer Übertragungshandlung beteiligten Länder zugleich angewendet, was die wirtschaftliche Ausbeutung der Werke zusätzlich erschwert. Die Europäische Kommission (1996: 22f) erwartet daher ohne eine weitrechende Harmonisierung der urheberrechtlichen Bestimmungen eine Zersplitterung des Binnenmarktes und eine Behinderung der Entwicklung der neuen Dienste (vgl. auch Europäische Kommission 1995: 4). Die „interessierten Kreise" scheinen jedoch mehrheitlich der Meinung zu sein, die Schwierigkeiten hinreichend „über die Vertragsfreiheit und die Anwendung des internationalen Privatrechts" lösen zu können. Es solle eine „einfachere Handhabung dieser oft komplizierten Rechtslage nicht durch Harmonisierung, sondern vielmehr durch Erläuterung erfolgen." (Europäische Kommission 1996: 23)

Die grundsätzliche Notwendigkeit, zumindest jedoch die Vorteile einer möglichst globalen Harmonisierung der rechtlichen Schutzbestimmungen bleiben jedoch offensichtlich. Dies gilt nicht nur im Hinblick auf die Urheberverwertungsrechte, sondern auch bezüglich des Schutzes technologischer Maßnahmen zum Schutz der urheberrechtlichen Ansprüche. „Nur durch rasche Einigung über geeignete Mindeststandards für den internationalen Schutz des Urheberrechts und der verwandten Rechte kann verhindert werden, daß auf einzelstaatlicher Ebene unterschiedliche Rechtsnormen geschaffen werden und daß Piraterie-Eldorados entstehen." (Europäische Kommission 1996: 29) Damit wird auch die Bedeutung der zwei WIPO-Verträge zum Schutz von Urheberrechten, Darbietungen und Tonträger deutlich: Ohne den – durch die Beteiligung von bislang 159 Mitgliedsstaaten

(Medosch 1997) quasi globalen – Schutz könnte das ausschließliche Recht zur öffentlichen Zugänglichmachung praktisch für keinen Ort garantiert werden. Die nur schwer zu kontrollierende grenzenlose Netznutzung braucht theoretisch nur einen einzigen Ort, um entsprechende Rechte weltweit zu unterlaufen. In diesem Zusammenhang ist erneut darauf hinzuweisen, dass es der Diplomatischen Konferenz der WIPO im Dezember 1996 nicht gelungen ist, sich auf einen internationalen Schutz der Rechte der Datenbankhersteller zu einigen. Der in der Europäischen Union geltende Schutz kann daher mühelos in anderen Ländern unterlaufen werden.

3.4 Auswirkungen auf die Finanzierungsformen der Medieninhaltenutzung

Die technischen Veränderungen des Inhaltevertriebs bleiben nicht ohne Niederschlag auf die Finanzierungsformen der Medieninhalte. Die bereits in Kapitel 2.5 vorgestellten Methoden des Einzelverkaufs, des Abonnements und der Vermietung von Inhalten ändern sich dabei – bis auf die interaktive Online-Verbreitung – zwar kaum, doch verdienen die Finanzierungen aus Reprographie- und Geräteabgaben, nutzungsabhängigen Zahlungen, Werbung und öffentlichen Mitteln eine eigenständige Würdigung unter dem Gesichtspunkt der Neuen Medien. Zudem soll auch noch die von manchen Autoren hervorgehobene Gratisbereitstellung von Inhalten zur Bildung von Servicebeziehungen oder aufgrund von Altruismus diskutiert werden sowie die wachsenden Möglichkeiten der Inhalteanbieter zur Preisdifferenzierung.

3.4.1 Nutzungsabhängige Mikrozahlungen

Der Vertrieb von Vervielfältigungsstücken von Medieninhalten weist ein offensichtliches Problem auf: Alle Nutzer zahlen einen einheitlichen Preis, welcher auf die tatsächliche Nutzungsintensität keine Rücksicht nehmen kann. Es liegt daher nahe, verstärkt nutzungsabhängige Vergütungen zu fordern, die als *pay per use*-Verfahren in Kapitel 2.5.1.4 vorgestellt wurden. Ein weiteres Problem besteht bei digitalisierten Medieninhalten darin, dass das Anfertigen von Kopien sehr viel schwieriger zu kontrollieren ist als einzelne Nutzungsvorgänge. „For example, making software - whether it's Microsoft's Word or Mike's string compare subroutine - count how many times it has been invoked is easy, but making it count how many times it has been copied is much harder." (Cox 1994)

Das Londoner Unternehmen *Magex* bietet einen Rundumservice, der es Inhalteanbietern ermöglicht, ihre Produkte sicher zu verschlüsseln und mit individuell gestalteten Nutzungsrechten für einzelne Nutzer auszustatten. Magex wickelt auch die Abrechnung und den Zahlungsverkehr zwischen

Anbietern und Nachfragern ab, indem es als Clearingstelle sowohl den Inhaltenutzern als auch den Inhalteanbietern eine regelmäßige und zusammengefasste Abrechnung bietet. (Vgl. Magex 2000) Andere technische Lösungen werden von Unternehmen wie *eCharge*, *Millicent*, *One Click Charge* oder *Qpass* angeboten, welche Internetnutzern die Bezahlung von online abgerufenen Inhalten erlauben, indem Kleinstbeträge von einem per Kreditkarte aufzufüllenden oder zu begleichenden Sonderkonto abgebucht werden (vgl. The Standard 1999). *Zero-Knowledge* plant sogar, einen vergleichbaren Service vollkommen anonym anbieten zu können (vgl. The Standard 2000).

Das Ergebnis einer zunehmenden Verbreitung von nutzungsabhängigen Mikrozahlungen erzeugt eine "Teilbarkeitsillusion" der Medieninhalte: Während beim Vertrieb von Vervielfältigungsstücken immer ein Inhalt entweder vollständig oder gar nicht erworben wird, ermöglichen die nutzungsabhängigen Zahlungen den Erwerb einzelner Nutzungseinheiten. Obwohl sich an den ökonomischen Eigenschaften des Medieninhaltes nichts ändert, kann der Nutzer jetzt frei bestimmen, wie viel er für einen Inhalt bezahlt, indem er Nutzungsdauer und/oder Nutzungsintensität ausdehnt oder einschränkt.

An dem in Kapitel 4 ausführlich diskutiertem Problem, dass mit dem einheitlichen Preis je Nutzungseinheit immer noch eine suboptimale Nutzung des Inhalts erfolgt, ändern die Mikrozahlungen jedoch nichts. Allerdings zeigen sie für den gegenseitigen Wettbewerb der Anbieter verschiedener konkurrierender Inhalte erhebliche Konsequenzen: Statt möglichst vielen Nachfragern zu einem möglichst hohen Preis das *eine* Gut mit unlimitierter Nutzungsmöglichkeit zu verkaufen, versuchen die Anbieter beim Vertrieb *einzelner Nutzungseinheiten*, möglichst viele davon an jeden einzelnen Käufer und zu einem möglichst hohen Preis abzusetzen. Ein Großteil von Kapitel 4 wird sich den aus diesem unscheinbaren Unterschied ergebenden Folgen mit Hilfe ökonomischer Wettbewerbsmodelle widmen.

3.4.2 Werbefinanzierung

Werbung ist die bei weitem verbreiteteste Finanzierungsform für Medieninhalte im Internet. eMarketer (2000) schätzt für das Jahr 2000 Werbeeinnahmen von Internetseiten in den U.S.A. in Höhe von $6,1 Milliarden – 69% mehr als 1999. 50% der Werbebotschaften finden ihren Weg über sogenannte *banners* zum Betrachter. Die Werbetreibenden bezahlen für die kleinen Anzeigenfelder entweder einen Betrag pro Tausend Betrachter (im dritten Quartal 2000 in der Regel zwischen $5 und $20) oder sie zahlen eine Betrag nur für solche Nutzer, die – den im Banner eingebauten *hyperlink* nutzend – beim Werbetreibenden zusätzliche Informationen über die beworbenen Güter aufrufen (*click-through*). Auch das Modell, die Inhalteanbieter durch sogenannte *affiliate partnerships* am Umsatz zu beteiligen, der mit den von einem

Inhalteangebot zugeleiteten Nutzern erzielt wird, ist oft anzutreffen [vgl. \Zerdick, 1999 #937: 167].[68]

Werbung im Internet bietet besondere Vorteile weil der Kampagnenerfolg in Echtzeit und bis auf den einzelnen Nutzer genau verfolgt, gemessen und analysiert werden kann. Zudem gibt es hochentwickelte Systeme, die den einzelnen Internetnutzer beobachten und Profile über ihn anlegen, welche dann zur individuellen Anpassung der ihm präsentierten Werbebotschaften genutzt werden kann.[69] Es sollte allerdings erwähnt werden, dass es auch im Jahr 2000 nur sehr wenige Inhalteanbieter im Internet gibt, die allein durch Werbefinanzierung profitabel wirtschaften, und es ist noch nicht abzusehen, wann sich das ändert. Auch bleiben die in Kapitel 2.5.2 aufgeführten Nachteile der Werbefinanzierung in den Neuen Medien bestehen.

3.4.3 Ausweitung der Reprographie- und Geräteabgaben?

Wenn private Vervielfältigungen innerhalb der Neuen Medien durch Schrankenbestimmungen zugelassen werden, liegt es nahe, wie bei den konventionellen Medien auch hier einen entsprechenden, allgemeinen Vergütungsanspruch für die Rechtsinhaber vorzusehen. Für diese Regelung lässt sich argumentieren, dass die aus Abgaben auf Computerspeicher oder Übertragungsleistungen („Bit-Steuer") gespeisten Vergütungen keine datenschutzrechtlichen Probleme aufweisen würden (Jansen 1997). Zudem würde eine vollständige Vergütungsfreiheit privater Vervielfältigungen einen unzumutbaren Eingriff in die Verwertungsinteressen der Rechtsinhaber darstellen. Sie stünde damit nicht nur im Widerspruch zum WIPO-Urheberrechtsvertrag und dem Genfer Übereinkommen, sondern auch zum Grundrecht auf Eigentum. Jedoch lässt sich gegen einen allgemeinen Vergütungsanspruch in den Neuen Medien argumentieren, dass

(1) zunehmend technologische Maßnahmen verfügbar werden, die die Schrankenbestimmungen der privaten Nutzung verzichtbar machen oder schlicht deren Inanspruchnahme verhindern können,

---

[68] Auch hier sind die aktuellsten Daten im Internet abzurufen, entweder bei www.cyberatlas.com oder www.emarketer.com.

[69] Ein Beispiel hierfür ist die von *DoubleClick* patentierte *DART*-Technologie oder die Konkurrenzprodukte von *24/7 Media* oder *Engage*. Diese Technolgien werden von den sogenannten *advertising networks* eingesetzt, um gezielte Werbebotschaften in die von einzelnen Internetnutzern empfangenen Medieninhalte einzufügen, wobei sowohl Medieninhalte als auch Werbebotschaften von einer Vielzahl angeschlossener Unternehmen beigetragen werden. Als zentrale Schnittstellen sammeln die *advertising networks* Informationen über Internetnutzer, erheben von den Werbetreibenden die vereinbarte Werbegebühr und leiten einen Teil dieser Gebühren weiter an die Inhalteanbieter.

(2) Abgaben auf Datenspeicher und Übertragungsleistungen in noch schlechterer Äquivalenz zur tatsächlichen Wahrnehmung der Schrankenbestimmungen stehen, als dies bei den traditionellen Medien der Fall ist[70],

(3) die leistungsgerechte Verteilung der Einnahmen auf die Rechtsinhaber schwieriger wird, weil die geringen Veröffentlichungskosten in den Neuen Medien eine Vielzahl von Angeboten zulassen, deren eventuelle ökonomische Bedeutungslosigkeit jedoch nur schwer festzustellen ist und dass

(4) Legitimationsprobleme bei der Koexistenz technologischer Maßnahmen zur leistungsgerechten Vergütung einerseits und allgemeiner Abgaben auf die dafür genutzten Güter andererseits auftreten und die Nutzer daher gute Grunde hätten, eine doppelte Bezahlung derselben Leistung zu verweigern.

Allgemeine Vergütungsansprüche in den Neuen Medien würde eine leistungsgerechte Steuerung des Inhalteangebots daher noch weniger erreichen als ihnen dies in den traditionellen Medien gelingt. Statt dessen ist zu befürchten, dass die allgemeinen Abgaben lediglich die Nutzung der Neuen Medien verteuern und ihre wirtschaftliche Entwicklung hemmen würden. Die ursprünglich von der Europäischen Kommission in den Entwürfen einer EU-Urheberrechtsrichtlinie vorgesehene Vergütungspflicht wurde daher – auf Druck der „Telekom-Unternehmen, Kabelnetzbetreiber, Internet-Service- und Access-Provider aus der ganzen Welt" im Richtlinienvorschlag wieder gestrichen (Jansen 1997).

Während es die Kommission damit den Mitgliedstaaten freistellen wollte, allgemeine Abgaben auf Datenträger und Netzdienste zu erheben, setzte das Europäische Parlament mit der Änderung 37[71] jedoch wieder eine extrem restriktive Position durch. Die privaten Vervielfältigungen sind danach nur noch dann zulässig, „wenn keine verläßlichen und wirksamen technischen Mittel zum Schutz der Interessen der Rechtsinhaber zur Verfügung stehen. Für jede private digitale Vervielfältigung muß daher eine angemessene Vergütung für alle Rechtsinhaber sichergestellt werden" (Europäisches Parlament 1999). Ob sich diese Haltung in der gesamten Europäischen Union oder in einzelnen Mitgliedstaaten durchsetzen wird, ist noch nicht absehbar. In Deutschland gibt es gegenwärtig nur eine den analogen Tonträgern entsprechende Abgabe auf DAT-Bänder und Minidisks (auf Grundlage der zeitlichen Kapazität). In den USA dagegen gibt es – auch nach dem *Digital Millenium Copyright Act* – überhaupt keine derartigen Abgaben.

---

[70] Hier sind vor allem (1) die umfangreichen Nutzungen der Güter für die Speicherung und Übertragung von nicht urheberrechtlich geschützten Leistungen, (2) die unterschiedliche Datenintensität unterschiedlicher Inhaltearten (z.B. Bewegtbilder verglichen mit schriftlichen Texten) und (3) die unterschiedlich wirksamen Methoden zur Datenkompression zu nennen.

[71] In Artikel 5 Absatz 2 b)a (neu).

3.4.4 Preisdifferenzierung der Inhalteanbieter

Kapitel 4 wird deutlich machen, dass Preisdifferenzierung der Schlüssel für ein besseres Funktionieren des Marktes für Medieninhalte ist. Im Rahmen der Diskussion der Auswirkungen der Neuen Medien ist dabei festzustellen, dass diese die Möglichkeiten zur Preisdifferenzierung auf vielfältige Weise verbessern (vgl. Waterman 1990: 302): (1) Es kann eine Vielzahl unterschiedlich hochwertiger Versionen eines Medieninhalts angeboten werden, ohne dabei durch begrenzte Lager- oder Präsentationskapazitäten des Einzelhandels eingeschränkt zu sein. (2) Die technologischen Maßnahmen der Nutzungskontrolle werden möglicherweise dazu beitragen können, ein willkürliches Unterlaufen der Preisdifferenzierung durch die Nachfrager (Arbitrage) zu verhindern. So können verschiedene Marktsegmente mit dem gleichen Medieninhalt zu unterschiedlichen Preisen bedient werden, ohne einen großen Aufwand für künstliche Marktspaltung betreiben zu müssen. (3) Die Preise können praktisch stufenlos im Lauf der Zeit gesenkt werden. Die geringe Zahl getrennter Verwertungsfenster mit festen Preisen (vgl. Kapitel 2.5.8) wird damit ersetzt durch optimal abgestimmte, kontinuierliche Preissenkungen, wobei – im Gegensatz zur traditionellen Verwertungskaskade – alle denkbaren Angebotsqualitäten gleichzeitig angeboten werden können. Tatsächlich stellen Arnold und Arnold (1997: 25-27) in den Neuen Medien ein Verschwinden der einheitlichen Preise für Medieninhalte fest:

„In 1997, prices are crazy. Companies offer the same product under different names in different channels for different prices. Others have no price, just a commitment to negotiate, like BBN planet's Internet Service Provider unit. The pricing matrix has many boxes, dimensions, and variables. Prices for information products are fluid and often impossible to determine by looking at a one-page price sheet."

Im Vergleich zum konventionellen Vertrieb von Vervielfältigungsstücken mit uneingeschränkten Nutzungsmöglichkeiten zum einheitlichen Preis können auch die in Kapitel 3.4.1 vorgestellten nutzungsabhängigen Mikrozahlungen als Preisdifferenzierung gesehen werden. Die Wohlfahrtswirkungen der Preisdifferenzierung werden dabei als grundsätzlich positiv bewertet (vgl. Stoller 1992: 399f; Waterman 1990: 302); Kapitel 4 wird auf diese Frage noch sehr ausführlich eingehen.

3.4.5 Sharewarevertrieb

Beim Sharewarevertrieb handelt es sich eigentlich weniger um eine Finanzierungsart als um eine Vertriebsmethode von Computerprogrammen. Mit dem Sharewarevertrieb machen sich die Softwareanbieter die extrem niedrigen Verbreitungskosten von Medieninhalten in den Neuen Medien nutzbar. Es bleibt den Nutzern in der Regel wie beim *superdistribution*-Modell freigestellt, Kopien von Programmen an Dritte weiterzugeben oder öffentlich zugänglich zu machen. Jedem Nutzer wird eine begrenzte Zeitspanne oder eine andere begrenzte Nutzungsmöglichkeit eingeräumt, um die Software auszuprobieren. Bei Gefallen muss eine Nutzungslizenz gekauft werden, um das Programm ohne Einschränkungen und legal weiternutzen zu können. (Vgl. Gehring 1996) Wegen der minimalen Vertriebskosten können die Preise für Shareware so niedrig gesetzt werden, dass die Zahlungsmoral zur Deckung der Entwicklungskosten auch dann ausreicht, wenn keine Nutzungseinschränkungen der Software bei unvergüteter Weiternutzung drohen.[72] Da die Preise oft so niedrig sind, dass der Bezahlungsaufwand höher erscheint als der Zahlungsbetrag selbst, sind für den Sharewarevertrieb auch durch den elektronischen Zahlungsverkehr positive Impulse zu erwarten (Barlow 1996: 105).

3.4.6 Gratisvertrieb von Medieninhalten zur Bildung von Servicebeziehungen

Der Vorschlag zum kommerziellen, nicht werbefinanzierten Gratisvertrieb von Medieninhalten kommt hauptsächlich von der amerikanischen Unternehmerin, Investorin, Autorin, Wirtschafts- und Politikberaterin Esther Dyson. Er gründet auf dem Phänomen, dass das nahezu vollständige Verschwinden der Veröffentlichungskosten zu einer Flut von Inhalten führt, während die Aufmerksamkeit der Nachfrager begrenzt bleibt. Der Wettbewerb der Inhalteanbieter um die Kundenaufmerksamkeit wird die Preise so weit senken, dass die mit dem Bezahlen verbundenen Transaktionskosten eine unverhältnismäßige Höhe einnehmen. Viele Anbieter werden dann dazu übergehen, ihre Inhalte gratis anzubieten. Auf diese wird sich die Nachfrage konzentrieren, und kostenpflichtige Inhalte werden schlicht abgelehnt. (Vgl. Dyson 1997: 181-200)

Statt zwanghaft nach Methoden zu suchen, die diese Entwicklung aufhalten können, sollten sich Inhaltsanbieter bereitwillig auf die neue Situation einstellen und über die verbreiteten Inhalte Beziehungen zum Verkauf kostenpflichtiger Mehrwertdienste oder -güter aufbauen: „We are not saying that content is worthless, or that you can get it for free. What we are saying is that content providers should manage their businesses as if it were free, and then figure out how to set up relationships or develop ancillary products and services that cover the costs of developing content." (Dyson 1994) Mögliche Aktivitäten zur Finanzierung von Inhalten bestehen zum Beispiel im Verkauf

---

[72] Diese – an sich illegale – Weiternutzung ist für den Programmhersteller im übrigen von größerem Vorteil als wenn das Produkt von einem nicht zahlungsbereiten Kunden überhaupt nicht mehr genutzt werden würde: Über Netzwerkeffekte (vgl. Kapitel 2.2.8.3) wird die Attraktivität der Programmnutzung für Dritte so weit gesteigert, dass deren Bereitschaft wächst, eine (lizenzierte) Version zu erwerben. Insofern kann man auch bei Shareware entfernt von Preisdifferenzierung sprechen, da die Nutzer, die die Zahlung einer monetären Vergütung verweigern, dem Anbieter durch die positiven Netzwerkexternalitäten wenigstens bei der Vermarktung behilflich sind.

von Spielzeug oder Logos (für Spielfilme oder Fernsehserien), in kostenpflichtigen Vorträgen mit persönlicher Anwesenheit des Autors (für gratis verbreitete Buchinhalte), im Verkauf von Gütern die im Zusammenhang mit den vertriebenen Inhalten stehen, sowie in Kundendienst und Schulungen (für Computersoftware) (vgl. Dyson 1997: 188; Dyson 1996).

Es gibt tatsächlich eine Vielzahl von Beispielen, die den Erfolg einer solchen Strategie nahe legen. Sehr bekannt ist die Praxis der Rockband *The Grateful Dead*, die das Mitschneiden (*bootlegging*) durch Konzertbesucher ausdrücklich begrüßten – dies erhöhte ihren Bekanntheitsgrad, und mehr Leute kauften ihre Platten und besuchten ihre Konzerte (Barlow 1996: 97). Ein anderes Beispiel sind die (teilweise sehr teuren) telefonischen Kundendienste der Softwarehäuser, die allerdings auch nur dann genutzt werden können, wenn man registrierter Nutzer ist. Ob diese indirekten Finanzierungen allerdings den richtigen Weg aufzeigen, die Versorgung mit hochwertigen Inhalten zu gewährleisten, kann bezweifelt werden, da der Bezug der kostenpflichtigen Leistung zu den lediglich mitfinanzierten Inhalten oft eher gering ist.

3.4.7 Altruismus und immaterielle Kompensation der Urheber

Die große Leichtigkeit, in den Neuen Medien selbst zum Inhalteanbieter zu werden, ermöglicht eine große Zunahme von Angeboten, deren Erstellung vollkommen immateriell motiviert ist. Kuhlen (1995: 3-8) grenzt diesen Bereich vom übrigen „Informationsmarkt" als „Informationsforum" ab, welches durch ein „interessenloses Wohlgefallen am freien Wissensaustausch" motiviert ist. Neben echtem Altruismus sind die Anbieter durch die Anerkennung der persönlichen Leistung durch Dritte motiviert, was vor allem bei Entwicklern von Computerprogrammen (vgl. Siegele 1998) und bei Wissenschaftlern (vgl. Priest 1994: 37) beobachtet werden kann.[73] Der größte Nachteil dieser immateriellen Motivation besteht darin, dass sie in einem zufällig gewählten Verhältnis zu dem Nutzen steht, den die Nachfrager von

[73] Ebenso wie bei unentgeltlichen Publikationen von Wissenschaftlern und Musikern ist aber auch hier ein „Motivationsmix" zu erwarten, der zumindest unterschwellig auch materielle Anreize beinhaltet. So werden sich diese Inhalteanbieter von einem hohen Bekanntheitsgrad und einer guten Reputation möglicherweise auch bessere Beschäftigungsangebote, Forschungsaufträge oder Plattenverträge erhoffen. Die Unterscheidung zwischen Altruismus und dem kommerziellen Ziel zur Bildung von Servicebeziehungen (vgl. Kapitel 3.4.6) oder sogar dem Sharewareprinzip (vgl. Kapitel 3.4.5) führt daher nicht immer zu eindeutigen Ergebnissen. In gewissem Sinne können die gratis angebotenen Inhalte dann sogar als eine Art der Werbefinanzierung aufgefasst werden, wobei die Unterscheidung zwischen dem Inhalteanbieter und dem Werbetreibenden entfällt. Bei professionellen Wissenschaftlern gehören regelmäßige Veröffentlichungen sogar zu den unmittelbaren und bezahlten Aufgaben des Arbeitsverhältnisses, so dass auch hier die immaterielle Motivation möglicherweise nur eine geringe Rolle spielt.

diesen Inhalten erzielen. Es ist leicht vorstellbar, dass die immaterielle Motivation nicht ausreicht, um ein optimales Inhalteangebot bereitzustellen. Der Erfolg vieler nicht kommerzieller Computerprogramme kann daher durchaus Anlass zu der Spekulation geben, dass der materiell motivierende Inhaltemarkt nicht zufriedenstellend funktioniert.

Als das erfolgreichste Beispiel für einen Medieninhalt, dessen Herstellung ausschließlich immateriell motiviert ist, gilt das auf den finnischen Programmierer Linus Torwalds zurückgehende Computer-Betriebssystem *Linux*. Ende 1990 schrieb Torwalds mit *Linux* eine Alternative zum kommerziellen Profibetriebssystem *Unix* und stellte es mitsamt dem – für die Weiterentwicklung unentbehrlichen – Programmquellkode allen interessierten Menschen im Internet zur Verfügung. Nach dem Prinzip des *copyleft* unterwarf er sein Werk den Regeln der *General Public Use Licence (GPL)*, welche von der *Free Software Foundation* aufgestellt wurden. Entsprechend verzichtete Torwalds auf alle kommerziellen Rechte an seinem Werk, gab den Quellkode frei und gestattete anderen Entwicklern, sein Werk nach Belieben zu verbessern.

Nach den Regeln der GPL unterliegen auch alle abgeleiteten Werke den gleichen Bedingungen des allgemeinen gültigen Nutzungs- und Veränderungsrechts – kostenlos und ohne weitere Bedingungen. Auf diese Weise entfallen bei den unter die GPL gestellten Werke vollständig die großen Barrieren in Form von Transaktionskosten und Lizenzverweigerungen, die bei der vollständigen Wahrnehmung des Urheberschutzes durch viele kommerzielle Programmentwickler auftreten. Gerade hier scheint der Grund für den erstaunlichen Erfolg des ständig optimierten Linux-Betriebssystems zu liegen: Weltweit gibt es bereits sieben Millionen Nutzer, „Tendenz: kräftig steigend", und kein anderes Betriebssystem „bekommt von seinen Nutzern so gute Noten [. . .] – vor allem im Vergleich zu Windows NT, der Profiversion des Betriebssystems von Microsoft." (Siegele 1998) Ebenfalls auf der GPL beruht das mit 50 Prozent Marktanteil (Zerdick et al. 1999: 193) sehr erfolgreiche Internet-Serverprogramm *Apache* und zahlreiche Programme für das *Unix*-Betriebssystem. (Vgl. Barrow 1997: 83; Siegele 1998)

3.4.8 Gratisbereitstellung der Inhalte durch die öffentliche Hand?

Öffentliche Bibliotheken nehmen ihren Bildungsauftrag hauptsächlich wahr, indem sie Vervielfältigungsstücke von urheberrechtlich geschützten Werken unentgeltlich an ihre Nutzer verleihen. In den Neuen Medien wird es eine entsprechende Schrankenbestimmung zur öffentlichen Zugänglichmachung von Werken durch öffentliche Einrichtungen vermutlich nie geben (vgl. Kapitel 3.3.3). Es wäre jedoch denkbar, dass Bibliotheken eine vertragliche Nutzung der Werke mit den Rechtsinhabern vereinbaren. Rothman (1998) schlägt zum Beispiel für sein *TeleRead*-Projekt vor, dass der Staat eine

Datenbank mit digitalisierten Büchern anlegt, von der die Texte kostenlos zur Wiedergabe auf Bildschirmen oder *electronic books* von allen Bürgern heruntergeladen werden können. Die Autoren sollten dann entweder eine für jeden Abruf ihrer Werke vorher vereinbarte oder eine pauschale Vergütung erhalten.

Ob sich Vorschläge dieser Art politisch durchsetzen werden, ist jedoch eher ungewiss. Zwar haben sie große bildungspolitische Reize, da die Verfügbarkeit von (erwünschten) Inhalten für alle sozialen Schichten erheblich verbessert werden würde, und mit dem Abgabepreis von null wäre auch der urheberschutzbedingte Wohlfahrtsverlust aufgrund von Unternutzung (vgl. Kapitel 2.3.3) beseitigt. Allerdings wäre es schwierig, eine leistungsgerechte Vergütungshöhe für die Rechtsinhaber zu finden und gemeinsam zu vereinbaren. Die einem Markt noch am ehesten zuzutrauende Angebotssteuerung könnte so erheblich gestört werden. Außerdem wäre unklar, nach welchen Kriterien eine Auswahl der zugänglich gemachten Inhalte getroffen werden sollte. Hier müssten die staatlichen Einrichtungen erheblich weitgreifendere Werturteile als bisher fällen – mit unvorhersehbaren Auswirkungen auf die Meinungs- und Informationsfreiheit. Auch die Gefahr von Korruption bei der Vereinbarung und Verwaltung der Vergütungszahlungen müsste wirksam kontrolliert werden können.

Die Schwierigkeiten einer staatlichen Bereitstellung von Inhalten in den Neuen Medien können letztendlich kaum vollständig erfasst werden. Schon die allein durch theoretische Überlegungen zu erwartenden Probleme erfordern eigentlich eine so ausgiebige Darstellung wie sie in Kapitel 2.5.5 für die öffentliche Rundfunkfinanzierung erfolgte. Ohnehin geht der tatsächliche Trend hin zu freien Inhaltemärkten, wie Kuhlen (1995: 9) feststellt:

„[N]ichts scheint unbestrittener zu sein als die Entwicklung des Informationsmarktes in Richtung eines auf internationale Konkurrenz und Wettbewerb angelegten Austauschs von Informationsprodukten und Informationsdienstleistungen, der staatlicher Einflußnahme weitgehend entzogen ist und damit Prinzipien der liberalen Marktwirtschaft folgen kann."

3.5 Gleicher Zugang zu Inhalten als Voraussetzung sozialer Chancengleichheit

Mit den neuen technischen Möglichen, vor allem durch die Multimedialität und Interaktivität, erhalten die Inhalte in den Neuen Medien Nutzungsmehrwerte, die sie nicht nur wertvoller für die Unterhaltung, sondern auch für die Ausbildung von Menschen machen. Pilotprojekte in Unternehmen und Universitäten zeigten, dass die Vorteile der Ausbildung durch die Neuen Medien vor allem in ihren dezentralen und flexiblen Einsatzmöglichkeiten sowie in ihrer guten Verständlichkeit und ihrem hohen Lernerfolg liegen

(Booz·Allen & Hamilton 1997b: 38). Eine zunehmende Bedeutung von Medieninhalten in der Ausbildung ist auch aufgrund allgemeiner gesellschaftlicher Entwicklungen zu erwarten. So wird sich das Lernen schon deshalb zunehmend aus den Schulen und den Universitäten heraus verlagern, weil man auf lebenslanges Lernen angewiesen ist, um Wissen und Fähigkeiten auf einem aktuellen Stand zu halten (vgl. Noam 1995; Tabscott 1996: 237). Zusätzlich ist davon auszugehen, dass aufgrund der zunehmenden Aufgabenspezialisierung und Anforderungswechsel die Lernbedürfnisse immer individueller werden. Der klassische, frontal vermittelnde Gruppenunterricht ist für solche Anforderungen nicht flexibel und individuell genug.

Während Medieninhalte in der Ausbildung eine zunehmend wichtigere Rolle einnehmen werden, ist zugleich ein hoher Bildungsstand eine immer wichtigere Voraussetzung für gleiche Chancen auf wirtschaftliche ebenso wie auf gesellschaftliche Teilhabe: „In einer Informations- und Wissensgesellschaft [. . .] prosperieren die Menschen weniger gemäß dem, was sie in der Hand oder auf der Bank haben, als gemäß dem, was sie mit ihren Köpfen tun können." (Dyson 1997: 110) Während der chancengleiche Zugang zu schulischer und universitärer Ausbildung anerkannter Teil staatlicher Aufgabenwahrnehmung ist, gilt Gleiches nicht unbedingt auch für den Zugang zu Medieninhalten. Dieser scheint im Gegenteil dem freien Markt überlassen zu werden, und hier herrscht das Preisausschlussprinzip trotz der Nichtrivalität im Konsum: Wer den geforderten Preis für einen Inhalt nicht zahlen kann, darf ihn nicht nutzen. Dies gilt unabhängig davon, ob die mangelnde Zahlungsbereitschaft auf Interessemangel oder Armut beruht.

Anderson (1995: 197) befürchtet wegen der „massiven Ungleichheiten des Zugangs zu Foren und Informationsquellen", dass sich soziale Ungleichheiten reproduzieren. Haywood (1995: ixf) widmet sein Werk „Info-Rich – Info-Poor" der Tatsache, dass „the opportunities access to information can bring have never been, and are unlikely to be, distributed evenly among the members of any community, rich or poor, large or small." Unter dem bereits in Kapitel 2.3.3 vorgestellten Phänomen des Wohlfahrtsverlustes aufgrund von Unternutzung leiden also die materiell ärmsten Nachfrager am stärksten. Die nicht autorisierte „Selbstversorgung" (Pethig 1988: 492) mit Inhalten, die in den konventionellen Medien das Versorgungsniveau zumindest teilweise nivelliert (vgl. Kapitel 2.3.4), wird zudem in den Neuen Medien durch technologische Maßnahmen der Rechtewahrnehmung wirksam verhindert (vgl. Kapitel 3.1.1.2).

Wenn der Zugang zu Medieninhalten zu einer wichtigen Voraussetzung sozialer Chancengleichheit wird, der Markt jedoch keinen gleichen Zugang gewährleisten kann, so muss der Staat korrigierend eingreifen (vgl. Dussollier 1998). Dass die Sicherung von Chancengleichheit zu den staatlichen Aufgaben zählt, ist im Grundsatz unbestritten (vgl. Hagel 1993: 268; Koller 1994: 103). Ein Mittel zur Sicherung der Chancengleichheit könnte in der staatlichen Garantie einer „Universalversorgung“ mit Medieninhalten bestehen – eine Wortschöpfung aus der durch den öffentlichen Rundfunk in Deutschland zu leistenden „Grundversorgung“ sowie dem „Universaldienst“ des allgemeinen Zugangs zu Telekommunikationsdienstleistungen. In den USA wird der staatlich garantierte *universal service* bereits zunehmend auch als Universalversorgung mit Information definiert (Kubicek und Wagner 1995: 182). „In der aktuellen deutschen Telekommunikationsgesetzgebung wird zwar die Bezeichnung ‘Universaldienst’, nicht jedoch das weite inhaltliche Verständnis aus den U.S.A. übernommen.“ (Kubicek 1996: 163)

Eine Möglichkeit einer solchen Universalversorgung besteht in der Einrichtung von umfangreichen Inhaltedatenbanken durch öffentliche Bibliotheken, wie sie von Rothman (1998) mit dem TeleRead-Modell projektiert wird; einen ähnlichen Vorschlag macht Dussollier (1998). Auch die Europäische Kommission (1995: 59) hebt die zukünftige Rolle öffentlicher Bibliotheken hervor: „Sie ermöglichen die Verbreitung von Wissen und gewähren einem größtmöglichen Personenkreis Zugang zu kulturellen Werken und Information. Es ist daher wichtig, daß sie auch im digitalen Umfeld ihre Aufgabe unter den geringstmöglichen Einschränkungen wahrnehmen können.“ Kubicek und Wagner (1995: 183) nennen neben dem freien Zugang über Bibliotheken als staatliche Handlungsmöglichkeiten „inhaltliche Bestimmungen“, wonach bestimmte Inhalte gratis oder billig zugänglich gemacht werden müssen sowie „finanzielle Zuschüsse für Nutzer“, damit sie sich (marktneutral) mit Informationen versorgen können.

Eine etwas andere Auffassung zur Gewährleistung chancengleichen Zugangs zu Inhalten hat Noam (1995). Er stimmt zwar zu, dass öffentliche Bibliotheken mit neuartigen Angeboten zur Problemlösung beitragen können, doch werde der Zusammenhang zwischen materieller Armut und „Informationsarmut“ weniger deutlich ausfallen als allgemein erwartet wird. Noam geht vielmehr davon aus, dass es den Inhalteanbieter über verbesserte Formen der Preisdifferenzierung gelingen wird, auch Käuferschichten mit geringerer Kaufkraft zu erreichen.[74] Probleme seien eher durch eine ungleiche Verteilung von Medienkompetenz zu erwarten: Den Jüngeren und den Gebildeteren werde es verhältnismäßig leicht fallen, in den Neuen Medien zu „navigieren“ und die gesuchten Inhalte zu finden, während bloßer materieller Reichtum nicht vor Informationsarmut schützen werde.

[74] Erneut ist darauf hinzuweisen, dass Preisdifferenzierung auch in dieser Arbeit als der Schlüssel zur Lösung vielfältiger Probleme des Inhaltemarktes angesehen wird. Sowohl Kapitel 3.4.3 als auch Kapitel 4 und 5 werden sich diesen Fragen ausführlich widmen.

3.6 Wachsende ökonomische Bedeutung der Inhalte

Mit der weiteren Durchsetzung der Neuen Medien wird die Bedeutung der Medieninhalte an der volkswirtschaftlichen Gesamtleistung zunehmen. Hierfür sprechen vier Phänomene, die mit den technischen Veränderungen einerseits und der Nichtrivalität im Konsum der Inhalte andererseits zusammenhängen:

(1) Die *neuen technologischen Maßnahmen* zur Durchsetzung und Kontrolle des Urheberschutzes werden die Erlöse der Rechtsinhaber steigern.

(2) Die Inhalte werden mit der Interaktivität, der Multimedialität sowie der allgegenwärtigen Verfügbarkeit erhebliche *Nutzungsmehrwerte* bieten. Zugleich dürften viele Nutzer die bislang für beliebige Unterhaltungsangebote verwendete Aufmerksamkeit zur gezielten Bedürfnisbefriedigung mit hochwertigen Spezialangeboten einsetzen. Auf der Produktionsseite wiederum steht der zunehmenden Zahlungsbereitschaft der Nachfrager ein steigender Produktionsaufwand der multimedialen Hypertexte gegenüber (vgl. Pfammatter 1998a: 68).

(3) Der Online-Vertrieb der Inhalte wird zu einer erheblichen *Verringerung der Medienkosten* führen (vgl. Kapitel 3.1.3.1). Da dadurch die Gesamtkosten des Inhaltekonsums abnehmen, wird die Bereitschaft der Konsumenten zur Nachfrage von mehr und höherwertigen *Inhalten* steigen. Die „entscheidende Wertschöpfung" wird damit auf die Inhalteanbieter übergehen (Tabscott 1996: 284), und den Nachfragern wird eine vergrößerte Vielfalt angeboten (vgl. Gates 1995: 177). Entsprechend stellt Gates (1995: 41f) mit dem Begriff des „Informationszeitalters" die „Information" selbst in den Vordergrund, weil die materielle Infrastruktur des Datentransports und der Inhaltewiedergabe immer weniger materiellen Aufwand erfordert. Roland Mecklinger, Vorstandsvorsitzender der *Alcatel SEL* in Stuttgart, erwartet, dass in Zukunft mehr als fünfzig Prozent der gesamten Medienausgaben auf Inhaltsanbieter, Rechtsinhaber und Inhaltsproduzenten entfallen (Mecklinger 1997: 32). Ähnliche Erwartungen haben Booz·Allen & Hamilton (1997b: 49): Sie schätzen den zukünftigen Anteil der Anbieter von Inhalten und inhaltlichen Mehrwertdiensten am Umsatz der Medienbranche sogar auf sechzig Prozent, während auf Hardwareanbieter und Netzdienstleister je nur zwanzig Prozent entfallen werden.[75] (Vgl. auch Europäische Kommission 1997a: 14)

(4) Aufgrund der Nichtrivalität im Konsum der Medieninhalte liegen *indirekte positive Netzwerkexternalitäten* vor (vgl. Kapitel 2.2.8.3), welche die Wirkungen der anderen drei Phänomene auf die wirtschaftliche Bedeutung der Inhalte verstärken werden: Auf die erhöhten Ausgaben für Medieninhalte

---

[75] In dieser Verlagerung des Wertschöpfungsschwerpunktes wird auch der Grund gesehen für die andauernden Bemühungen der großen Telekommunikationsdienstleister und Gerätehersteller, mit Inhalteanbietern zusammenzuarbeiten oder diese aufzukaufen. (Vgl. Europäische Kommission 1997a: 15; Gates 1995: 348)

reagieren die Inhalteanbieter – anders als die Produzenten konsumrivaler Güter – nicht nur mit einer schlichten quantitativen Ausweitung des Angebots, sondern vielmehr mit einer Erhöhung des Produktionsaufwandes für jeden einzelnen Inhalt.[76] Da mit einem steigenden Produktionsaufwand auch eine erneute Qualitätsverbesserung zu erwarten ist, wächst wiederum die Zahlungsbereitschaft der Nachfrager. Diese Netzwerkexternalität der Produktionsbedingungen ist dafür verantwortlich, dass die wirtschaftliche Bedeutung der Inhalte noch höher sein wird, als aufgrund der technischen Veränderungen der Neuen Medien zu erwarten ist.

Mit der Beschreibung dieser vier, die wirtschaftliche Bedeutung von Medieninhalten steigernden Phänomene allein können jedoch noch keine quantitativen Aussagen über das zu erreichende Niveau und die Entwicklungsgeschwindigkeit getroffen werden. Zwar mangelt es in diesem Bereich nicht an Prognosen, doch scheinen diese weniger die zukünftige Entwicklung als vielmehr die Nachfrage nach Prognosen widerzuspiegeln – zu unterschiedlich sind die Ergebnisse der vielen Studien und Berichte (vgl. Booz·Allen & Hamilton 1997b: 53).[77]

Geteilt werden hingegen die Ansichten darüber, was für Hindernisse der Marktentwicklung der Neuen Medien entgegenstehen. Regelmäßig werden hier die Kosten (Europäische Kommission 1995: 23; Booz·Allen & Hamilton 1997b: 55) und die mangelnde Bedienungsfreundlichkeit der Anwendergeräte (Personalcomputer) sowie die hohen Preise und geringen Geschwindigkeiten der Netzdienste genannt (vgl. Dieckmann und Knöpke 1996; Eimeren, Oehmichen und Schröter 1997; Zerdick et al. 1999: 233-236). Vor allem auf die geringe Bandbreite der privat genutzten Online-Verbindungen ist zurückzuführen, dass noch immer attraktive Inhalte fehlen, um zum Beispiel mit *Video-auf-Abruf* die Neuen Medien auch als Ersatz des passiven Fernsehkonsums weiter zu verbreiten (vgl. Zimmer 1996: 492).

Diese Arten von Schwierigkeiten sind bei solchen neuen Angeboten jedoch zu erwarten und stellen den Trend zur langfristigen Durchsetzung der Neuen Medien nicht in Frage. Betrachtet man rückblickend die Frühphase ihrer Entwicklung, so muss man sogar ein einzigartiges Tempo feststellen: Innerhalb von nur vier Jahren haben die zum Betrachten von Internetseiten benötigten *browser* zehn Millionen Kunden erreicht – dazu brauchte das Telefon 38, das Kabelfernsehen 25, das Telefaxgerät 22, der Videorecorder

---

[76] Kapitel 4 wird sich ausführlich mit diesem Phänomen auseinandersetzen.

[77] Auf Wachstumsprognosen und Berichte über die Akzeptanz der Neuen Medien weisen viele Informationsquellen in regelmäßigen Abständen hin. Zu nennen sind hier beispielhaft die Zeitschriften *Media Perspektiven* der *ARD* und der *Medienspiegel* vom *Institut der Deutschen Wirtschaft* sowie die Internet-Newsletter *Communications News* und *QuickLinks* (die Internetadressen der Newsletterarchive finden sich im Literaturverzeichnis).

und das Mobiltelefon neun sowie der Personalcomputer immerhin noch sieben Jahre (Booz·Allen & Hamilton 1997b: 45f).

4 Mikroökonomische Theorie der Medieninhalte

4.1 Die Werte einer ökonomischen Theorie der Medieninhalte

4.1.1 Individuelle Wertezuweisung

Zentrale Grundlage einer ökonomischen Theorie ist die bei den beobachteten Phänomenen vorgenommene Wertezuweisung. Erst mit ihr können die zentralen Parameter herausgestellt und sinnvoll in ein Wirkungsgefüge eingearbeitet werden. Der in den Wirtschaftswissenschaften allgemein vertretene Weg einer Wertzuweisung ist die individuelle Wertezuweisung im Sinne des methodologischen Individualismus von Schumpeter (1908). „Wertmaßstab und Ziel ist die Maximierung der individuellen Wohlfahrt. Diese Norm entspricht liberaler Grundposition: Jeder Mensch kennt seine Bedürfnisse selbst am besten, und grundsätzlich sind allein diese als Wertmaßstab zu akzeptieren". (Heinrich 1992: 232f) Der Werteindividualismus entspricht auch Buchanans (1984) Demokratieanspruch, nach dem eine Situation „so lange als 'gut' [gilt], wie sich die einzelnen ihre Wünsche, welcher Art auch immer, erfüllen können. Einzige Einschränkung ist das Prinzip wechselseitigen Einverständnisses." (Buchanan 1984: 3)

Mit dieser Bedingung wird deutlich, dass sich auch externe Effekte mit dem Werteindividualismus bewerten lassen. Die Wünsche des einzelnen können auch das Verhalten Dritter betreffen, solange dieses sich auf ihr Wohlbefinden auswirkt. Ein Bedürfnispaternalismus, der bei der Bewertung meritorischer Güter zugrunde gelegt wird, lässt sich hingegen mit dem Werteindividualismus nicht vereinbaren. Er setzt voraus, dass man den Menschen entmündigt und dessen eigene Bedürfnisse durch eine willkürliche Auswahl der Bedürfnisse Dritter ersetzt. Im Gegensatz zu einer Verhaltensänderung bei externen Effekten kann eine solche Bedürfnisänderung nicht durch freiwillige Vereinbarungen, sondern nur durch Ausübung von Zwang zustande kommen. (Vgl. Tietzel und Müller 1998)

Die individuelle Wertezuweisung ist die Grundlage der freiwilligen Entscheidungsabstimmung auf freien Märkten. Hier werden die persönlichen Bedürfnisse von allen Beteiligten in Form der Marktnachfrage ausgedrückt. Auch externe Effekte lassen sich gemäß dem Coase-Theorem als Nachfrage nach Handlungsänderungen Dritter formulieren (vgl. Richter und Furubotn 1996: 100-107). Durch freiwillige Verhandlungen werden Güter und Dienste so lange ausgetauscht, bis die Bedürfnisse aller so gut wie möglich aufeinander abgestimmt sind. Erst wenn niemand mehr besser gestellt werden kann, ohne einen anderen schlechter zu stellen, ist das wohlfahrtsoptimale *Pareto-Optimum* erreicht. Ziel einer ökonomischen Theorie der Medieninhalte ist es, zu bestimmen, welchen Bedingungen ein Markt für Medieninhalte unterliegen muss, damit die Marktteilnehmer durch freiwillige Austauschprozesse das Pareto-Optimum erreichen können.

4.1.2 Quantität des Inhalteangebots

Der Wohlstand einer Gesellschaft hängt entscheidend von der Menge der angebotenen Güter ab. Wenn es zu wenig Lebensmittel gibt, hungern die Menschen, und je größer das Angebot an Wohnraum ist, desto mehr Platz steht jedem Menschen zur persönlichen Verfügung. Auch bei öffentlich bereitgestellten Leistungen ist die Quantität in der Regel von überragender Bedeutung: Die Zahl der Lehrer, die Größe der Parks und die Dichte des Verkehrsnetzes entscheiden über den individuellen Nutzen aus dem Schul-, Erholungs- und Verkehrsangebot. Bei Medieninhalten ist die Zahl der angebotenen Inhalte jedoch von eher geringer Bedeutung, da (1) aufgrund der Nichtrivalität im Konsum keine Knappheit an der Versorgung mit einem schon produzierten Inhalt besteht und es (2) aufgrund der Zeitintensität der Inhaltenutzung ohnehin eine Obergrenze des technisch möglichen Konsums gibt. Es ist daher bei einem Angebot von Medieninhalten nicht so sehr ein „Mehr desgleichen", mit dem die Wohlfahrt steigt, sondern vielmehr die Genauigkeit und die Stärke, mit der ein Inhalt die Bedürfnisse eines einzelnen Nachfragers befriedigt. Da Bedürfnisse und Geschmack der Inhaltenachfrager verschieden sind, ist die Genauigkeit der Bedürfnisbefriedigung abhängig von der *Vielfalt* verschiedenartiger Inhalte, die das Gesamtangebot bereithält. Die Stärke der Bedürfnisbefriedigung ist um so größer, je höher die *Qualität* des einzelnen, tatsächlich konsumierten Inhalts ist. Neben der Quantität müssen also auch Vielfalt und Qualität des Inhalteangebots betrachtet werden.

4.1.3 Vielfalt des Inhalteangebots

Das Konzept Angebotsvielfalt lässt sich noch am ehesten mit der Angebotsquantität vergleichen. Angebotsvielfalt geht dann aus der Angebotsquantität hervor, wenn sich die einzelnen Einheiten des Angebots in wesentlichen Charaktereigenschaften unterscheiden und damit unterschiedlichen Bedürfnissen der Nachfrager entsprechen. Im Gegensatz zur Angebotsquantität, welche zunächst lediglich eine Angebotsvielzahl darstellt, bietet die Angebotsvielfalt in jedem Fall einen Zusatznutzen für die Nachfrager. Je größer die Angebotsvielfalt ist, desto größer ist die Zahl der Nachfrager, deren Bedürfnisse genau durch einen angebotenen Medieninhalt befriedigt werden können. Heinrich (1994: 105) liegt falsch, wenn er mutmaßt: „Ob und in welchem Umfang ökonomischer Wettbewerb zu Vielfalt führt, kann nicht genau gesagt werden, weil dies kein Thema für die Wirtschaftswissenschaft ist." Tatsächlich beschäftigen sich die Theorien des monopolistischen Wettbewerbs gerade mit der Befriedigung der Nachfrage nach Vielfalt durch den Markt. Der Wertschätzung von Vielfalt müssen allerdings auch die zusätzlichen Herstellungskosten weiterer Produktvarianten gegenübergestellt werden. Sind diese größer als die dadurch erfolgende Nutzensteigerung, so senkt eine Zunahme der Vielfalt die soziale Wohlfahrt, und das optimale Vielfaltsniveau wird überschritten.

Entman und Siwek (1992) unterscheiden die Ideenvielfalt („idea diversity") von der Produktvielfalt („product diversity" als Angebot verschiedener Varianten ähnlicher Inhalte) und von der Zugangsvielfalt („access diversity" als Grad der Durchlässigkeit des Mediensystems für unterschiedliche Ideen und Ansichten). Besonders aus publizistischer Sicht ist die Ideenvielfalt von Bedeutung. Von ihr hängt ab, in welchem Umfang die Menschen mit „distinct thoughts, analyses, criticisms, and the like that are available on issues of social and political importance" konfrontiert werden (Entman und Wildman 1992: 8). Stabilität und Fortschritt zugleich hängen in einer Demokratie von der durch die Bürger aufgenommenen und reflektierten Vielfalt unterschiedlicher und zuweilen neuer Positionen ab. Die Ideenvielfalt unterliegt besonderen Gefahren der Unterversorgung, wie die Darstellung von Festingers Theorie der kognitiven Dissonanz in Kapitel 2.2.8.1 zeigt. Danach verspüren die Nachfrager kaum unmittelbaren Bedarf nach abweichenden Ideen. Statt dessen sind sie vielmehr auf der Suche nach solchen Ansichten, die mit ihren bisherigen Ansichten im Einklang stehen. Fehlt aber die Nachfrage nach einer Vielfalt verschiedener Ideen, so wird der Markt nur ein unzureichendes Angebot bereitstellen.

Eine weitere wichtige Einordnung der Angebotsvielfalt am Medienmarkt erfolgt in statische und dynamische Vielfalt (vgl. Heinrich 1994: 105f). Statische Vielfalt liegt zu einem Zeitpunkt vor und stellt die Vielfalt der in unmittelbarer Konkurrenz zueinander stehenden Angebote dar. Dynamische Vielfalt dagegen umfasst alle Angebote über eine längere Zeitspanne hinweg. Sie kann auch dann hohe Werte annehmen, wenn die statische Vielfalt zu allen Zeitpunkten sehr klein ist, die angebotenen Inhalte selbst jedoch einem raschen Wechsel aufgrund von Modeströmungen oder ähnlichen Einflüssen unterliegen.[78]

---

[78] Levin (1980: 54) unterscheidet mit seinem eigenen Klassifikationsschema der Fernsehvielfalt zwischen einer Vielfalt der Quellen (Zahl der unabhängigen Anbieter) und einer Vielfalt der Programme. Die Programmvielfalt spaltet sich weiter auf in eine horizontale und vertikale Vielfalt sowie eine Typen- und Optionenvielfalt. Für eine allgemeine Betrachtung von Angebotsvielfalt ist dieses Schema jedoch von geringer Bedeutung.

Eine empirische Erfassung von Vielfalt ist schwierig, da die Grenzziehung zwischen den einzelnen Kategorien immer willkürlich ist und die Zuordnung der Inhalte nach subjektivem Ermessen erfolgt.[79] Auf der Grundlage solcher Untersuchungen ist es daher nicht möglich, objektiv festzustellen, welche Inhalte in zu geringem Umfang am Markt bereitgestellt werden und daher einer Unterstützung bedürfen. (Vgl. Schmitz 1990: 263)

4.1.4 Qualität der Inhalte

Ähnlich wie die Angebotsvielfalt ist auch die Qualität der einzelnen Inhalte eine „komplexe Größe" (Schröder 1997: 29), die nur mit Hilfe subjektiver Maßstäbe bewertet werden kann. Während eine große Vielfalt für eine hohe Wahrscheinlichkeit steht, dass die Bedürfnisse eines Nachfragers genau befriedigt werden (der Geschmack getroffen wird), steht die Qualität des einzelnen Inhalts für die Stärke, in der dies geschieht. Sowohl die Vielfalt des Angebots als auch die Qualität der einzelnen Einheiten sind in der Regel abhängig von den auf die Inhalteproduktion verwendeten Ressourcen. Da die zur Verfügung stehenden Ressourcen begrenzt sind, besteht ein direkter Trade-off zwischen diesen beiden Parametern. Die Modelle des monopolistischen Wettbewerbs werden daher in der Regel so konstruiert, dass es ein wohlfahrtsoptimales Verhältnis von Vielfalt und Qualität gibt (vgl. Kapitel 4.4). Jede Abweichung von diesem Verhältnis bringt bei unverändertem Ressourceneinsatz eine Wohlfahrtsverschlechterung.

4.2 Ein Medieninhalt als öffentliches Gut

Aus der Nichtrivalität im Konsum eines Medieninhalts ergeben sich für die mikroökonomische Analyse derartig weitreichende Konsequenzen, dass es sinnvoll ist, Qualität und Vielfalt der angebotenen Medieninhalte erst an späterer Stelle theoriegeleitet zu untersuchen. Dies wird ab Kapitel 4.4 geschehen. Zunächst beginnt daher die mikroökonomische Betrachtung von Medieninhalten unter der Annahme, dass es sich bei ihnen um ein homogenes Gut mit einer unveränderlichen Qualität handelt. Diese Annahme war auch lange Zeit die Grundlage für Untersuchungen zur Ökonomie des Fernsehens, bei denen die Anzahl der Sendeminuten als anschauliches Beispiel eines homogenen Medieninhalts diente.[80] Auch für die unmittelbar folgenden Ausführungen kann die Imagination dieses Beispiels zur Verdeutlichung genutzt werden.

---

[79] Eine Tabelle mit typischen Programmkategorien findet sich z.B. in Müller (1998: 36).

[80] In Kapitel 4.3 werden die daraus hervorgegangenen ökonomischen Modelle vorgestellt.

4.2.1 Wirtschaftswissenschaftliche Einordnung eines einzelnen Medieninhalts

In den Wirtschaftswissenschaften ist es üblich, zwischen *öffentlichen* und *privaten Gütern* zu unterscheiden. Synonym wird auch das Begriffspaar *Kollektivgüter – Individualgüter* verwendet. Beide Güterklassen stellen Idealformen dar, die durch extreme Ausprägungen der Eigenschaften *Konsumrivalität* und *Exkludierbarkeit* gekennzeichnet sind.

Bei öffentlichen Gütern ist der *Rivalitätsgrad des Konsums* gleich null. Es liegt ein Gut vor, dessen Konsum durch Dritte die eigenen Nutzungsmöglichkeiten nicht einschränkt. Klassisches Beispiel des Konsums eines nicht rivalen Gutes ist ein Rundfunkprogramm, aber grundsätzlich gehören alle Medieninhalte dazu. Private Güter wie Nahrungsmittel haben dagegen einen maximalen Rivalitätsgrad (in Höhe von „eins"), da sie nur einmal konsumiert werden können. Zwischen diesen beiden Extremen finden sich Güter, deren Konsum einer Staugefährdung unterliegt: Es kann sein, dass bei einem anfänglich nicht rivalen Konsum Nutzeneinbußen für alle Konsumenten auftreten, wenn weitere Nutzer hinzukommen. So bieten Straßen und Freibäder bei Überfüllung einen viel geringeren Nutzen als bei einer mäßigen Auslastung. (Vgl. Grossekettler 1985)

Mit *Exkludierbarkeit* bezeichnet man die Möglichkeit, potentiellen Nutzern die Nutzung des Gutes verweigern zu können, wenn sie den geforderten Preis nicht zahlen. Exkludierbarkeit ist die einzige Bedingung für die private Bereitstellung von Gütern. Wenn sie fehlt, ist der Anreiz zum *Trittbrettfahren* („free riding") groß, da man kostenlos die Güter nutzen kann, zu deren Kosten lediglich Dritte beigetragen haben. Für den einzelnen lohnt es sich nur selten, nicht exkludierbare Güter herzustellen. Da alle anderen Menschen ähnlich handeln, wird schließlich eine suboptimale Menge des Gutes bereitgestellt oder die Bereitstellung erfolgt gar nicht.[81] Daher werden nicht exkludierbare Güter in der Regel durch den Staat bereitgestellt (zum Beispiel nationale Verteidigung; öffentliche Sicherheit); zumindest unterliegen sie einer Bereitstellung durch staatlich erzwungene Gemeinschaften, wie sie unter anderem auch Deichgenossenschaften darstellen. Bei nicht exkludierba-

---

[81] Mit einer solchen Konstellation befinden sich die Akteure im „Gefangenendilemma" der Spieltheorie: Zwei Komplizen werden voneinander getrennt zum Tathergang befragt. Wenn beide die Tat abstreiten, wird jeder für ein Jahr eingesperrt. Gestehen beide, so wird jeder zu fünf Jahren verurteilt. Gesteht nur einer, so wird dieser mit einem Freispruch belohnt, während der andere sieben Jahre eingesperrt wird. Kooperation würde sich für beide Seiten lohnen, aber keiner der Gefangenen kann das Verhalten des anderen kontrollieren. Aus dem Misstrauen, dass der andere mit dem Geständnis einen Freispruch für sich anstrebt, während man selbst zehn Jahre sitzen soll, gesteht man schließlich selbst. Als Ergebnis ist in diesem Beispiel die Summe der Strafen mit 10 Jahren fünf mal höher als wenn beide im Vertrauen aufeinander die Tat geleugnet hätten. Eine lesenswerte Darstellung des Gefangenendilemmas im Zusammenhang mit nicht exkludierbaren Gütern findet sich in deutscher Sprache bei Bonus (1980).

ren, nicht rivalen Gütern spricht man daher auch von „Zwangskollektivgütern" (Grossekettler 1985: 213).

Liegt Exkludierbarkeit vor, so ist sie dem Gut meist nicht per se eigen. Vielmehr hängt sie ab von der Zuweisung von Eigentumsrechten und dem Exklusionsaufwand, der zum Schutz der Eigentumsrechte betrieben wird (Vgl. Adams 1993: 110). Bei nicht rivalen Gütern ist der Produzent auf sich allein gestellt, um unbefugte Nutzungen zu verhindern. Kein Konsument hat ein unmittelbares Interesse, Dritte an der Nutzung von öffentlichen Gütern zu hindern. Auch wenn ein Konsument der einzige ist, der für das Gut bezahlt hat, ist es ihm gleichgültig, wenn andere das Gut mitnutzen. Sein Nutzen wird dadurch schließlich nicht eingeschränkt – ganz anders als bei einem rivalen Gut wie Brot. Für ein Fernsehprogramm, das klassische Beispiel für ein nicht rivales Gut, gibt es technische Möglichkeiten, durch Verschlüsselung oder Verbreitung über Kabelnetze eine Exklusion zu erreichen. Man kann dem Problem aber auch ausweichen, indem man das öffentliche Gut (Fernsehen) umwandelt in ein privates Gut (Publikumskontakte als Produkt für Werbetreibende) und dieses dann vertreibt.

Die beiden Eigenschaften Konsumrivalität und Exkludierbarkeit können bei einem Gut unabhängig voneinander sowohl Extremwerte als auch gemäßigte Werte aufweisen. Ein Begriffspaar wie Kollektivgüter – Individualgüter ist also unzureichend, um die vielen Zwischenformen einzuordnen.[82] Adams (1993) erweitert daher das übliche Begriffsschema und unterscheidet folgende sechs Güterarten:

Tabelle 4-1:
Güterordnung nach Adams (1993: 111)

	Exklusion möglich	**Exklusion unmöglich**
Rival im Konsum	private Güter	Allmendegüter
Staugefährdet	Klubgüter	Marktunfähige unreine öffentliche Güter
Nicht rival im Konsum	Marktfähige öffentliche Güter	Marktunfähige öffentliche Güter

Quelle: Adams (1993: 111), eigene Übersetzung.

Medieninhalte fallen innerhalb des Güterschemas nach Adams (1993) in die Kategorie der marktfähigen öffentlichen Güter. Als Rivalitätsgrad ist, wie in Kapitel 2.2.6 dargestellt, null anzunehmen – Medieninhalte sind nicht rival im Konsum. Der Grad der Exkludierbarkeit von Medieninhalten ist

[82] Eine ausführlichere Darstellung der einzelnen Güterarten findet sich in deutscher Sprache bei Grossekettler (1995: 499f).

weniger eindeutig zu bestimmen, da er von der Wirksamkeit des Urheberschutzes abhängig ist.[83] Da die Eigentumsrechte jedoch prinzipiell klar geregelt sind und sich auch in Zukunft innerhalb der Neuen Medien durchsetzen lassen werden (vgl. Kapitel 3.1.1.2), ist die Marktfähigkeit von Medienhalten gewährleistet.

4.2.2 Effiziente und individuell gerechte Bereitstellung öffentlicher Güter im Lindahl-Gleichgewicht

4.2.2.1 Der Markt für private Güter im wohlfahrtsoptimalen Gleichgewicht

Im Markt für private Güter herrschen recht einfache Regeln eines wohlfahrtsoptimalen Gleichgewichts, da die hier gehandelten Güter ansteigende Grenzkosten der Produktion haben.[84] Ansteigende Produktionsgrenzkosten liegen vor, wenn die zuletzt produzierte Einheit des Gutes um so teurer ist, je mehr Einheiten schon produziert worden sind. Ein gewinnmaximierender Produzent akzeptiert als sogenannter Preisnehmer den Marktpreis und produziert so viel, dass die – in der Regel mit der Produktionsmenge steigenden – Produktionsgrenzkosten genau dem Marktpreis entsprechen. Schon die zusätzlichen Kosten der Produktion der nächsten Einheit würden nicht mehr durch die am Markt zu erzielenden Preise gedeckt werden. „In such industries the conventional wisdom ‘set prices at marginal cost’ is both economically viable and the likely outcome of competitive forces." (Varian 1996) Mit den positiven Deckungsbeiträgen aus dem Verkauf der intramarginalen Einheiten kann der Produzent seine fixen Kosten abdecken. Macht er danach noch einen Gewinn, so ist der Markt möglicherweise attraktiv für Neueinsteiger, die mit einer Ausdehnung der Produktion den Marktpreis senken können.

Auf der Nachfragerseite gewährleistet der Preis, dass nur diejenigen das Gut erwerben, die auch ein ausreichendes Nutzungsinteresse daran haben. Gleichzeitig sorgen die Nachfrager dafür, dass die volkswirtschaftlichen Ressourcen in die Produktion solcher Güter fließen, die den höchsten Nutzen erbringen. Der Markt fällt so wohlfahrtsoptimale Entscheidungen, ohne dass es einer lenkenden Instanz bedarf. Das Eigeninteresse der Individuen im Wettbewerb ist die „unsichtbare Hand", die die Produktions- und Konsumentscheidungen aufeinander abstimmt. Ist der Markt im Gleichgewicht, so herrscht ein Pareto-Optimum, da durch eine Änderung der freiwillig getroffe-

---

[83] Zum Urheberschutz sowie den Problemen eingeschränkter Exkludierbarkeit und Piraterie siehe Kapitel 2.3.

[84] Zur Definition von Grenzkosten: „Die Grenkosten irgendeines Ausbringungsniveaus sind die zusätzlichen Kosten, die bei einer Produktionssteigerung um eine Mengeneinheit entstehen. Oder genauer: Sie sind das Verhältnis zwischen Kosten- und Ausbringungssteigerung bei einer geringen Ausbringungserhöhung." (Lancaster 1981: 154)

nen Entscheidungen niemand besser gestellt werden könnte, ohne zugleich jemand anderes schlechter zu stellen. Wäre dieses möglich, so wäre schon durch Verhandeln eine einvernehmliche Verbesserung der Situation erzielt worden.

Der Preismechanismus des Marktes für private Güter lässt sich graphisch darstellen, indem die preisabhängigen Nachfragekurven *D* zweier Nachfrager *a*, *b* nach den Mengen *Q* des privaten Gutes horizontal addiert werden. Über den Schnittpunkt mit der Angebotskurve *A* lässt sich dann der Gleichgewichtspreis P^* mit der dazugehörigen Gleichgewichtsmenge Q^* ablesen. Q^* teilt sich sodann auf die Nachfrager *a* und *b* auf, welche zum Preis P^* jeweils Q_a und Q_b erwerben. Der soziale Überschuss besteht in der Summe der Konsumentenrente (die Fläche zwischen der Preislinie und der aggregierten Nachfragekurve N_{a+b}) und der Produzentenrente (die Fläche zwischen der Preislinie und der aggregierten Grenzkostenkurve *A* der Anbieter). (Vgl. Varian 1993)

Abbildung 4-1:
Preisbildung am Markt für private Güter

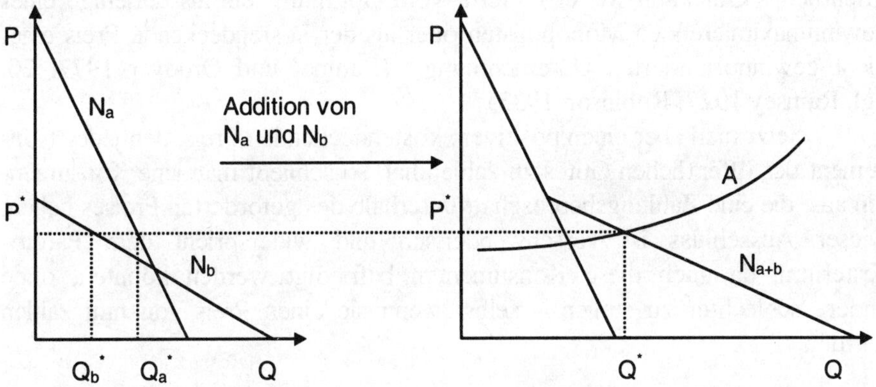

Quelle: erstellt in Anlehnung an Varian (1993: 264).

4.2.2.2 Probleme der Übertragbarkeit auf einen Markt für marktfähige öffentliche Güter

Die Organisation eines Marktes für öffentliche Güter nach den Regeln des Marktes für private Güter ist nicht möglich. Schon die Grundregel, die Preise nach den Grenzkosten der Produktion auszurichten, ist nicht anwendbar, da sich bereits die Frage, wie hoch die Grenzkosten der Produktion sind, nicht eindeutig beantworten lässt. Betragen sie zum Beispiel für eine Minute Fernsehserie die gesamten Produktionskosten? Welcher Fan von „Gute Zeiten, schlechte Zeiten" oder einer anderen Serie wäre bereit, für jede Minute rund

5 000 DM (Hüetlin und Schnibben 1995: 108) zu bezahlen? Oder betragen die Grenzkosten der Produktion nicht eher null DM, da es sich ja um ein nicht rivales Gut handelt und die Versorgung eines weiteren Konsumenten auch keine Kosten verursacht? Leider können zu diesem Preis überhaupt keine Einnahmen zur Deckung der Produktionskosten erzielt werden. „[T]he standard economic recommendation of 'price at marginal cost' is not economically viable." (Varian 1996)

Gegen einen Preis von null, der an sich ja pareto-optimal ist, da durch ihn kein potentieller Nutzer eines öffentliches Gutes ausgeschlossen wird, spricht aber auch noch ein anderer Grund. Bei einem solchen Preis verzichtet man auf die Informationen, die nur der Markt über das Preissystem erzeugen kann und welche notwendig sind, um die eingesetzten Ressourcen effizient einzusetzen. Gibt es keinen Preis, so besteht für die Konsumenten keine Möglichkeit, ihre Präferenzen zu artikulieren; und eine ineffiziente Lenkung des Ressourceneinsatzes ist unvermeidlich (vgl. Minasian 1964). Baumol und Ordover (1977) meinen daher, dass der Preis öffentlicher Güter nicht gleich null sein sollte, da ihr „Paretopreis Ramseys Theorem der optimalen Preissetzung unter einer Budgetrestriktion zu genügen [hat]. Ein Preis von null für ein öffentliches Gut kann weiter entfernt vom Optimum sein als derjenige eines gewinnmaximierenden Monopolisten oder als der kostendeckende Preis einer nicht gewinnorientierten Unternehmung." (Baumol und Ordover 1977: 20; vgl. Ramsey 1927; Robinson 1933)

Setzt man aber einen positiven, kostendeckenden Preis, den jeder Konsument des öffentlichen Gutes zu zahlen hat, so schließt man jene Konsumenten aus, die eine Zahlungsbereitschaft unterhalb des geforderten Preises haben. Dieser Ausschluss ist verschwenderisch und widerspricht dem Pareto-Kriterium, da auch diese Konsumenten befriedigt werden könnten, ohne andere schlechter zu stellen – selbst wenn sie einen Preis von null zahlen würden.

4.2.2.3 Kuppelproduktion als Zwitter zwischen privaten und öffentlichen Gütern

An dieser Stelle liefert das Beispiel der *Kuppelproduktion* hilfreiche Hinweise, wie man das Preisdilemma öffentlicher Güter überwinden kann. Von Kuppelproduktion spricht man, wenn in einem Produktionsprozess zwei verschiedene Güter in einem festen Verhältnis anfallen. Das wohl beliebteste Beispiel in der Literatur ist die Produktion von Rindern, welche Fleisch und Häute liefern (vgl. Demsetz 1970; Lee 1977). Wichtig ist an der Kuppelproduktion, dass die Endprodukte private Güter sind und man sich auf den Preismechanismus des Marktes verlassen kann. Schließlich gibt es mehrere Anbieter von Rindern und eine Vielzahl von Nachfragern nach Fleisch und Häuten. Analog zu Abbildung 4-1 lässt sich also die aggregierte Nachfrage nach Häuten N_H und die nach

Fleisch N_F durch horizontale Addition der individuellen Nachfragekurven ermitteln. In Abbildung 4-2 sind in den beiden unteren Abschnitten nur die Ergebnisse dieses Verfahrens dargestellt.

Die Ermittlung des Gleichgewichtspreises ist damit allein aber noch nicht möglich, denn die Anbieter können auf die Nachfrage nicht mit einem Angebot an Häuten oder Fleisch reagieren, sondern nur mit einem Angebot an Rindern. Im Unterschied zur Bestimmung der aggregierten Nachfrage mehrerer Individuen nach dem gleichen Gut wird die Nachfrage nach Rindern nicht durch *horizontale*, sondern durch *vertikale* Addition der Nachfragekurven für Häute und Fleisch ermittelt (Grossekettler 1995: 498). Im Schnittpunkt der aggregierten Nachfragekurve und der Angebotskurve von Rindern wird (1) die Angebotsmenge (die Anzahl der Haut- und Fleischeinheiten) und (2) der Angebotspreis (für eine Einheit „Rind") bestimmt. Über die Festlegung der Angebotsmenge bestimmen sich dann die Gleichgewichtspreise für Häute und Fleisch, so dass die Entscheidungen der Nachfrager im Gleichgewicht mit dem Angebot sind. Dieser Preismechanismus hat die Eigenschaft, dass sich zum Beispiel durch eine Ausweitung der Nachfrage nach Fleisch (Verschiebung von N_F nach rechts oben) eine Ausweitung des Angebots an Rindern ergibt, gleichzeitig aber (bei unveränderter N_H) der Preis für Häute sinkt.

Abbildung 4-2: Preisbildung in einem Markt für Kuppelprodukte

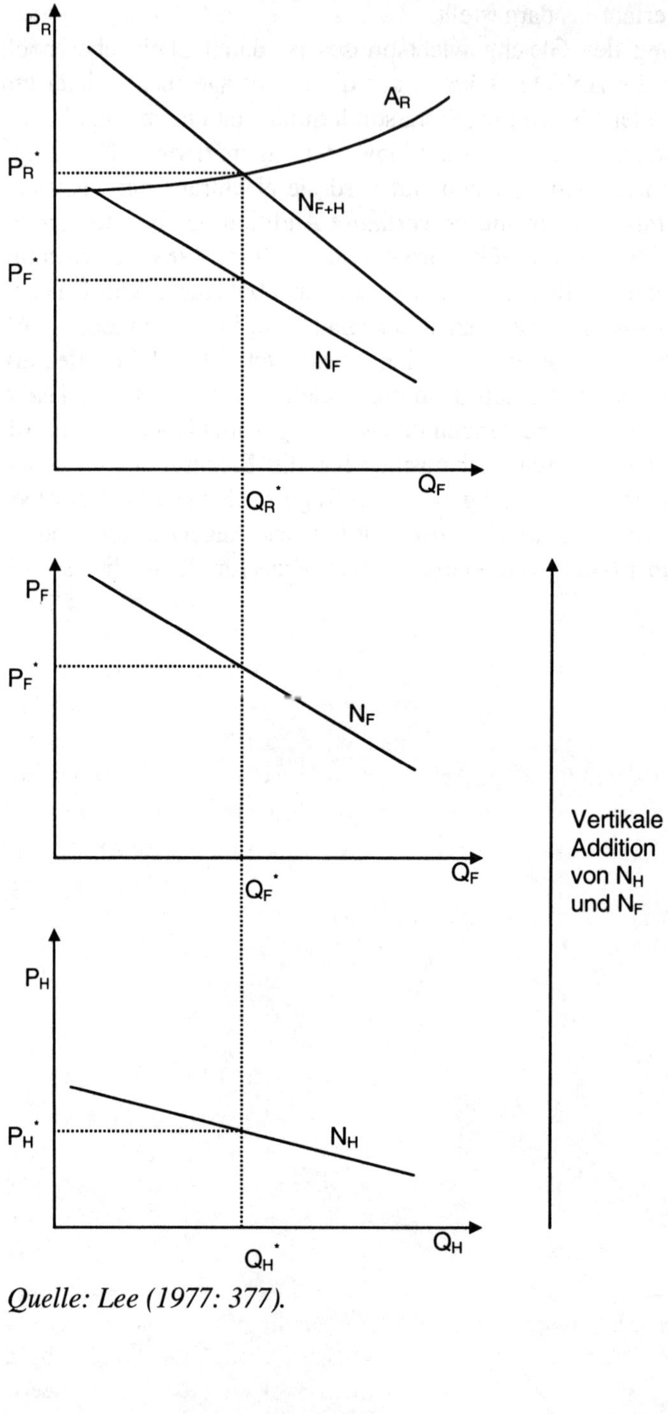

Quelle: Lee (1977: 377).

Buchanan (1968: 34f) zeigt in „The Demand and Supply of Public Goods“, dass für die Preisbildung in einer fiktiven „Robinsoninselökonomie“ mit nur zwei Nachfragern, von denen der eine („Caio“) nur Häute und der andere („Tizio“) nur Fleisch nachfragt, „the jointly-supplied unit is, in effect, a purely public good because of the technology of production.“ (Buchanan 1968: 35) Angenommen, Tizio beschäftigt sich ausschließlich mit der Aufzucht von Rindern und Caio mit der Ernte von – beiderseits begehrten – Kokosnüssen. Dann ist es für Caio vorteilhaft, Tizio mit Kokosnüssen dafür zu bezahlen, dass dieser mehr Rinder aufzieht, als wenn Tizio nur für seinen eigenen Bedarf (nach Fleisch) produzieren würde. Schließlich kann Caio schon mit wenigen Kokosnüssen Tizio dazu bewegen, mehr Rinder aufzuziehen und damit auch mehr Häute zu produzieren, da die zusätzlichen Mühen der Rinderzucht nicht nur mit den Nüssen, sondern auch mit mehr Fleisch entlohnt werden. Tizio und Caio werden dabei durch eigennütziges Verhandeln automatisch auf das in der Zeichnung dargestellte Gleichgewicht kommen.

Gleiches gilt für den Fall, dass sich Tizio statt um die Aufzucht von Rindern um die Mückenbekämpfung kümmert und dafür von Caio mit Kokosnüssen bezahlt wird. Tizio wird die Produktion dieses eindeutig öffentlichen Gutes so lange ausdehnen, bis sein Grenznutzen aus dem, was ihm Caio bezahlt, und aus der weiter verringerten Belästigung durch Mücken gerade noch den zunehmenden Mühen (Grenzkosten) weiterer Mückenbekämpfung entspricht. Daher kommen Caio und Tizio sowohl bei der Kuppelproduktion als auch bei der Produktion eines öffentlichen Gutes über die *gleichen* Verhandlungsprozesse zu einem pareto-optimalen Ergebnis.

Eine vollständige Gleichsetzung der Kuppelproduktion mit der Produktion öffentlicher Güter, die sich auch bei Arnold (1992: 92f), Bowen (1948: 176-179), und Lindahl (1958: 221) findet, ist jedoch problematisch. Ellickson (1978) und Head (1977) weisen darauf hin, dass eine Marktausdehnung (mehr Nachfrager) bei der Kuppelproduktion zu anderen Anpassungsprozessen führt als bei öffentlichen Gütern. Auf einem Markt für ein Kuppelprodukt treten die Nachfrager zuerst in Konkurrenz zueinander und bilden wie bei privaten Gütern durch horizontale Addition der individuellen Nachfragen die Nachfragekurve des Marktes für ein Kuppelprodukt. Treten in dem Beispiel zusätzliche Nachfrager nach Fleisch und Häuten auf, so verschieben sich beide Nachfragekurven nach rechts oben. Werden diese Nachfragekurven durch horizontale Addition zur Nachfrage nach Rindern, so liegt auch diese Nachfragekurve weiter rechts oben – Häute und Fleisch werden teurer, und es werden mehr Rinder aufgezogen.

Auf einem Markt für ein öffentliches Gut würde so etwas nicht passieren. Hier ist es nicht nötig, bei einer Zunahme der Nachfragerzahl die Produktion auszudehnen, um das gleiche Versorgungsniveau zu halten – die Produktionsmenge ist nicht rival im Konsum. Bei mehr Nachfragern wird allerdings der Beitrag kleiner, den jeder zur Produktion leisten muss – die von den einzelnen zu zahlenden Preise sinken, und die Nachfrager werden eine Ausdehnung der Produktion des öffentlichen Gutes wünschen. Als Resultat einer Zunahme der Nachfrager ergeben sich dann für die Nachfrager also keine höheren Preise und ein nach unten angepasstes Konsumniveau, sondern niedrigere Preise und ein höheres Konsumniveau.

4.2.2.4 Individuell gerechte und wohlfahrtsoptimale Finanzierung öffentlicher Güter mit Lindahl-Preisen

Sowohl der Markt für Kuppelprodukte als auch der für private Güter befindet sich nur dann im wohlfahrtsoptimalen Gleichgewicht, wenn sich Angebot und Nachfrage für jeden Marktteilnehmer bei den geltenden Preisen im Einklang befinden. In diesem Gleichgewicht hat niemand Grund, mehr oder weniger Güter produzieren oder erwerben zu wollen. Die Anbieter *privater* Güter dehnen ihre Produktion so weit aus, dass die erzielten Preise gerade noch den zusätzlichen Kosten aus der Produktion der letzten Einheit entsprechen, das heißt, die Preise entsprechen den Grenzkosten der Produktion. Gleichzeitig dehnen die Nachfrager ihren Konsum soweit aus, dass ihr Grenznutzen der zuletzt erworbenen Einheit dem zu zahlenden Preis entspricht.

Das Gleichgewicht auf einem Markt für *Kuppelprodukte* wird jedoch anders erreicht. Hier erfolgt die Versorgung des Marktes für Häute mit der gleichen Menge wie die des Marktes für Fleisch. Wird also auf eine Nachfrageausdehnung nach Fleisch mit einer Ausweitung des Angebots von Rindern reagiert, so werden gleichzeitig auch mehr Häute angeboten. Während die *Nachfrager* nach Häuten selbst zwar immer noch wie die Mengenanpasser des Marktes für private Güter reagieren können, kann dies der *Markt* für Häute nicht. Er ist um so mehr ein Preisanpasser, je geringer die auf ihm erlösten Beiträge zur Finanzierung der Rinderzucht sind, da bei der hauptsächlich von anderen Märkten bestimmten Angebotsmenge nur über veränderte Preise ein Gleichgewicht zwischen Angebot und Nachfrage erzielt werden kann. Nur wenn der Preis für Häute sinkt, kann die durch die Ausdehnung der Fleischnachfrage erfolgte größere Angebotsmenge an Häuten genug kaufwillige Nachfrager finden.

Genau diese Besonderheit macht auch den Unterschied zwischen privaten und öffentlichen Gütern aus. Bei öffentlichen Gütern ist lediglich nicht einzelnen *Teilmärkten* für *unterschiedliche* Kuppelprodukte die Angebotsmenge exogen vorgegeben, sondern jedem einzelnen *Nachfrager* des jeweils *selben* Gutes. Haben diese Nachfrager unterschiedliche marginale Zahlungsbereitschaften, so können die von ihnen gewählten Güterbündel nur dann mit dem Angebot ins Gleichgewicht gebracht werden, wenn sie *unterschiedliche Preise für die Nutzung derselben Güter* bezahlen. Diese Preise werden nach dem schwedischen Wirtschaftswissenschaftler Erik Lindahl als *Lindahl-Preise* bezeichnet. 1919 zeigte Lindahl auf, dass nur unterschiedliche Preise unterschiedliche marginale Zahlungsbereitschaften mit einem gegebenen Angebot öffentlicher Güter in Einklang bringen können. „One party's demand for certain collective goods at a certain price appears from the other party's point of view as a supply of these goods at a price corresponding to the remaining part of total cost: for collective activity can only be undertaken if the sum of the prices paid is just sufficient to cover the cost." (Lindahl 1958 (1919): 168) Zugleich gelangt die Gesamtnachfrage nach dem öffentlichen Gut (ausgedrückt in der Summe der marginalen Zahlungsbereitschaften) mit der Angebotsfunktion des öffentlichen Gutes in das pareto-optimales *Lindahl-Gleichgewicht* (Nachweis auch bei Arnold 1992: 90f; Roberts 1974: 24).

Aus dem Lindahl-Gleichgewicht lässt sich erschließen, dass die jedem einzelnen zur Nutzung bereitstehende Menge des öffentlichen Gutes größer wird, wenn der Kreis der Nachfrager wächst. Die Lindahl-Preise sind dabei individuell differenzierte, aber für jede Nutzungseinheit einheitliche Preise, die allerdings nicht für den Konsum eines öffentlichen Gutes verstanden werden, sondern als Beteiligung an den Kosten der Bereitstellung. Dieses Gleichgewicht lässt sich auf einen Markt für homogene Medieninhalte übertragen, in welchem jeder Nachfrager zu den Produktionskosten einen Beitrag pro Einheit leistet, der genau dem zusätzlich erzielten Nutzen entspricht, welcher allein auf die Ausweitung der Nutzungsmenge um genau eine weitere Einheit zurückzuführen ist. Dabei ist das Lindahl-Gleichgewicht mit Preisdifferenzierung nicht auf eine Monopolstellung auf der Anbieterseite angewiesen. Buchanan (1967) und Demsetz (1973) haben in Beiträgen zur Fernsehökonomie dargestellt, dass dieses Gleichgewicht ebenso gut bei einer Konkurrenz mehrerer Anbieter stabil ist.

Eine solche, scheinbar willkürliche Preisdifferenzierung erscheint zunächst als ungerecht. Wenn alle Menschen gleich sind, warum sollen dann die einen mehr als andere für das gleiche Angebot bezahlen? Tatsächlich aber ist „Preisdifferenzierung" bei öffentlichen Gütern durchaus üblich, schließlich werden die Staatsaufgaben durch Steuern finanziert, welche entsprechend der individuellen Leistungsfähigkeit erhoben werden (sollen). Entsprechend macht Lindahl in seiner Arbeit deutlich, dass „the actually existing graduation of taxation is in a sense the result of the same economic principles which cause the same goods to have the same prices on the free market." (Lindahl 1958 (1919): 173) Anhand der folgenden zwei Abbildungen kann man jedoch auch leicht erkennen, dass ein Lindahl-Gleichgewicht auch für solche Nachfrager vorteilhaft sein kann, deren Lindahl-Preis höher ist als ein alternativer Einheitspreis für das öffentliche Gut.

Wird das öffentliche Gut zu Einheitspreisen vertrieben, so zeigt Abbildung 4-3, dass Nachfrager *A* der einzige ist, der zum Preis P^E seine Nachfrage befriedigen kann; zugleich kann er dann jede produzierte Einheit des öffentlichen Gutes konsumieren. Nachfrager *B* hingegen ist vollständig vom Konsum des öffentlichen Gutes ausgeschlossen, obwohl er einen positiven Nutzen realisieren könnte, ohne Dritte schlechter zu stellen. Auch *C*, *D* und *E* ergeht es nicht viel besser. Zwar können sie jede produzierte Einheit nutzen, würden aber für den verlangten Preis gerne viel mehr Einheiten des Gutes erwerben. Dies ist aber nicht möglich, da zu Einheitspreisen Q^E schon die maximal mögliche Menge ist, bei welcher die Produktionskosten gedeckt werden können.[85] Der erlösmaximale, kostendeckende Preis P^E ist dabei nicht wie am Markt für private Güter durch horizontale Addition der Nachfragekurven bestimmbar, sondern muss durch horizontale Addition der Erlöspotentiale zu verschiedenen Einheitspreisen ermittelt werden.

[85] Burns und Walsh (1981: 175-177) zeigen, dass aufgrund dieser Mengenbegrenzung für Nachfrager mit hoher Zahlungsbereitschaft es für einen Monopolisten Produktionsmengen unterhalb der erlösmaximierenden Menge Q^E gibt, bei denen bei einer Produktionsausdehnung der erlösmaximale Preis sogar ansteigen kann. Dies kann dann dazu führen, dass die Zahl derjenigen, die in ihrem Konsum eingeschränkt werden, sogar steigt, wenn die Produktion ausgedehnt und gewinnmaximierend bepreist wird.

Abbildung 4-3:
Marktergebnis bei einem öffentlichen Gut zu Einheitspreisen

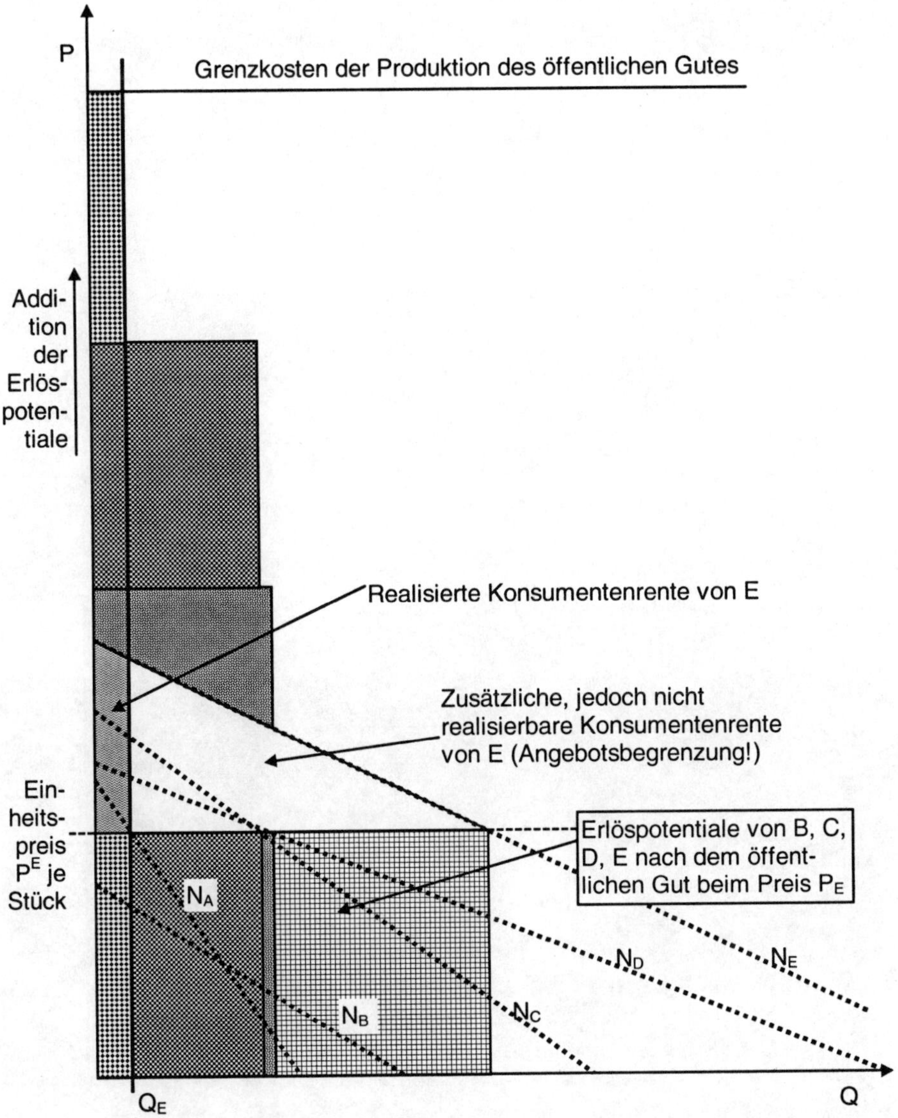

Quelle: eigene Darstellung.

Lässt man jedoch Preisdifferenzierung zu und führt das System in sein Lindahl-Gleichgewicht (Abbildung 4-4), so gilt, dass (1) die Produktionsmenge ansteigt, (2) jeder Nachfrager die gesamte Produktionsmenge nutzen kann, (3) jeder Nachfrager seine Konsumwünsche vollständig erfüllen kann und (4) die realisierten Konsumentenrenten in der Regel für jeden Nachfrager ansteigen. Letzteres gilt sogar für Nachfrager *E* des Beispiels, der im Lindahl-Gleichgewicht einen höheren Preis je Einheit zu zahlen hat als im Markt mit Einheitspreisen in Abbildung 4-3.

Abbildung 4-4:
Marktergebnis bei einem öffentlichen Gut zu Lindahl-Preisen

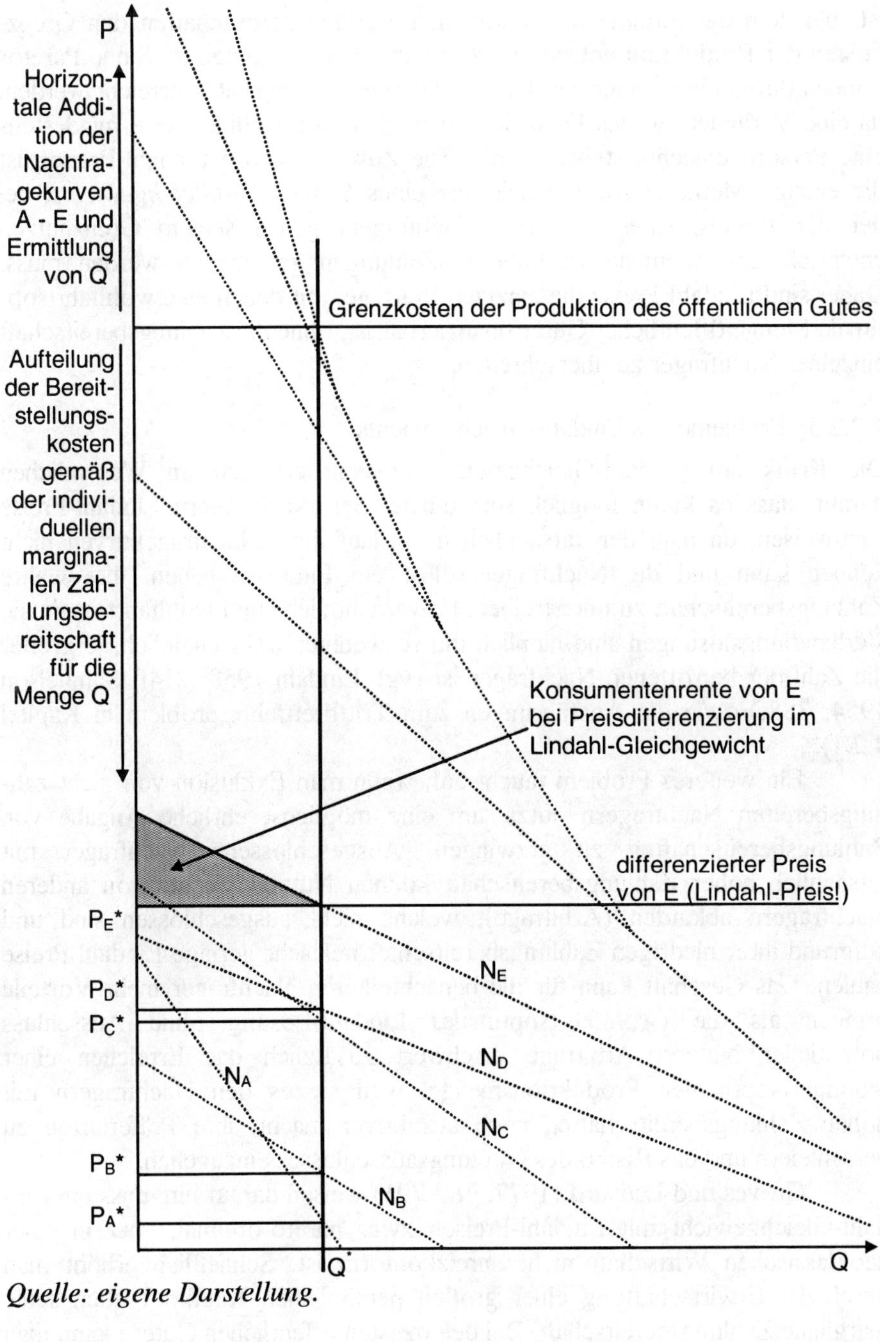

Quelle: eigene Darstellung.

Das Lindahl-Gleichgewicht ist nicht nur ein Effizienzkriterium, sondern auch ein Gerechtigkeitskriterium. Samuelson (1954) hat in seiner Theorie öffentlicher Güter dargestellt, dass jedes Gütergleichgewicht pareto-optimal ist, bei dem die Summe der marginalen Zahlungsbereitschaften den Grenzkosten der Produktion entspricht. Wohlfahrtsoptimierungen im Sinne Paretos können durch eine Änderung der Art der Finanzierung nicht erreicht werden, da eine Veränderung des Finanzierungsmodus' notwendigerweise mindestens eine Person schlechterstellen würde. Die Zuweisung von Lindahl-Preisen ist die einzige Methode zur Finanzierung eines *Samuelson-Gleichgewichts*, bei der der Beitrag jedes einzelnen Nachfragers genau seinem Grenznutzen entspricht und niemand zu höheren Zahlungen gezwungen werden muss. Daher sind Lindahl-Preise die einzigen Beiträge, mit denen eine wohlfahrtsoptimale Menge öffentlicher Güter finanzierbar ist, ohne die Zahlungsbereitschaft einzelner Nachfrager zu überschreiten.

4.2.2.5 Probleme des Lindahl-Gleichgewichts

Die Kritik am Lindahl-Gleichgewicht konzentriert sich im Wesentlichen darauf, dass es kaum möglich sein dürfte, den Nachfragern Lindahl-Preise zuzuweisen, da man den tatsächlichen Verlauf ihrer Nachfragekurven nicht kennen kann und die Nachfrager selbst ein Interesse haben, ihre wahre Zahlungsbereitschaft zu untertreiben. Einvernehmliche und wohlfahrtsoptimale Verhandlungslösungen sind nämlich um so weniger wahrscheinlich, je größer die Zahl der betroffenen Nachfrager ist (vgl. Lindahl 1958: 214f; Samuelson 1954: 388f)sowie die Ausführungen zum Trittbrettfahrerproblem in Kapitel 4.2.1).

Ein weiteres Problem taucht auf, wenn man Exklusion von nicht zahlungsbereiten Nachfragern nutzt, um eine möglichst ehrliche Angabe von Zahlungsbereitschaften zu erzwingen. Ausgeschlossene Nachfrager mit tatsächlich hoher Zahlungsbereitschaft können Nutzungsrechte von anderen Nachfragern abkaufen (Arbitrage), welche nicht ausgeschlossen sind und aufgrund ihrer niedrigen Zahlungsbereitschaft nur sehr geringe Lindahl-Preise zahlen. Das Geschäft kann für die benachteiligten Nachfrager mehr Vorteile bringen als die (wohlfahrtsoptimale) Lindahl-Lösung ohne Ausschluss potentieller Nutzer. Arbitrage erschwert zusätzlich das Erreichen einer wohlfahrtsoptimalen Produktionsmenge, weil sie es den Nachfragern mit hohen Zahlungsbereitschaften noch attraktiver macht, ihre Präferenzen zu verschleiern und das Risiko des Nutzungsausschlusses einzugehen.

Groves und Ledyard (1977: 789-791) weisen darauf hin, dass ein Lindahl-Gleichgewicht mit Lindahl-Preisen zwar pareto-optimal, aber in einer neoklassischen Wirtschaft nicht anreizkonform ist. Schließlich erhöht man durch die Erwirtschaftung einer großen persönlichen Kaufkraft auch seine marginale Zahlungsbereitschaft. Bei den meisten öffentlichen Gütern kann man jedoch von einer so großen Nachfragerzahl ausgehen, dass die eigene Zahlungsbereitschaft ohne Einfluss auf das Angebot ist. Daher muss man im Lindahl-Gleichgewicht mit einer erhöhten Kaufkraft zwar mehr bezahlen, erhält aber immer noch das gleiche Bündel öffentlicher Güter wie vorher.

4.2.3 Wohlfahrtsförderliche und -schädliche Formen der Preisdifferenzierungen

Preisdifferenzierung ist bei öffentlichen Gütern der einzige Weg, eine wohlfahrtsoptimale Versorgung zu gewährleisten und zugleich die Bedürfnisse der einzelnen Marktteilnehmer in ein stabiles und einvernehmliches Gleichgewicht zu bringen. Nach einer kurzen und allgemeinen Definition von Preisdifferenzierung werden daher die verschiedenen Formen und Wirkungen solcher Preisdifferenzierungen aufgezeigt, welche die Produzenten und Händler bei vielen Gelegenheiten anwenden. Anschließend kann in einer Gegenüberstellung gezeigt werden, dass ein Lindahl-Gleichgewicht auf einer eigenständigen Form von Preisdifferenzierung basiert, welche sich grundsätzlich von den traditionell praktizierten Preisschemata unterscheidet.

Zur Identifikation von Preisdifferenzierung soll im Folgenden die Definition von Wittlage (1965: 2) gelten:

„Preisdifferenzierung liegt dann vor, wenn der Unternehmer planmäßig für Produkte bzw. Dienstleistungen gleicher Art von verschiedenen bzw. denselben Käufern unterschiedlich hohe Preise fordert, die Preisunterschiede aber nicht etwaigen Absatzkostenunterschieden entsprechen bzw. gleich hohe Preise, die Produkte bzw. Dienstleistungen aber unterschiedlich hohe Absatzkosten verursacht haben."

Um erfolgreich Preisdifferenzierung betreiben zu können, muss der Anbieter bei der Preissetzung lediglich „über einen gewissen monopolistischen Spielraum, der nur auf unvollkommenen Märkten existieren kann, verfügen, da sonst keine Konsumentenrenten existieren, die er abschöpfen kann. [. . .] Der monopolistische Spielraum des Anbieters impliziert nicht die in der Literatur zur Preisdifferenzierung oft angenommene Monopolsituation des Anbieters." (Faßnacht 1996: 30) Der Preissetzungsspielraum drückt sich im Verlauf der Preisabsatzfunktion aus. Ist diese vollkommen unelastisch, so bricht der Absatz bei einer Preiserhöhung komplett zusammen; diese Situation herrscht im vollkommenen Wettbewerb. Bleibt hingegen noch ein Teil des Absatzes erhalten, wenn der Preis angehoben wird, so begegnet der Anbieter Nachfragern mit unterschiedlichen Zahlungsbereitschaften für das Gut, deren Ausweichmöglichkeiten auf alternative Güter eingeschränkt sind. (Vgl. Wittlage 1965: 19-21) Gelingt es dem Anbieter, diese Nachfrager in verschiedene Marktsegmente einzuordnen und getrennt voneinander anzusprechen, kann er mit Preisdifferenzierung seinen Absatz, Erlös und Gewinn steigern.

4.2.3.1 Die Preisdifferenzierung ersten Grades nach Pigou

Auf den britischen Nationalökonomen Arthur Cecil Pigou (1960) geht die verbreitete Klassifizierung von Preisdifferenzierung in drei Grade zurück. Bei der *Preisdifferenzierung ersten Grades*, der sogenannten perfekten Preisdifferenzierung, schöpft der Anbieter die gesamte Konsumentenrente ab. Bei dieser *Maximalbepreisung* ist der Käufer indifferent zwischen Kauf und Nichtkauf. Denkbar ist dieser Fall, wenn (1) „jeder Käufer nur eine Einheit kaufen darf und dafür einen Preis bezahlen muß, der seinem Höchstgebot entspricht" (Weiß 1972: 170), (2) ein Käufer mit einem zweiteiligen Tarif einen Preis je Einheit in Höhe der Grenzkosten der Produktion bezahlt, dafür aber einen Grundpreis in Höhe des gesamten Nutzens zahlen muss, den ihm dieses Angebot bedeutet, und (3) der Käufer für jede einzelne Einheit einen Preis bezahlt, der seinem jeweils für diese Einheit geltenden Grenznutzen entspricht. In der Summe stellt der erhobene Preis einen *All-or-nothing-Preis* (AON-Preis) dar, welcher nur von einem perfekt informierten Monopolisten gefordert werden kann. In der Realität ist diese Form der Preisdifferenzierung so gut wie überhaupt nicht anzutreffen, da die notwendigen Bedingungen fast unmöglich alle zugleich erfüllt sind. Varian (1993: 421) nennt als bestes denkbares Beispiel einen Kleinstadtarzt, der sich entsprechend der Kaufkraft seiner Patienten bezahlen lässt.

Abbildung 4-5 zeigt die gewinnmaximale Produktion eines Monopolisten, wobei zur Vereinfachung Produktionskosten von null angenommen werden. Kann der Monopolist nur einen Einheitspreis am Markt fordern, so wählt er den gewinnmaximalen Cournot-Preis P^C. Die zu diesem Preis abgesetzte Produktionsmenge Q^C erzeugt (bei der angenommenen linearen Preisabsatzfunktion) einen Erlös von $Q^C P^C$ und eine Konsumentenrente von $Q^C P^C/2$. Noch einmal die gleiche Produktionsmenge findet zum Preis P^C keinen Abnehmer und wird nicht produziert, obwohl sie noch einen sozialen Überschuss in Höhe von $Q^C P^C/2$ generieren könnte. Kann der Anbieter hingegen perfekte Preisdifferenzierung vornehmen, so dehnt er die Produktion bis zu dem Punkt aus, an dem der Grenzerlös den Grenzkosten entspricht. Dies ist der Fall, wenn auch der Grenznutzen der Nachfrager gleich den Grenzkosten ist. Der soziale Überschuss steigt um ein Drittel auf das Wohlfahrtsoptimum (*von* $3Q^C P^C/2$ *auf* $2Q^C P^C$), fällt allerdings vollständig an den Produzenten.

Abbildung 4-5:
Produktion eines Monopolisten bei Cournot-Preis und bei perfekter Preisdifferenzierung

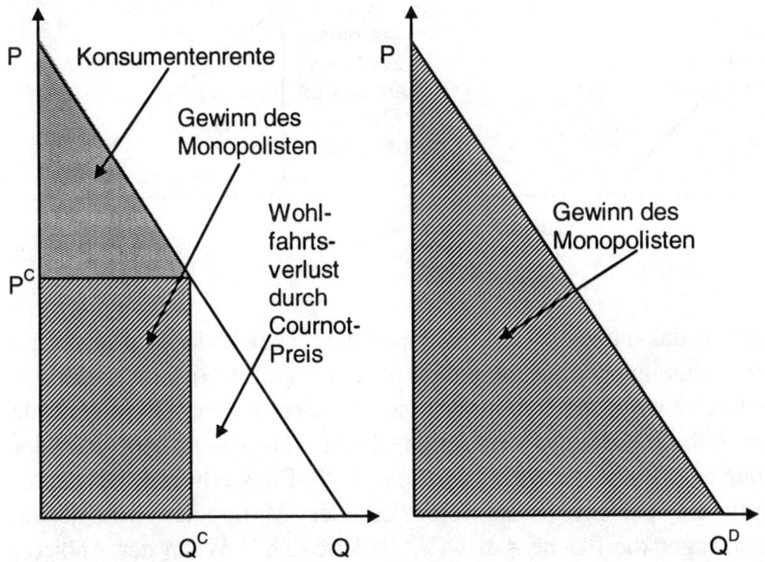

Quelle: eigene Darstellung.

4.2.3.2 Die Preisdifferenzierung zweiten Grades nach Pigou

Preisdifferenzierung zweiten Grades unterliegt nicht den weitgehenden Restriktionen wie die Preisdifferenzierung ersten Grades. Notwendig ist lediglich, dass im Gesamtmarkt einzelne Segmente mit unterschiedlich hoch verlaufenden Nachfragekurven vorhanden sind. Diese Teilsegmente werden über Angebotsdifferenzierungen so angesprochen, dass sich Marktsegmente mit Nachfragekurven auf höherem Niveau freiwillig für die Angebots- und Produktvarianten mit einem höheren Preis entscheiden. Man spricht hier von einer *Selbstsegmentierung des Marktes.*

Varian (1997) verwendet zur Untersuchung der Wohlfahrtswirkungen von Preisdifferenzierung zweiten Grades ein einfaches Modell mit zwei Marktsegmenten, von denen Marktsegment *A* für jede Qualitätsstufe des Gutes eine geringere Zahlungsbereitschaft aufweist als Marktsegment *B*. Als einfaches Beispiel eines solchen Gutes kann ein elektronisches Bildverwertungsrecht gesehen werden, dessen Qualität *x* als kombinierter Wert aus Bildauflösung und Farbtiefe definiert werden kann.

Abbildung 4-6:
Zahlungsbereitschaften der Nachfrager aus den Marktsegmenten A und B

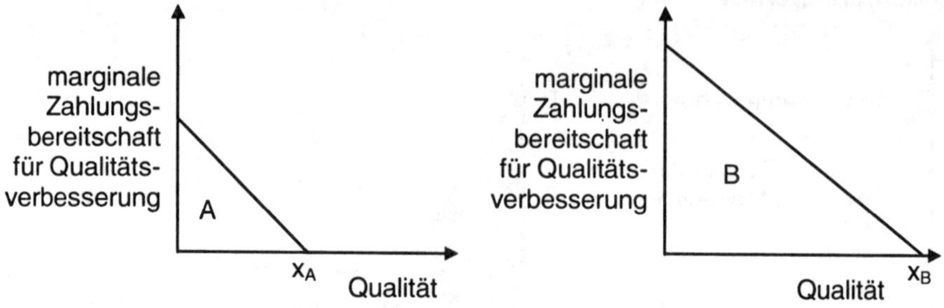

Quelle: Varian (1997).

Qualität *x*, das einziges Merkmal des Gutes, liegt in der Stärke von x_B vor und kann daher auch ohne ungerechtfertigten Aufwand an Segment A verkauft werden, obwohl die Nachfrager hier für eine über x_A hinausgehende Qualität keine höhere Zahlungsbereitschaft als die Fläche *A* haben. Da jeder Nachfrager nur eine Einheit erwirbt, wird ein AON-Preis erhoben.[86] Entsprechend schöpft ein perfekt preisdifferenzierender Monopolist von jedem einzelnen Nachfrager die Fläche *A* bzw. *B* als Erlös ab.[87] Wenn der Anbieter jedoch lediglich von der Existenz der Marktsegmente weiß, einzelnen Nachfragern aber ihre Segmentzugehörigkeit nicht ansehen kann, ist diese Preisdifferenzierung ersten Grades nicht durchführbar. Wenn der Anbieter nur einen Einheitspreis fordern will, so bieten sich ihm zwei Optionen: Für die Qualität x_B einen niedrigen AON-Preis P_A zu fordern, der von beiden Marktsegmenten gezahlt wird, oder einen hohen AON-Preis P_B, welcher nur von Segment *B* gezahlt wird. Er wird dabei die Option wählen, welche den höheren Gewinn verspricht. Möglicherweise wird er also die Nachfrager in Segment *A* ausschließen, obwohl diese zu Kosten von null mit versorgt werden könnten. Wählt er allerdings die Option mit dem niedrigen Preis, so ist das Ergebnis dann pareto-optimal, wenn er maximale Qualität produziert.[88]

---

[86] Die hier getroffenen Annahmen dienen der Einfachheit. Gleichwohl können die Resultate auch in komplexeren Modellen wiederholt werden. (Vgl. Varian 1997: o.S.)

[87] Wenn man auf die Annahme verzichtet, dass eine AON-Preissetzung für den Anbieter möglich ist, so ändert sich an der Analyse lediglich, dass der Anbieter Cournot-Preise setzt. Diese verursachen jeweils Wohlfahrtsverluste, wie sie bereits Abbildung 4-5 zeigt.

[88] Varian (1997) kommt in seiner Bewertung der Wohlfahrtswirkungen allerdings zu dem Ergebnis, dass der soziale Überschuss bei perfekter Preisdifferenzierung höher ist als der durch einen Verkauf an beide Segmente zum Preis von P_A. Damit liegt er jedoch falsch, da gegenüber einem Vertrieb an beide Segmente zu einem niedrigen Preis durch Preisdifferenzierung allein noch kein Wohlstand generiert wird. Weder die Qualität noch die Zahl der Nutzer werden dadurch erhöht. Varians Fehler liegt vermutlich in der Annahme, dass zum Preis von P_A auch nur die Qualität x_A angeboten wird und die Nachfrager aus Segment *B*

Da der Anbieter jedoch die Qualität kontrollieren kann, kann er auch zwei Qualitäten x_A und x_B zu unterschiedlichen Preisen anbieten. Wählt er x_A und bietet sie zum Preis P_A an, so werden auch die Nachfrager aus Segment *B* die Qualität x_A kaufen, da sie ihnen eine Konsumentenrente von *B* lässt (Abbildung 4-7 (I)). Will der Anbieter die zweite Qualität x_B noch an Konsumenten aus Segment *B* verkaufen, so muss diese den Konsumenten aus *B* mindestens die gleiche Konsumentenrente lassen. Der AON-Preis für *P* darf also den Wert der Flächen *A* und *C* in Abbildung 4-7 (I) nicht übersteigen.

Abbildung 4-7 (II) zeigt, dass eine kleine Verschiebung von x_A nach links (Qualitätsverschlechterung) die Fläche *A* und damit den Gewinn aus dem Verkauf an Segment *A* um einen kleinen Wert verringert, dargestellt in dem kleinen schwarzen Dreieck. Gleichzeitig steigt aber der Preis an, der von Nachfragern aus Segment *B* gefordert werden kann, da die von ihnen verlangte Konsumentenrente (Fläche *B* in Abbildung 4-7 (I/II)) kleiner wird. Der Anbieter kann also seinen Gewinn erhöhen, indem er das billigere Angebot verschlechtert. Das rechnet sich so lange, bis die Abnahme der Erlöse aus dem Verkauf an Segment *A* genau so hoch ist wie die Zunahme der Erlöse aus dem Verkauf an Segment *B*. Für einen Markt, in dem sich in beiden Segmenten die gleiche Zahl von Nachfragern befindet, ist das Gewinnmaximum bei der Qualität x_A' erreicht, bei der die Flächen *A'* und *B'* gleich groß sind (vgl. Abbildung 4-7 (III)). (Vgl. Varian 1997)

Abbildung 4-7:
Strategien des Anbieters zur Selbstsegmentierung der Nachfrager

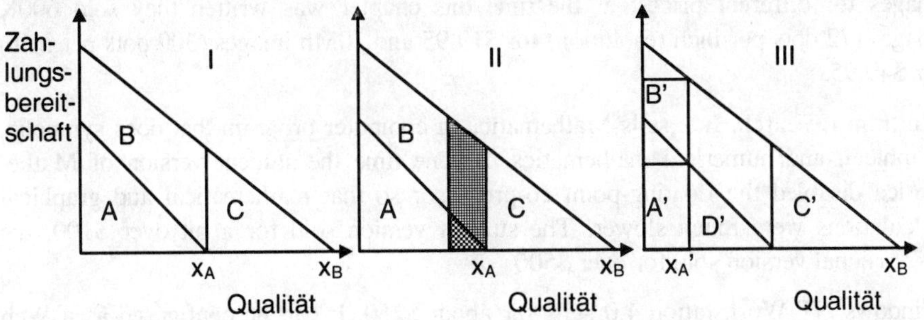

Quelle: Varian (1997).

Die Wohlfahrtswirkungen einer solchen Preisdifferenzierung durch eine willkürliche Verschlechterung der Qualität sind nur im Vergleich zu alternativen Ergebnissen zu bewerten. Falls der Anbieter ohne die Möglichkeit der Preisdifferenzierung über eine Qualitätsverschlechterung einen Einheitspreis

um den Nutzen aus Fläche *C* in Abbildung 4-7 gebracht werden. Bei Grenzkosten der Qualität in Höhe von null ist ein solches Anbieterverhalten jedoch nicht nachzuvollziehen.

wählen würde, welcher nur von Nachfragern in Segment *B* gezahlt wird, werden die Nachfrager aus Segment *A* ausgeschlossen. Preisdifferenzierung zweiten Grades kann dann eine Steigerung des sozialen Überschusses erzielen, weil so Nachfrager in Segment *A* wenigstens eine minderwertige Qualität statt überhaupt keiner erhalten.

Wenn man als Vergleichsmaßstab die wohlfahrtsoptimalen Ergebnisse bei perfekter Preisdifferenzierung oder dem Verkauf von Qualität x_B zu P_A an beide Segmente nimmt, so beträgt der Verlust an sozialem Überschuss durch die Qualitätssenkung das Produkt der Fläche *D'* in Abbildung 4-7 (III) und der Zahl der Nachfrager in Segment *A*. „The critical issue turns out to be whether differential pricing increases or decreases total output and/or quality. If the total output in a market decreases under differential pricing, then welfare (consumer plus producer surplus) definitely decreases. If total output in a market goes up, then differential pricing increases welfare." (Varian 1997)

Varian (1997) nennt unter anderem die folgenden Beispiele aus dem Bereich der Informationsgüter, welche die große praktische Bedeutung von Qualitätsdifferenzierungen bei der Segmentierung von Märkten deutlich zeigen:

„PAWWS Financial Network charges $8.95 per month for a portfolio accounting system that measures stock values using 20-minute delayed quotes. Real-time quotes are available for $50 per month.

PhotoDisc sells royalty-free stock photographs on the Web. Professional users want high-resolution images that can be printed in commercial journals; non-professionals want medium- or low-resolution images for newsletters. PhotoDisc sells different size images for different prices; at the time this chapter was written they sold 600K images (72 dots per inch resolution) for $19.95 and 10Mb images (300 dots per inch) for $49.95.

Wolfram Research, Inc. sells Mathematica, a computer program that does symbolic, graphical, and numerical mathematics. At one time the student version of Mathematica disabled the floating-point co-processor so that mathematical and graphical calculations were much slower. The student version sold for a bit over $100; the professional version sold for over $500.

Windows NT Workstation 4.0 sells for about $260. It can be configured as a Web server, but only accepts 10 simultaneous connections. Windows NT Workstation Server can accept hundreds of simultaneous connections, and sells for $730-$1080, depending on configuration. According to an analysis by O'Reilly Software, the two operating systems are essentially the same."

Weitere Beispiele der Qualitätsverschlechterung zur Segmentierung unterschiedlich zahlungswilliger Teilmärkte sind Flugtarife (Einschränkung der Buchungsflexibilität), Bahntarife (Komfort) und technische Geräte mit hohen Entwicklungskosten. Varian (1997) führt den *IBM* Laserdrucker *Serie E* auf, welcher identisch ist mit dem Standardmodell. Im Unterschied zu diesem druckt er aber lediglich fünf statt 10 Seiten pro Minute, da ein eingebauter Chip Druckpausen veranlasst.

Griebel und Tscharntke (1991) weisen auf die Preisdiskriminierung öffentlicher Bibliotheken durch die hohen Preise für gebundene Bücher hin. Die Preise von bis zu 55 Britische Pfund für die gebundene und 15 Pfund für die ungebundene Fassung des gleichen Buches sind nur zum geringsten Teil auf die Herstellungskosten zurückzuführen. (Vgl. Griebel und Tscharntke 1991: 133)

Neben diesen Variierungen der Leistungsmerkmale der Güter muss man auch *Mengenrabatte* der Preisdifferenzierung zweiten Grades nach Pigou zuordnen (Vgl. Faßnacht 1996: 81). Kennzeichen der mengenbezogenen Preisdifferenzierung ist die Formulierung eines nicht linearen Tarifs, bei dem Nachfrager kleinerer Mengen einen höheren Preis pro Einheit bezahlen als Abnehmer größerer Mengen. Auch hier wird, wie bei der Qualitätsdifferenzierung, das umsatzschwächere Güterbündel absichtlich weniger attraktiv gemacht. Ziel ist, die Nachfrager auf die umsatzstärkeren Bündel zu lenken und so einen größeren Teil des sozialen Überschusses als Produzentenrente abzuschöpfen. Entsprechend der Regel für die Wohlfahrtswirkungen von Produktvariierungen wird die Gesamtwohlfahrt durch Mengenrabatte gesteigert, da das Produktionsvolumen (und damit zum Beispiel auch die Kapazitätsauslastung) wächst.[89] (Vgl. Varian 1996)

Preisbündelung ist ebenfalls der Preisdifferenzierung zweiten Grades nach Pigou zuzuordnen, da sich die Nachfrager freiwillig entsprechend den angebotenen Preis-Güterkombinationen segmentieren. Es existieren drei Formen der Preisbündelung: (1) Bei der „reinen Preisbündelung" können die Nachfrager die einzelnen Güter nur in den vom Anbieter zusammengestellten Bündeln erwerben; (2) bei der „gemischten Bündelung" können die Einzelteile auch einzeln gekauft werden; und (3) bei einem „Preisbaukasten" können die Nachfrager standardisierte Paketbestandteile zu individuellen Produktbündeln zusammenstellen. (Vgl. Schmalen 1995: 194)

Ein Beispiel der Preisbündelung mit positiven Wohlfahrtseffekten geben Wildman und Owen (1985) für den Markt für Fernsehprogramme. Allein Preisbündelung ermöglicht hier die Finanzierung eines oder mehrerer Programme mit positiven Wohlfahrtsbeiträgen, was darauf zurückzuführen ist, dass Preisbündelung die Streuung der individuellen Zahlungsbereitschaften reduziert (vgl. Shapiro und Varian 1999: 73-78). Zugleich weisen Wildman und Owen (1985) jedoch nach, dass eine für den Anbieter profitable Preisbündelung nicht immer auch eine Maximierung der Gesamtwohlfahrt bedeuten muss. So kann durch die Produktion eines zusätzlichen Programms ein Programmbündel so ausgeglichen werden, dass der Anbieter mit dem

[89] Zu den einzelnen Formen mengenbezogener Preisdifferenzierung vergleiche Faßnacht (1996: 76-80).

erweiterten Bündel zwar höhere Gewinne erzielt, der zusätzliche Nutzen des Bündels aber unter den zusätzlichen Produktionskosten bleibt.

Preisbündelung unterliegt der Missbrauchsaufsicht durch die Kartellbehörden[90], da sie der Ausweitung von Monopolstellungen dienen kann (vgl. Schmalen 1995: 197). Ein Beispiel ist der gemeinsame Vertrieb des *Internet Explorer* mit dem Betriebssystem *Windows*, mit welchem der Hersteller *Microsoft* bereits eine Quasimonopolstellung innehat. Durch die automatische Installation des *Internet Explorer* erübrigt sich für die Anwender der Erwerb eines alternativen Internet *browsers*, und das Monopol bei Betriebssystemen könnte auch auf diesen Markt ausgedehnt werden.

Eine besondere Art der Preisdifferenzierung zweiten Grades ist der zweiteilige Tarif mit Produktbündelung, die sogenannten „*Tie-in-Sales*". Das klassische Beispiel ist das der *IBM*-Rechenmaschinen, deren Nutzer nur *IBM*-Lochkarten kaufen durften. *IBM* wurde diese Praxis 1936 vom Obersten Gerichtshof der USA untersagt (*International Business Machine Corp.* versus *United States*, 298 U.S. 131 [1936]). Telser (1965: 490) beschreibt den Fall folgendermaßen:

„IBM had a monopoly on certain kinds of tabulating equipment, and it required its customers to purchase all of their tabulating cards (on which it held no monopoly) from itself. Some would interpret this as IBM's attempt to extend its monopoly from tabulating equipment to tabulating cards. A more plausible explanation is that the customers' rate of use of the cards measured their rate of use of the equipment. Hence, by charging a price for the cards in excess of their cost, IBM was able to discriminate among its customers according to the intensity of their demand for tabulating equipment. If customers had been allowed to purchase cards from sources other than IBM or from each other, IBM could not as easily have obtained the additional profits of price discrimination."

4.2.3.3 Die Preisdifferenzierung dritten Grades nach Pigou

Bei der *Preisdifferenzierung dritten Grades* werden Marktsegmente mit unterschiedlich hoch verlaufenden Nachfragekurven anhand beobachtbarer Merkmale so voneinander getrennt, dass einzelne Nachfrager nicht mehr zwischen den einzelnen Segmenten wechseln können oder dürfen (vgl. Faßnacht 1996: 53-55). Damit ist es nicht mehr notwendig, unterschiedliche Produktvarianten zu schöpfen, um unterschiedliche Preise fordern zu können. Die Wohlfahrtsverluste aus der ineffizienten Qualitätssenkung zwecks Preisdifferenzierung zweiten Grades bleiben also aus. In der Regel kann davon ausgegangen werden, dass bei Preisdifferenzierung dritten Grades Märkte, die bei Einheitspreisen unbedient blieben, mitversorgt werden können, zumindest aber die soziale Wohlfahrt nicht verringert wird. (Vgl. Varian 1996)

[90] In Deutschland auf der Grundlage von § 18 GWB (alt), bzw. dem dritten Abschnitt in der Neufassung des Gesetzes gegen Wettbewerbsbeschränkungen.

Preisdifferenzierer bedienen sich verschiedener Methoden der sogenannten *Marktspaltung*, um die Marktsegmente voneinander zu trennen. Eine Möglichkeit ist die *personengebundene Preisdifferenzierung*: Kindergartengebühren werden oft nach der Einkommenshöhe gestaffelt, Kontoführungsgebühren nach dem Ausbildungsstatus, Friseurkosten nach dem Geschlecht, Versicherungspreise nach der Berufszugehörigkeit, Flug- und Bahnpreise nach dem Alter, Computerprogrammpreise nach der Universitätszugehörigkeit usw. (vgl. Faßnacht 1996: 62f). Eine zunehmende Bedeutung gewinnt seit den 80er Jahren die Preisdifferenzierung auf dem Markt für wissenschaftliche Zeitschriften, vor allem durch ausländische Verlage: „Die Aufschläge für Bibliotheksabonnements sind insbesondere bei den für die Forschung und Lehre unverzichtbaren Titeln vielfach exorbitant und erreichen das 5-, 10-, ja bis zu 15fache der 'individual rate'." (Griebel und Tscharntke 1991: 134) Eine weitere Art der Preisdifferenzierung dritten Grades sind die *Preisdifferenzierung nach dem Verwendungszweck* (z.B. Alkohol/Brennspiritus, Heizöl/Diesel, Kraftstrom/Haushaltsstrom) (vgl. Tacke 1989: 23f; Schmalen 1995: 185) und die *regionale Preisdifferenzierung* (vgl. Schmalen 1995: 185).

Neben diesen simultanen Formen fällt auch die *zeitliche Preisdifferenzierung* unter die Preisdifferenzierung dritten Grades nach Pigou. Ohne dass sich die Nachfrager der Preissetzung durch die Anbieter entziehen können, gelingt diesen durch eine zeitliche Veränderung der Preise eine größere Abschöpfung der Zahlungsbereitschaft. In der Regel wird bei der zeitlichen Preisdifferenzierung zuerst ein hoher Preis gefordert, um die hohe Zahlungsbereitschaft der kaufwilligsten (und ungeduldigsten) Nachfrager abzuschöpfen. Danach folgt eine graduelle Absenkung des Preises, um auch Käufer mit niedrigeren Zahlungsbereitschaften anzusprechen.

Ein gutes Beispiel dieser „Skimming-Strategie" (Schmalen 1995: 129) ist die bereits in Kapitel 2.5.8 beschriebene Verwertungskaskade bei Medieninhalten, wo die zeitliche Preisdifferenzierung oft simultan mit einer Qualitätsvariierung (Preisdifferenzierung zweiten Grades) auftritt. Diese kann beabsichtigt (Qualität der Buchbindung, Bild- und Tonqualität der „späteren" Medien) oder systembedingt sein (Entwertung der Computerprogramme durch Neuentwicklungen). Nachteile der Skimming-Strategie sind, dass potentielle Käufer ihre Nachfrage in Erwartung fallender Preise zurückhalten und die hohen Preise ein Negativimage „zu hoch" gesetzter Preise transportieren können. Andererseits setzen hohe Preise jedoch auch ein positives Qualitätssignal und bieten Spielraum für psychologisch wichtige Preissenkungen, wenn Konkurrenzprodukte auf den Markt kommen. (Vgl. Schmalen 1995: 129f)

Zur Einführung von Produkten mit starken Netzwerkeffekten (vgl. Kapitel 2.2.8.3) oder zur Erlangung einer Monopolstellung allgemein ist die Penetrations-Strategie bzw. „Strategie der Marktdurchdringung" die geeignetere Form der zeitlichen Preisdifferenzierung (Schmalen 1995: 129). Sie ist das direkte Gegenteil der Skimming-Strategie und setzt anfangs möglichst niedrige Preise. Gewinne sollen erst später über angehobene Preise erzielt werden, wenn das Produkt weitgehend akzeptiert ist und Konkurrenten vom Markt verdrängt oder dauerhaft abgeschreckt worden sind. (Vgl. Canoy 1994) Als Beispiel der Anwendung der Penetrations-Strategie ist erneut die Einführung des *Microsoft Internet Explorer* zu nennen. Mit einem Preis von praktisch null wurde ein technisch zunächst unterlegenes Produkt der stärkste Konkurrent des Marktführers *Netscape*. Erlöse verspricht sich *Microsoft* mutmaßlich (1) durch den exklusiven Verkauf von Serverprogrammen, welche mit dem *Internet Explorer* optimal zusammenarbeiten und (2) durch den zukünftigen Preissetzungsspielraum als Marktführer. Mittlerweile wendet *Netscape* allerdings die gleiche Preisstrategie zum Schutz seiner (geschrumpften) Marktanteile an. Eine deutliche Vormachtstellung eines Anbieters ist daher mittelfristig nicht zu erwarten. (Vgl. Shapiro und Varian 1999: 289-294)

Während die Wohlfahrtseffekte der simultanen Preisdifferenzierungsmethoden relativ einfach beurteilt werden können, ist dies bei der zeitlichen Preisdifferenzierung schwierig. Die Verzögerung des Konsums durch bewusstes oder unbewusstes Warten auf Preissenkungen stellt einen Wohlfahrtsverlust dar, der mit dem aus der Qualitätsminderung der Preisdifferenzierung zweiten Grades vergleichbar ist. Canoy (1994) gelingt zumindest für natürliche Monopole der Nachweis, dass eine zeitliche Preisdifferenzierung eine Paretooptimierung gegenüber Einheitspreisen erreichen kann, da ansonsten nicht alle potentiellen Skaleneffekte ausgeschöpft werden.

4.2.3.4 Lindahl-Preise als eigenständige Form der Preisdifferenzierung

Die in Kapitel 4.2.2.4 vorgestellten Lindahl-Preise für öffentliche Güter sind zwar eindeutig differenzierte Preise, fügen sich aber nicht ohne weiteres in das Pigousche Schema ein:

1) Die Preisdifferenzierung ersten Grades beraubt die Nachfrager über differenzierte AON-Preise ihrer gesamten Konsumentenrente. Lindahl-Preise hingegen lassen dem Konsumenten genau wie auf dem perfekten Markt für private Güter eine Konsumentenrente in Höhe der Differenz zwischen der Nachfragekurve und der Preislinie. Wie bei privaten Gütern entspricht die Preislinie an jeder Stelle dem durch die letzte Einheit erzielten Grenznutzen.

2) Die Preisdifferenzierung zweiten Grades variiert die Qualität des angebotenen Güterbündels, während beim Lindahl-Gleichgewicht sowohl Qualität als auch Quantität für alle Nachfrager gleich (und damit maximal) sind. Entsprechende, willkürlich durch Produktionsentscheidungen erfolgende Einschränkungen der sozialen Wohlfahrt bleiben aus, und dennoch kann jeder Konsument bedient werden.

3) Bei der Preisdifferenzierung dritten Grades trennt der Anbieter Marktsegmente mit unterschiedlicher Preiselastizität voneinander und setzt für diese verschiedene, gewinnmaximale Cournot-Preise. Während dieses Verfahren den Nachfragern noch eine Konsumentenrente lässt, schließt es aber durch den auf das Marktsegment abgestimmten Einheitspreis Nachfrager aus, obwohl deren Bedienung diese besser stellen könnte, ohne andere schlechter zu stellen (vgl. Abbildung 4-5). Bei Lindahl-Preisen hingegen stellt sich ein Lindahl-Gleichgewicht ein, bei dem die Wohlfahrt maximal ist und der Preis niemanden vom Konsum eines Gutes ausschließt.

Am ehesten entsprechen Lindahl-Preise einer Preisdifferenzierung ersten Grades im Wettbewerb, bei dem die Anbieter keinen AON-Preis mehr fordern können, weil die vereinzelten Anbieter nur jeweils eine Teilmenge des öffentlichen Gutes bereitstellen. Da jeder Anbieter jeden Nachfrager bedienen will, können die Nachfrager jedem Anbieter damit drohen, auf den Konsum der gerade von ihm produzierten Einheit zu verzichten. Auch wenn die Anbieter perfekt preisdifferenzieren können, wird dann keiner von ihnen mehr als den Nutzen dieser einen Einheit als Preis abschöpfen können.

4.2.3.5 Fazit

Preisdifferenzierungen sind überaus häufig in Bereichen der Wirtschaft anzutreffen, die sich durch hohe fixe Kosten in der Produktion auszeichnen. Dies gilt sowohl für stark konzentrierte Industriezweige als auch solche mit intensivem Wettbewerb, sofern ein gewisser Preissetzungsspielraum vorliegt. (Vgl. Faßnacht 1996: 9; Varian 1996) In seiner empirischen Untersuchung stellt Faßnacht (1996) fest, dass „die Preisdifferenzierung eine überragende Bedeutung für die Preispolitik von Dienstleistungsunternehmen besitzt." In der Mehrzahl der Fälle werde sogar mehr als eine Implementationsform der Preisdifferenzierung herangezogen. (Faßnacht 1996: 99)

Die positiven Wirkungen der Preisdifferenzierung, ansonsten ungenutzte Produktionspotentiale auslasten zu können und dadurch die soziale Wohlfahrt zu erhöhen, sind bereits hinreichend in dieser Arbeit beschrieben worden. Preisdifferenzierung unterstützt aber auch den Wettbewerb in den Fällen, in denen neue Anbieter oder neue Produkte auf den Markt kommen. Hier „können Preisdifferenzierungen eine wertvolle Hilfe sein, konkrete Vorstellungen über Form und Lage der individuellen Absatzkurve zu gewinnen – eine notwendige Voraussetzung rationalen Wettbewerbsverhaltens." (Weiß 1972: 103)

Wettbewerbspolitisch bedenklich wird Preisdifferenzierung erst dann, wenn sie zur Erlangung oder dem Erhalt einer Monopolstellung dient oder den Leistungswettbewerb auf eine andere Art und Weise verfälscht. Normalerweise befürchtet man bei Zulassung von Preisdifferenzierung eine nicht leistungsgerechte Einkommensverteilung, wobei die mächtigeren Marktteilnehmer

(Nachfrager und Anbieter) Vorteile zu Lasten der schwächeren Marktteilnehmer erzwingen. (Vgl. Weiß 1972: 178) Andererseits kann zum Beispiel durch das Verbot von Mengenrabatten eine Benachteiligung von größeren Abnehmern erfolgen, da nicht alle Ersparnisse, die im Vergleich zu kleineren Abnehmern auftreten, an sie weitergegeben werden dürfen. (Vgl. Weiß 1972: 150f)

Mindestens ebenso schwierig wie die Verfälschung der Leistungsgerechtigkeit ist eine gezielte Verwendung von Preisdifferenzierung als Mittel des Vernichtungswettbewerbs festzustellen. Denn selbst wenn ein Unternehmer unterhalb seiner Grenzkosten vertreibt, kann dies der Käuferschichtenerschließung dienen. Vor einer Verurteilung muss daher gefragt werden, (1) ob die Preisdifferenzierung zielgerichtet gegen Wettbewerber erfolgt (z.B. bei sogenannten Frachtbasissystemen, Frankostationspreissystemen und Treuerabattsystemen) sowie (2) wie groß aufgrund der Marktverhältnisse die Gefahr der Erlangung einer Monopolstellung ist. (Vgl. Weiß 1972: 111)

Canoys (1994: 294) Definition von wettbewerbsgefährdendem Dumping als Verkauf unterhalb der Durchschnittskosten ist bei möglicher Preisdifferenzierung wenig hilfreich. Viel sinnvoller ist das übliche Verfahren, erst bei einem Verkauf zu Preisen unterhalb der Grenzkosten von wettbewerbsschädlichem Dumping zu sprechen, da hier mit jeder verkauften Einheit Verlust gemacht wird. Ein solches Verhalten kann nur der Schädigung der Marktposition von Konkurrenten dienen. Ein Verkauf zu Grenzkosten der Produktion ist hingegen in der Regel unbedenklich.

Preisdifferenzierungen müssen jedoch nicht nur auf ihre Wettbewerbswirkungen hin geprüft werden, sondern auch auf mögliche negative Auswirkungen auf die Gesamtwohlfahrt. Da Preisdifferenzierung jeweils vom Anbieter betrieben wird, wird sie stets dann eingesetzt, wenn dadurch die Produzentenrente erhöht werden kann. Geht die Produktionsmenge jedoch zur gleichen Zeit zurück, so ist ein Rückgang des sozialen Überschusses zu erwarten. Der soziale Überschuss kann aber auch dann durch Preisdifferenzierung zurückgehen, wenn die Produktionsmenge zunimmt. Zum einen kann dies bei bestimmten Fällen von Preisbündelung geschehen, wie bereits Kapitel 4.2.3.2 zeigte. Zum anderen ist Preisdifferenzierung mit Transaktionskosten verbunden, die über denen des Verkaufs zu Einheitspreisen liegen. Werden diese Kosten der Marktspaltung, Kontrolle von Arbitrage usw. durch die Mehrerlöse der Preisdifferenzierung gedeckt, so lohnt sie sich die Preisdifferenzierung für den Anbieter. Auch wenn dann die Produktionsmenge ausgedehnt wird, kann der soziale Überschuss sinken, da ein größerer Teil der abgeschöpften Konsumentenrente zu Deckung der höheren Transaktionskosten verwendet wird.

Die bislang getroffenen Aussagen zu den Wirkungen von Preisdifferenzierung auf die soziale Wohlfahrt bezogen sich in der Regel auf die Produktionsmenge der Güter und den dadurch erzielten sozialen Überschuss.

Sieht man einmal von der wünschenswerten vollständigen Versorgung aller Nachfrager mit jeder produzierten Einheit nicht rivaler Güter ab, so ist für Medieninhalte aber auch die Wirkung auf Qualität und Vielfalt des Angebots von überragender Bedeutung. Die dafür notwendige, umfangreiche Analyse ist an dieser Stelle noch nicht möglich und wird statt dessen erst ab Kapitel 4.4 vorgenommen.

4.3 Modelle der privaten Bereitstellung homogener öffentlicher Güter im Wettbewerb mit Preisdifferenzierung

Ein Markt für ein homogenes öffentliches Gut gerät bei Lindahl-Preisen in ein wohlfahrtsoptimales Gleichgewicht. Da jeder Medieninhalt für sich ebenfalls ein öffentliches Gut ist, liegt die Frage nahe, ob auch hinsichtlich der Vielfalt und der Qualität des Inhalteangebots der Markt erst mit differenzierten Preisen im Sinne Lindahls das Wohlfahrtsoptimum erreicht. Keines der in der Literatur entwickelten wirtschaftswissenschaftlichen Modelle integriert jedoch sowohl Quantität, Vielfalt und Qualität und lässt zugleich Preisdifferenzierung zu. Statt dessen liegen mit den Modellen von Thompson (1968), Demsetz (1970) und Oakland (1974) Versuche vor, die private Bereitstellung öffentlicher Güter im Wettbewerb unter Zulassung von Preisdifferenzierung, aber ohne Produktdifferenzierung abzubilden. Der kurzen Darstellung dieser Modelle folgt ab Kapitel 4.4 die Diskussion von Beiträgen zur Theorie des monopolistischen Wettbewerbs, welche die Marktergebnisse bezüglich der Angebotsvielfalt und teilweise auch bezüglich der Produktqualität behandeln. Leider gibt es kein umfassendes Modell, das die Wirkung von Preisdifferenzierung nicht nur auf die Produktdifferenzierung, sondern auch auf die Produktqualität untersucht. Mit einfachen Mitteln kann aber abschließend gezeigt werden, dass es ein Schema differenzierter Preise gibt, das mit Lindahl-Preisen vergleichbar ist und das Wohlfahrtsoptimum auch am Markt für Medieninhalte herbeiführt.

4.3.1 Das Thompson-Modell

In seinem Aufsatz „The Perfectly Competitive Production of Collective Goods" unternimmt Thompson (1968) den ältesten bekannten Versuch, die private Bereitstellung eines homogenen öffentlichen Gutes im Wettbewerb in einem Modell abzubilden. Thompson macht die folgenden Annahmen:

(1) Das produzierte Gut ist nicht rival im Konsum, Exklusion ist kostenlos möglich, die einzelnen Einheiten sind homogen und der Grenznutzen der einzelnen Einheiten ist abnehmend. Ein Beispiel für ein solches Gut sind Fernsehsendeminuten mit gleichwertigen Inhalten.

(2) Es gibt eine Vielzahl von Produzenten, und die Grenzkosten der Produktion eines jeden Anbieters verlaufen steigend. Da der Marktzugang offen ist, treibt der Anbieterwettbewerb die Profite auf null herunter.

(3) Die Anbieter können jeder für sich perfekte Preisdifferenzierung betreiben. Da die Grenzkosten der Befriedigung eines Nachfragers mit einer bereits produzierten Einheit gleich null sind, erhält jeder Nachfrager jede Einheit des Gutes. Die zu zahlenden Preise sind verschieden zwischen den einzelnen Nachfragern, aber für ein Individuum haben alle Einheiten den gleichen Preis.

Thompson (1968) fordert zu Recht von einem Marktgleichgewicht unter diesen Bedingungen, dass (1) die Grenzkosten der Produktion der Anbieter gleich den Grenzerlösen der produzierten Einheiten am Markt sind und (2) der Preis, den ein Nachfrager je Einheit des Gutes zu zahlen hat, seinem Grenznutzen entspricht. Kaum nachvollziehbar ist jedoch Thompsons Vermutung, dass die Nachfrager den Grenznutzen nicht allein über den zusätzlichen Bruttonutzen der zuletzt konsumierten Einheit definieren, sondern zusätzlich die preissenkende Wirkung auf die intramarginalen Einheiten bewerten. Diese besteht darin, dass mit dem abnehmenden Grenznutzen bei einer Konsumausdehnung auch der Preis für alle intramarginalen Einheiten sinkt, wenn der Preis für alle Einheiten dem Bruttonutzen der letzten Einheit entspricht. Kann ein Konsument unter diesen Bedingungen seinen Konsum ausweiten, so nimmt seine Konsumentenrente der intramarginalen Einheiten zu. Thompson erwartet nun von den Nachfragern in seinem Modell, dass sie diese Zunahme der Konsumentenrente in ihre Grenznutzenrechnung aufnehmen und ihre Zahlungsbereitschaft entsprechend erhöhen. (Vgl. Thompson 1968; Thompson 1969)

Die Nachfragekurve, die den Verlauf der so gebildeten Zahlungsbereitschaften bei jeder denkbaren Konsummenge abbildet, zeigt Preis-Mengen-Kombinationen (zu Preisen pro Einheit) an, zu denen der Nachfrager nahezu indifferent zwischen Konsum aller Einheiten und dem Konsum keiner einzigen Einheit ist. Das Ergebnis ist dasselbe wie bei der Forderung eines perfekt differenzierten AON-Preises durch einen Monopolisten, durch den ebenfalls die gesamte Konsumentenrente abgeschöpft wird. Ein Monopolist maximiert damit seine Produzentenrente und produziert eine pareto-optimale Menge des Gutes. Im Wettbewerb jedoch würde diese hohe Produzentenrente so viele Anbieter anlocken, dass der Konkurrenzdruck die Produktionsmenge so weit nach oben treibt, dass die Profite zurück auf null sinken. Bei einem linearen Verlauf der Nachfragekurven ist diese Produktionsmenge im Gleichgewicht genau doppelt so groß wie die pareto-optimale Menge. Da es weder Produzenten- noch Konsumentenrente gibt, könnte genau so gut ganz auf die Produktion des öffentlichen Gutes verzichtet werden.

Thompson schränkt dieses Ergebnis insofern ein, als es den Anbietern im Wettbewerb nicht immer möglich sein dürfte, mit den Preisen genau die

Zahlungsbereitschaft der Nachfrager zu treffen. Da die Preise unter solchen Umständen niedriger sein müssen als die Zahlungsbereitschaft der Nachfrager, könne die Produktionsmenge eventuell sogar unter dem optimalen Niveau liegen. Reicht dieser Effekt aber nicht aus, um eine Produktionsmenge über dem wohlfahrtsoptimalen Niveau zu verhindern, schlägt Thompson (1968) eine Steuer auf die Güter vor, um die Nachfrage um einen entsprechenden Wert zu senken.

Thompsons Annahme über die Bildung der Nachfragekurve an einem Markt für öffentliche Güter im Wettbewerb stößt in der Literatur auf Ablehnung oder wird – da kaum nachvollziehbar – missverstanden.[91] In der Tat fällt es schwer zu glauben, dass ein Nachfrager bei einem Wettbewerb vieler Anbieter freiwillig seine gesamte Konsumentenrente aufgeben sollte. Das würde im Gegensatz zu allen anderen Märkten einen Nachfrager voraussetzen, der die Preisforderungen der *einzelnen* Anbieter nicht als gegeben, sondern als durch die nachgefragte *Gesamtmenge* beeinflussbar ansieht. Zusätzlich würde eine solche Person bei jeder Kaufentscheidung nicht nur daran denken, ob das Gut den geforderten Preis wert ist, sondern auch noch berechnen, wie sehr der Kauf des Gutes den Preis aller anderen zu erwerbenden Güter senkt. Es ist schwierig, sich einen Markt mit Handlungsanreizen vorzustellen, unter denen man selber sich so verhalten würde.

4.3.2 Das Demsetz-Modell

Demsetz (1970) legt seinem Modell im Wesentlichen die gleichen Annahmen zugrunde wie Thompson (1968). Auch er unterstellt den Anbietern, dass sie perfekte Preisdifferenzierung zwischen den einzelnen Nachfragern betreiben können. Im Unterschied zu Thompsons Modell akzeptieren die Nachfrager bei Demsetz die Preise jedoch als gegeben und versuchen unter diesen Bedingungen ihren Nutzen zu maximieren. „The reason that the buyer takes the price as given in the public good case is the same as the reason that he takes it as given in the private good case. There is no *individual* action that he can take to lower the price that he pays that is *worthwhile* for him to take.“ (Demsetz 1970: 299) Zwar könnte der Nachfrager andere mit der Drohung unter Druck setzen, seine Nachfrage zurückzuhalten und damit sowohl die Angebotsmenge zu senken als auch die Preise zu erhöhen. Jedoch wären die Auswirkungen bei

[91] Borcherding (1978) interpretiert Thompsons Anbieter als Kartell, das gemeinsam einen AON-Preis fordert; ähnlich auch Rodgers (1969). Owen (1969) gar lehnt Thompsons Modell ab, ohne überhaupt verstanden zu haben, um welche Art Gut es sich dabei handelt. Demsetz (1970) lehnt es ganz ab, sich mit Thompsons Modell auseinanderzusetzen. „[T]he model [. . .] so strains the concept of competition that a full discussion of the Thompson paper would carry us far beyond our subject.“ (Demsetz 1970: 296, fn.2)

hinreichender Größe des Marktes für den einzelnen kaum spürbar. (Vgl. Demsetz 1970: 299f)

Das Modell ist dann im Gleichgewicht, wenn das in Kapitel 4.2.2 beschriebene Lindahl-Gleichgewicht erreicht ist: jeder Nachfrager konsumiert jede produzierte Einheit, der vom einzelnen erzielte Grenznutzen entspricht dem zu zahlenden Preis, und die Summe der Grenznutzen (und damit der Grenzerlös) entspricht den Grenzkosten der Produktion. Eine Wiedergabe der Argumentation von Demsetz scheint nicht mehr notwendig, da sie weitgehend deckungsgleich mit Darstellungen dieser Arbeit ist. Für Verwirrung sorgen allerdings Demsetz' Darstellungen, auf welche Weise die Anbieter die Preisdifferenzierung betreiben. Teilweise scheint es, als würden die Nachfrager ihre marginalen Zahlungsbereitschaften freiwillig offen legen (vgl. Demsetz 1973: 403). Lediglich bei der Darstellung des Modells macht Demsetz (1970) deutlich, dass es sich in seinem Modell um eine Preisdifferenzierung dritten Grades nach Pigou handelt. Die Anbieter ordnen jeden Nachfrager eindeutig und ohne Kosten einer von drei Nachfragergruppen zu, welche unterschiedlich verlaufende Nachfragekurven aufweisen. Innerhalb der Gruppen haben die Nachfrager eine vollkommen identische Nachfrage, und Arbitrage ist ausgeschlossen.

Obwohl Demsetz (1970) als ausdrückliches Beispiel das Fernsehangebot wählt, ist sein Modell nur begrenzt auf den tatsächlichen Medienmarkt übertragbar. Schmitz (1990) weist daher darauf hin, dass im Gegensatz zu Demsetz' Modellmarkt „die von den Rundfunkunternehmen angebotenen Produkte alles andere als homogen sind“ und es eine solche Vielzahl von Programmen gibt, dass der Konsum des gesamten Angebots schon technisch nicht möglich ist. Es ist daher unerlässlich, auch die Bedeutung von Vielfalt und Produktdifferenzierung bewerten zu können.

4.3.3 Das Oakland-Modell

Oakland stellte 1974 ein Modell der privaten Bereitstellung öffentlicher Güter im Wettbewerb vor, welches auf interpersonelle Preisdifferenzierung verzichtet und trotzdem ein Gleichgewicht erreicht. Ähnlich wie bei Thompson (1968) und Demsetz (1970) ist das gehandelte homogene Gut nicht rival im Konsum, und Exklusion ist möglich. Die Anbieter stehen im Wettbewerb zueinander, und ihre einzelne Marktmacht ist vernachlässigbar. Die Nachfrager sind wie bei Demsetz (1970) Preisnehmer und Nutzenmaximierer, jedoch sind ihre Präferenzen und damit die Verläufe ihrer Nachfragekurven weitgehend unbekannt. Eine Aufteilung der Nachfrager in einzelne Nachfragergruppen, denen die gleichen Güter zu unterschiedlichen Preisen angeboten werden, ist daher unmöglich; die Anbieter einer Einheit des Gutes müssen von jedem Nachfrager den gleichen Preis fordern.

Wird eine Einheit des Gutes an alle (*n*) Nachfrager verkauft, so muss der Preis (*P*) zur Kostendeckung den *n*-ten Teil der Kosten (*C*) betragen. Wenn alle Nachfrager gleiche Präferenzen und Kaufkraft haben, dann wird der Preis für alle Güter gleich sein, und das Gleichgewicht des Marktes wird das Lindahl-Gleichgewicht einnehmen. Wenn die Präferenzen jedoch verschieden sind, gibt es eine maximale Menge des Gutes, die zum Preis von *C/n* abgesetzt werden kann. Über diese Menge hinaus besteht aber immer noch eine ungedeckte Nachfrage bei einem kleineren Teil der Konsumenten. Ihnen können weitere Einheiten des Gutes verkauft werden, wobei sie aber einen um so höheren Preis zu zahlen haben, je weniger Nachfrager sich durch Zahlung des Preises an den Herstellungskosten beteiligen. „In general, therefore, some form of price discrimination will emerge from the process of competition. Such price discrimination takes the form of different prices for different units of the collective good.“ (Oakland 1974: 934) Auf diese Weise sind bis zu *n* verschiedene Preise möglich, vorausgesetzt, die Produkteinheiten sind hinreichend klein und die individuellen Nachfragekurven sind hinreichend verschieden.

Alle Einheiten des Gutes, die zu einem Preis größer als *C/n* verkauft werden, sind durch eine „excess capacity“ gekennzeichnet, da der Preis Konsumenten ausschließt, obwohl sie zu Kosten von null bedient werden könnten (Oakland 1974: 934). Dieser Wohlfahrtsverlust aufgrund von Unternutzung der produzierten Güter ist im Wettbewerb unvermeidlich, da die Anbieter keine interpersonelle Preisdifferenzierung betreiben können. Sie müssten daher für alle Nachfrager ihre Preise senken, wenn sie die zu einem hohen Preis ausgeschlossenen Nachfrager bedienen wollen. Zu einem niedrigeren Preis werden sie aber niemals genug Käufer finden, wenn die Marktpositionen bei niedrigeren Preisen schon durch andere Anbieter gesättigt sind.

Neben dem Wohlfahrtsverlust aufgrund von Unternutzung stellt Oakland auch noch einen Wohlfahrtsverlust aufgrund von Unterproduktion fest. Um dies nachzuvollziehen, reicht es, sich für jeden Nachfrager abnehmende, aber niemals negative Zahlungsbereitschaften vorzustellen. Wie die Darstellung zum Lindahl-Gleichgewicht zeigt (4.2.2), stellt sich das wohlfahrtsoptimale Gleichgewicht dann ein, wenn die Summe aller marginalen Zahlungsbereitschaften den Grenzkosten der Produktion entspricht. Im Oakland-Gleichgewicht werden jedoch Nachfrager vom Konsum der marginalen Einheiten ausgeschlossen. Wenn ihre positive Zahlungsbereitschaft für die marginale Einheit zu den Produktionskosten beitragen könnte, würde die Gleichgewichtsproduktion ausgedehnt werden. Im Extremfall, bei dem alle anderen als die „Maximalnachfrager“, die im Oakland-Gleichgewicht die marginale Produktion nachfragen und allein finanzieren, für die marginale Produktion eine Zahlungsbereitschaft von null haben, ist die optimale

Produktionsmenge immer noch genau so groß wie im Oakland-Gleichgewicht. „In no event will overproduction be the case" (Oakland 1974: 938). Allerdings würden bei dieser Konstellation in einem Lindahl-Gleichgewicht ausschließlich die Maximalnachfrager die gesamte Produktion finanzieren, während alle anderen Nachfrager völlig kostenlos versorgt würden.

Das Oakland-Modell überzeugt aufgrund seiner Einfachheit und ist in sich schlüssig. Trotzdem ist es nicht in der Lage, die Wirklichkeit am Markt für Medieninhalte zutreffend abzubilden, da es hier an der Homogenität der Güter mangelt. Einen Ausschluss von Nutzern über den Preis homogener Güter kann man daher fast nirgendwo beobachten. Am ehesten entspricht dem Oakland-Modell noch die Preissetzung der cable networks in den USA, die für ihren *basic cable service* einen niedrigen, von allen Kabelkunden zu zahlenden Preis, für einzelne *premium service channels* aber deutlich höhere Preise verlangen. Diese Kanäle werden daher nur von Kabelkunden mit besonders hoher Kaufkraft oder hohem Bedarf nach Fernsehkanälen abonniert. Ähnliches zeichnet sich auch in Deutschland mit den Angeboten der hochpreisigen Abonnementsender *Premiere* oder *DF-1* ab. Deutlicher Unterschied zum Oakland-Modell sind aber die Qualitätsunterschiede der hochpreisigen Zusatzoptionen zum Basisangebot. Sowohl in Deutschland als auch in den USA legen diese Sender einen großen Wert auf attraktive Inhalte und Werbungsverzicht.

4.4 Modelle der privaten Bereitstellung differenzierter öffentlicher Güter im Wettbewerb

4.4.1 Die Theorie des monopolistischen Wettbewerbs

Die drei zuletzt vorgestellten ökonomischen Modelle zeigen für die dargestellten Märkte, dass nur die Lindahl-Preise des Demsetz-Modells (1970) zu einem wohlfahrtsoptimalen Gleichgewicht führen können. Sowohl das Oakland-Modell (1974) mit seinem Verzicht auf interpersonelle Preisdifferenzierung als auch das Thompson-Modell (1968) mit seiner außergewöhnlichen Abschöpfung der gesamten Konsumentenrente bei freiem Marktzutritt ziehen erhebliche Abweichungen vom Pareto-Optimum nach sich. Alle drei Modelle gehen von vollkommener Homogenität der am Markt gehandelten Güter aus. Dieser Bedingung entsprechen Medieninhalte jedoch nicht. Im Gegenteil zeichnen sie sich gerade dadurch aus, dass es für einen einzelnen, urheberrechtlich geschützten Medieninhalt nur einen einzigen Anbieter geben kann. Eine für den Wettbewerb notwendige Konkurrenz kann es nur in Form einer *Substitutionskonkurrenz* durch das Angebot ähnlicher, aber nicht gleicher Inhalte geben. In seiner „Theory of Monopolistic Competition" stellt

Chamberlin (1956: 59) die Wettbewerbssituation für alle Formen geistigen Eigentums wie folgt dar:

„Every patented article is subject to the competition of more or less imperfect substitutes. It is the same with copyrights. Copyrighted books, periodicals, pictures, dramatic compositions, are monopolies; yet they must meet the competition of similar productions, both copyrighted and not. The individual's control over the price of his own production is held within fairly narrow limits by the abundance and variety of substitutes. Each copyrighted production is monopolized by the holder of the copyright; yet it is also subject to the competition which is present over a wider field."

Da zu den Patenten und urheberrechtlich geschützten Werken auch Handelsmarken hinzukommen, ist der monopolistische Wettbewerb die wohl häufigste Konkurrenzform überhaupt in freien Märkten. „Unfortunately, it is also the most difficult form to analyze." (Varian 1993: 429).

Chamberlins Theorie des monopolistischen Wettbewerbs ist als Reaktion auf den Widerspruch zu verstehen, in dem die oft beobachtete Unterauslastung von Skalenökonomien zu Marshalls Theorie des langfristigen Wettbewerbsgleichgewichts steht. Nach dieser Theorie werden im Gleichgewicht alle Skaleneffekte vollständig ausgenutzt (vgl. Eaton und Lipsey 1989: 761-763) Unausgenutzte Skalenökonomien liegen vor, wenn die Produktionsgrenzkosten noch unterhalb der Durchschnittskosten liegen. Durch eine Produktionsausdehnung könnte der Anbieter also seine Durchschnittskosten senken und seinen Gewinn steigern. Eine Ausnahme vom Zwang zur Ausnutzung aller Skalenökonomien gibt es nur für Monopolisten, da eine Angebotsausdehnung den Marktpreis senkt. Hier gibt es daher eine gewinnmaximale Produktionsmenge, die unterhalb vollständiger Auslastung aller Skalenökonomien liegt (siehe Abbildung 4-5). Echte Monopole sind jedoch selten, und sie sind leicht an ihren Monopolgewinnen zu erkennen. Produzenten, die keine Monopolgewinne erwirtschaften, zugleich aber auch vorhandene Skalenökonomien unausgenutzt lassen, konnten daher nicht in Marshalls Wettbewerbsmodell eingeordnet werden.

Chamberlin löste diesen Widerspruch, indem er zeigte, dass in einer monopolistischen Konkurrenz ein einzelner Anbieter zwar Monopolist für sein Produkt ist, die ihm begegnende Nachfrage aber beeinflusst wird von „the nature and prices of the substitutes with which it is in close competition." (Chamberlin 1956: 68f) Je geringer die Preise der Substitute sind und je besser diese Konkurrenzangebote das Produkt des Monopolisten ersetzen können, desto schwächer fällt dessen Nachfrage aus. Bei freiem Marktzutritt werden dann so lange neue Anbieter als Konkurrenten hinzukommen, bis die Gewinne auf null gefallen sind. Im Gegensatz zur Analyse einer Monopolsituation oder einer vollkommenen Konkurrenz, in der die Handlungen der Anbieter ohne Einfluss auf die Nachfrage und damit auf die Erlös- und Gewinnsituation anderer Anbieter sind, reicht es zur Analyse der monopolistischen Konkurrenz nicht aus, nach einem individuellen Gleichgewicht zu suchen (vgl. Chamberlin

1956: 69). Vielmehr muss ein Gruppengleichgewicht gefunden werden, das von Varian (1993: 430) für den Fall des freien Marktzutritts wie folgt beschrieben wird:

„1. Each firm is selling at a price and output combination on its demand curve.
2. Each firm is maximizing its profits, given the demand curve facing it.
3. Entry has forced the profits of each firm down to zero.

These facts imply a very particular geometrical relationship between the demand curve and the average cost curve: the demand curve and the average cost curve must be tangent to each other."

Abbildung 4-8 stellt diese Bedingungen des Gruppengleichgewichts für einen einzelnen Anbieter graphisch dar. Nur beim Gleichgewichtspreis von P^* kann der Anbieter die Gleichgewichtsmenge Q^* absetzen, welche in der Lage ist, die Produktionskosten zu decken. Wenn die Nachfragekurve die Durchschnittskostenkurve schneiden würde, gäbe es eine Preis-/Mengenkombination mit positiven Gewinnen. Neue Anbieter würden daraufhin die Substitutionskonkurrenz verschärfen und so die Nachfragekurve nach links unten verschieben – so lange, bis sie wieder eine Tangente ist und die Gewinne null betragen. Wenn sich die Nachfragekurve hingegen weiter von der Durchschnittskostenkurve entfernt, macht der Anbieter einen Verlust und wird aus dem Markt austreten.

Abbildung 4-8:
Nachfragesituation eines einzelnen Anbieters im monopolistischen Gleichgewicht bei freiem Marktzutritt

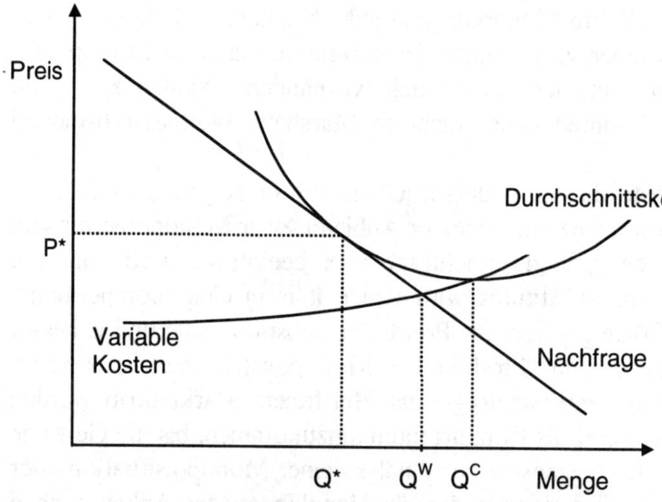

Quelle: erstellt in Anlehnung an Varian (1993: 431).

In Abbildung 4-8 wird auch deutlich, worin die mangelhafte Auslastung von Skalenökonomien im monopolistischen Wettbewerb besteht. Bei der Produktion der Menge Q^* liegen die variablen Kosten unterhalb der Durchschnittskosten, und die Durchschnittskostenkurve fällt. Bei der Menge Q^C wäre das Produktionsniveau erreicht, das von einem Anbieter im vollkommenen Wettbewerb angeboten würde. Im monopolistischen Wettbewerb begegnet ihm aber – wie dem Monopolisten – eine fallende Nachfragekurve. Würde der Anbieter versuchen, die Menge Q^C abzusetzen, so könnte er keinen kostendeckenden Preis verlangen.

Daher unterliegt jener Kritik der herrschenden Lehrmeinung ein „Denkfehler" (Tirole 1995: 635), die die Differenz zwischen Q^* und Q^C lange Zeit als Überschusskapazität („excess capacity" (Varian 1993: 430)) bezeichnete. Zwei weitere Punkte machen das deutlich: Erstens setzt die Ausdehnung der Produktion eine Verringerung der Angebotsvielfalt voraus, was wiederum einen wohlfahrtssenkenden Effekt hat. Zweitens kann nur so lange von einer pareto-ineffizienten Situation gesprochen werden, wie die Preise oberhalb der *Grenzkosten* der Produktion liegen. Da die Preis-/Mengenkombination nur dann abgesetzt werden kann, wenn sie auf der Nachfragekurve liegt, ist das wohlfahrtsoptimale Produktionsniveau Q^W durch den Schnittpunkt der Grenzkostenfunktion mit der Nachfragefunktion gegeben. Q^W ist damit zwar größer als Q^*, und es gibt tatsächlich eine Überschusskapazität, doch ist Q^W immer noch kleiner als Q^C. Die Überschusskapazität ist also wesentlich weniger wohlfahrtsschädlich als traditionell befürchtet. (Vgl. Varian 1993: 430)[92] Der korrekt bestimmte Wohlfahrtsverlust besteht in dem kleinen Dreieck rechts von Q^* zwischen der Nachfragekurve und den variablen Kosten (vgl. Economides und Wildman 1995: 4).

Damit hat der monopolistische Wettbewerb das gleiche Problem wie ein Monopol oder ein Markt für öffentliche Güter, zu Einheitspreisen ein optimales Produktionsniveau zu erreichen. Dieses Problem kann beim Monopol und bei öffentlichen Gütern durch perfekte Preisdifferenzierung im Sinne Lindahls gelöst werden. Eine direkte Übertragung des Ergebnisses der bisherigen Betrachtung auf den monopolistischen Wettbewerb ist aber nicht möglich. Hier spielt die Frage nach der Ausgewogenheit des Angebots bezüglich (1) der Vielfalt (Anzahl der angebotenen Produktvarianten sowie ihr Differenzierungsgrad) und (2) der Qualität (Nutzenpotential) jeder einer einzelnen Produktvariante (vgl. Kapitel 4.1) eine Rolle, die bislang weder beim Monopol noch bei der privaten Bereitstellung homogener öffentlicher Güter angesprochen wurde.

---

92 An späterer Stelle zeigt dieses Kapitel, dass die Angebotsvielfalt dann optimal wird, wenn es den einzelnen Anbietern ermöglicht wird, mit Preisdifferenzierung ihre Absatzmenge auf die wohlfahrtsoptimale Menge Q^W auszudehnen.

Schon relativ beiläufige Beobachtungen deuten an, dass zumindest der Fernsehmarkt außerstande ist, ein wohlfahrtsoptimales Programmangebot bereitzustellen. So verzeichnet Schröder (1997: 74) als Beitrag des privaten Fernsehens in Deutschland lediglich ein „Mehr desgleichen" und beklagt die mutmaßlich mit Absicht verspielten Möglichkeiten, dem Zuschauer ein breiter gefächertes Angebot zu bieten:

„RTL und SAT.1 führten nahezu gleichzeitig das Frühstücksfernsehen ein, entdeckten zur selben Zeit die 'Erotik Welle' und nahmen parallel 'Gameshows' ins Programm. Daneben verfügen die Sender über sehr ähnliche Programmstrukturen, so daß an Feiertagen Spielfilm gegen Spielfilm antritt und wochentags im Vorabendprogramm Unterhaltungssendungen und Talk-Shows einander zu überbieten versuchen."

Bereits Kapitel 4.1 sprach die Schwierigkeiten der empirischen Erfassung von Vielfalt und Qualität an. Wo dennoch entsprechende Werte erhoben werden, sagen sie nichts Gutes über die Leistungsfähigkeit des Marktes. Levin (1971) stellt für die USA fest, dass ein öffentlicher Bildungsakanal je nach Marktsättigung durch zwei oder fünf kommerzielle Sender zwölf- bzw. achtmal größere Beiträge zur Programmvielfalt leistet als ein weiterer kommerzieller Sender. Wenn man die bislang vorliegenden Untersuchungen zugrunde legt, scheinen Marktkräfte die Sender also eher zur Programmduplizierung als zur Bereitstellung von Vielfalt anzureizen.

Verschiedene Modelle des monopolistischen Wettbewerbs versuchen die Marktregeln zu simulieren, die zu solchen Phänomenen führen können. Einige Modelle schranken ihre Gultigkeit explizit auf den – in den USA seit den fünfziger Jahren intensiv beobachteten – Fernsehmarkt ein. Andere Modelle dagegen versuchen das Verhalten der Anbieter in allen Wirtschaftszweigen zu erklären, in denen die vorhandenen Skalenökonomien nicht vollständig ausgenutzt werden.

4.4.2 Das Steiner-Rothenberg-Beebe-Modell

Das von Steiner (1952) entwickelte Modell eines Marktes im monopolistischen Wettbewerb bezog sich ursprünglich auf das Programmwahlverhalten von Radiohörern. Beebe (1977) greift Steiners Ansatz sowie spätere Ergänzungen durch Wiles (1963) und Rothenberg (1962) auf und entwickelt daraus ein umfassendes Simulationsmodell für den Fernsehmarkt. Zentrale Aufgabe des Modells ist es zu zeigen, unter welchen Umständen ein Monopolist ein besseres Programmangebot bereitstellt als einzelne unabhängige Anbieter im freien Wettbewerb. Zwar wird das Modell in der Literatur oft und ausführlich behandelt[93], doch scheinen die von ihm beantworteten Fragen keine aktuelle Bedeutung mehr zu haben. Da zudem die wesentlichen Erkenntnisse des Modells durch einfache Erklärungen dargestellt werden können, wird an

---

93 (Vgl. Müller 1998; Schmitz 1990; Owen und Wildman 1992).

dieser Stelle zugunsten einer knappen Zusammenfassung auf eine weitere ausführliche Wiedergabe des Modells verzichtet.

Die potentielle Programmvielfalt im Steiner-Rothenberg-Beebe-Modell besteht aus unendlich vielen unterschiedlichen Programmtypen. Gehören zwei Programme dem gleichen Programmtyp an, so sind sie vollständige Substitute. Alle Programme sind werbefinanziert. Da die Einnahmen eines Programms von dessen Zuschauerzahl abhängen, gibt es keinen Preiswettbewerb, und die Anbieter maximieren lediglich ihre Zuschauerzahlen. Jeder potentielle Zuschauer gehört genau einer homogenen Zuschauergruppe an, die Präferenzen für einen einzigen Programmtypus (Steiners Annahme) oder mehrere Programmtypen (Rothenbergs Ergänzung) aufweist. Jeder Zuschauer sieht entweder genau ein oder gar kein Programm. Betrachtet wird eine kurze Periode unter den Bedingungen einer begrenzten vs. unbegrenzten Anzahl verfügbarer Sendekanäle und der Bereitstellung durch ein Monopol vs. der Bereitstellung durch unabhängige Anbieter im Wettbewerb. (Beebe 1977: 18f)

Wenn – wie in Steiners ursprünglichem Modell – jeder potentielle Rundfunkkonsument nur einen einzigen Programmtypus nachfragt, dann erzeugt das Angebot mehrerer konkurrierender Wettbewerber eine geringere soziale Wohlfahrt als das Angebot eines Monopolisten. Da ein Wettbewerber nur die Zahl der Zuschauer seines eigenen Programms maximieren will, lohnt es sich für ihn, Programme anderer Anbieter mit besonders hohen Zuschauerzahlen zu duplizieren. Ohne dass dadurch dem Zuschauer irgendein Nutzen entsteht, werden Ressourcen für die Programmproduktion aufgewendet (Beebe 1977: 23)[94] und ein Sendeplatz belegt. Letzteres ist besonders ungünstig, wenn die Anzahl möglicher Programme durch eine Knappheit an Übertragungskapazitäten begrenzt ist. Dann kann Programmduplizierung verhindern, dass bislang noch nicht bereitgestellte Programmtypen einen Sendeplatz finden, obwohl sie ausreichend hohe Werbeeinnahmen mit ihren Zuschauerzahlen erreichen könnten. Ein monopolistischer Anbieter wird dagegen auf Programmduplizierung verzichten und ein wohlfahrtsoptimales Programmangebot bereitstellen. Dieses Angebot enthält jeden Programmtypen nur einmal und bietet die Programme, welche das höchste Zuschaueraufkommen aufweisen. Voraussetzung ist lediglich die Verfügbarkeit einer Sendefrequenz und die Deckung der Produktionskosten durch die Werbeeinnahmen.[95]

---

[94] Dieses Problem wurde von Steiner noch ignoriert: „In view, however, of the relatively very small extent of resource commitment in the industry I believe these aspects – which would be critically important in an industry such as, say, steel – can be safely neglected." (Steiner 1952: 196 fn3)

[95] Owen und Wildman (1992: 94) weisen darauf hin, dass auch im Wettbewerb Programmduplizierung unterbleibt, wenn die Anbieter – wie bei Bezahlfernsehen – auch über einen Preiswettbewerb um die Zuschauergunst kämpfen. Die Anbieter vollständiger Substitute würden sich dann gegenseitig so weit zu unterbieten versuchen, bis Preis und Erlöse beider Anbieter gleich null sind.

Diese Vorzüge des Monopols sind im Wesentlichen darauf zurückzuführen, dass die Zuschauer entweder einen einzigen oder gar keinen Programmtypen sehen (hören) (Beebe 1977: 15). Bei der Vielzahl möglicher Programmtypen und den vielschichtigen Bedürfnissen eines einzelnen Menschen ist diese Annahme Steiners (1952) jedoch kaum nachvollziehbar. Vielmehr ist Beebe zuzustimmen, der von Präferenzstrukturen ausgeht, die beim einzelnen potentiellen Zuschauer Vorlieben für mehrere Programmtypen gleichzeitig zulassen (Beebe 1977: 25). Die Präferenzen nehmen dabei eine ordinale Ordnung an; ist der Programmtyp mit höchster Präferenz nicht verfügbar, so wird auf einen Programmtypen zweiter oder dritter Ordnung ausgewichen. Aufgrund der Art der Finanzierung über Werbung ist ein Anbieter nur daran interessiert, Zuschauer*zahlen* zu maximieren und nicht Zuschauer*befriedigung*, welche in der Bereitstellung möglichst vieler Programme mit höchster Zuschauerpräferenz besteht. Ein gewinnmaximierender Monopolist wird unter solchen Umständen eine geringere Anzahl an Programmen insgesamt und eine geringere Anzahl an Programmen mit höchster Zuschauerpräferenz bereitstellen (Beebe 1977: 25). Besonders deutlich wird das, wenn es ein sogenanntes „common denominator program“ (Beebe 1977: 19) gibt, das jeder Zuschauer dann sieht, wenn es kein anderes Programm gibt, das ihm besser gefällt.[96] Ein Monopolist würde nur dieses einzige Programm bereitstellen und so die Zuschauerzahl mit einem Mindestaufwand maximieren.

Anbieter im Wettbewerb müssen dagegen um jeden einzelnen Zuschauer kämpfen. Als Mittel steht ihnen nur der Grad der Befriedigung von Zuschauerpräferenzen zur Verfügung. Damit haben sie zwar auch bei Vorhandensein von Vorlieben für mehrere Programme einen Anreiz, besonders populäre Programme zu duplizieren, sie produzieren jedoch immer eine größere Vielfalt von Programmtypen mit höchster Zuschauerbefriedigung. (Vgl. Beebe 1977: 25; Owen und Wildman 1992: 87) Im Vergleich zum Monopol steht der Senkung der Produzentenrente (durch Programmduplizierung) daher eine Steigerung der Konsumentenrente gegenüber. Beebe (1977: 33) vermutet zudem, dass besonders bevorzugte Programme den Zuschauern wesentlich mehr wert sind als dies den Anbietern durch die Werbeerlöse signalisiert wird. Weil die Anbieter ihre Programmkosten jedoch mit den Werbeerlösen decken müssen, sind die absoluten Beträge des Wohlfahrtsverlustes aufgrund von Programmduplizierung vermutlich kleiner als die Wohlfahrtsgewinne durch die gezieltere Befriedigung der Zuschauerbedürfnisse, welche der Wettbewerb bei ausreichenden Sendefrequenzen gewährleistet. Da seit der Einführung des Kabelfernsehens Anfang der siebziger Jahre in den USA keine Knappheit an Sendefrequenzen mehr besteht

---

[96] Wenn ein *common denominator program* angeboten wird, gibt es also keinen potentiellen Zuschauer, der nicht fernsieht.

(vgl. Owen und Wildman 1992: 15-21), plädiert Beebe (1977: 33) für eine Programmbereitstellung durch einen Wettbewerb mehrerer Anbieter.

Das Steiner-Rothenberg-Beebe-Modell weist zwei Probleme auf. (1) Die Annahme diskreter Programmtypen und diskreter, vollkommen homogener Zuschauergruppen ist eine Modellabstraktion, die viele Möglichkeiten des Produktwettbewerbs ausschließt. Geht man statt dessen von einem Kontinuum der Programmtypen und der Präferenzmuster potentieller Zuschauer aus, so kann man sich auch eine maßvolle „Annäherung" eines Programms an ein Konkurrenzprogramm vorstellen. Auch ohne Duplizierung kann so aus dem Zuschauerkreis eines Programms ein Teil gewonnen werden, ohne jedoch den „eigenen" Zuschauerkreis verlieren zu müssen. Auf diese Möglichkeiten des Produktwettbewerbs gehen räumliche Modelle ein, die ab Kapitel 4.4.4 angesprochen werden. (2) Die meisten der vom Modell beantworteten Fragen sind durch die neuen technischen Möglichkeiten zur Übertragung einer großen Programmzahl irrelevant geworden. Ohnehin widerspräche eine Empfehlung, den Rundfunk durch ein Monopol bereitstellen zu lassen, den Zielen der Meinungsfreiheit und der Meinungsvielfalt. Andere Fragen bleiben dagegen unbeantwortet. So bietet das Modell keinerlei Möglichkeiten des Vergleichs unterschiedlicher Finanzierungsarten, da es ausschließlich von werbefinanzierten Programmen ausgeht. Überhaupt fehlt dem Modell die Möglichkeit, quantitative Aussagen zu Wohlfahrtseffekten zu machen, und außer den Auswirkungen auf die Programmstruktur werden keine weiteren Wohlfahrtseffekte der Werbung betrachtet (vgl. Müller 1998: 114f).

4.4.3 Das Spence-Owen-Modell

Im Vordergrund des Modells von Spence und Owen (1977) steht die Frage, wie weit und in welche Richtung ein Bezahlfernsehsystem bei der Bereitstellung eines Programmangebots vom Wohlfahrtsoptimum abweicht. Das führt die Untersuchung zu einem Vergleich von Bezahlfernsehen und werbefinanziertem Fernsehen, um politisch relevante Beurteilungen der Finanzierungssysteme vornehmen zu können. Da von Steiner (1952) und anderen Autoren teilweise eine monopolistische Anbieterstruktur im Rundfunk empfohlen wurde, wenden sich Spence und Owen (1977) auch einem Vergleich von Monopol und Wettbewerb zu.

Ähnlich wie das Steiner-Rothenberg-Beebe-Modell hat auch das Spence-Owen-Modell viel Beachtung in der Literatur zur Rundfunkökonomie gefunden.[97] Entsprechend kann auch bei diesem Modell auf eine weitere ausführliche Wiedergabe verzichtet werden. Zudem würde die Darstellung der umfangreichen Modellrechnungen auf hohem mathematischen Niveau an dieser Stelle von geringem Nutzen für den Leser sein. Statt dessen sollen nur

[97] (Vgl. Müller 1998; Schmitz 1990; Owen und Wildman 1992; Wildman und Owen 1985).

die grundlegenden Prinzipien wiedergegeben werden, die für das Verständnis der Modellergebnisse ausreichen.

4.4.3.1 Das Spence-Owen-Modell als Anwendung eines nicht räumlichen Modells des monopolistischen Wettbewerbs

Das Spence-Owen-Modell des Marktes für Fernsehprogramme basiert auf dem Modell des monopolistischen Wettbewerbs von Spence (1976), welches zur „non-address branch" (Eaton und Lipsey 1989: 728) gezählt wird. Hierzu gehört auch das sehr ähnliche Modell von Dixit und Stiglitz (1977), das hier jedoch nicht wiedergegeben wird.

Die Ansätze der *non-address branch* verzichten im Gegensatz zu den in Kapitel 4.4.4 vorgestellten räumlichen Modellen des monopolistischen Wettbewerbs darauf, differenzierten Produkten eine „Produktadresse" in einem „Produktraum" zuzuweisen. Modelle des nicht räumlichen Wettbewerbs sind besonders einfach, um zu untersuchen, ob (1) die *Anzahl* der angebotenen Produktvarianten eine optimale Vielfalt darstellt und ob (2) ein Auswahl-Bias auftritt, der die Produktion *bestimmter Arten* von Gütern ausschließt, obwohl sie einen positiven Beitrag zur sozialen Wohlfahrt leisten würden. (Vgl. Eaton und Lipsey 1989: 729-731)

In den Modellen verzichten die Anbieter auf einen gegenseitigen Preiswettbewerb (vgl. Eaton und Lipsey 1989: 729; Spence 1976: 235 Endnote 4). Statt dessen streben sie Gewinnmaximierung über die Anpassung ihrer Produktionsmenge an den von außen gegebenen Preis an. Der Markterfolg eines mengenanpassenden Anbieters hängt dann davon ab, ob sich für eine ausreichende Anzahl an Einheiten seines Gutes am Markt Käufer finden.

Die Konsumenten werden von den nicht räumlichen Modellen des monopolistischen Wettbewerbs in einem einzigen „repräsentativen Konsumenten" zusammengefasst, so dass auch auf eine, den jeweiligen Präferenzen entsprechende „Verortung" der Konsumenten in einem Produktraum verzichtet werden kann. Der repräsentative Konsument konsumiert von allen Produkten jeweils ein bisschen, anstatt nur wenige Vorzugsprodukte auszuwählen. (Vgl. Eaton und Lipsey 1989; Tirole 1995: 659) Das bedeutet gleichzeitig, dass jeder Anbieter jeden Konsumenten mit einem so großen Teil seiner Produktion versorgt, dass sein Gewinn maximiert wird. Mit dieser Mengenanpassung der Wettbewerber als wesentlicher Verhaltensannahme bildet das Modell einen Cournot-Wettbewerb ab.[98]

[98] Der Cournot-Wettbewerb steht im Gegensatz zum Bertrand-Wettbewerb, bei welchem die Anbieter versuchen, sich gegenseitig im Preis zu unterbieten, so dass die Nachfrager nur das Gut des Anbieters mit dem besten Angebot konsumieren. Der Bertrand-Wettbewerb führt daher auch im Gegensatz zum Cournot-Wettbewerb zu einer Situation, in der jeder Anbieter jeweils nur einen kleinen Teil des Gesamtmarktes bedient und sich die Marktbereiche der Anbieter nicht überschneiden. (Vgl. Anderson und Thisse 1988: 588) Die

Auch der Konsument ist ebenso wie jeder Anbieter Preisnehmer und Mengenanpasser. Als Nutzenmaximierer strebt er danach, seine Konsumentenrente, die Gleichung (1) dargestellt, zu maximieren. Die Konsumentenrente ist der Nettonutzen des Konsums und kann als die Differenz zwischen dem Bruttonutzen aller erworbenen Einheiten aller Güter *i* und den dafür getätigten Ausgaben dargestellt werden. (Vgl. Spence und Owen 1977: 107)

(1) $$B^{netto}(x) = B(x) - \sum_i p_i x_i .$$

Der erste Term der rechten Seite von Gleichung (1) stellt den Bruttonutzen des gesamten Bündels differenzierter Güter dar. Der Bruttonutzenfunktion wird ein konkaver Verlauf unterstellt, was nichts anderes bedeutet, als dass der Nutzen zusätzlicher Produktdifferenzierung (der Grenznutzen der Produktdifferenzierung) an jedem Ort der Funktion zwar positiv, aber abnehmend ist. Damit maximiert der Konsument seinen Nettonutzen genau dann, wenn der Nutzen weiterer Produktdifferenzierung exakt dem dafür zu zahlenden Preis entspricht: Der Nutzen *u* der Einheit *x* des marginalen Gutes *i* entspricht ihrem Preis, dargestellt in Gleichung (2). (Vgl. Spence 1976: 221)

(2) $$u_i(x) = p_i(x)$$

Die Anbieter werden entsprechend bei freiem Marktzutritt so lange immer weitere Produktdifferenzierung betreiben, bis der Preis, den die Nachfrager für eine Einheit des Gutes zu zahlen bereit sind, so weit gesunken ist, dass die Anbieter mit den erzielten Erlösen ihre Kosten gerade noch decken können. Die Kosten jeder einzelnen Einheit bestehen nur zu einem Teil aus den (konstanten) Grenzkosten *c* der Produktion. Der andere Teil besteht aus dem auf jede einzelne Einheit entfallenden Anteil an den Fixkosten *F*. Dieser Anteil nimmt aber zu, wenn die Größe der gewinnmaximalen Absatzmenge bei zunehmender Marktsättigung abnimmt. Da so der kostendeckende Preis je Einheit mit zunehmender Marktsättigung steigt, die Zahlungsbereitschaft der Nachfrager aber gleichzeitig sinkt, führt das Modell zu einem ökonomischen Gleichgewicht.

Spence (1976: 218-220) beginnt die Wohlfahrtsanalyse mit einer Beschreibung des wohlfahrtsoptimalen Niveaus. Er definiert dies ausdrücklich als eine Situation, in der freier Marktzutritt die Profite der Unternehmen auf null senkt, diese aber perfekte Preisdifferenzierung betreiben können. Ein Unternehmen *i* ist damit in der Lage, den gesamten Nutzen u_i^{netto}, den sein Produkt *zusätzlich* zu allen anderen Gütern produziert, als Erlös abzuschöpfen.[99] Diesen Nettonutzen stellt die linke Seite von Gleichung (3) in der Schreibweise von Spence (1976: 218) dar. Die rechte Seite der Gleichung stellt die

räumlichen Modelle des monopolistischen Wettbewerbs sind in der Lage, diese Wettbewerbssituation zutreffend abzubilden.

[99] In diesem Punkt entspricht der perfekt differenzierte Preis dem Lindahl-Preis für homogene öffentliche Güter.

Kosten des Unternehmens dar. Diese Gleichung erfüllt die Bedingung des Wohlfahrtsoptimums, dass die Grenzkosten dem Grenznutzen entsprechen sollen.

(3) $$u(x) - u(x - x_i e_i) = c_i(x) - F_i$$

Bei perfekter Preisdifferenzierung maximiert ein gewinnmaximierendes Unternehmen also zwangsläufig auch die gesamte Wohlfahrt (vgl. Spence 1976: 218).[100] Wie in einem Lindahl-Gleichgewicht bedeutet in diesem Fall perfekte Preisdifferenzierung keineswegs, dass den Konsumenten die gesamte Konsumentenrente genommen wird. „On the contrary, if the products are reasonably close substitutes, the contribution of any given product to total surplus may be small. [. . .] Consumers are indifferent between having and not having any given product, but they are not indifferent between having and not having the entire bundle." (Spence 1976: 219)

Wenn die Anbieter nicht perfekt differenzierte, sondern lediglich einheitliche Preise je konsumierter Einheit von den Konsumenten fordern können, muss man eine Abweichung vom Wohlfahrtsoptimum erwarten (vgl. Spence 1976: 220). Bei Einheitspreisen stellt nicht der Nettobeitrag zur Konsumentenwohlfahrt den Erlös eines Unternehmens i dar, sondern das Produkt aus dem Preis $p_i(x)$ und der zu diesem Preis produzierten gewinnmaximalen Menge x_i. Nach (2) ist $p_i(x)$ gleich $u_i(x)$; entsprechend wird Unternehmen i seinen Gewinn π_i nach der Gleichung

(4) $$\pi_i = x_i u_i(x) - c_i(x_i) - F_i$$

maximieren. Wenn der Term $x_i u_i(x)$ aus (4) dem Term $u(x) - u(x_i e_i)$ aus (3) entspricht, wird auch ohne Preisdifferenzierung von den Unternehmen eine wohlfahrtsoptimale Produktion bereitgestellt. Spence (1976: 222) zeigt jedoch, dass dies nur dann der Fall ist, „if $u(x)$ is linear in each variable taken separately." Dieser Fall kann aber kaum eintreten, da dann bei jeder einzelnen Produktvariante der Grenznutzen konstant sein würde. Das würde eine totalelastische Nachfrage bedeuten, bei der zu einem Preis $p_i(x)$ jede Menge x eines jeden Gutes i abgesetzt wird, sofern der Preis nur die Grenzkosten $c_i(x)$ deckt und das Gut angeboten wird. Statt dessen muss eine fallende Nachfrage für jedes Gut unterstellt werden, die bereits bei (1) dem konkaven Verlauf der Bruttonutzenfunktion zugrunde liegt.

Die Konsequenzen für das Angebot an einem Markt für differenzierte Güter lassen sich einfach mit Hilfe graphischer Darstellungen der Nachfragekurven für einzelne Produkte erläutern. Spence und Owen (1977) setzen in ihrem Modell des Fernsehprogrammmarktes die Grenzkosten der Bereitstellung mit null an, was die Analyse vereinfacht. Die Ergebnisse lassen sich so auch leicht auf einen Markt für Medieninhalte übertragen, da auch sie als

---

[100] Selbstverständlich gilt dies auch für einen perfekt preisdifferenzierenden Monopolisten, der den gesamten Nutzen aller Konsumenten abschöpft.

differenzierte öffentliche Güter zwar hohe Fixkosten, aber vernachlässigbare Grenzkosten der Produktion einzelner Kopien aufweisen. Statt von Fernsehprogrammen soll daher schon in der folgenden Darstellung der Modellergebnisse von Spence und Owen (1977) von Medieninhalten gesprochen werden.

4.4.3.2 Zu geringe Angebotsvielfalt am Markt für Medieninhalte

Abbildung 4-9 zeigt den Verlauf der Nachfragekurve N_i, die einem Anbieter i begegnet. Der Verlauf von N_i hängt ab von Preis und Vielfalt der am Markt angebotenen Medieninhalte anderer Anbieter. Je gesättigter der Markt, desto größer fällt die Substitutionskonkurrenz für Inhalt i aus und desto näher liegt N_i am Ursprung. Der Preissetzungsspielraum des Anbieters i ist auf den Verlauf von N_i begrenzt. Mit P_i* wählt der Anbieter den erlösmaximalen Cournot-Preis, zu dem die Menge Q_i* abgesetzt wird. Eine Ausdehnung der Produktion über die Menge Q_i* hinaus erzwänge eine so starke Preissenkung, dass der Grenzerlös GE_i negativ werden würde.

Abbildung 4-9:
Erlösmaximierung des Inhalteanbieters bei Einheitspreisen

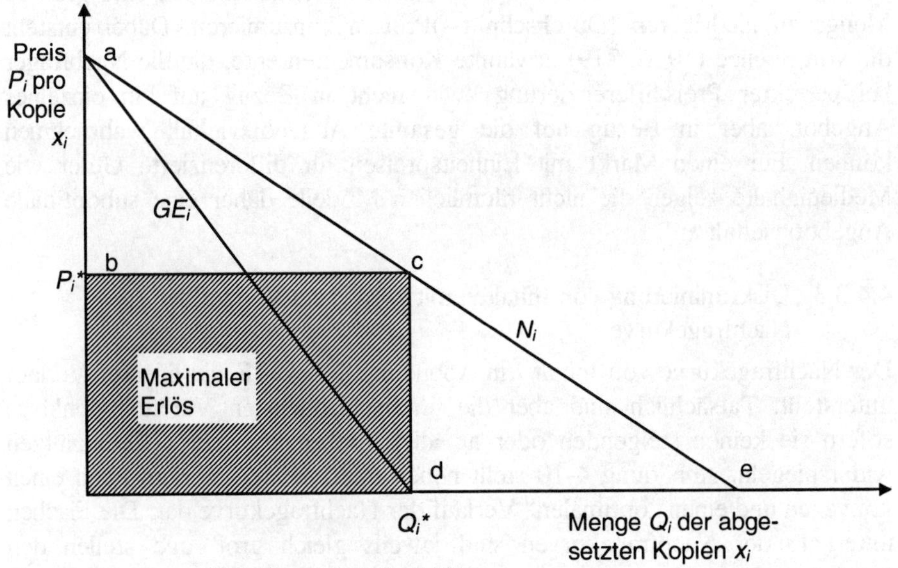

Quelle: Owen und Wildman (1992: 110).

Abbildung 4-9 zeigt zwei wohlfahrtssenkende Effekte der Einheitsbepreisung. Der erste Effekt besteht darin, dass der Einheitspreis P_i* jene potentielle Produktion verhindert, deren Nutzen je Einheit unterhalb von P_i*, aber noch über den Grenzkosten der Versorgung liegt. Dieser Wohlfahrtsverlust beträgt die Fläche *cde* und ist bereits in Abbildung 4-5 als Wohlfahrtsverlust des Monopols dargestellt worden. Der zweite wohlfahrtssenkende Effekt ist schwerer zu verstehen. Zunächst ist einsichtig, dass der Anbieter nicht den gesamten Nutzen, den die Konsumenten durch alle Q_i* Nutzungseinheiten seines Inhalts erzielen, als Erlös abschöpfen kann. Dieser Verlust potentiellen Erlöses ist in der Abbildung als die Fläche *abc* gekennzeichnet. Während die Fläche *cde* nicht nur einen entgangenen Erlös des Anbieters, sondern einen unmittelbaren Wohlfahrtsverlust darstellt, stellt die Fläche *abc* immerhin die Konsumentenrente dar, kann also nicht direkt als verlorene Wohlfahrt betrachtet werden. Aber auch diese unvollständige Abschöpfung des Produktnutzens bedeutet, dass einige potentiell wohlfahrtssteigernde Produkte nicht produziert werden, weil ihr Erlös nicht kostendeckend ist. (Vgl. Owen und Wildman 1992: 110f; Spence 1976: 223)

Wenn hingegen die Anbieter in der Lage wären, auch die Flächen *abc* und *cde* als Erlös abzuschöpfen, so würden alle Inhalte erstellt, deren Wohlfahrtsbeitrag nicht negativ ist. Da das die Angebotsvielfalt erhöhen würde, nähme auch die Substitutionskonkurrenz zu. Die entsprechend nach links unten verschobenen Nachfragekurven für die einzelnen Güter führen dann zu einem neuen Gleichgewicht, in dem die Konsumenten eine größere Menge zu niedrigeren (Durchschnitts-)Preisen konsumieren. Dabei entsteht die von Spence (1976: 219) erwähnte Konsumentenrente, die die Nachfrager bei perfekter Preisdifferenzierung zwar nicht in Bezug auf ein einzelnes Angebot, aber in Bezug auf die gesamte Angebotsvielfalt wahrnehmen können. Für einen Markt mit Einheitspreisen für differenzierte Güter wie Medieninhalte zeigen die nicht räumlichen Modelle daher eine suboptimale Angebotsvielfalt auf.

4.4.3.3 Diskriminierung von Inhalten mit konvexem Verlauf der Nachfragekurve

Der Nachfragekurve von Inhalt *i* in Abbildung 4-9 wurde ein linearer Verlauf unterstellt. Tatsächlich sind aber die unterschiedlichsten Verläufe denkbar, sofern sie keinen steigenden oder an allen Stellen konstanten Grenznutzen widerspiegeln. Abbildung 4-10 stellt neben dem linearen Verlauf auch einen konvexen und einen „optimalen" Verlauf der Nachfragekurve dar. Die Flächen unterhalb der Nachfragekurven sind jeweils gleich groß und stellen den möglichen Nutzen dar, den das Gut bei allen potentiellen Konsumenten erzeugen kann. Die schraffierten Rechtecke, die die Nachfragekurven berühren, stellen den vom Verlauf der Nachfragekurven abhängigen maximalen Erlös dar, den ein Anbieter mit Einheitspreisen erzielen kann. Je kleiner diese Fläche ist, desto kleiner ist der Anteil, den der Anbieter vom potentiellen Nutzen des Gutes zur Deckung der Kosten erhält.

$N_i^{optimal}$ ist die wohlfahrtsoptimal verlaufende Nachfragekurve, weil der Anbieter den gesamten Nutzen des Inhalts mit einem Einheitspreis abschöpfen kann und keinen Konsumenten ausschließt. Der erlösmaximale Einheitspreis entspricht exakt dem Preis, den auch ein perfekt preisdifferenzierender Anbieter von jedem Nachfrager fordern würde. Der Erlös bei einer linearer Nachfragekurve vereinnahmt dagegen nur die Hälfte des möglichen Nutzens, und bei konvexen Verläufen der Nachfragekurve fällt der Anteil des Anbietererlöses am potentiellen Nutzen noch geringer aus. Die Finanzierung des Angebots differenzierter Güter wie Medieninhalte fällt daher um so schwerer, je konvexer ihre Nachfragefunktion verläuft. (Vgl. Owen und Wildman 1992: 111) Für den Fall von Fernsehprogrammen sehen Spence und Owen (1977: 112) den daraus resultierenden Angebots-Bias gegen Minderheitenprogramme („special interest programs") gerichtet, da sie bei diesen Programmen besonders konvex verlaufende Nachfragekurven erwarten. Spence (1976: 225) zeigt jedoch, dass „special interest products" durchaus eine Nachfrage aufweisen können, die im Extremfall durch den Verlauf von $N_i^{optimal}$ präsentiert werden kann.

Abbildung 4-10:
Angebots-Bias aufgrund der Abhängigkeit des Erlöses vom Verlauf der Nachfragefunktion

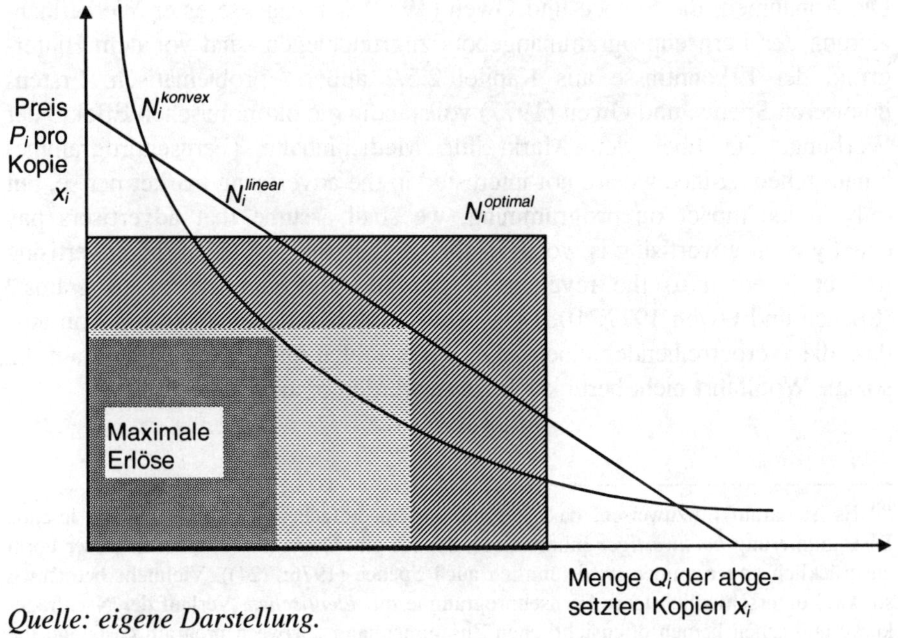

Quelle: eigene Darstellung.

4.4.3.4 Diskriminierung von Inhalten mit hohen Produktionskosten

Das Phänomen, dass zu Einheitspreisen nur ein Teil des Nutzens eines Medieninhalts zur Deckung der Produktionskosten zur Verfügung steht, verursacht am Markt auch eine Diskriminierung von Inhalten mit hohen Produktionskosten. Unterstellt man steigende Grenzkosten der Investition in den potentiellen Produktnutzen (die Fläche unter der Nachfragekurve), so ist folgendes Rechenbeispiel denkbar: Version *A* eines Inhalts weist einen geringen Nutzen auf; die Fläche unter der Nachfragekurve entspricht einem Nutzenwert in Höhe von 100 €. Version *B* des Inhalts hat ebenso wie Version *A* einen linearen Verlauf der Nachfragekurve, weist aber einen doppelt so hohen Nutzen (200 €) auf. Die Produktionskosten von Version *B* betragen aber das Dreifache von Version *A*: statt 40 € dort müssen mindestens 120 € als Erlös abgeschöpft werden. Bei linearem Verlauf beider Nachfragekurven kann jedoch nur die Hälfte des potentiellen Nutzens abgeschöpft werden. Obwohl daher der Nutzenwert von *B* abzüglich der Produktionskosten mit 80 € größer ist als der entsprechende Nutzen von *A* (50 €), kann nur Version *A* angeboten werden. Während der Anbieter von Version *A* einen Gewinn von zehn € machen kann, würde ein Anbieter von *B* einen Verlust von zwanzig € erleiden.[101]

4.4.3.5 Beurteilung von Werbefinanzierung im Spence-Owen-Modell

Die Annahmen, die Spence und Owen (1977) der Analyse einer Werbefinanzierung des Fernsehprogrammangebots zugrundelegen, sind vor dem Hintergrund der Erkenntnisse aus Kapitel 2.5.2 äußerst problematisch. Erstens ignorieren Spence und Owen (1977) vollständig die ökonomischen Effekte der Werbung, die über den Markt für Medieninhalte (Fernsehprogramme) hinausgehen. „Since we are not interested in the advertising market per se, but only in its impact on programming, we shall assume that advertisers pay exactly what advertising is worth to them. Thus the surplus in the advertising market is equal to the revenues it provides the suppliers of programs." (Spence und Owen 1977: 108) Die Autoren gehen daher implizit davon aus, dass die Werbetreibenden einen AON-Preis zahlen und andere Effekte auf die soziale Wohlfahrt nicht berücksichtigt zu werden brauchen.

---

[101] Es ist darauf hinzuweisen, dass die aus diesem einfachen Rechenbeispiel zu lesende Diskriminierung *hochwertiger* Inhalten von Spence und Owen (1977) nicht in dieser Form ausdrücklich angenommen wird (ähnlich auch Spence (1976: 224)). Vielmehr betrachten sie zwei unterschiedlich teure Fernsehprogramme mit *identischem* Verlauf der Nachfragekurve und sehen keinen offensichtlichen Zusammenhang „between program costs and the usual program categories." (Spence und Owen 1977: 112) Erst Owen und Wildman (1992: 111-114) und ähnlich auch Eaton und Lipsey (1989: 729f) machen auf die dadurch mögliche Diskriminierung hochwertiger Güter aufmerksam.

Zweitens nehmen sie an, dass Werbung den Wert einer Sendung nicht beeinträchtigt. „Under advertiser support, the per program charge to the viewer is zero: pricing is efficient." (Spence und Owen 1977: 104) Diese Annahme ist nicht haltbar. Im Gegenteil zahlen die Konsumenten einen Preis in Höhe ihrer Opportunitätskosten der Zeit (vgl. Owen und Wildman 1992: 126). Statt sich zum Werbekonsum nötigen zu lassen, könnten die Nachfrager einer Erwerbstätigkeit nachgehen oder Programminhalte aufnehmen, die sie sich selbst aussuchen. Ein Vergleich der Programmstruktureffekte führt unter dieser Modellannahme daher zu falschen Ergebnissen.

An dieser Stelle kann daher auf die Wiedergabe der Ergebnisse von Spence und Owen zur Werbefinanzierung verzichtet werden. Glaubwürdiger sind dagegen die Ergebnisse einer Variation des Spence-Owen-Modells durch Wildman und Owen (1985: 264-272). Die Autoren gehen von einer Senkung der Zuschauerwertschätzung für ein Programm aufgrund von Werbung aus, die der Senkung der Wertschätzung durch die Erhebung eines monetären Preises je Zeiteinheit entspricht. Die den Konsumenten verbleibende Konsumentenrente nimmt in beiden Fällen den gleichen Betrag an, und auch der Ausschluss von Zuschauergruppen mit einer geringen Wertschätzung für ein Programm erfolgt in gleichem Ausmaß. (Vgl. Wildman und Owen 1985: 267) Nur bei unterschiedlich verteilter Aversion gegen Werbeeinblendungen treten Programmstruktureffekte in Abhängigkeit von der Finanzierungsform auf. „[T]he profitability of pay-TV relative to advertiser-supported TV is greater the more sensitive viewers are to the presence of advertising and the lower the price advertisers are willing to pay per viewer. The profitability of pay relative to advertiser support will be greater the less elastic is consumer demand for pay programs." (Wildman und Owen 1985: 254)

4.4.3.6 Wettbewerb und Monopol im Spence-Owen-Modell

Der wichtigste Unterschied zwischen Monopol und monopolistischem Wettbewerb liegt darin, dass der Monopolist die Summe aller Profite aus der Bereitstellung aller Inhalte maximiert, während ein Anbieter im Wettbewerb nur seinen eigenen Gewinn maximieren will. Im monopolistischen Wettbewerb führt der freie Marktzutritt jedoch dazu, dass im Gleichgewicht der Gewinn eines Anbieters null ist. Schließlich wird der Absatzmarkt für einen neu am Markt angebotenen Inhalt nicht neu geschaffen, sondern zum Teil von anderen Anbietern „kannibalisiert" (Owen und Wildman 1992: 148), deren Absatz und Gewinn dadurch abnimmt. Dieser „Abwerbung" oder „Handelsablenkung" (Tirole 1995: 637) genannte Effekt kann von einem Monopolisten verhindert werden, weil er die Höhe der Angebotsvielfalt und damit die Stärke der Substitutionskonkurrenz kontrollieren kann. Entsprechend stellen auch Spence und Owen (1977: 112f) für den Fall von Bezahlfernsehen in ihrem Modell fest, dass ein Monopol zu noch geringerer Angebotsvielfalt und zu höheren Preisen führt als monopolistischer Wettbewerb. Sie befinden sich damit in Übereinstimmung mit den Ergebnissen von Beebe (1977: 15 fn1), können aber zusätzlich nachweisen, dass der Markt auch im Monopol Programme mit konvexen Nachfragekurven und Programme mit hohen Produktionskosten benachteiligt.

4.4.4 Monopolistischer Wettbewerb im Produktraum

Spence und Owen (1977) liefern sehr eindeutige Aussagen über das Angebot eines Marktes für Bezahlfernsehprogramme, die auch auf Medieninhalte im allgemeinen übertragbar sein müssten: Die Angebotsvielfalt ist zu gering, und zusätzlich diskriminiert der Markt Inhalte mit hohen Produktionskosten und solche mit vergleichsweise konvex verlaufender Nachfrage. Alle erkannten Probleme des monopolistischen Wettbewerbs werden jedoch in diesem Modell beseitigt, wenn die Anbieter perfekt preisdifferenzieren könnten.

Allerdings stellt das Spence-Owen-Modell als nicht räumliches Modell des monopolistischen Wettbewerbs ein besonders vereinfachtes Abbild der Realität dar. Mit der Annahme des repräsentativen Konsumenten ignoriert es die Tatsache, dass Geschmack und Bedürfnisse der Konsumenten verschieden sind und jeder Konsument nur einige wenige, besonders bevorzugte Güter nachfragt. (Vgl. Eaton und Lipsey 1989: 731) Besonders am Markt für Medieninhalte ist offensichtlich, dass zum einen die Nachfrager kaum von allen angebotenen Gütern einen Teil konsumieren können. Zum anderen verkaufen die meisten Anbieter ihren Nachfragern ihr vollständiges Angebot auf einmal zu einem AON-Preis. Ihr Gut ist unteilbar und kann daher nicht in beliebig vielen Teilmengen zu einem gewinnmaximierenden Preis je Einheit abgegeben werden. Lediglich beim Vertrieb der Inhalte über nutzungsabhängige Gebühren (*pay per use*, vgl. Kapitel 2.5.1.4 und 3.4.1) lässt sich daher die Abbildung eines Mengenwettbewerbs nach Cournot rechtfertigen, da hier der Handel eine Teilbarkeit des angebotenen Gutes simuliert. Kapitel 4.4.5.1 wird auf diesen Punkt noch weiter eingehen.

Die räumlichen Modelle des monopolistischen Wettbewerbs, deren Wurzeln in Hotellings (1929) Aufsatz „Stability in Competition" liegen, scheinen einen Markt für Medieninhalte hingegen angemessener abzubilden. In diesen Modellen des „address approach" (Eaton und Lipsey 1989: 734) hat jedes Gut drei Eigenschaften: Preis, Qualität und Adresse. Preis und Qualität des Gutes werden von allen Nachfragern in gleicher Weise bewertet. Die Adresse ist die einzige Eigenschaft des Gutes, die von den Nachfragern in unterschiedlicher Weise geschätzt wird. Die Farbe eines Autos oder das Genre eines Films kann eine solche Eigenschaft sein, deren Wertschätzung vom Geschmack des Nachfragers abhängt. Eine besonders anschauliche Darstellung einer solchen Eigenschaft erfolgt als ein räumlicher *Standort* des Gutes. Er wird in den räumlichen Modellen durch die Adresse in einem Produktraum angegeben. (Vgl. Tirole 1995: 213) Im Folgenden kommt der Produktraum nur in seiner einfachsten Form, einer Linie, vor, bei der die Adresse durch eine einzige Zahl angegeben werden kann.

Entsprechend der horizontalen Differenzierung der Güter sind auch die Nachfrager im Produktraum verteilt. Dabei wird in den vorgestellten Modellen von einer gleichmäßigen Verteilung aller Nachfrager ausgegangen. Je genauer die Produktadresse mit der Konsumentenadresse übereinstimmt, desto höher ist bei gleichem Preis und gleicher Qualität die Wertschätzung des Nachfragers für das Gut. Die Differenz zwischen den beiden Adressen wird als Transportaufwand behandelt, welcher gemeinsam mit dem zu zahlenden Preis von dem von der Qualität abhängigen Bruttonutzen des Gutes abgezogen wird. Ist der Nettonutzen des Gutes positiv, so kauft der Nachfrager in den einfachen Modellen genau eine Einheit, sofern kein anderes Gut einen höheren Nettonutzen aufweist. (Vgl. Tirole 1995: 213-216) Kompliziertere Modelle weisen anstelle dieser vollkommen unelastischen Nachfrage eine elastische Nachfrage auf, doch ist diese Erweiterung für die Abbildung der Ein-Gut-Nachfrage am Inhaltemarkt nicht nötig.

Die Suche nach einem Wohlfahrtsoptimum gestaltet sich in den räumlichen Modellen des monopolistischen Wettbewerbs schwierig, da nicht auf das Pareto-Kriterium zurückgegriffen werden kann. Schließlich könnte jede Veränderung des Angebots dazu führen, dass sich die Distanzen der Güter zu einzelnen Nachfragern verändern und deren Transportkosten damit zunehmen. So fehlt die „unsichtbare Hand", die im Einverständnis aller Akteure den Markt zu einem wohlfahrtsoptimalen Gleichgewicht führt. Das Optimum kann nur durch die Ermittlung eines Wohlfahrtswertes gefunden werden, der alle Kosten und Nutzen des Marktes zusammenfasst. Das Wohlfahrtsoptimum ist entsprechend stets dann erreicht, wenn nach Abzug der Produktionskosten und aller von den Nachfragern aufgewendeten Transportkosten von dem durch den Konsum aller Güter erzielten Nutzen ein maximaler Wert zurückbleibt. Dieser Wert entspricht zwangsläufig der Summe aus Konsumentenrente und Produzentenrente. (Vgl. Eaton und Lipsey 1989: 739f)

4.4.4.1 Räumlicher Wettbewerb mit freier Produktplatzierung, festen Preisen und fester Qualität

Die einfachste Wettbewerbssituation differenzierter Güter im Produktraum tritt ein, wenn die Anbieter weder Qualität noch Preis ihrer Angebote verändern können, sondern nur ihre Adresse. Man kann sich den Produktraum zum Beispiel als einen langen Strand vorstellen, über den Badegäste gleichmäßig verteilt sind. Zwei Händler möchten an die Badegäste Eis verkaufen. Da sie ihr Eis vom gleichen Hersteller mit festgelegten Abgabepreisen beziehen, tragen sie ihren Wettbewerb nur über den Standort aus, an dem sie ihre Verkaufsstände platzieren. Wohlfahrtsoptimal wäre die Lösung, die

Abbildung 4-11 (I) zeigt. Die beiden Händler haben als Standorte die Adressen ¼ und ¾ gewählt, die genau zwischen den Enden des Strandes (0 und 1) und der Strandmitte (½) liegen. Damit sind die Transportkosten der Badegäste minimal. Abbildung 4-11 (II) zeigt aber, dass der linke Händler *L* seinen Käuferkreis vergrößern kann, indem er weiter auf Händler *R* zugeht: Ohne Käufer zu verlieren, die links von ihm sind, gewinnt *L* einen um so größeren Teil der Käufer links von *R* hinzu, je weiter er nach rechts geht, aber links von *R* bleibt. (Vgl. Varian 1993: 431f)

Abbildung 4-11:
Optimum und Marktergebnis beim Wettbewerb um den Standort

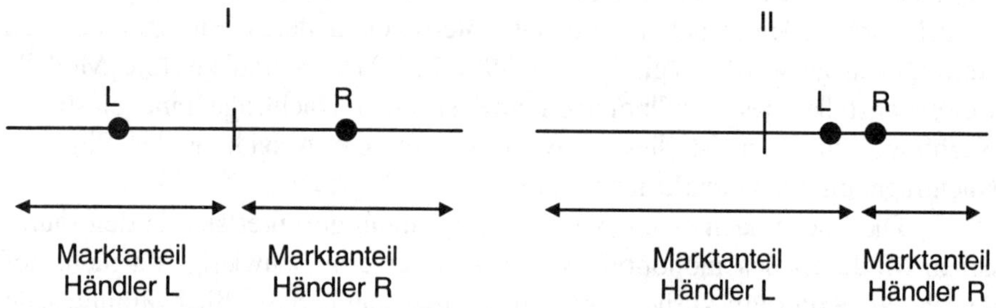

Quelle: Varian (1993: 432).

Nun kann Händler *R* natürlich ähnlich handeln und nach der Situation in Abbildung 4-11 (II) seinen Standort etwas links von *L* beziehen. Eine solche Situation strebt nach einem Gleichgewicht, in dem beide Händler genau in der Mitte sind. Hier sind die von allen Nachfragern aufgewendeten Transportkosten jedoch doppelt so groß wie im Optimum (vgl. Hotelling 1929: 52)[102]. Der monopolistischen Wettbewerb führt unter solchen Bedingungen daher zu einem Gleichgewicht mit einer ineffizienten minimalen Differenzierung der Standorte – die Nachfrager wären genau so gut bedient, wenn es nur einen einzigen Anbieter gäbe. (Vgl. auch Tirole 1995: 632-634)[103]

Schon leicht veränderte Rahmenbedingungen führen jedoch zu abweichenden Modellergebnissen. Tritt auf dem Strand zum Beispiel ein Dritter Verkäufer hinzu und bezieht seinen Standort auch in der Mitte, so verkauft

[102] Dies gilt für den Fall linearer Transportkosten, welche proportional mit der Distanz zunehmen.

[103] Ein bekanntes Beispiel hierfür bietet der amerikanische Präsidentschaftswahlkampf: Beide Bewerber nähern sich einander so weit wie möglich an, um möglichst viele Stimmen aus dem gegnerischen Lager zu erhalten. Der Annäherung sind nur Grenzen gesetzt durch das Risiko, Wahlbeteiligung im eigenen Lager oder die Unterstützung durch wichtige Lobbies zu verlieren.

jeder Händler an ein Drittel der Badegäste. Durch einen Standortwechsel weiter von der Mitte entfernt wird ein Händler seinen Marktanteil auf Kosten eines anderen Händlers steigern. Dieser wird dann durch eine Standortverlagerung seinerseits seinen Marktanteil verbessern. Erreicht ein solches System mit mehr als zwei Anbietern ein stabiles Gleichgewicht, so ist dies zwar noch nicht unbedingt wohlfahrtsoptimal, von einer minimalen Differenzierung kann aber keine Rede mehr sein. (Vgl. Lerner und Singer 1937: 176-179)

Eine weitere Einschränkung des Prinzips minimaler Produktdifferenzierung ist in der Größe des Strands zu sehen. Wenn dieser so groß ist, dass für die Badegäste an den Enden der Weg zur Mitte zu weit ist, dann ist die Standortannäherung der Händler unattraktiv: Für jeden Kunden, den sie dem Konkurrenten abnehmen, müssen sie sich so weit zur Mitte bewegen, dass sie zwei Kunden auf ihrer Seite verlieren. (Vgl. Lerner und Singer 1937: 153 zu einem ähnlichen Problem) Auch ist ein Strand denkbar, der kreisförmig um einen kleinen See verläuft. Hier ist kein Standort per se besser als ein anderer, und es besteht kein Zwang zur gegenseitigen Annäherung, selbst wenn es nur zwei Händler gibt und der Strand klein ist. (Vgl. Tirole 1995: 622)

4.4.4.2 Räumlicher Wettbewerb mit symmetrischer Produktplatzierung, freien Preisen und fester Qualität

Schon das erste Modell des räumlichen Wettbewerbs, die von Hotelling (1929) in seinem aufsehenerregenden Aufsatz „Stability in Competition" beschriebene „lineare Stadt", ließ sowohl horizontale Differenzierung (freie Standortwahl) als auch freie Preisgestaltung der Anbieter zu. Dieser Aufsatz bot die Grundlage für das viel diskutierte „Principle of Minimum Differentiation" (D'Aspremont, Gabszewicz und Thisse 1979: 1145), welches unter sehr restriktiven Bedingungen in Kapitel 4.4.4.1 bestätigt werden konnte. Lerner und Singer (1937) sowie D'Aspremont, Gabszewicz und Thisse (1979) wiesen jedoch so viele Fehler in Hotellings Aufsatz nach, dass seine vollständige Wiedergabe mit allen notwendigen Korrekturen im Rahmen dieser Arbeit zu aufwendig und unergiebig wäre.

Statt dessen werden die Konsequenzen freier Standortwahl und Preisgestaltung für das Marktangebot zunächst anhand des Modells der „kreisförmigen Stadt" dargestellt. Dieses Modell geht auf Salop (1979) zurück, war aber schon in Ansätzen in Lerner und Singer (1937) zu erkennen. Dieses kreisförmige Modell hat im Gegensatz zu den linearen Produkträumen keine Standorte, die grundsätzlich besser sind als andere. So gibt es auch keine besonders ungünstigen Standorte an den „Außenrändern" des Produktraumes, und es ist möglich, von einer symmetrischen Standortwahl der Anbieter auszugehen. In einem solchen Fall sind die Marktanteile und die Preise aller Anbieter gleich, und das Marktgleichgewicht kann bereits durch die Gleichgewichtsbedingungen für einen einzigen Anbieter gefunden werden. Das

Kreismodell des räumlichen Wettbewerbs ist aufgrund seiner einfachen Handhabung auch die Grundlage von Kapitel 4.4.4.4, in dem die Folgen freier Qualitätsgestaltung durch die Anbieter untersucht werden.

Die folgende Darstellung beschränkt sich auf die Wiedergabe der Arbeit von Waterman (1990), welcher das ursprüngliche Modell von Salop (1979) für den Markt für Informationsgüter anwendet. Wie bei Salop sind alle Nachfrager gleichmäßig über den Modellkreis verteilt. Die Länge des Kreisumfangs setzt Waterman ebenso mit 1 an wie die Dichte der Nachfrager, von denen jeder eine Adresse X_i erhält. Die n differenzierten Güter erhalten die Produktadressen X_j mit $j = 1, \ldots n$. Wegen der Symmetrieanforderung sind die Abstände zwischen zwei Produktstandorten gleich groß. Der Nettonutzen U_{ij} eines Nachfragers X_i aus einem Gut X_j ist abhängig vom Abstand x_{ij} des Nachfragers zum Produktstandort und wird definiert durch die lineare Nutzenfunktion

(5) $$U_{ij} = 1 - \lambda x_{ij}.$$

Waterman untersucht nur den Fall für $0 < \lambda \leq 2$. Da λ die Kosten des Transports über den gesamten Kreisumfang angibt, ist gewährleistet, dass jedes Gut noch an jedem Ort des Kreises nach Abzug der Transportkosten einen Nettonutzen von mindestens null zeigt.[104] Aus Abbildung 4-5 (auf Seite 157) ist ersichtlich, dass jeder Anbieter, der als einziger ein Gut auf einem solchen Markt anbietet, mit dem gewinnmaximalen Cournot-Preis einen Absatzmarkt von mindestens der Hälfte des gesamten Kreises erreicht. Das bedeutet für den von Waterman untersuchten Wettbewerbsfall, dass jeder potentielle Nachfrager bedient wird.[105] Waterman setzt der *Marktnachfrage* mit dieser Untergrenze aber auch eine obere Grenze, indem jeder Nachfrager nicht nur minimal, sondern auch maximal ein differenziertes Produkt konsumiert – die Nachfrage ist vollkommen unelastisch. (Vgl. Waterman 1990: 293-295)

Die Zahl differenzierter Produkte sowie ihr Preis im Gleichgewicht lässt sich nun aufgrund der Symmetriebedingung in Watermans Modell über die Adresse des indifferenten Nachfragers X^i bestimmen, der sich in der Mitte zwischen zwei Produkten befindet. Die beiden Produkte X_j und X_{j+1} werden im Folgenden als Gut *1* und Gut *2* bezeichnet. X^i hat zu Gut *1* einen Abstand

[104] Ein Konsument, der sich auf der gegenüberliegenden Seite des Kreises befindet, hat einen Abstand x_{ij} zu dem Gut in Höhe von ½. Mit $\lambda = 2$ beträgt für ihn U_{ij} genau null.

[105] Für den Fall, dass $\lambda > 2$, zeigen Lerner und Singer (1937) und Salop (1979), dass es dann Situationen geben kann, bei denen der erlösmaximierende Preis in einem besonderen Bereich der Nachfragekurve liegt: Hier erfolgt durch eine Preissenkung eine doppelt so hohe Ausweitung der Absatzmenge wie in dem von Waterman untersuchten Fall. So etwas kann es nur dann geben, wenn der Markt nicht gesättigt ist, das heißt, dass ein Anbieter durch Preissenkung Nachfrager gewinnen kann, ohne sie von benachbarten Anbietern abwerben zu müssen.

von x^i und zu Gut *2* einen Abstand von $(1/n - x^i)$. Für X^i gilt demnach bei Preisen von P_1 bzw. P_2

(6) $$1-\lambda x^i - P_1 = 1-\lambda\left(\frac{1}{n}-x^i\right)-P_2$$

oder

(7) $$x^i = \frac{1}{2\lambda}\left(P^2+\frac{\lambda}{n}-P_1\right).$$

Bei marginalen Kosten der Produktion in Höhe von null und Fixkosten in Höhe von *F* ergeben sich damit für den Anbieter von Gut *1* Gewinne in Höhe von

(8) $$\Pi_1 = 2P_1x^i - F$$

Setzt man (7) in (8) ein, so erhält man für den Gleichgewichtspreis P_1^* die Bedingung

(9) $$P_1^* = \frac{\lambda}{n^*}.$$

Für das Marktgleichgewicht setzt Waterman (1990: 295) den Gewinn jeden Anbieters mit null an, da sich ein Markteintritt für neue Anbieter so lange lohnt, wie die zu erwartenden Gewinne nicht negativ sind. Hierfür ist es notwendig, von zwei Problemen abzusehen: (1) Das sogenannte „Integer-problem" – die Anzahl der Anbieter in einem Markt ist notwendigerweise ganzzahlig. Dass eine solche Anzahl von Anbietern einen Gewinn von null genau trifft, ist jedoch höchst unwahrscheinlich. Da die Gewinne nicht negativ werden können, ist in der Realität mit positiven Gewinnen und damit auch mit einer kleineren Anbieterzahl zu rechnen als die Modellrechnung angibt. (2) Die Möglichkeit eines Abschreckungsgleichgewichts – die ersten Anbieter verteilen sich entlang des Kreises in gleichen Abständen, welche möglichst groß, aber auch gerade noch klein genug sind, dass neue Anbieter, welche sich zwischen den ersten Anbietern niederlassen würden, zwangsläufig Verluste erzielen. Weitere Anbieter werden so wirksam von einem Markteintritt abgeschreckt. Die Gewinne der Anbieter sind dann positiv und die Anbieterzahl ist im Grenzfall genau halb so groß wie von der Modellrechnung angegeben. (Vgl. Eaton und Lipsey (1989: 749f), Salop (1979: 155), die dort angegebene Literatur und die Ausführungen zu diesem Thema in Kapitel 4.4.4.5) Wenn man wie Waterman und Salop aber davon ausgeht, dass die Gewinne gleich null sind und der Markt vollkommen symmetrisch ist, erhält man für den Gleichgewichtspreis

(10) $$P^* = \sqrt{\lambda F}$$

und für die Anzahl differenzierter Güter im Gleichgewicht

(11) $$n^* = \sqrt{\frac{\lambda}{F}}.$$

Die Interpretation von (10) und (11) ist leicht nachzuvollziehen: Je höher die Fixkosten F, desto höher ist der Gleichgewichtspreis P^* und desto niedriger ist die Produktvielfalt n^*. Da λ die Bedeutung der Transportkosten für den Nettonutzen angibt, ist λ zugleich auch eine Einheit für die Nachfragerwertschätzung für die Angebotsvielfalt, da diese die zu überwindenden Distanzen verkürzt. Je höher λ, desto höher daher n^* und damit auch P^*, da die Fixkosten unverändert bleiben und nun von einem geringeren Nachfragerkreis je Produktvariante gedeckt werden müssen. (Vgl. Waterman 1990: 295; aber auch Salop 1979: 145-149 für eine ausführlichere Darstellung)

Die soziale Wohlfahrt besteht aus der Summe von Konsumentenrente und Produzentenrente. Es ist daher zur Bestimmung des Wohlfahrtsoptimums irrelevant, wie sich der soziale Überschuss auf Konsumenten und Produzenten verteilt. Es ist ausreichend, die soziale Wohlfahrt W als Differenz des Nachfragernutzens und der Summe nF aller Produktionskosten im Hinblick auf die optimale Angebotsvielfalt n^o zu maximieren. Entsprechend erhält man durch Maximierung von

(12) $$W = 2n\int_0^{1/2n}(1-\lambda x)dx - nF = \left(1-\frac{1}{4}\frac{\lambda}{n}\right) - nF$$

die wohlfahrtsoptimale Angebotsvielfalt

(13) $$n^o = \frac{1}{2}\sqrt{\frac{\lambda}{F}}.$$

Dieses Ergebnis bedeutet nichts anderes, als dass die wohlfahrtsoptimale Angebotsvielfalt lediglich halb so groß ist wie die Anbieter im Preiswettbewerb bereitstellen. (Vgl. Waterman 1990: 296f) Diese Überproduktion findet in dieser Höhe auch dann statt, wenn die Grenzkosten der Produktion einen beliebigen Wert einnehmen statt – wie in diesem Beispiel – null zu betragen. Das zeigt Salop (1979), der in seinem sehr viel umfassenderen Modell die Möglichkeit positiver Grenzkosten berücksichtigt, aber für den Wettbewerbsfall die gleichen Ergebnisse erhält wie Waterman (1990).

Das Ergebnis einer überoptimal großen Angebotsvielfalt wird auch von Economides (1989b) für den Fall eines kreisförmigen Produktraums mit quadratischen statt linearen Distanzkosten bestätigt. Statt um den Faktor zwei wird hier die optimale Vielfalt um den Faktor $\sqrt[3]{6}$ (ca. 82 Prozent) übertroffen (Economides 1989b: 189). Ein Überangebot von Vielfalt wird auch schon von Lancaster (1975: 582-584) erwartet. Er stellt zudem fest, dass ein Monopolist mit der Kontrolle über einen größeren Marktbereich weniger differenzierte Produkte anbieten würde als wohlfahrtsoptimal wäre. Er könnte gegenüber der wohlfahrtsoptimalen Situation Fixkosten einsparen, ohne seinen Erlös zu mindern, wenn er auf die Produktion einzelner Varianten verzichtet. (Vgl. Lancaster 1975: 584)

Der Widerspruch zu den Ergebnissen von Spence (1976) sowie Spence und Owen (1977) könnte nicht größer sein. Deren Modell geht genau wie das von Salop (1979) und Waterman (1990) von einem symmetrischen Angebot differenzierter Güter aus, stellt jedoch statt einer Überversorgung eine Unterversorgung mit Vielfalt fest. Der Unterschied ist mit den Bedingungen zu erklären, denen die Preisbildung in beiden Modellansätzen unterliegt. Die räumlichen Modelle bilden einen Markt ab, an dem ein Nachfrager (*N*) nur von einem Anbieter (*A*) die gesamte Produktionsmenge erwirbt. Dessen Angebot zieht *N* dabei dem Angebot von Anbieter *B* vor, der der einzige ernst zu nehmende Wettbewerber von *A* am Standort von *N* ist. Beide Anbieter verlangen für ihr Gut einen AON-Preis, den sie als Bertrand-Wettbewerber so setzen, dass ihr Gewinn maximiert wird. Im Marktgleichgewicht ist dieser Preis so hoch, dass ihre Erlöse genau doppelt so groß sind wie zur Kompensation ihres Wohlfahrtsbeitrages nötig wäre.[106]

Abbildung 4-12 veranschaulicht diesen Effekt anhand des denkbar einfachsten Beispiels. Die Anzahl der Anbieter im Gleichgewicht sei genau 2 (*A* und *B*), der Bruttonutzen eines Gutes sei 1 und λ als Maß der Transportkosten sei 2, so dass die Nachfrager, die einem Anbieter im kreisförmigen Produktraum genau gegenüberliegen, eine Zahlungsbereitschaft von null haben. Abbildung 4-12 hat den kreisförmigen Produktraum am Standort von Anbieter *A* aufgetrennt und stellt ihn als Linie dar. Anbieter *B* bezieht seinen Standort aufgrund der Symmetriebedingung gegenüber von *A*, genau dort also, wo der Nutzen des Angebots von *A* gleich null ist. Aus den Gleichungen (7), (8) und (9) geht ein sowohl von *A* als auch von *B* geforderter Preis in Höhe von 1 hervor, was für Anbieter *B* bei dessen Absatzmarkt einen Erlös in Höhe des gesamten, hell und dunkel schraffierten Rechtecks bedeutet. Dieser Erlös ist doppelt so groß wie der Wohlfahrtsbeitrag von *B* (W^B), der in der Reduktion der Transportkosten der Nachfrager in Höhe der dunkel schraffierten Fläche besteht.[107]

---

[106] Dies gilt für lineare Distanzkosten (Vgl. Economides 1989b).

[107] Eine Gleichgewichtssituation ist unter den Umständen dieses einfachen Beispiels allerdings nicht realistisch, da praktisch für jeden Nachfrager die Summe aus Preis und Transportkosten den zu erzielenden Bruttonutzen übersteigt. Das Beispiel ist daher nur als eine vereinfachte Darstellung der Zusammenhänge zu verstehen, welche einen (realistischen) Markt mit einer größeren Anbieterzahl ins Gleichgewicht bringen.

Abbildung 4-12:
Wohlfahrtsbeitrag und Erlössituation eines Anbieters im Marktgleichgewicht des räumlichen Wettbewerbs mit linearen Transportkosten

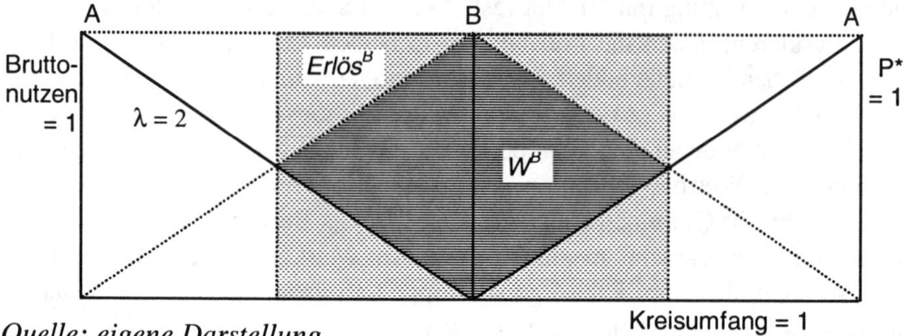

Quelle: eigene Darstellung.

In den nicht räumlichen Modellen hingegen verzichten die Anbieter auf einen Preiswettbewerb. Statt dessen passen sie als Cournot-Wettbewerber ihre Produktionsmenge an die Nachfragekurven ihrer Produkte an, deren Verlauf durch die Verfügbarkeit aller alternativen Angebote beeinflusst wird. Die alternativen Angebote stellen dabei nur unvollkommene Substitute dar, die die Nachfrage nach Konkurrenzangeboten niemals vollständig ersetzen können. Der repräsentative Nachfrager erwirbt daher als Nutzenmaximierer von allen Angeboten jeweils einen Teil der potentiellen Produktionsmenge und zahlt dafür einen einheitlichen Preis pro Nutzungseinheit. Solange dieser Preis nicht vollkommen differenziert wird, wird es dem Markt nie gelingen, die optimale Angebotsvielfalt zu finanzieren – die in den Kapiteln 4.4.3.2 bis 4.4.3.4 beschriebenen Effekte verhindern das. Bereits zu Beginn von Kapitel 4.4.4 ist darauf eingegangen worden, warum die Anwendbarkeit des nicht räumlichen Modells für den Medieninhaltemarkt sehr eingeschränkt ist. (Vgl. auch Kapitel 4.4.5.1)

4.4.4.3 Räumlicher Wettbewerb mit freier Produktplatzierung, freien Preisen und fester Qualität

Salop (1979) und Waterman (1990) Vorgehen, die symmetrische Produktplatzierung durch die Anbieter als Modellannahme vorauszusetzen, hat die Analyse zwar vereinfacht, stützt sich jedoch weder auf eine empirische noch auf eine analytische Absicherung. Schon Kapitel 4.4.4.1 zeigte, dass es für Anbieter durchaus attraktiv sein kann, ihre Produkte einander anzupassen, um so Marktanteile von Konkurrenten zu rauben, ohne eigene Marktanteile zu verlieren. Dieser „Marktanteilseffekt“ Tirole (1995: 621) wird bei freien Preisen allerdings gemildert durch den „strategischen Effekt“, bei dem durch eine Annäherung der Produkte die Konkurrenz zu Preissenkungen genötigt wird, die den eigenen Erlös wieder mindern können.

Economides (1989b) kann mit seiner spieltheoretischen Untersuchung eines Kreismodells mit quadratischen Transportkosten und mehr als zwei Anbietern, freien Preisen und freier Produktplatzierung zeigen, dass die Anbieter im Gleichgewicht gleichmäßige Distanzen zueinander aufbauen und somit eine symmetrische Anordnung einnehmen. Tirole (1995: 619-621) zeigt für ein lineares Modell mit quadratischen Transportkosten und zwei Anbietern nach D'Aspremont, Gabszewicz und Thisse (1979) eine Überkompensation des Marktanteilseffekts durch den strategischen Effekt. Daher werden die Konkurrenten an die gegenüberliegenden Enden der Stadt wandern und eine maximale Produktdifferenzierung anstreben.

Leider liegen keine Untersuchungen für ein lineares Modell mit freien Preisen, freier Produktplatzierung und mehreren Anbietern vor. Dafür gibt es von Economides (1986) zumindest eine kurze Untersuchung, die nach der Existenz von Gleichgewichten im linearen Produktraum mit zwei Anbietern, freien Preisen und freier Produktplatzierung in Abhängigkeit von der Transportkostenfunktion $t(d)$ (d = Distanz zwischen Nachfrager- und Produktadresse) sucht. Bei $t(d) = d^a$ gibt es für alle $a \geq 5/3$ ein Gleichgewicht mit maximaler Produktdifferenzierung. Für $1,26 \leq a \leq 5/3$ gibt es ein Gleichgewicht, bei dem die Anbieter keine maximale, aber auch keine minimale Produktdifferenzierung betreiben. Ist a jedoch kleiner als 1,26, so gibt es überhaupt kein Gleichgewicht.

Man sollte sich aber bei diesen Berechnungen fragen, wie realistisch die Vorstellung eines Marktes ist, in dem mit der Distanz zwischen Nachfrager und Anbieter die Transportkosten exponentiell steigen. Sucht man den Vergleich zum Transport von Menschen oder Gütern, so erscheint doch ein unterproportionaler Anstieg der Transportkosten mit der zurückzulegenden Distanz naheliegender. Es erscheint angemessen, auch bei den räumlichen Modelldarstellungen eines Marktes für Medieninhalte von linearen „Transportkosten" auszugehen.

Auf das von Economides (1986) berechnete Phänomen des Fehlens eines Gleichgewichts im linearen Produktraum mit zwei Anbietern und linearen Transportkosten wiesen schon Lerner und Singer (1937) sowie D'Aspremont, Gabszewicz und Thisse (1979) in ihren Kritiken an Hotelling (1929) Aufsatz hin. D'Aspremont, Gabszewicz und Thisse (1979) suchen innerhalb des Modells von Hotelling (zwei Anbieter, freie Preise, linearer Markt, unbegrenzter Reservationspreis, lineare Transportkosten) nach Preisgleichgewichten für unterschiedliche Anbieterstandorte. Dabei können Sie beweisen, dass nur dann ein Preisgleichgewicht existiert, wenn die Anbieter weit genug voneinander entfernt sind oder den genau gleichen Standort einnehmen. (Vgl. D'Aspremont, Gabszewicz und Thisse 1979: 1145f)

Lerner und Singer (1937) zeigen, wie bedeutend die Länge des linearen Produktraums ist, wenn die Zahlungsbereitschaft der Nachfrager im

Gegensatz zu Hotellings Modell eine obere Grenze hat. Zwei gewinnmaximierende Wettbewerber beeinflussen sich demnach überhaupt nicht, wenn die Transportkosten über den gesamten Produktraum mindestens doppelt so groß sind wie der maximale Reservationspreis (ähnlich auch Economides 1984).[108] Sind die Transportkosten kleiner, so wählt Anbieter *B*, der als Zweiter in den Markt eintritt, entweder eine Preis-Standort-Kombination, die den Marktanteil des ersten Anbieters *A* völlig unbeeinflusst lässt, oder er wählt den gleichen Standort wie *A*, unterbietet diesen jedoch im Preis. Damit gelingt es *B*, den gesamten Marktanteil von *A* zu übernehmen, und er erzielt einen Gewinn, der nur wenig unterhalb des Gewinns liegt, den *A* vor *B*s Markteintritt erzielte. Lerner und Singer (1937) untersuchen diese Situation unter verschiedenen Annahmen über das Verhalten von *A* und *B*. Sie entdecken dabei eine Vielzahl instabiler Konstellationen, in denen der Markt kein Preisgleichgewicht erreichen kann.

4.4.4.4 Räumlicher Wettbewerb mit freien Preisen und freier Qualität

Neben Markteintritt, Standort und Preis entscheidet der Anbieter eines differenzierten Produktes auch über dessen Qualität. Qualität als ökonomisch relevante Eigenschaft von Medieninhalten wird von allen Nachfragern geschätzt und ist abhängig von der Höhe der *first copy costs*, den fixen Kosten der Werkschöpfung. Ein Anbieter wird gerade so viel in Qualität investieren, dass die Kosten der letzten Produktverbesserung gerade noch durch die dadurch erzielten Mehrerlöse gedeckt werden. Um ein Gleichgewicht zu erreichen, muss daher ein abnehmendes Verhältnis von Grenzerlös zu Grenzkosten der Qualität vorliegen.

Für die weitere Diskussion weniger interessant sind die Fälle *vertikaler Differenzierung*, in denen mindestens zwei Anbieter den gleichen Produktstandort einnehmen, die gleiche Produktvariante aber in unterschiedlichen Qualitäten zu Einheitspreisen anbieten. Eine solche Strategie kann sich lohnen, wenn die Wertschätzung für Qualität oder die Kaufkraft unter den Nachfragern unterschiedlich verteilt sind. Dies zeigte bereits die Preisdifferenzierung zweiten Grades in Kapitel 4.2.3.2, mit der eine Gewinnsteigerung durch das Angebot einer absichtlich verschlechterten Variante eines Gutes mit hohen Produktionsfixkosten erzielt werden kann. Shaked und Sutton (1982) zeigen, dass sich unter den genannten Bedingungen unterschiedlich hohe Qualitäten

---

[108] Bei solchen Märkten sollte jedoch kritisch gefragt werden, ob es sich überhaupt noch um einen Wettbewerb differenzierter Güter handelt, bei dem von einer Angebotsvielfalt gesprochen werden kann. Diese kann eigentlich nur da herrschen, wo dem Nachfrager eine Vielfalt an Wahlmöglichkeiten zwischen verschiedenen Produkten angeboten wird. Wenn sich die Marktpotentiale zweier Anbieter jedoch nicht überschneiden, dann handelt es sich vielmehr um zwei benachbarte Monopole, so dass der einzelne Nachfrager überhaupt keine Wahlmöglichkeit hat.

der gleichen Variante auch dann am Markt behaupten können, wenn für die schlechtere Variante allein weitere Fixkosten der Produktion aufgewendet werden müssen. Perfekte Preisdifferenzierung würde einen solchen unnötigen Ressourcenverbrauch verhindern – der Anbieter mit der besten Qualität würde den Preis aller anderen Anbieter am gleichen Standort unterbieten.

Es gibt mit Economides (1989a), Waterman (1990) und Economides (1993) nur drei Forschungsarbeiten, die das Zusammenspiel von Standort, Preis und Qualität im räumlichen Wettbewerb untersuchen. Economides (1989a) betrachtet den Wettbewerb zweier Anbieter in einem linearen Produktraum. Die Transportkosten sind eine lineare Funktion der Distanz. Die Kosten der Qualität sind proportional zum Quadrat des Qualitätsniveaus, und eine Verbesserung der Qualität wird von allen Nachfragern – unabhängig von ihrer Distanz zur Produktadresse – in gleicher Weise geschätzt.

Wenn die Kosten einer Qualitätsverbesserung hoch sind, verzichten die Anbieter im Modell von Economides (1989a) auf einen Qualitätswettbewerb und die Marktergebnisse unterscheiden sich nicht von jenen solcher Märkte, in denen die Qualität exogen vorgegeben ist. Ist eine Qualitätsverbesserung jedoch relativ billig vorzunehmen, so wenden die Wettbewerber Qualität im Kampf um Nachfrager an. Dabei zeigt sich, dass allein diese weitere Wettbewerbsvariable auch bei einem kleinen Produktraum mit hohen Reservationspreisen und linearen Transportkosten den Markt in ein Gleichgewicht führt. Die Anbieter streben dann nach maximaler Produktdifferenzierung und beziehen ihre Standorte an den Enden des Marktes. Economides (1989a: 27) erklärt das damit, dass bei einer Vergrößerung der Produktdistanz eine Qualitätsverbesserung lohnenswert wird, da sie mit der damit möglichen leichten Preiserhöhung den erlösmindernden Marktanteilseffekt mehr als ausgleicht. Es sei daher möglicherweise allein der Mangel an strategischen Variablen im Wettbewerb dafür verantwortlich, dass die auf Hotelling (1929) aufbauenden räumlichen Modelle zu minimaler Produktdifferenzierung tendieren Economides (1989a: 28).

Waterman (1990) untersucht die Folgen eines möglichen Qualitätswettbewerbs auf das Marktgleichgewicht, indem er seine in Kapitel 4.4.4.2 vorgestellte Analyse eines Wettbewerbs differenzierter Güter erweitert. Neben den Preisen können die Anbieter jetzt auch das Qualitätsniveau ihrer Produkte frei wählen; Waterman gibt lediglich die Standorte der Güter mit einer symmetrischen Produktplatzierung vor.

Der Nutzen U_{ij} eines Nachfrager i aus Gut j, den Waterman (1990) in Gleichung (5) noch mit $U_{ij} = 1 - \lambda x_{ij}$ angibt, beträgt nun

(14) $$U_{ij} = \left(1 - \lambda x_{ij}\right) K_j^{\gamma}.$$

Ebenso wie in der Modellvariante ohne freie Entscheidung der Anbieter über die Produktqualität gilt für λ, den Transportkostenparameter, $0 < \lambda \leq 2$. Der Parameter K stellt das Investitionsvolumen für Gut j dar. Der Parameter γ kennzeichnet die Nutzenelastizität in Abhängigkeit vom Investitionsvolumen, das heißt, je höher γ, desto stärker steigt der Nutzen U_{ij} bei einer Erhöhung des Investitionsvolumens. γ ist positiv, jedoch kleiner als 1, da der Anbieter sonst keine Gleichgewichtsposition finden könnte: Das optimale Investitionsvolumen wäre unendlich hoch.

Die multiplikative Form der Nutzenfunktion sorgt dafür, dass die Nutzensteigerung durch eine Erhöhung des Investitionsvolumens proportional zum standortabhängigen Nutzen erfolgt. Das bedeutet auch, dass eine Qualitätssteigerung für marginale Nachfrager bedeutungslos ist. (Vgl. Waterman 1990: 297f) Abbildung 4-13 stellt diesen Zusammenhang in einem aufgetrennten Ausschnitt des Produktkreises dar. Die Abbildung macht aber auch deutlich, dass die multiplikative Form der Nutzenfunktion so interpretiert werden kann, dass die Transportkosten um so höher ausfallen, je größer der Nutzen eines Gutes ist.[109]

Abbildung 4-13:
Proportionale Nutzensteigerung durch Erhöhung des Investitionsvolumens bei Waterman (1990: 297)

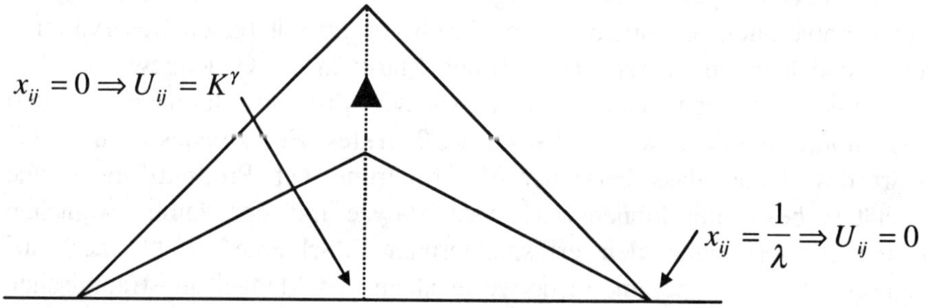

Quelle: Waterman (1990: 297).

Die Suche nach dem Gleichgewicht beginnt wie in Kapitel 4.4.4.2 mit der Bestimmung des indifferenten Nachfragers X^i, der sich zwischen Gut *1* und Gut *2* befindet und von Produkt *1* mit der Distanz x^i entfernt ist. Für ihn gilt für den Fall des Qualitätswettbewerbs der Anbieter

$$(1 - \lambda x^i)K_1^{\gamma} - P_1 = \left(1 - \frac{\lambda}{n} + \lambda x^i\right)K_2^{\gamma} - P_2 \tag{15}$$

oder

[109] Dieses Phänomen entspricht zwar nicht unbedingt der Erwartung an einen Markt für Medieninhalte, doch werden wir zunächst mit dieser Annahme Watermans Ausführungen folgen. Später wird mit Economides (1993) kurz ein Modell vorgestellt, das diesen Widerspruch zur intuitiven Erwartung vermeidet, aber zu sehr ähnlichen Ergebnissen kommt.

(16) $$x^i = \frac{\left(K_1^\gamma - K_2^\gamma\right) + \frac{\lambda K_2^\gamma}{n} + P_2 - P_1}{\lambda\left(K_1^\gamma + K_2^\gamma\right)}.$$

Der Anbieter 1 wird das Investitionsvolumen K_1 und den Preis P_1 so setzen, dass er seinen Gewinn

(17) $$\Pi_1 = 2P_1x^i - K_1$$

maximiert. Wenn man erneut davon ausgeht, dass jeder Anbieter einen Gewinn von null macht, dann erhält man bei symmetrischer Produktplatzierung ein Marktgleichgewicht mit den Werten

(18) $$n^* = \frac{\lambda K^{*\gamma}}{P^*} = \frac{2\lambda + \lambda\gamma}{2\gamma},$$

(19) $$K^* = \frac{P^*}{n^*} = \left[\frac{4\gamma^2}{\lambda(2+\gamma)^2}\right]^{1/(1-\gamma)},$$

(20) $$P^* = K^* n^* = \left[\frac{4\gamma^2}{\lambda(2+\gamma)^2}\right]^{1/(1-\gamma)}\left(\frac{2\lambda + \lambda\gamma}{2\gamma}\right).$$

Nach vollständiger Differenzierung zeigen (18) und (19) erwartungsgemäß, dass die Produktvielfalt n^* um so höher ist, je größer die relativen Transportkosten λ sind, und dass das Investitionsvolumen K^* für ein Gut um so höher ist, je größer die Nutzenelastizität des Investitionsvolumens γ ist. Weiter zeigt sich jedoch, dass ein hohes γ einen senkenden Effekt auf die Produktvielfalt hat. Dies liegt an den höheren Skalenökonomien von Investitionen in die Qualität eines einzigen Gutes, was wiederum die Anzahl der überlebensfähigen Produkte senkt. Entsprechend hat umgekehrt auch λ einen senkenden Effekt auf das Investitionsvolumen für ein einziges Gut im Gleichgewicht. Sind die Transportkosten hoch, so sind die Erträge einer Qualitätsverbesserung relativ gering, was wiederum eine höhere Produktvielfalt zulässt. (Vgl. Waterman 1990: 298)

Das Wohlfahrtsoptimum wird entsprechend dem Vorgehen aus den Gleichungen (12) und (13) aus der Maximierung des sozialen Überschusses bestimmt, wobei aber nun zusätzlich zur wohlfahrtsoptimalen Produktvielfalt n^o (23) auch das wohlfahrtsoptimale Investitionsvolumen K^o (22) eines Gutes bestimmt werden muss:

(21) $$W = 2n\int_0^{1/2n} K^\gamma\left(1 - \lambda x^i\right)dx^i - nK = K^\gamma\left(1 - \frac{\lambda}{4n}\right) - nK$$

(22) $$K^o = \left[\frac{\gamma}{n^*} - \frac{\lambda\gamma}{4n^{*2}}\right]^{1/(1-\gamma)} = \left(\frac{4\gamma^2}{\lambda(1+\gamma)^2}\right)^{1/(1-\gamma)}$$

(23) $$n^o = \frac{1}{2}\frac{\lambda}{K^{*1-\gamma}} = \frac{\lambda\gamma + \lambda}{4\gamma}.$$

Ein Vergleich von (19) und (22) macht deutlich, dass die Investition in die Qualität eines im Wettbewerb angebotenen differenzierten Gutes unter dem wohlfahrtsoptimalen Wert bleibt.

Ein Vergleich von (18) und (23) führt zu

(24) $$n^* = 2n^o + \frac{\lambda}{2\gamma}.$$

Damit übertrifft die Überproduktion von Vielfalt im Wettbewerb mit freier Qualitätswahl sogar noch den entsprechenden Wert im Wettbewerb mit festgelegter Qualität. Der durch den Qualitätswettbewerb allein ausgelöste wohlfahrtsmindernde Effekt ist dabei um so stärker, je höher die Transportkosten sind und je geringer sich eine Veränderung des Investitionsaufwandes in der Wertschätzung für ein Produkt ausdrückt. (Vgl. Waterman 1990: 300)

Economides (1993) verwendet ebenfalls einen kreisförmigen Produktraum mit linearen Transportkosten. Im Gegensatz zu Waterman (1990) gibt Economides (1993) jedoch keine symmetrische Produktplatzierung vor. Auch wendet er statt einer multiplikativen eine additive Form der Funktion des Nachfragernutzens an. Damit wirkt sich eine Qualitätsverbesserung auch positiv auf die Wertschätzung durch marginale Nachfrager aus. (Vgl. Economides 1993: 239)[110] Economides untersucht sowohl ein dreistufiges Spiel, bei dem die Anbieter zuerst über den Markteintritt, dann über den Standort, und zuletzt über Qualität und Preis des Gutes entscheiden, als auch ein vierstufiges Spiel, bei dem die Anbieter in der dritten Stufe nur die Produktqualität und erst in einer vierten Stufe den Preis bestimmen.

Im Wesentlichen kann Economides (1993) die Ergebnisse von Waterman bestätigen. Darüber hinaus gelingt ihm der Nachweis, dass in beiden Spieltypen eine symmetrische Anbieterverteilung zu einem stabilen Gleichgewicht mit gleicher Qualität und gleichen Preisen führt. Aber auch bei asymmetrischer Produktplatzierung, wie sie aus einer zufälligen Abfolge der Standortwahlen einzelner Anbieter hervorgeht oder auch im Rahmen einer Abschreckungsstrategie beabsichtigt sein kann, gerät der Markt in ein Gleichgewicht. Die Anbieter werden sich dann allerdings hinsichtlich der Gewinne, Preise, Qualität und Marktanteile unterscheiden, und die Produktvielfalt ist geringer als im symmetrischen Gleichgewicht ohne Gewinne. (Vgl. Economides 1993: 245)

---

[110] Der für die Stabilität des Systems wichtige abnehmende Grenznutzen einer Investition in die Produktqualität kann in einem solchen Fall nicht wie bei Waterman (1990) durch einen Faktor γ direkt in der Nutzenfunktion angegeben werden. Statt dessen führt Economides (1993: 240) neben der qualitäts- und distanzabhängigen Nutzenfunktion eine konvexe Qualitätskostenfunktion ein.

Wie bei Waterman (1990) übertrifft auch bei Economides (1993) die Angebotsvielfalt bei freier Qualitätsgestaltung das Doppelte der wohlfahrtsoptimalen Vielfalt. Während dieser Effekt bei Waterman (1990: 300) um so stärker ist, je teurer eine Steigerung des Nachfragernutzens über eine Erhöhung der Investitionen in die Qualität ist, ist dies bei Economides umgekehrt: „The free market provides a larger number of varieties than is optimal, [. . .] with the ratio of equilibrium to optimal number of varieties decreasing in the cost of quality but bounded below by 2." (Economides 1993: 252) Dieses Phänomen ist beim vierstufigen Spiel ausgeprägter als beim dreistufigen. Auch das von den Anbietern gewählte Qualitätsniveau weicht beim vierstufigen Spiel stärker vom Wohlfahrtsoptimum nach unten ab als beim dreistufigen. Economides (1993: 249) erklärt dieses Phänomen damit, dass die Anbieter in dem vierstufigen Spiel mit der Möglichkeit zu einem „precommitment in quality" einen strategischen Vorteil für den folgenden Preiswettbewerb haben. Sie nutzen diesen strategischen Vorteil zu Kosteneinsparungen, indem sie eine schlechtere Qualität produzieren. Im Gleichgewicht wird damit jedoch lediglich der Markteintritt für weitere Anbieter attraktiv, so dass die Vielfalt weiter steigt und die Preise sinken. (Vgl. Economides 1993: 249f)

4.4.4.5 Räumlicher Wettbewerb mit Preisdifferenzierung

Bis hierher ging die Darstellung des monopolistischen Wettbewerbs mit räumlichen Modellen von Einheitspreisen aus, welche die Anbieter von den Nachfragern fordern. Nutzeneinbußen, die einem Nachfrager dadurch entstehen, dass das differenzierte Produkt nicht genau seinem Geschmack entspricht, haben bei einer solchen Preissetzung die Nachfrager zu tragen. Die räumlichen Modelle drücken dies in den vom Nachfrager zu tragenden Transportkosten aus. Dieses Preisschema ist für solche Nachfrager am günstigsten, deren Standort dem des Anbieters am nächsten ist.

Die räumlichen Modelle lassen aber auch noch ein anderes Preisschema zu: das des einheitlichen Lieferpreises. Hier zahlt jeder Kunde eines Anbieters den gleichen Preis für das Gut, die Transportkosten werden jedoch von den Anbietern getragen. In einem solchen Fall sind alle Nachfrager gleich gut gestellt – jeder hat den gleichen Nutzen und zahlt den gleichen Preis.

Ein Anbieter, der nicht nur in der Lage ist, die Anlieferung der Güter zu übernehmen, sondern grundsätzlich die Nachfrager entsprechend ihres Standortes unterschiedlich behandeln kann, kann perfekte Preisdifferenzierung betreiben. Mit solchen Möglichkeiten wird der Anbieter nur dann einen einheitlichen Lieferpreis fordern, wenn die Nachfrage vollkommen unelastisch ist und er eine Monopolstellung am Markt hat. Der geforderte Lieferpreis schöpft dann den gesamten Nutzen des Nachfragers ab. Handelt es sich jedoch um eine elastische Nachfrage, wird ein monopolistischer Anbieter um so höhere Preise verlangen, je weiter die von ihm belieferten Nachfrager entfernt sind. Durch die höheren Preise verliert er zwar etwas Umsatz, spart aber auch Transportkosten ein. (Vgl. Anderson und Thisse 1988: 581)

Beim Markt für Medieninhalte kann man aber davon ausgehen, dass die Nachfrage zwar unelastisch ist (es handelt sich um einen Ein-Gut-Markt), der Anbieter aber kein Monopolist ist, sondern sich einer Substitutionskonkurrenz ausgesetzt sieht. In diesem Bertrand-Wettbewerb versuchen die Wettbewerber, über den Preis ihren Gewinn zu maximieren. Perfekte Preisdifferenzierer werden an jedem Ort den Preis so hoch wie möglich setzen, aber auch niedrig genug, um in einem möglichst großen Marktbereich die Angebote der Konkurrenz zu unterbieten. Diesen Fall untersuchte zuerst ausführlich Hoover (1937) in seinem Aufsatz „Spatial Price Discrimination", in dem er wesentliche Ergebnisse für unterschiedlich elastische Nachfragen gewinnt.

Leichter verständlich ist jedoch die Darstellung perfekter Preisdifferenzierung im räumlichen Wettbewerb von Lerner und Singer (1937: 182-184), die sich – für den Markt für Medieninhalte ausreichend – auf eine vollkommen unelastische Nachfrage beschränkt. In einem solchen Fall kann der differenzierte Preis niemals den Wert der Kosten überschreiten, den konkurrierende Anbieter mit der Versorgung eines Ortes hätten. Dieser Wert, der aus der Summe der aufzuwendenden Transportkosten und den marginalen Produktionskosten besteht, bildet zugleich für jeden Anbieter auch seine eigene Preisuntergrenze.

Abbildung 4-14 verdeutlicht diesen Sachverhalt für Produktionsgrenzkosten in Höhe von null. Vom Standort des Anbieters *C* gehen von der Grundlinie zwei Geraden aus, die gemeinsam ein V bilden und die linearen Transportkosten darstellen. Entsprechende Geraden stellen auch die Transportkosten der Konkurrenten *B* und *D* dar (Anbieter *B'* soll noch ignoriert werden). Sie stellen die Obergrenze der von *C*s Nachfragern zu zahlenden Preise dar, denn jeder höhere Preis könnte von *B* oder *D* unterboten werden, ohne dass diese damit einen Verlust erleiden würden.

An den Orten c_1 und c_3 ist der maximale Preis gerade noch hoch genug, um die von *C* zu tragenden Transportkosten zu finanzieren. Der Marktbereich von *C* erstreckt sich damit von c_1 bis c_3, und die Fläche unterhalb der in diesem Bereich liegenden Transportkostengeraden von *B* und *D* stellt die erzielten Erlöse dar. Wenn von dieser Fläche die Transportkosten von *C* abgezogen werden, so bleibt *C*s Gewinn als dunkel schraffierte Raute übrig. Der Gewinn eines Anbieters fällt also in Abhängigkeit vom belieferten Abnehmerstandort sowohl um den Wert, um den seine eigenen Transportkosten zunehmen, als auch um den Wert, um den die Transportkosten der Konkurrenz abnehmen. (Vgl. Anderson und Thisse 1988: 579f; Lerner und Singer 1937)

Nachfrager am Standort c_2, die bei Einheitspreisen den günstigsten Standort haben, weil sie gar keine Transportkosten tragen müssen, können vom perfekt preisdifferenzierenden Anbieter *C* jedoch am leichtesten ausgebeutet werden. Von allen Nachfragern von *C* zahlen sie den höchsten Preis für die gleiche Leistung. Andere Nachfrager haben bessere Möglichkeiten, die Substitutionskonkurrenz benachbarter Anbieter gegen den von ihnen gewählten Anbieter zu nutzen. Bei linearen Transportkosten zahlen die Nachfrager an den Standorten c_1 und c_3 gerade die Hälfte des an c_2 zu zahlenden Preises – bei gleichem Nutzen.

Abbildung 4-14:
Erlös- und Gewinnsituation bei perfekter Preisdifferenzierung im räumlichen Wettbewerb mit unelastischer Nachfrage

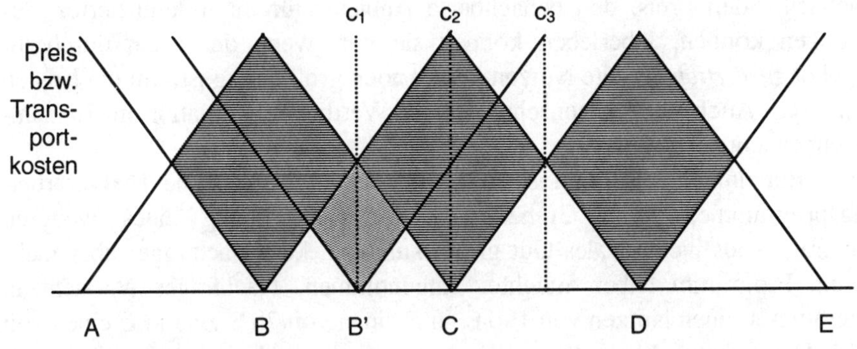

Quelle: erstellt in Anlehnung an Lerner und Singer (1937: 183)

Perfekte Preisdifferenzierung im räumlichen Wettbewerb ist nicht darauf angewiesen, dass die Transportkosten von den Anbietern getragen werden. Dies ist wichtig für die Märkte von Gütern, in denen die Anbieter die weiter entfernt positionierten Nachfrager nicht dadurch für die Distanz kompensieren können, indem sie die Güter selbst anliefern. Güter, die wie Medieninhalte vielleicht nur annähernd den Geschmack des Nachfragers treffen, müssen bei perfekter Preisdifferenzierung so bepreist werden, dass der Anbieter genau so hohe Gewinne erzielt, als würde er für die Transportkosten aufkommen. Der Nachfrager zahlt nun allerdings lediglich die Differenz zwischen dem erwarteten Nutzen des einen und dem des anderen Gutes. In Abbildung 4-14 entspricht diese Differenz genau dem vertikalen Abstand zwischen der oberen und der unteren Begrenzung der Gewinnraute des an diesem Standort überlegenen Anbieters. Ein Nachfrager am Standort c_1 oder c_3 zahlt dann einen Preis von null, hat aber auch einen geringeren Nutzen vom Konsum des Gutes als ein Nachfrager am Standort c_3, da er vom Anbieter nicht für die Distanz kompensiert wird.

Diese perfekt differenzierten Preise im räumlichen Bertrand-Wettbewerb entsprechen weitgehend dem Lindahl-Preis für ein homogenes öffentliches Gut, wie ihn bereits die Kapitel 4.2.2.4 und 4.2.3.4 beschreiben.

Sowohl für ein homogenes öffentliches Gut als auch für ein differenziertes Gut zahlt der Nachfrager nur den Preis für die von ihm konsumierten Güter, der dem Nutzen entspricht, den er zusätzlich gegenüber seinem Konsum in einer Alternativsituation ohne diese Angebote erzielt.

Im Fall homogener öffentlicher Güter konsumiert der Nachfrager alle Einheiten zu dem Preis, der seinem Grenznutzen entspricht. Da dadurch bei einem fallenden Grenznutzen auch der Preis fällt, den *jeder* Anbieter des öffentlichen Gutes bei einer Ausdehnung des Angebots erzielt, gerät der Markt in das wohlfahrtsoptimale Gleichgewicht. Bei differenzierten Gütern jedoch konsumiert der Nachfrager nur ein Gut. Da er mit dem Preis, den er dem Anbieter zahlt, diesem das Überleben am Markt ermöglicht, senkt er gleichzeitig den Preis, den benachbarte Anbieter für ihr differenziertes Gut verlangen können. Überleben können sie nur, wenn der allein durch ihr Angebot *zusätzlich* erzielte Nutzen immer noch groß genug ist, um die Kosten zu decken. Auch diese Eigenschaft ist der Wettbewerbssituation im Lindahl-Gleichgewicht sehr ähnlich.

Ein einfaches Beispiel ist ein Markt für unterschiedliche Textverarbeitungsprogramme, deren Grenzkosten der Befriedigung eines weiteren Nachfragers als nicht rivales Gut gleich null sind, kein Nachfrager aber mehr als ein Programm haben möchte. Angenommen, Nachfrager N_1 sieht in Programm *A* einen Nutzen von 100 €, in *B* einen von 70 €, und in *C* einen von 50 €. Der zusätzliche Nutzen von *B* und *C* gegenüber Angebot *A* ist für Nachfrager N_1 negativ. Damit fällt seine Zahlungsbereitschaft für diese beiden Programme niedriger aus als die Grenzkosten des Anbieters. Nur Programm *A* bietet N_1 einen zusätzlichen Nutzen von 30 € gegenüber Programm *B* und wird daher erworben. Bei perfekter Preisdifferenzierung kann der Anbieter von *A* jedoch nur diese 30 € als Preis verlangen, da Nachfrager N_1 Programm *B* schon zu einem Preis von null erhalten könnte. Nur wenn es aber andere Nachfrager N_i gibt, die auch unter solchen Bedingungen Programm *B* oder *C* vorziehen, werden diese Angebote überhaupt überleben.

Dieses Beispiel ist in der geschilderten Form in der Realität natürlich nicht anzutreffen, da die Anbieter keine entsprechenden Preisverhandlungen mit den Endabnehmern führen. Am Markt für OEM-Software („Original Equipment Manufacturer-Software") finden aber schon vergleichbare Verhandlungen zwischen den Computerherstellern und Softwareanbietern statt. Entsprechend liegen die dort gezahlten Preise weit unter denen im Einzelhandel. Für die Softwarehersteller betragen die Grenzkosten der Vergabe von OEM-Lizenzen jedoch nicht nur die Vervielfältigungskosten von Datenträgern und Handbüchern, sondern auch die Opportunitätskosten entgangener Lizenzverkäufe im Einzelhandel an Computerkäufer, welche mit mitgelieferter Konkurrenzsoftware unzufrieden sind.

Wenn perfekte Preisdifferenzierung am Markt für differenzierte Güter der Lindahl-Bepreisung an einem Markt für ein homogenes öffentliches Gut derart ähnelt, stellt sich die Frage, ob sie auch diesen Markt in ein wohlfahrtsoptimales Gleichgewicht führt. Zu bedenken ist hier, dass es im monopolistischen Wettbewerb nicht nur um ein Marktversagen hinsichtlich der Produktions- und Konsummenge geht, sondern auch in Bezug auf die Angebotsvielfalt und die Produktqualität.

Zunächst wird gezeigt werden, dass der Markt bei perfekter Preisdifferenzierung nicht mehr Gefahr läuft, minimal differenzierte Güter anzubieten oder gar überhaupt kein Gleichgewicht zu erreichen (Vgl. MacLeod, Norman und Thisse 1988). Abbildung 4-14 zeigt, dass bei der Standortwahl eines neuen Anbieters *B'* nur die Mitte zwischen zwei vorhandenen Anbietern in Frage kommt, da jeder andere Ort die eigene Gewinnraute kleiner werden ließe.

Es wird aber auch deutlich, dass der dargestellte Bertrand-Wettbewerb mit perfekter Preisdifferenzierung ein Abschreckungsgleichgewicht mit positiven Gewinnen ermöglicht.[111] Angenommen, *B*, *C* und *D* würden ihre Standorte so gewählt haben, dass ein neuer Anbieter *B'* gerade so große Gewinne macht, dass es ihm nur knapp misslingt, seine Fixkosten zu decken. *B'* wird also auf diesen verlustbringenden Marktzutritt verzichten. *B*, *C* und *D* jedoch machen jeder für sich das Vierfache des von *B'* nach Markteintritt zu erwartenden Gewinns. Nach Abzug der Fixkosten können Anbieter in einem für sie optimalen Abschreckungsgleichgewicht daher mit einem Reingewinn rechnen, der dem Dreifachen der Fixkosten des Markteintritts entspricht. (Vgl. Anderson und Thisse 1988: 585)

Da die Gewinnraute eines Anbieters bei perfekter Preisdifferenzierung exakt seinem Beitrag zur Wohlfahrt entspricht, wählen die Anbieter wohlfahrtsoptimale Standorte, die die Kosten der Distanz der Nachfrager zu den Anbietern minimieren. Dieses Ergebnis von Lerner und Singer (1937: 182-184) wird auch von Lederer und Hurter (1986: 623) bestätigt. Nur in dem Fall, dass die Firmen unterschiedliche Transportkosten oder Grenzkosten der Produktion haben, wird die Standortwahl der Anbieter vom Wohlfahrtsoptimum abweichen (vgl. Gupta 1994). Dieser Fall ist aber am Markt für Medieninhalte nicht zu erwarten. Für die Zahl der Anbieter ist aufgrund der Anreizstruktur zu erwarten, dass sie die optimale Zahl einnimmt. Allenfalls ein Abschreckungsgleichgewicht kann die Zahl senken – bei linearen Transportkosten auf ein Minimum von der Hälfte der optimalen Anbieterzahl. (Vgl. Anderson und Thisse 1988: 585)

In einem direkten Vergleich unterschiedlicher Preissetzungsstrategien in einem unkooperativen Wettbewerb können Anderson und Thisse (1988: 586f) zeigen, dass sich perfekte Preisdifferenzierung beider Anbieter („(D,D)") in jedem Fall gegenüber Einheitspreisen beider Anbieter („mill

[111] Dasselbe gilt auch für jedes andere, von allen Anbietern zugleich angewendete Preisschema (Vgl. Anderson und Thisse 1988: 584f).

prices (M,M)“) durchsetzen wird, wenn sie technisch möglich ist. Die Anbieter sind dabei interessanterweise einem Gefangenendilemma ausgesetzt, wie Anderson und Thisse (1988: 587, Hervorhebungen dort) beobachten:

„*[I]n the (M,M)-case, both firms make higher profits than in the (D,D)-case.* This is so because competition is fiercer in the (D,D)-case since each firm has the option to ‘meet the competition’. By contrast, in the (M,M)-case, a firm must cut its price to all its customers to gain a marginal consumer. Even more surprising, perhaps, is the fact that, in this example, *each consumer pays a higher price in the (M,M)-case than in the (D,D)-case.*“

Die bisherigen Ausführungen zur Preisdifferenzierung sind von Anbietern ausgegangen, die – bis auf die Standortdifferenzierung – vollkommen gleichwertige Güter anbieten. Für den Fall, dass perfekte Preisdifferenzierer die Qualität des Gutes selbst bestimmen können, liegen keine wissenschaftlichen Untersuchungen vor. Es ist jedoch eine einfache Argumentation möglich, nämlich dass im Gleichgewicht mit perfekter Preisdifferenzierung und Gewinnen von null im räumlichen Wettbewerb nicht nur Zahl und Standorte der angebotenen differenzierten Güter optimal sind, sondern auch ein optimales Verhältnis von Angebotsvielfalt und Angebotsqualität gefunden wird.

Abbildung 4-15 zeigt die Erlös- und Gewinnsituation, wie sie sich für einen potentiellen neuen Anbieter *B’* darstellt, wenn er ein höherwertigeres Gut anbietet als seine benachbarten Konkurrenten.[112] Wie in Abbildung 4-14 stellt die hell schraffierte Raute den Gewinn von *B’* dar, mit dem er seine Fixkosten des Markteintritts decken muss. Da die Qualität höher ist als die von *B* und *C*, erzielt ein Konsument des von *B’* angebotenen Gutes auch einen höheren Nutzen. Ein Nutzer an Standort c_1, der zuvor zum Preis von null noch das Gut von *C* kaufte, sieht nun einen Nutzenvorteil im Angebot von *B’*, der der Höhe von *B*’s Gewinnraute an dieser Stelle entspricht. *B’* schöpft diesen, von seinen Nachfragern gegenüber den Angeboten der Wettbewerber empfundenen, Nutzenvorteil vollständig ab und kommt zusätzlich für die Transportkosten auf. Der von ihm bediente Marktanteil ist bei der hohen Qualität so groß, dass für *B* und *C* nur noch die kleinen Streifen zwischen ihren eigenen und den darüber liegenden Transportkostengeraden von *B’* als Gewinn übrigbleiben. Der Nachfrager am Standort c_2 wird dafür durch den Markteintritt von *B’* wesentlich besser gestellt. Er wählt zwar immer noch das Angebot von *C*, zahlt dafür aber nur noch einen Bruchteil des Preises, den er ohne *B*’s Angebot an *C* zahlen würde.

[112] Dieses Beispiel folgt der additiven qualitätsabhängigen Nutzenfunktion von Economides (1993), wie sie bereits in Kapitel 4.4.4.4 im Gegensatz zur multiplikativen Form von Waterman (1990) vorgestellt wurde.

Abbildung 4-15:
Markteintritt mit perfekter Preisdifferenzierung und frei wählbarer Qualität

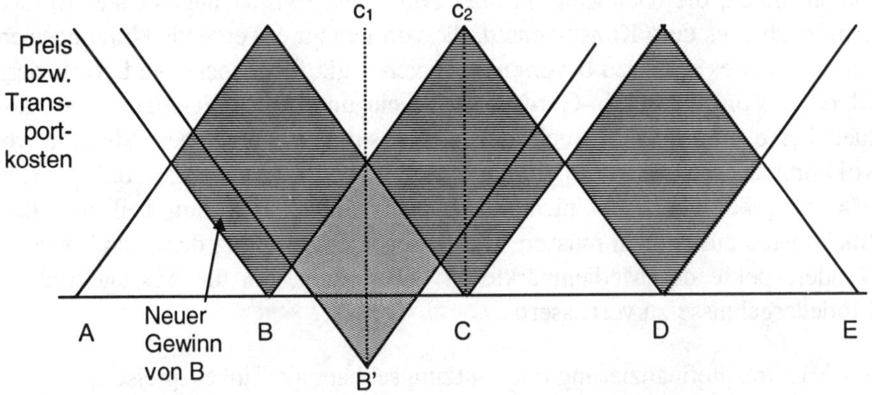

Quelle: eigene Darstellung in Anlehnung an Lerner und Singer (1937: 183).

Die Gewinnraute eines perfekt preisdifferenzierenden Anbieters stellt also auch den Wohlfahrtsnutzen korrekt dar, der aus einer Qualitätsverbesserung eines Angebots hervorgeht. Ist der von *B'* durch sein Angebot entstehende zusätzliche Nutzen so klein, dass der diesem Zusatznutzen genau entsprechende Gewinn nicht in der Lage ist, *B'*s Fixkosten zu decken, so wird *B'* auf einen Markteintritt in dieser Form verzichten. Wenn sich ein Markteintritt für *B'* allerdings lohnt, werden *B* und *C* vielleicht aus dem Markt ausscheiden müssen, da ihr Gewinn unter den neuen Umständen zu gering ausfällt. Das kann bedeuten, dass sowohl Qualitätsniveau als auch der Abstand von *B* und *C* zu gering gewählt wurden und sich ein neues, robusteres Gleichgewicht ergeben wird. Da man von einer natürlichen Obergrenze der lohnenswerten Investition in Qualität ausgehen kann, kann auch analog zur Darstellung in Kapitel 4.4.4.4 davon ausgegangen werden, dass ein stabiles Gleichgewicht mit gleichen Abständen zwischen den Anbietern gefunden wird. Preisdifferenzierung wird dann die Unterinvestition in Qualität abbauen und die Anbieterzahl auf das optimale Niveau führen, was über niedrigere Preise zu einer maximalen Konsumentenrente führt.

4.4.5 Einschränkungen der Übertragbarkeit der Modellergebnisse auf den Markt für Medieninhalte

Mit den räumlichen Modellen des monopolistischen Wettbewerbs wurde bis hierher eine Marktform beschrieben, die auf den Wettbewerb vieler Medieninhalte zutrifft. Die Nachfrager können schon aus zeitlichen Gründen nur einen Bruchteil des Angebots nutzen; wenn sie aber einen Inhalt auswählen, so steht er ihnen vollständig zur Verfügung. Es würde keinen Sinn machen, nur ein halbes Buch oder einen halben Spielfilm im Kino zu erwerben. In einigen Bereichen haben sich am Medienmarkt jedoch Vertriebsmechanismen entwickelt, die von dieser Idealvorstellung abweichen. Computersoftware und Datenbanken, die nach Zeittakt oder Nutzungsintensität abgerechnet werden, ermöglichen es dem Konsumenten, die von ihm zu erwerbende Nutzungsmenge eines Gutes selbst zu bestimmen. Gleiches gilt für manche werbefinanzierte Medien. Von einem Ein-Gut-Markt für ein unteilbares Erzeugnis kann also hier keine Rede sein. Auch gehen die simplen räumlichen Modelle von vollkommener Markttransparenz aus, obwohl die Nachfrager das gesamte Marktangebot überhaupt nicht überblicken können und zum Teil erhebliche Suchkosten aufwenden müssen. Die folgende Behandlung dieser und weiterer Sonderaspekte der Medienmärkte ist daher nötig, um die Aussagekraft der Modellergebnisse zu verbessern.

4.4.5.1 Inhaltefinanzierung über nutzungsabhängige Einheitspreise

Viele Medieninhalte stehen zwar in einer Substitutionskonkurrenz zueinander, diese ist jedoch nicht vollständig. Ein Beispiel kann das verdeutlichen: Ein Kinogänger zieht von den ihm angebotenen zwei Spielfilmen den Thriller vor. Nachdem er diesen Film angesehen hat, reizt es ihn trotzdem noch ein wenig, auch den alternativ angebotenen Liebesfilm anzusehen – vielleicht in der folgenden Spätvorstellung. Seine vergleichsweise geringe Nachfrage nach dem Liebesfilm wird also nicht vollständig durch den Thriller befriedigt. Da ein Spielfilm am Abend für seinen Geschmack genug sein dürfte, ist die entsprechende Zahlungsbereitschaft des Kinobesuchers aber nur noch sehr gering. Da sie aber nicht gleich null ist, liegt auch keine vollständige Substitutionskonkurrenz der Angebote vor.

Für den Kinomarkt ist das Phänomen unvollständiger Substitutionskonkurrenz wenig dramatisch, da man sich den Kinoeintritt entweder nur vollständig oder gar nicht kaufen kann. Auch für den Fall von perfekter Preisdifferenzierung hat das keine Auswirkungen, da die Form des (Bertrand-)Wettbewerbs unverändert bleibt. Der Vertrieb von vielen Datenbanken erfolgt jedoch über zeit- oder nutzungsabhängige Preise, womit eine Teilbarkeit der Medieninhalte simuliert wird. Auch bei bestimmten Rundfunkprogrammen, deren Inhalte nicht als abgeschlossene Einheiten, sondern statt dessen in beliebiger Länge aufgenommen werden, wird von den Rezipienten ein nicht monetärer Preis in Form von Opportunitätskosten der Werbung erhoben, welcher von der frei gewählten Nutzungsdauer abhängt. Nutzungsabhängige Zahlungen können in Zukunft eine erhebliche Bedeutung einnehmen, wenn sich das in Kapitel 3.4.1 vorgestellte Konzept der nutzungsabhängigen Mikrozahlungen in den Neuen Medien verstärkt durchsetzt.

Bei einheitlichen Preisen für jede genutzte Einheit eines scheinbar teilbaren Gutes werden die Nachfrager bei unvollständiger Substitutionskonkurrenz *keine* exklusive Wahl für ein Angebot treffen, wie dies bis hierher bei den Modellen des räumlichen Wettbewerbs dargestellt wurde. Da man von einem abnehmenden Grenznutzen des Mehrkonsums einer Inhaltsart ausgehen kann, werden die Nachfrager verschiedene Angebote in unterschiedlichem Ausmaß so nutzen, dass der Nettonutzen aus dem Konsum der jeweils letzten Einheit aus einem Angebot gleich hoch ist. Ein Datenbanknutzer zum Beispiel wird daher nicht mit der vollständigen Ausnutzung nur eines einzigen Angebots seinen Nutzen maximieren, sondern statt dessen mit der jeweils teilweisen Nutzung verschiedener Angebote mit unterschiedlichen Schwerpunkten. Ähnlich verhält sich der Konsument von Musiksendern, wenn er nach einer Weile den Sender wechselt, weil er sich zwar an seiner Lieblingsmusik „satt gehört" hat, auf den Genuss anderer Musikarten aber sehr wohl noch Lust hat.

In einem solchen Markt bedienen die einzelnen Anbieter keine deutlich voneinander abgegrenzten Marktbereiche, die sie als Bertrand-Wettbewerber in einem Preiskampf möglichst groß halten würden. Vielmehr überschneiden sich ihre Marktbereiche, und Gewinnmaximierung werden sie eher als Cournot-Wettbewerber mit einer optimalen Absatzmenge anstreben. Der bisher beschriebene räumliche Wettbewerb mit einer vollkommen unelastischen Nachfrage bildet diesen Wettbewerb nicht mehr korrekt ab. Da aber auch die Annahme eines repräsentativen Konsumenten der Präferenzenvielfalt der Konsumenten unangemessen ist, wird auch das Modell des nicht räumlichen Wettbewerbs nach Spence (1976) und anderen Autoren unzutreffend sein.

Ein Modell aber, das den für diese Wettbewerbssituation zutreffenden Cournot-Wettbewerb im Produktraum mit unvollständigen Substituten explizit abbildet, ist nicht bekannt.[113] Die Wirkungen dieses Wettbewerbs auf das Marktergebnis sind daher nur zu vermuten:

(1) Ohne Preisdifferenzierung werden die Anbieter entsprechend den Aussagen der nicht räumlichen Modelle nicht in der Lage sein, den gesamten potentiellen Nutzen ihrer Güter abzuschöpfen. Die Preise pro Nutzungseinheit erfassen erstens nicht den gesamten Nutzen der konsumierten Einheiten und zweitens schließen sie vom Konsum solcher Einheiten aus, durch die ein Nutzen erzielt werden könnte, der unter dem Preis, aber immer noch über den Grenzkosten liegt. Durch die zu geringen Erlöse wird die Angebotsvielfalt gesenkt.

[113] Die Modelle eines Cournot-Wettbewerbs im Produktraum, die Anderson und Thisse (1988) vorstellen, gehen von vollständigen Substituten aus. Wettbewerber, die ihren Produktstandort frei wählen können, positionieren sich in diesem Fall auch bei perfekter Preisdifferenzierung in der Mitte des (linearen) Produktraums und verursachen so erhebliche Wohlfahrtseinbußen. (Vgl. Anderson und Thisse 1988: 580-583 und die dort vorgestellte Literatur)

(2) Wie bei den räumlichen Wettbewerbsmodellen werden die Anbieter jedoch nur mit wenigen benachbarten Anbietern in scharfer Konkurrenz stehen. Die sich unter diesen Umständen ergebenden Einheitspreise können eine Angebotsvielfalt finanzieren, die möglicherweise wieder über dem Optimum liegt.

Beide Effekte werden sich allenfalls in den Einflüssen auf die Zahl der Anbieter im Gleichgewicht gegenseitig ausgleichen. Mit Sicherheit aber werden sie gemeinsam zu zu hohen Preisen und zu niedriger Qualität führen und damit die soziale Wohlfahrt senken.

Zumindest in einem nicht räumlichen Cournot-Wettbewerb unvollständiger Substitute werden diese Probleme durch vollkommene Preisdifferenzierung gelöst. Spence (1976: 218-220) definiert das Wohlfahrtsoptimum geradezu als das Ergebnis perfekter Preisdifferenzierung, und auch Spence und Owen (1977: 121) erwarten für den Fernsehprogrammmarkt mit diesem Preisschema das Verschwinden jeglicher Fehlsteuerungen. Economides und Wildman (1995) jedoch weisen als einzige auch tatsächlich nach, dass ein Markt im Cournot-Wettbewerb erst mit perfekter Preisdifferenzierung ein wohlfahrtsoptimales Gleichgewicht erreicht. Der von ihnen angenommene zweiteilige Tarif ist ein vollkommen differenzierter Preis im Sinne Lindahls: Er schöpft vom repräsentativen Konsumenten mit dem ersten Preis den gesamten Nutzen ab, den dieser aus dem Konsum aller Einheiten des Gutes erzielt, die er zum zweiten Preis in beliebiger Menge erwerben kann. Dieser zweite Preis als einheitlicher Preis je Nutzungseinheit entspricht genau den Grenzkosten der Produktion, womit die nachgefragte Menge eines Gutes wohlfahrtsoptimal wird. Bei Produktionsgrenzkosten in Höhe von null würde nur mit dem ersten Preis ein Transfer stattfinden. Mit ihm würde der Nachfrager genau so ein unbegrenztes Nutzungsrecht erwerben, als würde er einen AON-Preis zahlen. Mit dem ersten Tarif allein würden die Anbieter die Fixkosten der Produktion finanzieren; und im Gleichgewicht wäre die Angebotsvielfalt optimal.

Tatsächlich ist dieses Ergebnis des von Economides und Wildman (1995) untersuchten Cournot-Wettbewerbs mit Preisdifferenzierung identisch mit dem eines Bertrand-Wettbewerbs unvollständiger Substitute mit perfekter Preisdifferenzierung im Produktraum, obwohl hier die Nachfrager nicht in einem repräsentativen Konsumenten zusammengefasst werden. Dieser Unterschied wird jedoch durch die vollkommene Preisdifferenzierung irrelevant, da in beiden Fällen die vollständige Abschöpfung des Konsumentennutzens aus einem der angebotenen Güter in der gleichen Weise geschieht. Mit anderen Worten führt perfekte Preisdifferenzierung zu einer solchen Verhaltensannäherung der Cournot- und Bertrand-Wettbewerber, dass die jeweiligen Abweichungen vom Wohlfahrtsoptimum vermieden werden.

4.4.5.2 Suchkosten verringern die wettbewerbswirksamen Effekte vorhandener Substitutionskonkurrenz

Bevor sich ein Nachfrager für den Erwerb und Konsum eines Medieninhalts entscheidet, muss er zunächst eine Auswahl aus dem Angebot treffen. Im Gegensatz zur vollkommenen Angebotstransparenz der dargestellten Marktmodelle stellt die Wahl des besten Angebots eine aufwendige Angelegenheit für den Nachfrager dar. Er muss Suchkosten aufwenden, die um so höher ausfallen, je höher seine Opportunitätskosten der Zeit sind und je größer die Angebotsvielfalt ist. Als Nutzenmaximierer wird der Nachfrager so lange in die Suche nach dem optimalen Angebot investieren, bis die Suchkosten den Grenznutzen der Suche entsprechen. Der Grenznutzen der Suche besteht in einer Verbesserung der getroffenen Auswahl aus dem Angebot. Das Nutzenoptimum erreicht der Nachfrager bereits dann, wenn er noch nicht jedes Angebot geprüft hat. Die Wahrscheinlichkeit, mit weiterer Suche seine Auswahl entscheidend zu verbessern, wird immer geringer. (Vgl. Kapitel 2.2.4)

Die Preise für differenzierte Güter sind direkt abhängig von der Stärke der Substitutionskonkurrenz am Markt (vgl. Kapitel 4.4.4.2). Nur solche Angebote tragen aber zur Substitutionskonkurrenz bei, die auch tatsächlich von den Nachfragern wahrgenommen werden. Nehmen diese nur einen Teil des Angebots wahr, weil die Suchkosten zu hoch sind, so nehmen die Gleichgewichtspreise einen entsprechend höheren Wert an, als die Modelle bei vollkommener Markttransparenz voraussagen. Dieser Effekt verstärkt sich weiter dadurch, dass höhere Preise wiederum eine nochmals erweiterte Angebotsvielfalt finanzieren, welche ebenfalls die Suchkosten erhöht.

Das Problem kann am besten an einem kleinen Beispiel verdeutlicht werden: Ein Musikliebhaber möchte eine bestimmte CD kaufen. Er weiß, dass sie seinen Geschmack trifft und ihm viele Male Hörgenuss verschaffen wird. Während diese CD fünfzehn € kostet, bietet ein anderer Verleger für nur zehn € eine CD an, die ihm genau den gleichen Nutzen verschaffen könnte. Der Käufer weiß von dem Angebot selbst zwar nichts, er kennt dafür aber die Wahrscheinlichkeit eines solchen Angebots. Da er jedoch seine Suchkosten auf über fünf € schätzt, lohnt sich die Suche für ihn nicht. Bei immer volleren Geschäften gestaltet sich nun die Suche für die Nachfrager immer aufwendiger, und die Preise, die die Anbieter verlangen können, werden immer höher. Als Problem kommt noch hinzu, dass eine weitere Qualitätsverschlechterung der am Markt erfolgreichen Inhalte zu erwarten ist, da das in Kapitel 2.2.4 vorgestellte Problem adverser Selektion durch hohe Suchkosten verschärft wird.

4.4.5.3 Besonderheiten der Werbefinanzierung

Da die Finanzierung eines Medieninhalts über Werbeeinnahmen von einer Finanzierung über einen direkten Beitrag der Inhaltekonsumenten verschieden ist, erscheint eine genauere Untersuchung ihrer Besonderheiten angebracht. Preisdifferenzierung scheint bei einer Werbefinanzierung schon technisch ausgeschlossen zu sein. Bei gleichen Opportunitätskosten der Zeit ist es kaum möglich, die von den Nachfragern zu zahlenden nicht monetären Preise zu differenzieren. Schmitz (1990) und andere Autoren gehen zudem davon aus, dass (Fernseh-)Zuschauer in der Werbung einen anfangs positiven, aber abnehmenden Grenznutzen sehen, der in Informations- und Unterhaltungswerten, aber auch in der gebotenen Abwechslung und den Pausen bestehen kann. Einem Preiswettbewerb der Anbieter ist daher eine natürliche untere Grenze der Werbeerlöse je Zuschauer gesetzt. Ein weiteres Senken der Werbeeinblendungen würde zwar die Erlöse pro Zuschauer senken, jedoch kaum durch steigende Zuschauerzahlen ausgeglichen werden.

Mit diesen Mindesteinnahmen je Inhaltenutzer kann Werbefinanzierung einem Anbieter helfen, einen besonders scharfen Wettbewerb zu überleben. Wenn Konkurrenten ein perfektes Substitut anbieten oder wenn eine natürliche Qualitätsobergrenze die Zahl der Anbieter wachsen lässt, kann der von den Nachfragern zu fordernde Gleichgewichtspreis niedriger sein als mögliche Werbeerlöse. (Vgl. Rosse 1987: 117) Werbefinanzierung hat in einer solchen Situation den gleichen Effekt wie Preisregulierungen, da sie den Preiswettbewerb aussetzt und so eine minimale Produktdifferenzierung ermöglicht (vgl. Kapitel 4.4.4.1 sowie Tirole 1995: 653).

Waterman (1990), dessen Anwendung des kreisförmigen Modells des räumlichen Wettbewerbs mit symmetrischer Platzierung und freien Preisen von Informationsgütern bereits ausführlich vorgestellt wurde, untersucht mit diesem Modell auch die Folgen von Werbefinanzierung. Bei *monetärer* Finanzierung durch die Nachfrager führt der Gleichgewichtspreis in seinem Modell zu einer doppelt so hohen Angebotsvielfalt wie es optimal wäre. Daher liegt Watermans Ergebnis zur Werbefinanzierung nahe, dass eine optimale Angebotsvielfalt dann erreicht werden kann, wenn die Werbeerlöse eines Programmveranstalters die Hälfte der potentiellen Zuschauererlöse betragen würden.

Waterman (1990: 295) geht bei seinem Modell davon aus, dass die Nachfrager der Werbung gleichgültig gegenüberstehen – sie erhalten werbefinanzierte Sendungen also gratis. Kapitel 2.5.2 und 4.4.3.5 stellten bereits dar, dass diese Annahme zurückgewiesen werden muss. Die Nachfrager zahlen vielmehr einen nicht monetären Preis in Form von Opportunitätskosten, der von der Frequenz und der Dauer der Werbeunterbrechungen abhängt. Wildman und Owen (1985) legen zu Recht dar, dass die Opportunitätskosten der Zuschauer beim Gewinnmaximum der Anbieter dem gewinnmaximierenden Preis einer direkten Zuschauerfinanzierung entsprechen. Selbst wenn also die Werbeerlöse die Programmvielfalt auf eine „optimale" Zahl begrenzen, haben davon die Zuschauer jedoch nur Nachteile: zu vergleichbaren Preisen steht ihnen unter Werbefinanzierung nur die halbe Angebotsvielfalt zur Verfügung.

4.4.5.4 Vollständige Substitute

Manche Arten von Medieninhalten weisen Eigenschaften natürlicher Monopole auf. Ein hinreichend ausgestattetes Textverarbeitungsprogramm zum Beispiel weist kaum Eigenschaften auf, die die Übertragung des Konzepts horizontaler Differenzierung zulässt – die Nachfrager weisen kaum Geschmacksdifferenzen oder Ähnliches in Bezug auf eine solche Anwendung auf. Theoretisch könnte also ein Anbieter alle Nachfrager versorgen, und die Wohlfahrt würde kaum unmittelbar durch eine Zunahme der Zahl der Anbieter gesteigert werden. Shaked und Sutton (1982) haben jedoch gezeigt, dass bei unterschiedlicher Präferenz der Nachfrager für Produktqualität dennoch ein Überleben mehrerer Anbieter möglich ist, wenn diese ihre unterschiedlich hochwertigen Produkte zu unterschiedlich hohen Einheitspreisen vertreiben. Dieses Phänomen dürfte der eigentliche Grund für die Angebotsvielfalt bei vielen Arten von Computersoftware sein.

Wenn die Anbieter allerdings in der Lage sind, perfekte Preisdifferenzierung zu betreiben, dann ist es allein dem Anbieter mit der höchsten Qualität möglich, alle Nachfrager zu bedienen. Kein Konkurrent könnte einen so niedrigen Preis setzen, dass der Anbieter mit der höchsten Qualität nicht jedem Nachfrager ein attraktiveres Angebot machen könnte. In der resultierenden Monopolsituation müssen die Nachfrager jedoch nicht unbedingt vollständig auf Konsumentenrente verzichten. Der Anbieter wird nicht wünschen, dass der Markt durch seine Monopolpreise so attraktiv für neue Anbieter wird, dass diese mit ihrem Markteintritt seine Monopolsituation zerstören. Daher wird der Monopolist teilweise auf die vollständige Abschöpfung der Konsumentenrente verzichten und im Rahmen einer „limit pricing"-Strategie (Shapiro und Varian 1999: 30) Preise fordern, die neue Anbieter hinreichend zuverlässig abschrecken.

4.5 Fazit

Die Betrachtung von Medieninhalten als homogene öffentliche Güter führte zunächst zu der Erwartung, dass die private Bereitstellung zu Einheitspreisen zu einer quantitativen Unternutzung und Unterversorgung führen muss. Nur eine Lindahl-Bepreisung führt den Markt für homogene Medieninhalte in ein wohlfahrtsoptimales Gleichgewicht, in dem es keinen Nutzerausschluss gibt und jeder Nachfrager seinen Bedarf vollständig befriedigt.

Eine genauere Betrachtung der ökonomisch relevanten Eigenschaften der Medieninhalte zeigt aber, dass der Vergleich zu homogenen öffentlichen Gütern zu kurz greift. Die rein quantitative Beurteilung des Marktergebnisses muss um Vielfalt und Qualität als ebenso wichtige Werte ergänzt werden. Der Markt für Medieninhalte stellt sich dann als ein Wettbewerb differenzierter Güter dar, der Gegenstand der Theorie des monopolistischen Wettbewerbs ist. Verschiedene ökonomische Modelle dieser Wettbewerbsform kommen zu unterschiedlichen Ergebnissen. Die meisten Formen des Wettbewerbs zwischen Inhalteanbietern scheinen jedoch zutreffend durch die räumlichen Modelle abgebildet zu werden, welche ein Überangebot differenzierter Güter mit suboptimaler Qualität und zu hohen Preisen prognostizieren.

Dieses Ergebnis scheint mit beiläufigen Wahrnehmungen des Marktangebots übereinzustimmen:[114] Zwar werden Nachfrager von der Nutzung mancher Medieninhalte über den Preis ausgeschlossen, was vor allem für kaufkraftschwache Nachfrager ein ernstes Problem sein kann. Bei vielen anderen Medieninhalten, vor allem bei Unterhaltungsangeboten, kann man aber eher ein gegenteiliges Phänomen beobachten: Attraktive Angebote sind in überwältigender Zahl vorhanden, und die Preise der Güter sind so niedrig, dass man sich mehr von ihnen finanziell leisten kann als zeitlich überhaupt möglich ist. Die wirksame Konsumschranke ist nicht die Knappheit des Angebots oder die Höhe der Preise, sondern die zur Inhaltenutzung verfügbare Zeit. Eine Abnahme der Angebotsvielfalt hätte also kaum Nutzeneinbußen zur Folge, könnte aber zu einer beträchtlichen Preissenkung für die Güter führen, da eine größere Zahl Nachfrager an der Produktion eines einzelnen Medieninhalts finanziell beteiligt würden. Besonders aber die von den räumlichen Modellen prognostizierte zu geringe Produktqualität stellt angesichts der hohen (Zeit-)Opportunitätskosten der Inhaltenutzung ein ernsthaftes Problem dar.

Erstaunlicherweise gerät trotz der besonderen Probleme auch ein monopolistischer Wettbewerb in ein wohlfahrtsoptimales Gleichgewicht, wenn die Anbieter Preise erheben können, die den Lindahl-Preisen für homogene öffentliche Güter ähneln. Eine solche perfekte Preisdifferenzierung ist jedoch ein Phantom, da sie unter normalen Umständen nicht zu realisieren ist. Zwar sind die traditionellen Formen der Preisdifferenzierung hilfreich, das Versagen des Marktes für Medieninhalte zu lindern, doch können sie nicht einmal annähernd ein vollkommenes Lindahl-Gleichgewicht erreichen.

Im folgenden Kapitel wird ein neues Vermarktungsverfahren für Medieninhalte entwickelt, das zumindest innerhalb der Neuen Medien eine annähernd perfekte Preisdifferenzierung beim Inhaltevertrieb ermöglicht.

---

[114] Eine objektive empirische Ermittlung einer überoptimalen Vielfalt und einer suboptimalen Qualität ist nicht möglich, da eine Bewertung notwendigerweise auf subjektives Empfinden angewiesen ist (vgl. Eaton und Lipsey 1989: 59-61).

„New ideas are even harder to sell than new products. [. . .] A new idea does not come forth in its mature scientific form. It contains logical ambiguities or errors; the evidence on which it rests is incomplete or indecisive; and its domain of applicability is exaggerated in some directions and overlooked in others." (Stigler 1955: 301f)

5 „Collective Pricing of Differentiated Goods (CPDG)": Annäherung an einen optimalen Markt für Medieninhalte

Das vorangegangene Kapitel hat gezeigt, dass perfekte Preisdifferenzierung an einem freien Markt für Medieninhalte zu einer wohlfahrtsoptimalen Versorgung mit Medieninhalten führt. Leider scheint es weder mit den konventionellen, noch mit den neuen Vertriebswegen für Medieninhalte möglich zu sein, perfekte Preisdifferenzierung zu betreiben. In diesem Kapitel soll jedoch mit *Collective Pricing of Differentiated Goods (CPDG)* erstmals ein Verfahren beschrieben werden, das zumindest annähernd perfekte Preisdifferenzierung für den Vertrieb von Medieninhalten ermöglicht.[115]

5.1 Das CPDG-Verfahren im Überblick

Entsprechend den Schlußfolgerungen von Kapitel 4 muss ein optimal funktionierender Markt für Medieninhalte zwei Bedingungen erfüllen: Jeder Nachfrager muss (1) vollständigen Zugang zu allen Medieninhalten haben und (2) für dieses vollständige Angebot den einzelnen Anbietern genau den Preis pro unteilbare Inhaltseinheit zahlen, der dem ausschließlich auf diese Inhaltseinheit und zusätzlich zum Nutzenpotential aller anderen Inhalte zurückgehenden Nutzenpotential entspricht.[116] Da das Angebotsbündel nach Bedingung (1) für alle Nachfrager gleich ist, müssen die Preise verschieden hoch sein, um die unterschiedlichen Interessen der Nachfrager in Einklang zu bringen. Erst wenn das der Fall ist, erreicht der Markt sein Gleichgewicht mit maximaler Wohlfahrt.

Die perfekt differenzierten Preise für Medieninhalte, die in Kapitel 4 wegen ihrer Ähnlichkeit zu den wohlfahrtsoptimalen Preisen homogener öffentlicher Güter auch Lindahl-Preise genannt wurden, können jedoch nur dann gefordert werden, wenn die Präferenzen der einzelnen Nachfrager bekannt sind. Ist aber der zu zahlende Preis abhängig von der offengelegten Zahlungsbereitschaft, kann nicht erwartet werden, dass nutzenmaximierende

---

[115] Der Autor hat in den U.S.A. für das CPDG-Verfahren Patentschutz beantragt.

[116] Die Zahlungen können kontinuierlich erfolgen. Da das erzielbare bzw. erwartete Nutzenpotential jedoch von den persönlichen Bedürfnissen und Präferenzen abhängt, ist eine Übertragbarkeit der auf diese Weise erworbenen Nutzungsrechte nicht möglich.

Nachfrager ihre Zahlungsbereitschaft ehrlich angeben. Zu attraktiv wäre es, mit unehrlichen Angaben die begehrten Güter zu sehr niedrigen Preisen zu erhalten.

Alle Verfahren zur Offenlegung der Nachfrage müssen also so arbeiten, dass der zu zahlende Preis nicht vom Nachfrager durch seine Zahlungsbereitschaftsangabe beeinflusst werden kann. Das entspricht auch der Situation an einem Markt für private Güter: Die Nachfrage des einzelnen ist hier ohne Einfluss auf den Marktpreis, womit der Nachfrager zum Preisnehmer und Mengenanpasser wird. Daher müssen die Nachfrager auch an einem Markt für öffentliche Güter wie Preisnehmer und Mengenanpasser handeln, wenn dieser zu unverfälschten Ergebnissen führen soll.[117]

Unter solchen Umständen ist keine perfekte Preisdifferenzierung möglich. Selbst wenn ein Anbieter von jedem einzelnen Nachfrager einen anderen Preis fordern kann, so bleibt dieser Preis immer nur eine Schätzung der tatsächlichen Zahlungsbereitschaft. Liegt der geforderte Preis unterhalb der Zahlungsbereitschaft, dann ist der Preis zu niedrig, um eine wohlfahrtsoptimale Versorgung zu ermöglichen. Ist der Preis hingegen höher als die Zahlungsbereitschaft, so ist das Ergebnis gar noch schlechter: Es gibt gar keinen Erlös zur Finanzierung der Herstellungskosten, und der Nachfrager ist von der Nutzung ausgeschlossen. Eine Neuverhandlung über den Preis ist natürlich ausgeschlossen, da der Nachfrager ansonsten immer suggerieren würde, dass der Preis seine Zahlungsbereitschaft übertrifft. Die Beispiele zu Preisdifferenzierungen nach Pigou in Kapitel 4.2.3 zeigten jedoch, dass auch unperfekte Preisdifferenzierung zu einer Steigerung der sozialen Wohlfahrt führen kann. Im wesentlichen ist es auch eine Kombination mehrerer Verfahren traditioneller und unperfekter Preisdifferenzierung, die beim CPDG eine nahezu perfekte Preisdifferenzierung ermöglicht.

5.1.1 Gruppenbildung zur Marktspaltung, Nachfragerbündelung und detaillierten Präferenzoffenlegung

Der Zusammenschluss der Nachfrager zu Gruppen, die gemeinschaftlich kollektive Nutzungsrechte an Medieninhalten erwerben, ist die wichtigste Grundlage der Preisdifferenzierung in CPDG. Im Idealfall bestehen die Gruppen aus Nachfragern, die sich hinsichtlich Kaufkraft und Präferenzen für Medieninhalte sehr ähnlich sind. Damit erfolgt zunächst eine Marktspaltung in

[117] Vergleiche hierzu auch die Kritik von Borcherding (1978: 121) an den Modellen von Thompson (1968) und Demsetz (1970) für einen Markt für öffentliche Güter: Er beschreibt explizit das Verhalten der Nachfrager im Demsetz-Modell als das von Preisnehmern. Nur so ist zu erklären, dass das Demsetz-Modell im Gegensatz zu dem von Thompson zu einem wohlfahrtsoptimalen Ergebnis führt.

Marktsegmente mit relativ homogenen Zahlungsbereitschaften für einzelne Angebotsbestandteile.

Den Nachfragern könnten die Inhalte nun nach den Grundsätzen der Preisdifferenzierung dritten Grades nach Pigou zu Preisen angeboten werden, die der Gruppenzugehörigkeit entsprechend differenziert sind. Da eine Gruppe jedoch nie vollkommen homogen sein kann, würde auch der am genauesten geschätzte Preis einige Mitglieder von der Nutzung ausschließen, von anderen jedoch einen zu geringen Preis fordern. Daher entscheidet beim CPDG die Gruppe gemeinschaftlich über den Erwerb des vollständigen kollektiven Nutzungsrechts am angebotenen Medieninhalt.

Mit dieser Nachfragerbündelung wird verhindert, dass Nachfrager von der Nutzung eines Inhalts ausgeschlossen werden, nur weil ihre Zahlungsbereitschaft unterhalb des geforderten Preises liegt. Zudem kann der Anbieter auch deshalb einen wesentlich höheren Erlös abschöpfen, weil Nachfrager mit einer hohen Zahlungsbereitschaft zwar immer noch nicht ihre vollständige Zahlungsbereitschaft an den Anbieter abführen, andere Nachfrager dafür aber mehr bezahlen, als ihnen das Angebot eigentlich wert ist. Da über eine Vielzahl von Angeboten abgestimmt wird, sollten sich für jeden Teilnehmer Gewinne und Verluste aus diesem Phänomen nach und nach ausgleichen.

Die Bündelung der Nachfrager ist aus einem weiteren Grund wichtig: Die Zahlungsbereitschaftsangaben der Nachfrager können allein schon deshalb verschieden hoch ausfallen, weil (1) die Nachfrager nur ungenau über die Eigenschaften eines Angebots informiert sind, (2) sie ihre Bedürfnisse nicht genau einschätzen können oder (3) sie der erwarteten Bedürfnisbefriedigung nur ungenau einen monetären Wert zuweisen können. Wenn diese Schwierigkeiten zu stochastischen Abweichungen von den tatsächlichen Zahlungsbereitschaften in gleicher Höhe nach oben wie nach unten führen, dann sorgt erst die Nachfragerbündelung dafür, dass ein Nutzerausschluss verhindert wird und die Nachfrager zugleich Preise zahlen, die sich im langfristigen Durchschnitt den Lindahl-Preisen annähern.

Schließlich ermöglicht die Zusammenfassung der Nachfrager auch noch die Offenlegung der individuellen Nachfrage in einer weit detaillierteren Form als dies einer simplen Kauf/Kaufverzicht-Entscheidung eines einzelnen Nachfragers gelingen könnte. Diese Möglichkeit wird beim CPDG durch den Demand-Revealing-Process (DRP) nach Edward H. Clarke (1971) genutzt, der die Zahlungsbereitschaft in einer nominalen Form ermittelt. Für die Nachfrager ist es hier rational, ehrlich offenzulegen, wie viel ihnen die Annahme oder die Ablehnung eines angebotenen Inhalts bei dem bekannten Anteil am Kaufpreis wert ist. Überwiegt die Summe der zustimmenden Wertschätzungen die der ablehnenden, so gilt das Angebot als angenommen. Die genaue Funktionsweise sowie die besonderen Eigenschaften des DRP werden in Kapitel 5.2 ausführlich dargestellt.

5.1.2 Preissetzung durch den Anbieter

Der Anbieter wird als Gewinnmaximierer von der Gruppe einen möglichst hohen Preis für das Nutzungsrecht fordern. Durch Werbung kann er die Kaufbereitschaft der Nachfrager und damit ihre Akzeptanz für hohe Preise steigern. Allerdings kann es bei einer Abstimmung auch passieren, dass das Angebot abgelehnt wird, weil der Anbieter einen zu hohen Preis fordert.[118] Der erwartete Umsatz ist in einem solchen Fall vollständig verloren, da eine Abstimmungswiederholung innerhalb des Zeitraums, für den das angebotene Nutzungsrecht gelten sollte, ausgeschlossen werden muss. Sonst könnten Nachfrager mit hoher Zahlungsbereitschaft Anreize zu einer Untertreibung ihrer Zahlungsbereitschaft haben, um vor der zu erwartenden Abstimmungswiederholung den Anbieter zu einer Preissenkung zu zwingen.

Um das Risiko einer Angebotsablehnung zu minimieren, wird der Anbieter daher den Preis maximal, aber auf keinen Fall zu hoch setzen wollen. Seine Unsicherheit bei der Suche nach dem optimalen Preis ist beim CPDG allerdings begrenzt: (1) Dem Anbieter stehen in der Regel Informationen über das Verhalten der Gruppe bei früheren Abstimmungen über ähnliche Inhalte zur Verfügung. (2) Da der Anbieter das Angebot nicht Individuen, sondern Gruppen macht, werden stochastische Schwankungen der individuellen Zahlungsbereitschaft weitgehend neutralisiert. (3) Die Gruppe selbst kann verschiedene Angebote, die in gleicher Weise attraktiv scheinen, zu einem Abstimmungsgegenstand bündeln, womit die Schätzunsicherheit in Bezug auf die tatsächliche Zahlungsbereitschaft ausgeglichen werden kann. Kapitel 5.1.4 wird diese Option detaillierter ausführen.

Für die gesamte Gruppe gilt bei jedem angenommenen Angebot, dass die aggregierte Nutzenerwartung mindestens so hoch ist wie der zu zahlende Preis, denn sonst wäre die Abstimmung gescheitert. Im Ergebnis würde also auch beim CPDG noch nicht das Ziel erreicht werden, dass jeder Nachfrager Zugang zu allen Inhalten hat und dafür Lindahl-Preise zahlt. Entweder es wird ein Preis unterhalb der durchschnittlichen Zahlungsbereitschaft gezahlt, oder alle Mitglieder der Gruppe sind von der Nutzung ausgeschlossen. Ohne die Gefahr scheiternder Abstimmungen ist andererseits aber von den Abstimmungsteilnehmern kaum zu erwarten, dass sie ihre Zahlungsbereitschaften offenlegen. Im Rahmen des DRP werden die Kapitel 5.2.1 und 5.2.5 auf diese Probleme nochmals eingehen und einen Lösungsweg aufzeigen.

---

[118] Die Zahlungsbereitschaft der Gruppenmitglieder wird jedoch möglicherweise von der Preisforderung des Anbieters auch positiv beeinflusst, da ein hoher Preis als Qualitätsindikator wirken kann (vgl. Schmalen 1995: 18). Es ist möglich, dies in CPDG mit dem DRP zu verhindern, indem der Anbieter seine Preisforderung und den von einem einzelnen Nachfrager zu zahlenden Anteil am Kaufpreis zwar vor einer Abstimmung festlegt, den Abstimmungsteilnehmern jedoch nicht mitteilt. Diese werden dann unbeeinflusst von der Preissetzung des Anbieters ihre Zahlungsbereitschaft angeben.

5.1.3 Nutzung der Substitutionskonkurrenz

Die Teilnahme beim CPDG bietet zunächst den Vorteil, dass einem als Nachfrager nahezu jeder Inhalt zur Verfügung steht. Eine solche Freiheit ist beim Erwerb von Medieninhalten über andere Wege unmöglich. Mit der Gewissheit, nahezu alle Inhalte nutzen zu können, ist ein Nachfrager aber auch in der Lage, die Substitutionskonkurrenz der verschiedenen Anbieter zu seinem Vorteil zu nutzen. Der entstehende Wettbewerb der Anbieter entspricht dann dem in Kapitel 4.4.4.5 vorgestellten Bertrand-Wettbewerb differenzierter Güter mit Preisdifferenzierung: Jeder Anbieter versucht, sein vollständiges Angebot zu einem möglichst hohen Preis an jeden Nachfrager zu verkaufen.

Die Mindestpreisforderung der Anbieter entspricht in diesem Preiswettbewerb den Grenzkosten der Befriedigung eines weiteren Nachfragers, und das Maximalpreisgebot der Nachfrager für jedes Gut entspricht dessen Grenznutzen. Benötigt der Nachfrager nur eines der angebotenen Güter, so entspricht dieser Grenznutzen der Differenz zwischen dem Nutzen des besten Gutes und dem Nutzen minus der Grenzkosten (= Nettonutzen) des qualitativ nächstbesten Konkurrenzproduktes. Schließlich rechnet der Nachfrager damit, jedes Gut auch notfalls zu dessen Grenzkosten erwerben zu können. Weil die Anbieter dies wissen, werden sie Preise für ihre Güter fordern, die die durch ihr Gut erzielbare Nutzensteigerung gegenüber dem bei Konkurrenzprodukten maximal zu erzielenden Nettonutzen nicht übersteigen.

Kapitel 4.4.4.5 zeigte bereits, dass die Nachfrager unter diesen Bedingungen zwar indifferent gegenüber einem einzelnen Angebot sind, nicht jedoch gegenüber dem Gesamtangebot. Schließlich entsprechen die beim CPDG geforderten Preise den Lindahl-Preisen bei homogenen öffentlichen Gütern. Diese sind für einzelne Nutzungseinheiten gerade so hoch, dass es dem Nachfrager egal ist, irgendeine (marginale) Einheit weniger konsumieren zu können und bezahlen zu müssen. Dem Gesamtangebot gegenüber ist der Nachfrager jedoch keinesfalls derartig neutral eingestellt. Schließlich hat er von allen anderen, intramarginalen Einheiten einen höheren Nutzen, zahlt aber auch für diese den gleichen Lindahl-Preis wie für die marginale Einheit.

Die Ausnutzung der Anbieterkonkurrenz zur Offenlegung einer Zahlungsbereitschaft in Höhe der Lindahl-Preise erfolgt am wirksamsten, wenn eine Abstimmung über alle einzelnen Angebote naher Substitute zur gleichen Zeit, aber ungebündelt erfolgt. Da die Teilnehmer sich einigermaßen sicher sein können, dass sie jedes Teilangebot nutzen dürfen, werden sie als Zahlungsbereitschaft für ein einzelnes Angebot nur den Preis nennen, der dem allein durch dieses Gut zusätzlich erzielten Nutzen entspricht.

Erfolgen Abstimmungen über den Erwerb naher Substitute nicht zeitgleich, so unterliegen die ersten Anbieter einer CPDG-Gruppe nur einer schwachen Substitutionskonkurrenz und werden nicht zur Forderung der (niedrigen) Lindahl-Preise genötigt. Damit könnte ein Anbieter ungerechtfertigt hohe Erlöse abschöpfen, was die Position des ersten Anbieters in einer Güterkategorie sehr attraktiv macht. Wenn man das vermeiden will, kann man die Teilnahme an den ersten CPDG-Abstimmungen unter den Anbietern versteigern und so einen Teil der ansonsten verlorenen Konsumentenrente für die Teilnehmer zurückgewinnen (vgl. Rodgers 1969: 478). Der Versteigerungspreis muss vom Anbieter auch dann gezahlt werden, wenn das Angebot abgelehnt wird, da sonst das Abstimmungsverhalten der Teilnehmer verfälscht werden würde.

5.1.4 Preisbündelung durch die Gruppenadministration

Das Risiko des Anbieters, von der Gruppe einen zu hohen Preis zu fordern, ist ebenso groß wie das Risiko, einen zu niedrigen Preis zu fordern. Beide Möglichkeiten sind abhängig von der Fähigkeit, die Zahlungsbereitschaft richtig einzuschätzen. Eine geringe Zahl scheiternder Abstimmungen liegt auch im Interesse der Gruppe, da dies den Preis senkt, den andere Anbieter für ihre Medieninhalte fordern können (vgl. Kapitel 5.1.3). Die CPDG-Gruppe könnte daher Angebote verschiedener Anbieter, deren Preis mutmaßlich in ähnlicher Höhe dem Risiko unterliegt, zu hoch oder zu niedrig zu sein, in ein Angebot zusammenfassen. Sie würde damit für alle Angebotsbestandteile die Wahrscheinlichkeit erhöhen, von der Gruppe angenommen zu werden. Auch der Erlös für das Bündel kann so näher an die Summe der tatsächlichen Zahlungsbereitschaften für die einzelnen Bündelteile herangeführt werden.

Natürlich wird es für einen einzelnen Anbieter bei der Produktbündelung durch die CPDG-Gruppe attraktiver, einen eher zu hohen Preis zu fordern. Dies kann den Erlös entsprechend erhöhen, ohne gleichzeitig die Wahrscheinlichkeit entscheidend zu beeinflussen, dass das Bündel abgelehnt wird. Die Gruppe selbst muss daher entscheiden, ob ein Einzelangebot attraktiv genug ist, um in ein Angebotsbündel aufgenommen zu werden. Wichtig bei der Zusammenstellung eines Bündels ist jedoch, dass keine nahen Substitute in einem Bündel zusammengefasst werden, da dies den Nachfragern beim CPDG die Möglichkeit rauben würden, die Substitutionskonkurrenz der Anbieter zur Senkung der forderbaren Preise zu nutzen. Statt der Lindahl-Preise würde ein Nachfrager dann Preise zahlen, die sich im Extremfall zu AON-Preisen entwickeln können: alle Medieninhalte sind zu einem Angebot gebündelt, und einem Nachfrager bleibt keine Konsumentenrente, da er bereit ist, seine gesamte Nutzenerwartung mit dem Preis an die Anbieter abzuführen.

5.2 Der Demand-Revealing-Process nach Clarke

5.2.1 Wirkungsweise

Das CPDG-Verfahren würde schon funktionieren, wenn die teilnehmenden Nachfrager in einer Gruppe lediglich mit „Ja“ oder „Nein“ über den Ewerb eines angebotenen Nutzungsrechtes abstimmen würden. Trotzdem ist es aus mehreren Gründen von Vorteil, die Zahlungsbereitschaft der Nachfrager genau zu ermitteln, wie die folgenden Abschnitte darstellen werden. Statt also lediglich die Zahl der kaufbereiten der Zahl der kaufunwilligen Gruppenmitglieder gegenüberzustellen, werden alle individuellen Zahlungsbereitschaften erfasst und summiert. Je nach dem, ob der vom Anbieter geforderte Preis höher oder niedriger ist als die aggregierte Zahlungsbereitschaft der Gruppe, wird das Angebot abgelehnt oder angenommen.

Damit dieses Vorgehen funktioniert, muss man dafür sorgen, dass die Abstimmungsteilnehmer ehrlich abstimmen. Im Gegensatz zu einfachen Ja/Nein-Abstimmungen lohnt es sich nämlich für die CPDG-Teilnehmer, ihre Zahlungsbereitschaft zu unter- oder übertreiben, um das Abstimmungsergebnis in die bevorzugte Richtung zu beeinflussen. Dieses Problem ist das gleiche wie bei der Erfassung von Präferenzen für öffentliche Güter, um entweder Lindahl-Preise zuzuweisen oder nur um eine optimale Bereitstellungsmenge zu bestimmen. Bei beiden Verwendungszwecken führt eine einfache Befragung zu unehrlichen Antworten, da sich die Befragten durch eine Verschleierung ihrer wahren Präferenzen Vorteile verschaffen können. (Vgl. Samuelson 1954: 389)

Geringe Probleme bei der Offenlegung der wahren Präferenzen gibt es dann, wenn die Zahl der Beteiligten gering ist. Das Beispiel der zwei Inselbewohner Caio und Tizio von Buchanan (1968) in Kapitel 4.2.2 zeigte bereits, dass bei nur zwei Personen durchaus ein Lindahl-Gleichgewicht mit unterschiedlichen Beiträgen zu den Herstellungskosten eines öffentlichen Gutes erreicht werden kann. Auch bei wenigen weiteren Personen können Verhandlungen noch zu annähernd wohlfahrtsoptimalen Ergebnissen führen. Bei vielen Personen geraten Verhandlungen jedoch an die Grenze des zumutbaren Verhandlungsaufwands. Zudem ist es nahezu unmöglich, den Teilnehmern den Eindruck zu vermitteln, dass ihr persönlicher Kostenbeitrag für das öffentliche Gut einen spürbaren Einfluss auf ihr Wohlergehen hat. (Vgl. Buchanan 1968: 84-86)

Wenn die Präferenzen sehr homogen sind, kann mit Knut Wicksells Forderung nach annähernder Einstimmigkeit auch bei einer großen Zahl Beteiligter ein ehrliches und damit wohlfahrtsoptimales Abstimmungsverhalten über die Bereitstellung und Finanzierung öffentlicher Güter erreicht werden (vgl. Buchanan 1968: 95f; Wicksell 1958 (1896)). Auch die von Schmidtz

(1991) vorgeschlagene Versicherungslösung, bei der (gleiche) Beiträge zu einem gewünschten Projekt nur dann gezahlt werden sollen, wenn *alle* Beteiligten die Zahlung zugesagt haben, ist auf Homogenität der Präferenzen angewiesen. Gleiches gilt für das von Taylor (1987) vorgeschlagene „Tit for Tat-Spiel“, bei dem die Mitglieder einer Gemeinschaft, die sich unkooperativ verhalten, durch unkooperatives Verhalten aller anderen Mitglieder in nachfolgenden Perioden bestraft werden. (Vgl. Miller 1993)

Die Gruppen für das CPDG-Verfahren haben aber weder besonders wenige Mitglieder noch weisen die Mitglieder mit Gewissheit homogene Präferenzen in Bezug auf einzelne Medieninhalte auf. Um unter diesen Bedingungen die Teilnehmer bei Abstimmungen zu ehrlichen Angaben ihrer Zahlungsbereitschaft für eine öffentliches Gut zu bewegen, müssen besondere Anforderungen erfüllt werden, die Tideman (1977: 8) folgendermaßen beschreibt:

„Each participant must receive payment (or pay a tax) which can be described as some function that is independent of the participant's response, plus the net benefit (or minus the net cost) to all other participants of the action taken, compared to the action that would have been taken if the participant under consideration had made some other, predetermined response.“[119]

Die erste der von Tideman genannten Bedingungen wird beim CPDG erfüllt: Mit seiner Abstimmungsteilnahme hat das Gruppenmitglied keine Möglichkeit, den von ihm zu zahlenden Preis zu ändern. Es kann lediglich beeinflussen, ob der Erwerb des Nutzungsrechtes überhaupt vorgenommen wird. Um zu verhindern, dass der Abstimmungsteilnehmer seinem Willen ein besonders hohes Gewicht verleiht, indem er seine offengelegte Zahlungsbereitschaft nach oben oder nach unten übertreibt, muss er auch noch zur Zahlung des zweiten Betrages verpflichtet werden. Nach Tidemans Regel entspricht dieser Betrag der Nettonutzeneinbuße, die der Abstimmungsteilnehmer allein durch seinen Einfluss auf die Entscheidung für alle anderen Abstimmungsteilnehmer verursacht.

CPDG entspricht mit dem angewendeten DRP nach Clarke (1971) auch dieser Regel: Immer dann, wenn ein einziger Abstimmungsteilnehmer die Abstimmung anders ausgehen lässt, als sie ausgegangen wäre, wenn er sich überhaupt nicht an ihr beteiligt hätte, muss er neben seinem vorher festgesetzten Anteil an den Kosten einen zusätzlichen Betrag zahlen, der dem Wohlfahrtsverlust aller anderen Abstimmungsteilnehmer entspricht. Dieser

[119] Eine mathematische Beschreibung dieser Anforderungen findet sich in Green und Laffont (1977a). Eine Darstellung verschiedener anreizkonformer Abstimmungsmechanismen, die neben dem DRP nach Clarke (1971) existieren, bieten Groves und Ledyard (1977) sowie Loeb (1977). Makowsky und Ostroy (1987) weisen nach, dass alle anreizkonformen Abstimmungsmechanismen für öffentliche Güter die Anreizsysteme perfekter Märkte (für private Güter) nachahmen und deshalb zu ähnlich effizienten Ergebnissen führen.

zweite Betrag ist daher nur von Teilnehmern zu zahlen, die pivotal sind, das heißt, dass ihre persönliche Teilnahme entscheidend für den Abstimmungsausgang gewesen ist. Der Betrag wird daher nicht nur *Clarke-Steuer,* sondern synonym dazu auch *Pivotalsteuer* genannt; ein alternativer Name für den DRP selbst lautet entsprechend *pivotaler Prozess.*

Ein Beispiel soll den pivotalen Prozess verdeutlichen: Das Computerprogramm *megasoft* ist im Handel für 500 € erhältlich; ein Konkurrenzprodukt gibt es nicht. Tabelle 5-1 zeigt die Zahlungsbereitschaft der Nachfrager A-J, welche sich zu einer CPDG-Gruppe zusammengeschlossen haben. Der Hersteller von *megasoft* könnte lediglich an Nachfrager A verkaufen und 500 € erlösen, da die Zahlungsbereitschaft der anderen Gruppenmitglieder zu niedrig ist. Der Anbieter ist bereit, der Gruppe für 1 000 € ein kollektives Nutzungsrecht an *megasoft* zu verkaufen. Die Gruppe beschließt, dass von diesem Preis jeder Teilnehmer einen gleichen Anteil in Höhe von 100 € tragen soll.

Beim Votum gibt jeder nicht nur an, für welche Entscheidung er ist, sondern auch, was sie ihm wert ist. Nachfrager A, der *megasoft* im Handel erwerben würde, spart mit CPDG 400 € und stimmt mit einem entsprechenden Wert für den kollektiven Kauf. Ähnlich handeln B-J. Nachfrager F möchte die für ihn sinnlose Ausgabe auf jeden Fall verhindern stimmt mit 1 100 € gegen die Annahme des Angebots, obwohl es ihn nur 100 € kosten würde. Durch die Übertreibung seiner ablehnenden Haltung entscheidet er tatsächlich die Abstimmung: Der Kauf von *megasoft* wird mit 1 500 zu 1 000 € abgelehnt und F spart 100 €.

Bei der Berechnung der Clarke-Steuer stellt sich jedoch heraus, dass ohne F die Entscheidung mit 1 000 zu 400 € *für* den Erwerb ausgegangen wäre. Durch seine Abstimmungsteilnahme hat F die Abstimmung jedoch *gegen* den Erwerb entschieden, woraus den anderen Teilnehmern eine Nettonutzeneinbuße in Höhe von insgesamt 600 € entsteht. F muss daher seine Ersparnis in Höhe von 100 € mit einer entsprechend berechneten 600 € hohen Clarke-Steuer bezahlen.

Eine Änderung des Abstimmungsergebnisses lohnt sich für einen einzelnen Teilnehmer also nur dann, wenn die dafür zu zahlende Clarke-Steuer maximal ebenso groß ist wie der erzielte Nutzenvorteil gegenüber einem alternativen Abstimmungsausgang. Versucht man hingegen, mit einer Übertreibung seiner eigenen Präferenzen einen besonders starken Einfluss auf das Ergebnis auszuüben, wird man bei erfolgreicher Beeinflussung mit einer Clarke-Steuer belegt, die den persönlichen Nutzen aus dem erreichten Abstimmungssieg möglicherweise weit übersteigt. Auf diese Weise wird jeder Abstimmungsteilnehmer dazu genötigt, seine wahren Präferenzen offenzulegen.

Tabelle 5-1:
Person F bestimmt mit ihrer Teilnahme den Ausgang der Abstimmung und zahlt eine Clarke-Steuer

Person	Zahlungs-bereitschaft	Votum „Pro“	Votum „Kontra“	Clarke-Steuer
A	600 €	400 €		
B	400 €	300 €		
C	350 €	250 €		
D	150 €	50 €		
E	100 €	0 €	(-0) €	
F	0 €		-1.100 €	600 €
G	0 €		-100 €	
H	0 €		-100 €	
I	0 €		-100 €	
J	0 €		-100 €	
Summe	**1.600 €**	**1.000 €**	**-1.500 €**	**600 €**

Da eine Entscheidung beim CPDG immer nur zwischen den zwei Möglichkeiten „Zustimmung“ und „Ablehnung“ getroffen wird, stellt sich kein Problem mit sogenannten zyklischen Entscheidungen. Diese können nur bei Abstimmungen mit drei oder mehr Entscheidungsoptionen auftreten, bei denen es einer Gruppe nicht gelingt, eine eindeutig „beste“ Entscheidung zu ermitteln.[120]

Ebenso wie Mehrheitsabstimmungen ist auch der DRP anfällig für die Bildung von Koalitionen, die die Abstimmungsergebnisse verfälschen. (Vgl. Bennett und Conn 1977; Groves et al. 1977: 108) Die Stabilität einer Koalition ist jedoch stark eingeschränkt, weil ein Bruch der Koalitionsdisziplin durch die Geheimhaltung des Abstimmungsverhaltens sehr leicht gemacht wird. Damit wird der Bruch von Koalitionen zur dominanten Strategie, denn so kann man von der Koalition zwar profitieren, entgeht aber dem Risiko, sehr hohe Clarke-Steuer zahlen zu müssen, falls auch die andere Seite eine starke, aber knapp unterlegene Koalition bildet.

Am Beispiel aus Tabelle 5-1 lässt sich das anschaulich erklären. Die Teilnehmer F-J schließen sich zu einer Koalition gegen den Kauf von *megasoft* zusammen, und jeder soll mit 300 € entsprechend abstimmen, was zusammen

[120] Dieser Fall wird im Zusammenhang mit dem DRP unter anderem in Groves et al. (1977), Tideman (1977: 3) und Zhou (1991) ausführlich diskutiert.

einen Stimmwert von 1500 € ergibt. Angenommen, die Kaufbefürworter formieren auch eine Koalition und können ihren Wert für „Pro" auf 1250 € steigern. Sie würden zwar immer noch die Abstimmung verlieren, jedoch wäre damit plötzlich jedes Mitglied der „Kontra"-Koalition pivotal und müsste eine Clarke-Steuer in Höhe von 250 € zahlen. Die Attraktivität einer Koalition sowie ihre Stabilität müssen daher unter deutlichem Vorbehalt betrachtet werden. (Vgl. Tideman und Tullock 1977; Tideman 1997: 236f)

Eine weitere Einschränkung der Zuverlässigkeit des DRP, die beim CPDG vernachlässigbar ist, sind sogenannte Einkommenseffekte, die aus der Abhängigkeit der angegebenen Zahlungsbereitschaften von der aktuellen Kaufkraft resultieren. Aus dem Risiko, nach erfolgter Abstimmung eine Clarke-Steuer in ungewisser Höhe zahlen zu müssen, ergibt sich eine Unsicherheit über die tatsächliche Kaufkraft für das zu erwerbende Nutzungsrecht.[121] Das auf den Erwerb von Medieninhalten einzusetzende Einkommen stellt aber nur einen sehr geringen Teil des verfügbaren Einkommens dar. Es sollte den Abstimmungsteilnehmern also durchaus zugemutet werden können, Zahlungsbereitschaften anzugeben, die lediglich „beste Schätzungen" über die Kaufkraft widerspiegeln. (Tideman und Tullock 1976: 1154)

Aufgrund der Kaufkraftabhängigkeit einer in Geld angegebenen Zahlungsbereitschaft üben finanzstarke Teilnehmer im DRP einen überproportionalen Einfluss auf das Abstimmungsergebnis aus. Auch das ist beim CPDG irrelevant, sofern es gelingt, eine hohe Homogenität der Gruppe hinsichtlich der Kaufkraft ihrer Mitglieder zu erreichen. Auf den Vorschlag von Tullock (1990), zur Verbesserung der Abstimmungsgerechtigkeit Wahlpunkte statt Geld als Abstimmungsmedium einzusetzen, braucht daher nicht weiter eingegangen zu werden.

5.2.2 Überlegenheit des DRP gegenüber Mehrheitsabstimmungen

Der wohl offensichtlichste Vorteil des DRP ist die hohe Genauigkeit, mit der der Wert einer Entscheidung ermittelt wird. Während beispielsweise eine Abstimmung nach der Mehrheitsregel nur überprüft, ob eine Mehrheit der Teilnehmer für ein Vorhaben ist, egal wie stark die empfundenen Vorteile oder Nachteile sind, berücksichtigt eine Entscheidung nach dem DRP das volle Präferenzprofil. Das kann dazu führen, dass beim CPDG der Kauf eines Nutzungsrechtes auch dann noch erfolgt, wenn eine Mehrheit eigentlich gegen den Kauf ist, eine Minderheit aber bedeutende Vorteile im Kauf sieht. Die Effizienz der Abstimmungsergebnisse im DRP kann daher nach der Mehrheitsregel nur dann erreicht werden, wenn die Präferenzen innerhalb

[121] Tideman (1997: 239f) stellt eine andere Art von Einkommenseffekten vor, die auftritt, wenn aus mehr als zwei Alternativen die beste Lösung ausgewählt werden soll. Dieser Fall kann an dieser Stelle aber ignoriert werden, da er beim CPDG nicht vorkommt.

einer Gruppe symmetrisch verteilt sind. (Tideman und Tullock 1976: 1146) Das ist aber in der Regel nicht einmal annähernd der Fall. So konnte Tideman in einem Experiment mit dem DRP die Entscheidungseffizienz um 2,25 Prozent gegenüber den Ergebnissen mit Mehrheitsabstimmung steigern. (Vgl. Tideman 1983: 400)

5.2.3 Nutzung der Abstimmungsdaten zur Optimierung der Marktsegmentierung und gruppeninternen Preisdifferenzierung

Die Abstimmungsdaten des DRP bieten eine extrem genaue Bestimmung der tatsächlichen Marktnachfrage. Sie können damit den Anbietern von Inhalten sehr genaue Informationen darüber geben, welche Arten von Inhalt in welcher Qualität von den Nachfragern benötigt werden und welche Erlöse damit erzielt werden können. Erfahrungen, die man als Anbieter am konventionellen Markt für Inhalte machen kann, bieten keine so klaren Informationen. Der DRP kann damit schon allein durch die Datenproduktion die Markteffizienz und damit die Gesamtwohlfahrt steigern.

Die gewonnenen Daten können aber auch genutzt werden, um typisches Abstimmungsverhalten bestimmten nicht manipulierbaren Merkmalen zuzuordnen. Zu diesen „allgemeinen Käufermerkmalen" gehören nach Faßnacht (1996: 27) demographische (Region, Geschlecht, Alter, Haushaltsgröße etc.), sozio-ökonomische (Einkommen, Schulbildung, Beruf) und psychographische (Persönlichkeit, Lebensstil) Eigenschaften der Nachfrager. Die Zuordnung von offengelegten Präferenzstrukturen zu allgemeinen Merkmalen kann von entscheidendem Wert sein, wenn allgemeine Vermutungen über das Abstimmungsverhalten noch nicht genau genug sind, um die Gruppen homogen bezüglich der Präferenzprofile zu gestalten.

Zusätzlich kann mit den genauen Erwartungen über das Abstimmungsverhalten einzelner Gruppenmitglieder auch eine gruppeninterne Preisdifferenzierung vorgenommen werden, die die Streuung von zustimmendem und ablehnendem Abstimmungsverhalten innerhalb einer Gruppe verringert, was sich wiederum positiv auf die Zufriedenheit der Mitglieder auswirken kann. Wichtig ist jedoch, dass es für einen einzelnen keine Möglichkeit gibt, durch sein Abstimmungsverhalten darauf Einfluss zu nehmen, in welche Gruppe er persönlich aufgenommen wird oder welchen Anteil er am Preis der erworbenen Medieninhalte zu zahlen hat.

5.2.4 Das Haushaltsüberschussproblem

Um zu funktionieren, ist der DRP auf die Erhebung der Clarke-Steuern angewiesen. Mit dieser Abstimmungssteuer wird den Teilnehmern am CPDG Kaufkraft entzogen, ohne dass das Geld für den Kauf von Medieninhalten benötigt wird. Deren Finanzierung erfolgt allein über die individuellen

Beiträge, welche schon vor der Abstimmung den Mitgliedern bekannt sind. Die Einnahmen aus der Clarke-Steuer dienen also ausschließlich als Anreiz, ehrlich abzustimmen, und bilden damit einen Haushaltsüberschuss. Damit die Verwendung des Haushaltsüberschusses den Teilnehmer keine Anreize bietet, von der Angabe ihrer wahren Präferenzen abzuweichen, wäre es am besten und einfachsten, die Mittel zu verschwenden, wie Tideman und Tullock (1976: 1156) vorschlagen. Mit dieser Verschwendung verzichtet man aber auf einen Nutzen, der erzielt werden könnte, ohne irgend jemanden schlechter zu stellen; das Verfahren ist damit nicht pareto-optimal (vgl. Groves und Ledyard 1977; Groves et al. 1977).

In einem Experiment mit dem DRP stellte Tideman fest, dass die Clarke-Steuern immerhin einen Betrag in Höhe von 3,04 Prozent des Entscheidungswertes annahmen (Tideman 1983: 399). Der Grund hierfür ist jedoch hauptsächlich in der geringen Zahl der Abstimmungsteilnehmer in den am Experiment teilnehmenden Gruppen zu sehen: Sowohl das Risiko eines einzelnen Teilnehmers, eine Clarke-Steuer zahlen zu müssen, als auch die Höhe dieser Steuer ist proportional zum persönlichen Einfluss auf das Abstimmungsergebnis. Der Einfluss eines einzelnen ist aber um so kleiner, je weniger sein Abstimmungsbeitrag gegenüber allen anderen Abstimmungsbeiträgen ins Gewicht fällt (vgl. Downs 1957). Bei einer größeren Zahl der Teilnehmer ist daher die von einem einzelnen durchschnittlich zu tragende Clarke-Steuerlast geringer. Tideman und Tullock (1976: 1156) zeigen, dass die Clarke-Steuer eines typischen Abstimmungsteilnehmers in der Größenordnung des individuellen Beitrags zu den Kosten des Abstimmungsgegenstandes geteilt durch die Zahl der Teilnehmer liegt. Die Summe der Clarke-Steuereinnahmen liegt damit in der Größenordnung des Finanzierungsbeitrags eines Teilnehmers.[122]

Man kann die wohlfahrtsmindernden Effekte der Clarke-Steuer also allein schon reduzieren, indem man die Gruppe vergrößert und so den Anteil der Clarke-Steuer am Gruppenumsatz verringert. Der Wohlfahrtsschaden kann somit vernachlässigt werden, selbst wenn man die Mittel verschwendet. Tideman und Tullock (1976: 1156) schlagen auch vor, die Verschwendung schlicht als Abstimmungskosten zu betrachten, die in ähnlicher Höhe auch bei anderen Verfahren anfallen. Es bieten sich aber auch andere Verfahren an, die eine sinnvolle Nutzung der Erträge aus der Clarke-Steuer ermöglichen und trotzdem nur sehr geringe Reize ausüben, welche das Abstimmungsverhalten

---

[122] Der Einfluss auf das Abstimmungsergebnis ist natürlich um so geringer, je homogener die Gruppenmitglieder beim CPDG abstimmen. Kaum jemand weicht dann von der durchschnittlichen Abstimmungspräferenz aller anderen so weit ab, dass er das Ergebnis ändert. Die Clarke-Steuereinnahmen fallen daher um so geringer aus, je homogener die Gruppe ist oder je besser gruppeninterne Preisdifferenzierung betrieben wird. (Vgl. Sinn 1986)

verfälschen könnten. Gerade in Anbetracht der geringen relativen Höhe des Haushaltsüberschusses bieten sich diese Optionen gegenüber der Mittelverschwendung an.

Green, Kohlberg und Laffont (1976) bestätigen zwar, dass mit einer Umverteilung der Clarke-Steuern die Anreize zur ehrlichen Angabe der Zahlungsbereitschaft eingeschränkt werden. Zum Beispiel könnte versucht werden, die Clarke-Steuerzahlungen der anderen Gruppenmitglieder in die Höhe zu treiben, um so in den Genuss einer größeren Umlage zu gelangen. (Green, Kohlberg und Laffont 1976: 386f) Aber auch dieser Effekt nimmt ab, je mehr sich jeder nur als einer unter einer großen Zahl anderer Abstimmungsteilnehmer verstehen muss. Mit „asymptotic successfulness“ wird daher mit zunehmender Gruppengröße immer noch ein pareto-optimales Ergebnis erreicht. (Green, Kohlberg und Laffont 1976: 389) Dieses Ergebnis könnte auch dann erzielt werden, wenn die Zahl der Umlagebegünstigten dadurch ausgedehnt wird, indem die Clarke-Steuereinnahmen über einen gemeinnützigen Zusammenschluss mehrerer CPDG-Gruppen verteilt werden.

Noch einen Schritt weiter gehen Tideman und Tullock (1976: 1154) mit ihrem Vorschlag, dass man mit anderen Gruppen eine gegenseitige Begünstigung vereinbart. Auch ist es denkbar, die erwarteten Clarke-Steuereinnahmen meistbietend schon vor der Abstimmung an Dritte zu versteigern. (Tideman 1997: 239) Auch kann man eine zufällige Auswahl aus der Gruppe treffen, die das exklusive Abstimmungsrecht erhält, während die Clarke-Steuern an alle anderen Mitglieder verteilt werden, die von der Abstimmung ausgeschlossen waren. Nicht minder geschickt ist der Vorschlag von Bailey (1997): Hier erhält jeder Abstimmungsteilnehmer N aus einer Gruppe mit n Mitgliedern einen (n-1)ten Teil der Clarke-Steuereinnahmen von allen anderen (n-N) Mitgliedern. (Vgl. Bailey 1997: 112f)

5.2.5 Stichprobenweise Abstimmungen zur Verfahrensoptimierung

Die Einnahmen aus der Clarke-Steuer stellen zwar kein gravierendes Problem für die Effizienz des Abstimmungsverfahrens dar. Trotzdem ist es auf den ersten Blick um so besser, je geringer die durchschnittlichen Clarke-Steuerzahlungen der Teilnehmer im Verhältnis zum Abstimmungswert ausfallen. Daher sollte die Gruppe möglichst groß sein.

Wenn die Gruppe sehr groß ist, taucht jedoch ein anderes Problem auf: Die kleinen Clarke-Steuerzahlungen erhöhen nicht nur die Entscheidungseffizienz, sondern sie senken auch die Abstimmungsmotivation. Schließlich repräsentiert die Höhe der durchschnittlich zu erwartenden Clarke-Steuer auch den individuellen Einfluss auf das Abstimmungsergebnis. Fällt dieser Einfluss mit den zu erwartenden Clarke-Steuerzahlungen auf ein Minimum, bleiben die Anreize zwar gleich, ehrlich abzustimmen, es lohnt sich aber immer weniger, überhaupt die Mühe der Abstimmungsteilnahme auf sich zu nehmen. (Vgl. Downs 1957: 135f)

Selbst wenn mit Hilfe der Neuen Medien die Stimmabgabe keine besondere technische Mühe mehr zu machen braucht, werden die Anreize zur Informationsbeschaffung zur exakten Bestimmung der eigenen Zahlungsbereitschaft in großen Gruppen möglicherweise zu gering sein. Beim DRP sind diese Anreize für die Abstimmungsteilnehmer jedoch besonders wichtig: „The motives they are given for making sensible decisions are somewhat stronger than those for persons engaging in voting under majority rule, but voters will be asked to do more in the way of expressing their preferences than simply saying yes or no." (Tideman und Tullock 1976: 1146) Es gibt daher neben einer zu kleinen Zahl der Teilnehmer einer Gruppe auch eine zu große Zahl, und es muss ein Kompromiss zwischen diesen beiden Extremen geben. Tideman spricht in seinen Veranstaltungen am Virginia Polytechnic Institute and State University in Blacksburg, Virginia (USA) von einer denkbaren Mitgliederzahl von 50 bis 1 000 Personen.

Die Suche nach einer optimalen Gruppengröße versucht das Verhältnis von Clarke-Steuerzahlungen zu Abstimmungsmotivation in ein angemessenes Verhältnis zu bringen. Gelingt es, die Abstimmungsmotivation auf ein hohes Niveau zu führen, wenden die Teilnehmer aber für ihre Informationssuche Kosten auf, die für die Gruppe nur in so weit produktiv sind, als sie Fehlentscheidungen der Gruppe aus Ungenauigkeit bei der Zahlungsbereitschaftsangabe verhindern. Green und Laffont (1977b) schlagen an dieser Stelle vor, mit der Begrenzung auf eine repräsentative Stichprobe die Zahl der Abstimmungsteilnehmer zu optimieren, zugleich aber auch das für die gesamte Gruppe repräsentative Ergebnis auf die ganze Gruppe zu übertragen. Die optimale Größe dieser Stichprobe hängt dann ab von (1) der Risikoaversion der Mitglieder, (2) den Kosten der Informationsbeschaffung, (3) dem wahrscheinlichen Einfluss der Information auf die angegebene Zahlungsbereitschaft und (4) der Größe der Gruppe. (Vgl. Green und Laffont 1977b)

Man könnte mit dem Verfahren von Green und Laffont (1977b) beispielsweise die Summe aller Transaktionskosten des CPDG-Verfahrens für ein Gruppenmitglied zehnteln, indem man die Gruppengröße auf das zehnfache ausdehnt, aber nur noch eine zufällige Auswahl jedes zehnten Mitgliedes an der Abstimmung über ein Angebot beteiligt. Die erhobenen Clarke-Steuern könnten dann mit minimalem Einfluss auf die Abstimmungsmotivation an alle anderen Gruppenmitglieder verteilt werden. Wird eine Vielzahl von Abstimmungen durchgeführt, so sind die Wahrscheinlichkeiten für alle Mitglieder gleich, (1) auf ein Abstimmungsergebnis Einfluss nehmen zu können, (2) Clarke-Steuern zahlen zu müssen und (3) von der Umlage aus den Clarke-Steuerzahlungen anderer Gruppenmitglieder begünstigt zu werden. Es sind lediglich Vorkehrungen gegen Bestechungsversuche durch Gruppenmitglieder oder die Anbieter notwendig. In der Regel sollte dafür die Geheimhaltung der

Identität der Abstimmungsteilnehmer und des Abstimmungsverhaltens ausreichen.

Mit einer naheliegenden Variation des Verfahrens von Green und Laffont (1977b) lässt sich sogar das ökonomisch gravierenste Problem des CPDG lösen. Bereits in den Kapitel 5.1.2 und 5.2.1 wurde erläutert, dass das Risiko scheiternder Abstimmungen unerlässlich ist, um die Abstimmungsteilnehmer zu ehrlichem Abstimmungsverhalten zu beweben. Leider führen erfolgreiche Abstimmungen regelmäßig zu Erlösen unterhalb der aggregierten Zahlungsbereitschaft der Gruppe, und scheiternde Abstimmungen schließen die Gruppe vollständig von der Inhaltenutzung aus und der Anbieter erzielt überhaupt keinen Erlös. Die Bedeutung beider Effekte kann nahezu vollständig vermindert werden indem nur noch Stichproben über einzelne Angebote mit Hilfe des DRP abstimmen, die offengelegte Zahlungsbereitschaft jedoch den in jedem Fall von allen anderen Gruppenmitgliedern zu zahlenden Preis bestimmt:

Angenommen, eine Stichprobe von einem Prozent einer 10 000 Mitglieder großen Gruppe lehnt ein einzelnes Angebot ab. In diesem Fall zahlen die 100 Abstimmungsteilnehmer eventuell anfallende Clarke-Steuern und werden von der Nutzung des Inhaltes ausgeschlossen. Die übrigen 9 900 Gruppenmitglieder erhalten jedoch den Inhalt zur Nutzung und zahlen einen ihrer wahrscheinlichen Zahlungsbereitschaft entsprechenden Preis.

Auf diese Weise kann fast jeder Inhalt jedem Menschen zur Nutzung bereitgestellt werden, und es gelingt den Anbietern, von fast jedem Menschen Lindahl-Preise für ihre Leistungen zu erzielen. Im Folgenden soll daher nur noch vom CPDG mit dieser Verfahrensoptimierung die Rede sein, falls nicht anders erläutert.

5.3 Bildung autostabiler virtueller Gemeinschaften

Die Mitgliedschaft in mehr als einer CPDG-Gruppe würde eine Doppelbelastung bedeuten, da man dann für den Erwerb vieler Nutzungslizenzen, die man schon besitzt, ein weiteres Mal bezahlen muss. Jeder Mensch hat daher ein Interesse daran, lediglich einer CPDG-Gruppe beizutreten. Die Eigennutzenorientierung der Teilnehmer wird dann dafür sorgen, dass die Gruppen ein Höchstmaß an Mitgliederhomogenität aufweisen: Einerseits werden Individuen versuchen, in einer Gruppe aufgenommen zu werden, deren Zahlungsbereitschaft weit unterhalb der eigenen liegt, da Inhalteanbieter hier nur besonders niedrige Preise verlangen können. Andererseits hat die Gesamtheit einer schon existierenden Gruppe ein Interesse daran, ausschließlich Mitglieder mit einer möglichst niedrigen Zahlungsbereitschaft neu aufzunehmen, da dies die realistischen Preisforderungen der Inhalteanbieter drückt. Die gegenläufigen Interessen beider Seiten werden gemeinsam dafür sorgen, dass es nur dort ein erfolgreiches Mitgliedschaftsersuchen gibt, wo die Zahlungsbereitschaft des potentiellen Mitgliedes sehr genau mit der des Gruppendurchschnitts übereinstimmt.[123] Damit können beim CPDG die hohen Kosten aktiver Marktspaltung, die üblicherweise für die Durchführung von Preisdifferenzierung mit segmentierten Märkten notwendig sind, eingespart werden.

Die Gruppen werden jedoch nicht nur danach streben, eine möglichst homogene Mitgliedschaft bezüglich der Kaufkraft und damit der Zahlungsbereitschaft für einen durchschnittlichen Inhalt zu erreichen. Sie werden zusätzlich auch eine Homogenität der Interessenschwerpunkte für Medieninhalte anstreben, damit sich die Gruppe auch in jeder einzelnen Abstimmung homogen verhält. Auf diese Weise können in der Regel hohe Clarke-Steuerzahlungen vermieden werden. Auch geht damit die Zahl unzufriedener Teilnehmer zurück, deren Zahlungsbereitschaft viel geringer ist als ihr Anteil bei der Finanzierung eines spezifischen, von der Gruppe akzeptierten Angebots.

Mit den homogenen Interessen und den vielen gemeinsamen Entscheidungen können die Gruppen zu echten Gemeinschaften wachsen, die auch eine soziale Stabilität entwickeln. Schließlich findet man in vielen Bereichen ein Bedürfnis der Menschen, einander zu begegnen statt anonym zu bleiben. (Vgl. Dyson 1997: 53 und 62) CPDG-Gruppen können entsprechend mit Möglichkeiten zu weiteren gemeinschaftlichen Aktivitäten in einen gegenseitigen Wettbewerb treten. Da die Gruppen vermutlich in der Regel auf telematische Handlungen beschränkt sein werden, würden sie zu virtuellen Gemeinschaften werden. Als solche würden die CPDG-Gruppen innerhalb der „Schichtenstruktur der Verantwortungsbereiche" des Internets (Dyson 1997: 140) mit anderen virtuellen Gemeinschaften einen eigenen Bereich teilen, der sich abgrenzt vom Bereich der Telekommunikationsdienstleister (physische Existenz und Wahlfreiheit) und vom Bereich der Gebietskörperschaften (physische Existenz und keine Wahlfreiheit). (vgl. Dyson 1997: 140-147)

Die Entwicklung einer CPDG-Gruppe zu einer sozialen Gemeinschaft erhöht die Wahrscheinlichkeit, dass die Mitglieder auch immaterielle Werte in ihrer Mitgliedschaft sehen. Diese Werte können in den sozialen Beziehungen, der Vertrautheit mit dem Abstimmungsverhalten der Gruppe oder schlicht in dem Vertrauen bestehen, dass sich die Mitgliedschaft auch langfristig materiell auszahlt. Je größer diese immateriellen Werte sind, desto stärker fallen die Hemmungen aus, die Gruppe wieder zu verlassen. Dies ist für das CPDG-Verfahren wichtig, da Mitgliederfluktuation zu transaktionskostenintensiven

---

[123] Einer Gruppe steht natürlich nicht offen, bei einer Beurteilung eines potentiellen Mitgliedes dessen Abstimmungsverhalten in früheren Abstimmungen, zum Beispiel in anderen Gruppen, zu nutzen. Das würde Anreize schaffen, durch ständiges Untertreiben der eigenen Zahlungsbereitschaft die Chancen zu erhöhen, bei einem Wechsel in eine Gruppe mit besonders niedrigen Preisforderungen der Anbieter aufgenommen zu werden.

Vorgängen zwingt, selbst wenn die erworbenen Nutzungsrechte zeitlich befristet sind.[124]

5.4 Akzeptanzprobleme der Teilnehmer

Die potentiellen Teilnehmer werden zunächst allein schon deshalb nur geringen Gefallen am CPDG-Verfahren finden, weil es vollkommen unvertraut ist und deutlich vom üblichen Weg des Gütererwerbs abweicht. Ähnliche Akzeptanzschwierigkeiten dürften vielleicht bei der Einführung des Geldes, des Telefons oder der Kreditkarten aufgetreten sein. Eine besondere Abneigung der Teilnehmer wird nicht nur gegenüber der Clarke-Steuer, sondern auch gegenüber dem Phänomen bestehen, regelmäßig mehr für ein Angebot bezahlen zu müssen, als es einem wert ist.[125]

Die grundsätzlich angestrebte Homogenität der Gruppen ist nicht das einzige Instrument, welches die Frequenz der für einzelne Teilnehmer enttäuschenden Gruppenerwerbungen senken kann.[126] Eine weitere Möglichkeit besteht in der Überbewertung ablehnender Haltungen zu einem Angebot. So ließen sich die Abstimmungswerte der Kaufgegner mit einem Faktor von beispielsweise 1,5 überhöhen. Diese starke Berücksichtigung der erwarteten Schäden ginge allerdings zu Lasten der volkswirtschaftlichen Effizienz, da nun (1) auch Abstimmungen scheitern, welche sich bei einer neutralen Nutzenbetrachtung durchaus noch gelohnt hätten oder (2) aufgrund der angepassten Preisvorstellungen der Anbieter geringere Erlöse zur Deckung des Produktionsaufwandes erzielt werden. Beide Effekte führen zu einem Sinken des Angebots an Medieninhalten auf ein suboptimales Niveau.

Möglicherweise ist die Homogenität der Gruppen nicht so groß, wie theoretisch mit einer Zuordnung anhand sichtbarer Käufermerkmale möglich wäre. In diesem Fall kann zusätzlich eine gruppeninterne Preisdifferenzierung vorgenommen werden, um die individuell zu zahlenden Preise genauer mit den zu erwartenden und den tatsächlichen Zahlungsbereitschaften in Übereinstim-

[124] Einem Mitglied, dass die Gruppe wechselt, kann eigentlich keine andere Option geboten werden, als gegen eine Kompensation alle Nutzungsrechte zu verlieren. Andernfalls würde es kaum angemessen in der neuen Gruppe integriert werden können. Umgekehrt muss mit neu eintretenden Mitgliedern ein Betrag ausgehandelt werden, mit dem sie die der Gruppe bereits zustehenden Nutzungsrechte erwerben können.

[125] Es kann jedoch nicht ausgeschlossen werden, dass die Möglichkeit, mal mehr und mal weniger für einen Inhalt zahlen zu müssen, als er allein einem wert ist, von manchen Nutzern auch positiv gesehen wird. Schließlich wird jede CPDG-Abstimmung dadurch ähnlich spannend wie ein Glücksspiel, nur dass die „Gewinnchancen“ sehr hoch sind.

[126] Die Bedeutung der Gruppenhomogenität liegt ohnehin hauptsächlich darin, dass sie *auf lange Sicht* und für jeden Teilnehmer die Verluste aus unvorteilhaften Erwerbungen durch andere Erwerbungen mehr als ausgleicht.

mung zu bringen. Wenn die Neinstimmen überbewertet werden, liegt eine zutreffende Preisdifferenzierung schon im Interesse des Anbieters oder auch eines Gruppenverwalters, wenn dieser am Umsatz beteiligt wird. Je besser die Preisdifferenzierung gelingt, desto höher ist der bei der Gruppenabstimmung akzeptable Preis, und zugleich ist die Teilnehmerzufriedenheit sehr hoch. Tideman und Tullock (1976) schlagen zur gruppeninternen Preisdifferenzierung mit dem DRP vor, die Tätigkeit eines Agenten auszuschreiben, der den Teilnehmern ex ante differenzierte Preise zuweist. Von seinem Gehalt wird ein Wert abgezogen, welcher von der Abweichung dieser Preise von den tatsächlich festgestellten Zahlungsbereitschaften abhängt. (Vgl. Tideman und Tullock 1976: 1156)

Eine Möglichkeit, das Verhalten der Gruppenmitglieder in der Abstimmung über ein Angebot zu *nachträglicher* Preisdifferenzierung zu nutzen, führt Clarke (1977) auf. Der Finanzierungsanteil eines Mitglieds wird dabei nach erfolgter Offenlegung der Zahlungsbereitschaft anderer Abstimmungsteilnehmer ermittelt, welche in der Regel ein ähnliches Abstimmungsverhalten aufweisen. Auch hier kann die Position eines Agenten ausgeschrieben werden, der für jedes Gruppenmitglied vor einer Abstimmung eine Zahlungsfunktion in entsprechender Weise festlegt. Wie bei Tideman und Tullock (1976) sollte das Gehalt des Agenten davon abhängen, wie genau die so bestimmten differenzierten Preise mit den tatsächlichen Zahlungsbereitschaften übereinstimmen. Clarke selbst weist jedoch darauf hin, dass seine Methode zu strategischem Verhalten der Teilnehmer führen kann (Clarke 1977: 43). Insbesondere muss daher den Teilnehmern die Identität derjenigen verborgen bleiben, von deren Abstimmungsverhalten ihr individueller Beitragsanteil abhängt. Die Teilnehmer könnten sonst Koalitionen bilden oder schlicht aus Sympathie zueinander ihre Zahlungsbereitschaften untertreiben. (Vgl. Clarke 1977)

Wie auch immer man die gruppeninterne Preisdifferenzierung vornimmt, nie wird sie auf stochastische Abweichungen der offengelegten von der erwarteten Zahlungsbereitschaft reagieren können. Möglicherweise sind es aber gerade die Unterschiede im Abstimmungsverhalten, die auf Versehen, Unachtsamkeit, Unkenntnis der eigenen Präferenzen oder Unsicherheit über die Eigenschaften der angebotenen Inhalte beruhen, welche den Großteil der Abstimmungsheterogenität ausmachen. Allein die Bündelung der Nachfrager kann dann dafür sorgen, dass das nicht zu wohlfahrtsschädlichem Nutzerausschluss und Erlösminderungen führt.

5.5 Ein Auktionsbasiertes Alternativverfahren zur Preisdifferenzierung

An dieser Stelle soll ein alternatives Verfahren zum Handel von Medieninhalten vorgestellt werden. Es ist weniger aufwendig als das CPDG-Verfahren und findet möglicherweise eher öffentliche Akzeptanz. Auch kann es helfen, den Wohlfahrtsverlust scheiternder Abstimmungen im CPDG zu senken, wenn auf das in Kapitel 5.2.5 beschriebene Stichprobenverfahren verzichtet wird. Dieses Alternativverfahren funktioniert zwar ähnlich wie CPDG und soll daher *Alternative Collecitive Pricing of Differenticated Goods (CPDG(a))* genannt werden. Es weist jedoch weniger ideale Eigenschaften auf, da es häufig zum Nutzerausschluss führt und in der Regel Erlöse weit unterhalb der Zahlungsbereitschaft erzielt.

Wie beim CPDG werden homogene Gruppen von Inhaltenachfragern gebildet. Der Inhalteanbieter bittet beim CPDG(a) nun jedes Gruppenmitglied, durch Abgabe von Maximalgeboten seine Zahlungsbereitschaft für den Inhalt offenzulegen. Auf der Grundlage dieser Daten wählt der Anbieter einen erlösmaximierenden Preis, zu dem jeder Teilnehmer das Nutzungsrecht erwerben muss, der eine diesen Preis überschreitende maximale Zahlungsbereitschaft geboten hat. Dieses Verfahren führt auch ohne den DRP zu einer ehrlichen Offenlegung der Zahlungsbereitschaft, da man mit dem eigenen Gebot den zu zahlenden Preis nicht verändert und nur mit einer ehrlichen Offenlegung verhindern kann, möglicherweise zuviel zu bezahlen oder von der Nutzung ausgeschlossen zu werden, obwohl man den ermittelten Preis doch zu zahlen bereit wäre.

Wieder kann das Beispiel der Software *megasoft* aus Kapitel 5.2.1 dienen, um das CPDG(a)-Verfahren zu verdeutlichen. Die Zahlungsbereitschaften für die Software haben sich nicht verändert, auch könnte *megasoft* zum Preis von 500 € im Handel erworben werden. Die von den Gruppenmitgliedern abgegebenen Gebote entsprechen ebenfalls den in Tabelle 5-1 angegebenen Zahlungsbereitschaften. Nun wählt der Anbieter anhand der Gebote mit 350 € den erlösmaximalen Preis, den A, B, und C zahlen. Sie verschaffen damit dem Anbieter einen Erlös in Höhe von 1 050 € und erzielen für sich eine gemeinsame Konsumentenrente in Höhe von 300 € (vgl. Tabelle 5-2). Alle anderen Gruppenmitglieder bleiben jedoch von der Nutzung ausgeschlossen, was die Wohlfahrt gegenüber einem erfolgreichen CPDG-Verfahren um 250 € senkt. CPDG(a) ist eine Form der Preisdifferenzierung dritten Grades, bei der der gewinnmaximale Preis nicht für jedes Marktsegment geschätzt werden muss, sondern aus den freiwillig offengelegten Zahlungsbereitschaften abgelesen werden kann.[127]

---

[127] Eine weitere Anwendungsmöglichkeit des CPDG(a)-Verfahrens ohne den DRP besteht in der Versteigerung von limitierten privaten Gütern, wie zum Beispiel Eintrittskarten für Großveranstaltungen: Interessierte Nachfrager oder auch Zwischenhändler nennen den Preis, zu dem sie maximal ein Ticket erwerben würden, sowie die Anzahl der Tickets. Sind sie zu niedrigen Preisen bereit, auch eine größere Zahl abzunehmen, so können sie auch mehrere Gebote abgeben. Der Veranstalter kann anschließend den höchstmöglichen markträumenden Preis ermitteln und zu diesem Preis alle Tickets verkaufen. Die Anzahl der zu verkaufenden Karten muss dabei vor dem Einholen der Gebote feststehen, da Zwischenhändler sonst keine Möglichkeit haben, den bei den Endnachfragern erzielbaren

Tabelle 5-2:
Übersicht über das CPDG(a)-Verfahren

Person	Zahlungs-bereitschaft	Votum „Pro"	Votum „Kontra"	Maximalerlös in CPDG(a)
A	600 €	300 €		350 €
B	400 €	200 €		350 €
C	350 €	150 €		350 €
D	150 €		-50 €	
E	100 €		-100 €	
F	0 €		-200 €	
G	0 €		-200 €	
H	0 €		-200 €	
I	0 €		-200 €	
J	0 €		-200 €	
Summe	**1 600 €**	**650 €**	**-1 150 €**	**1 150 €**

5.6 Wohlfahrtsökonomische Beurteilung

In der Regel erreichen die Nachfrager mit dem CPDG einen Zustand, in welchem sie alle Inhalte nutzen können und für jede Einheit des Angebots nur so viel bezahlen, wie ihnen diese Einheit allein und zusätzlich zu allen anderen an Nutzen stiftet. Dieser Zustand ist vergleichbar mit dem in Kapitel 4.2.2 dargestellten wohlfahrtsoptimalen Gleichgewicht für homogene öffentliche Güter und soll entsprechend Lindahl-Gleichgewicht genannt werden. Abweichungen von diesem Wohlfahrtsoptimum treten nur noch dann auf, wenn auf die Verfahrensoptimierung durch Stichproben-Abstimmung verzichtet wird. Gleiches gilt aber auch regelmäßig für die Stichproben, welche entweder einen Preis unterhalb ihre Zahlungsbereitschaft zahlen oder durch ihre Ablehnung vom Inhalt ausgeschlossen werden. In der Folge fallen die Gesamterlöse für Inhalte zu gering aus, Unternutzung von Inhalten tritt auf, und in Einzelfällen kann die Substitutionskonkurrenz der Inhalte nicht vollständig wahrgenommen werden, um die Zahlungsbereitschaften niedrig zu halten. Neben dem – lediglich durch die genannten Ausnahmefälle eingeschränkte – quantitativen

Preis abzuschätzen, welcher wiederum weitgehend durch die Angebotsknappheit bestimmt wird.

Wohlfahrtsoptimum am Markt für Medieninhalte sorgt CPDG auch noch für weitere Verbesserungen, die im Folgenden behandelt werden.

5.6.1 Wohlfahrtsoptimierung der angebotenen Inhaltequalität und -Vielfalt

CPDG ist als Vertriebsform für Medieninhalte dem konventionellen Markt überlegen, weil mit der nahezu vollkommenen Preisdifferenzierung Formen des Marktversagens vermieden werden, die mit Einheitspreisen unvermeidlich sind (vgl. Kapitel 4). Egal, ob die Anbieter eines Inhalts ihre Einheitspreise in einem Cournot-Wettbewerb oder in einem Bertrand-Wettbewerb fordern: die dort auftretenden Fehlsteuerungen des Angebots existieren beim CPDG nicht. Wird der Markt vom CPDG dominiert, so gibt es weder eine Diskriminierung der Nachfrage von Minderheiten oder von Inhalten mit hoher Qualität, noch werden hier zu hohe Preise für eine zu geringe Qualität gefordert, und auch die Angebotsvielfalt dürfte sich nahezu optimal entwickeln.

Möglicherweise können mit dem CPDG die Erlöse für Inhalte, die eine besonders hohe Qualität haben oder auf ihre Art einzigartig sind, gesteigert werden. Andere Inhalte, die beliebig austauschbar sind und dennoch in einer großen Vielzahl von Varianten produziert werden, unterliegen beim CPDG jedoch einer massiven Entwertung. Medieninhalte hingegen, die ihren Nutzen erst über Netzwerkeffekte erzielen, können beim CPDG aus dem Stand eine globale Verbreitung erfahren, ohne dafür an alle Nachfrager verschenkt werden zu müssen.

5.6.2 Senkung der Transaktionskosten

Auf die Transaktionskosten, die CPDG mit den Abstimmungen, den Clarke-Steuern und dem Informationsaufwand erzeugt, wurde bereits hinreichend eingegangen. Hier stehen eine Vielzahl von Instrumenten zur Verfügung, die das Ausmaß dieser Kosten erheblich begrenzen können. CPDG spart jedoch zugleich auch andere Transaktionskosten ein, die am konventionellen Markt für Medieninhalte in beträchtlicher Höhe anfallen:

(1) Auch am konventionellen Markt müssen die Inhaltenutzer bei jedem Inhalt, der ihr Interesse weckt, eine Nutzenabwägung vornehmen, bevor sie einen Kauf tätigen. Bei Inhalten, für die nutzungsabhängige Zahlungen gefordert werden, unterliegt diese Nutzenabwägung kontinuierlich jeder einzelnen Nutzungshandlung. Zumindest für diese Inhalte wird CPDG die Entscheidungskosten der Nutzung verringern.

(2) Um zu funktionieren, muss der konventionelle Markt Nutzer ausschließen. Dies gilt unabhängig davon, ob der Markt den Regeln des Cournot- oder des Bertrand-Wettbewerbs unterliegt. (Vgl. Kapitel 4) CPDG-Teilnehmer sollten dagegen schon nach kurzer Zeit eine fast uneingeschränkte Nutzerfreiheit genießen, und zwar unabhängig von der persönlichen Kaufkraft.

(3) Die Formen der Preisdifferenzierung, die am konventionellen Markt von den Inhalteanbietern angewendet werden, um die Erlösminderung aus dem Nutzerausschluss zu begrenzen, sorgen für weitaus umfangreichere Wohlfahrtsverluste als beim CPDG-Verfahren. So gibt es beim CPDG keine zeitlichen Verzögerungen der Inhaltenutzung durch Marktsegmente mit geringerer Zahlungsbereitschaft, und jeder Nachfrager kann die Inhalte in uneingeschränkter Qualität nutzen. (Vgl. Kapitel 4.2.3 zu den Wohlfahrtsverlusten durch Preisdifferenzierung)

5.7 Wettbewerbspolitische Beurteilung

Das CPDG-Verfahren stellt eine Veränderung der Wettbewerbsbedingungen dar, weil es erstmals nahezu perfekt differenzierte Preise ermöglicht. Daher ist grundsätzlich zu prüfen, welche Auswirkungen CPDG auf den Wettbewerb hat und ob dieser unter den neuen Bedingungen zuverlässig funktionieren kann.

5.7.1 Funktionierender Wettbewerb mit CPDG

Die Wettbewerbsfreiheit mit ihren Bedingungen des freien Marktzugangs und der Freiheit aller Marktteilnehmer, ihre „Entschlüsse auf dem Markt frei fassen und durchführen“ zu können (Hefermehl 1996: 39, Rdn 27), wird durch das CPDG nicht gefährdet. Die Teilnahme am CPDG beruht sowohl für die Anbieter als auch für die Nachfrager auf freiwilligen Vereinbarungen. Das Verfahren genießt daher den Schutz der Vertragsfreiheit, welche wiederum ein „wesentliches Element der Privatrechtsordnung freiheitlicher Rechtsstaaten ist“. (Weiß 1972: 31)

Eine Einschränkung der Vertragsfreiheit kann nur dann gerechtfertigt werden, wenn die Wirtschaftsteilnehmer die Vertragsfreiheit zur Ausbeutung von Machtungleichgewichten missbrauchen. Solche Machtungleichgewichte treten aber nur dort auf, wo kein wirksamer Wettbewerb zwischen den einzelnen Akteuren herrscht. Ansonsten könnten alle, die sich benachteiligt fühlen, in freier Ausübung ihrer Vertragsfreiheit bessere Alternativen als Handelspartner wählen. Funktioniert daher der Wettbewerb, so ist ein Eingriff in die Vertragsfreiheit weder notwendig noch kann er gerechtfertigt werden. (Vgl. Weiß 1972: 31) Auch ein Gleichbehandlungsgebot kann aus wettbewerbspolitischen Gründen nur dann gelten, wenn der Wettbewerb und die durch ihn gewährleistete Leistungsgerechtigkeit gefährdet wird (vgl. Weiß 1972: 38f).[128]

---

[128] Der Begriff der Leistungsgerechtigkeit kann nicht uneingeschränkt verwendet werden, da ein funktionierender Wettbewerb an einem Markt eher eine „Marktgerechtigkeit“ fördert. Schließlich erzielen die Anbieter vieler Dienste und Güter nur deshalb besonders

Um die Funktionsfähigkeit des Wettbewerbs mit CPDG zu überprüfen, soll daher untersucht werden, ob er die im allgemeinen von einem Wettbewerb erwarteten Aufgaben leistet. Weiß (1972: 70) fasst diese Anforderungen in fünf Wettbewerbsfunktionen zusammen:

„1. Steuerung der Einkommensverteilung nach der Marktleistung
2. Steuerung der Zusammensetzung des laufenden Angebots an Waren und Dienstleistungen nach den Käuferpräferenzen
3. Lenkung der Produktionsfaktoren in ihre produktivsten Einsatzmöglichkeiten (optimale Faktorallokation)
4. Laufende flexible Anpassung der Produktionskapazität an die außerwirtschaftlichen Daten (insbesondere Nachfragestruktur und Produktionstechnik)
5. Beschleunigung der Durchsetzung des technischen Fortschritts bei Produkten und Produktionsmethoden."

Die vielfältigen Formen des Marktversagens, die an den Märkten für öffentliche und differenzierte Güter festgestellt wurden (vgl. Kapitel 4), machen deutlich, dass die konventionellen Wettbewerbsformen die Wettbewerbsfunktionen nicht erfüllen: Allein für den wohl vorherrschenden Bertrand-Wettbewerb gilt, dass (1) die Anbieter Einkommen erhalten, die weit über ihrem Wohlfahrtsbeitrag liegen, und dass (2) das Angebot die Käuferpräferenzen verfehlt und Produktionsfaktoren unwirtschaftlich eingesetzt werden, weil die Produktqualität zu niedrig ist und Preise und Vielfalt zu hoch sind. Erst mit einer vollkommenen Preisdifferenzierung, wie sie CPDG annähernd ermöglicht, werden die ersten drei Wettbewerbsfunktionen erfüllt.[129] CPDG ist daher – geradezu im Gegensatz zu den konventionellen Vertriebsformen für Medieninhalte – wettbewerbsverträglich, und die Leistungsgerechtigkeit des Marktes wird wiederhergestellt.

5.7.2 Das Problem natürlicher Monopole

Es gibt Arten von Medieninhalten, die eigentlich natürliche Monopole sind. Sie verschaffen einen Nutzen, der von konkurrierenden Produkten entweder vollständig oder überhaupt nicht geboten werden kann. Unterschiede in der

---

hohe Preise, weil eine Knappheit an ihren Leistungen herrscht. Umgekehrt können andere Marktteilnehmer große persönliche Anstrengungen unternehmen und trotzdem nur eine minimale Kompensation erhalten, weil am Markt Überfluss an ihren Leistungen herrscht. Dennoch soll im Folgenden weiterhin der Begriff der Leistungsgerechtigkeit verwendet werden, weil mit ihr in der Literatur genau das bezeichnet wird, was auch der Begriff der Marktgerechtigkeit bezeichnet, nämlich die Existenz von Anreizen zur wohlfahrtsoptimalen Allokation aller ökonomischen Ressourcen.

[129] Über die Erfüllung der vierten und fünften Wettbewerbsfunktion kann allein auf der Grundlage von Kapitel 4 keine Aussage getroffen werden. Es ist aber unwahrscheinlich, dass hier die Anwendung vom CPDG größere Auswirkungen zeigt, weil dies nicht Fragen der Angebotssteuerung sondern der betrieblichen Inhalteproduktion sind.

horizontalen Produktdifferenzierung, die für die Substitutionskonkurrenz im monopolistischen Wettbewerb erforderlich sind, gibt es hier nicht. Ein Beispiel sind Textverarbeitungsprogramme: Sie üben entweder bestimmte Funktionen aus, oder sie sind eben keine Textverarbeitungsprogramme. Dass die Hersteller von solchen Produkten im konventionellen Markt trotzdem einer Substitutionskonkurrenz ausgesetzt sind, liegt an der Möglichkeit vertikaler Produktdifferenzierung: Qualitativ schlechtere Produkte können Marktanteile erobern, weil sie mit niedrigeren Preisen solchen Kunden ein überlegenes Angebot machen, welche eine geringe Kaufkraft oder ein geringes Nutzungsinteresse haben (vgl. Kapitel 4.4.4.4 sowie Shaked und Sutton 1982).

Bei perfekter Preisdifferenzierung sind eindeutig minderwertige Produkt jedoch nicht überlebensfähig. Allen Nachfragern kann der Anbieter des hochwertigsten Produkts ein überlegenes Angebot machen und dabei noch positive Erlöse erzielen, während alle anderen Anbieter überhaupt keine Erlöse abschöpfen. Dies allein ist zunächst wohlfahrtsförderlich, da es volkswirtschaftliche Ressourcen einspart, ohne Nutzeneinbußen mit sich zu bringen. Die Preisdifferenzierung fördert damit auf der anderen Seite aber auch die Herausbildung von Monopolstellungen der Anbieter. Hier gibt es dann keine Wettbewerber, die die Monopolisten daran hindern, den Nachfragern die gesamte Konsumentenrente zu rauben. Die Anbieter unterliegen lediglich der mittelbaren Gefahr, dass sie mit hohen Monopolrenten potentielle Konkurrenten zum Markteintritt animieren. Ihr Bestreben wird daher sein, mit moderaten Preisen („limit pricing") Neueinsteiger vom Markteintritt abzuschrecken (Shapiro und Varian 1999: 30). Auch werden die Quasi-Monopolisten ihre Produkte weiterentwickeln, damit sie nicht von technisch überlegenen und neu eingeführten Konkurrenzprodukten vom Markt verdrängt werden.

5.7.3 Wettbewerbsversagen zwischen den CPDG-Gruppen

Für den Fall, dass es zu einer Konkurrenz mehrerer Anbieter des CPDG-Verfahrens kommen sollte, ist davor zu warnen, dass die Konkurrenz nicht unbedingt zu einem Wettbewerb führt, der die soziale Wohlfahrt maximiert. Das liegt daran, dass ein einzelner Nachfrager von Medieninhalten ein Monopsonist[130] ist, der theoretisch in der Lage ist, jeden Anbieter zu maximalen Preisnachlässen zu zwingen. Im CPDG-Verfahren wird dies durch den

[130] Monopsonistenmacht erwächst allen Nachfragern, die nicht im Wettbewerb mit anderen Nachfragern um die Güter der Anbieter stehen. Ähnlich wie die Monopolisten in einem Anbietermonopol können die Monopsonisten die Anbieter theoretisch zu Preissenkungen bis hinunter zu den Grenzkosten der Produktion zwingen, da der Anbieter jedes Preisgebot akzeptieren muss, wenn er nicht ganz auf Beiträge dieses Nachfragers zur Deckung seiner Kosten verzichten will. „Ersatznachfrager", die alternativ das Gut kaufen würden, gibt es in einem Monopson nicht.

DRP verhindert, jedoch ist die Gruppe als Ganzes sehr wohl in der Lage, ihre Konsumentenmacht gegen die Inhalteanbieter auszuspielen: Angenommen, eine Gruppe benötigt 10 Prozent vom Gruppenumsatz, um die Verwaltungskosten decken zu können. Entscheidet sie sich jedoch, statt 10 Prozent vom Umsatz einen viel höheren Betrag einzubehalten, können sich die Anbieter nicht dagegen wehren: entweder sie sind mit dem ihnen verbleibenden Erlösrest zufrieden oder sie verzichten vollständig auf den Umsatz.

Die Gruppe kann nun die zu viel einbehaltenen Umsatzanteile als Umlage an die Mitglieder verteilen oder sonstige aufwendige Zusatzleistungen anbieten. Die Konsumentenrente der Mitglieder dieser Gruppe wird dabei beträchtlich erhöht, ohne es zunächst Auswirkungen auf die ihnen zur Verfügung stehende Vielfalt und Qualität an Medieninhalten hätte. Gruppen, die übertrieben große Anteile am Umsatz einbehalten, werden daher anderen Gruppen in der Nachfragergunst überlegen sein und sich langfristig durchsetzen.

Die beträchtliche Einnahmereduktion der Inhalteanbieter wird dazu führen, dass die Inhalteproduktion sowohl quantitativ als auch qualitativ auf ein suboptimales Niveau sinkt. Das führt zu einem so hohen Wohlfahrtsverlust der Nachfrager, dass er nicht durch eine wie auch immer geartete Umsatzbeteiligung ausgeglichen werden kann. Die Nachfrager wählen daher aus Eigennutzüberlegungen Gruppen aus, die auf lange Sicht dem Interesse aller Nachfrager entgegenstehen. Man kann dieses Gefangenendilemma der Nachfrager nur vermeiden, wenn man alle CPDG-Gruppen den gleichen, wohlfahrtsoptimalen Regeln der Umsatzbeteiligung unterwirft.

5.8 Ethische Beurteilung

Der Begriff der Gerechtigkeit tauchte bereits bei der wettbewerbspolitischen Beurteilung des CPDG-Verfahrens auf. Als Ziel des Wettbewerbs wird dabei die Leistungsgerechtigkeit genannt; funktioniert der Wettbewerb, so wird auch diese Form der Gerechtigkeit erfüllt. Dabei fand aber nur die Anbieterseite Beachtung. Es sind jedoch die Nachfrager, deren Ungleichbehandlung einen funktionsfähigen Wettbewerb und damit die Einhaltung der Leistungsgerechtigkeit unter den Anbietern ermöglicht. In diesem Kapitel wird daher untersucht, ob es neben dem Erhalt der Wettbewerbsfunktionen noch andere Anforderungen gibt, die erfüllt sein müssen, bevor CPDG nicht nur als effizient, sondern auch als „gerecht“ gelten kann.

5.8.1 Abnahme der Leistungsgerechtigkeit und Zunahme der Chancengleichheit

Der Idealzustand eines Marktes für Medieninhalte besteht in einem Lindahl-Gleichgewicht, in dem (1) der maximale Nutzen aller produzierten Medieninhalte erzielt wird, weil es keinen Nutzerausschluss mehr gibt, (2) das wohlfahrtsoptimale Niveau an Quantität, Qualität und Vielfalt der Inhalte angeboten wird, (3) jeder Nachfrager seine (preisabhängige) Nachfrage befriedigt und (4) niemand mehr für das Inhalteangebot bezahlt, als er zu zahlen bereit ist. Das Lindahl-Gleichgewicht bedeutet dann, dass die Beiträge zur Finanzierung der Medieninhalte um so höher sind, je höher die persönliche Zahlungsbereitschaft ist. Da CPDG zur Annäherung an dieses Gleichgewicht führt, trägt es zur Abnahme von Leistungsgerechtigkeit bei, da die individuelle Zahlungsbereitschaft auch von der persönlichen Kaufkraft abhängt. Eine auf Leistung beruhende Einkommenssteigerung ist daher im Rahmen der beim CPDG getätigten Ausgaben ohne Einfluss auf die individuelle Wohlfahrt, da der für Medieninhalte aufgewendete Einkommensanteil gleich bleibt, ohne dass sich jedoch die Nutzungsmöglichkeiten von Medieninhalten verbessern. Je größer aber die Teile der Ausgaben sind, die – ähnlich wie viele Steuern – mit steigendem Einkommen wachsen, ohne dass der Grad der Bedürfnisbefriedigung zunimmt, desto geringer sind die Leistungsanreize, die der Betreffende verspürt: die auf einem Mehr an Leistung beruhenden Verbesserungen der Konsummöglichkeiten entsprechen immer weniger dem tatsächlichen Beitrag zur gesellschaftlichen Wohlfahrt. Damit nimmt die Leistungsgerechtigkeit des Wettbewerbs für die Nachfrager durch CPDG ab, obwohl sie erst mit dem CPDG für die Inhalteanbieter hergestellt wird.

Tatsächlich ist Leistungsgerechtigkeit nur eine Variante von Gerechtigkeit. Sie steht im Widerspruch zur Verteilungsgerechtigkeit der neoklassischen Grenznutzentheoretiker der Alten Wohlfahrtsökonomie, welche mit dem ersten Gossenschen Gesetz zur abnehmenden Bedürfnisbefriedigung argumentieren (vgl. Gossen 1992 (1854)). Eine Ungleichverteilung des Einkommens ist danach zulässig, wenn sie auf unterschiedliche Bedürfnisse so reagiert, dass der Gesamtnutzen maximiert wird. Wird dieser Regel entsprochen, so fehlen Leistungsanreize völlig. Erst die Neue Wohlfahrtsökonomie interpretiert Verteilungsgerechtigkeit als „Teil des Konzeptes der Pareto-Effizienz [. . .], das in allokativer Hinsicht eine funktionale Verteilung des Volkseinkommens unter den Produktionsfaktoren nach der jeweiligen Grenzproduktivität vorsieht. Für die personale Verteilung des Volkseinkommens wird damit das Leistungskriterium zum entscheidenden Verteilungsschlüssel." (Hagel 1993: 251)

Akzeptiert man Gleichheit als „Wesensmerkmal der Gerechtigkeit" (Weiß 1972: 21), ist es also noch immer schwierig, sich zwischen der Leistungsgerechtigkeit und der Verteilungsgerechtigkeit zu entscheiden.

Schließlich wenden beide Formen den von Aristoteles formulierten Gerechtigkeitsgrundsatz an, „Gleiches gleich, Ungleiches dagegen ungleich, jedoch seiner Ungleichheit entsprechend zu behandeln“ (Weiß 1972: 23): Nach der Grenznutzentheorie erhalten die Menschen mehr Güter, die einen höheren Grenznutzen beim Konsum haben und somit das Gesamtnutzenaggregat stärker als andere erhöhen; bei der Leistungsgerechtigkeit erhalten diejenigen mehr, die als Produzenten eine höhere Grenzproduktivität aufweisen und daher auf die ihnen gebotenen Leistungsanreize mit besonders hohen Beiträgen zum Gesamtwert aller produzierten Güter reagieren.

Keine demokratische Gesellschaft versucht, eine der beiden Verteilungsgerechtigkeiten in Reinform zu erreichen. Dabei steht der Verteilungsgerechtigkeit der Grenznutzentheoretiker nicht nur der vollständige Mangel an Leistungsanreizen entgegen. Hinzu kommt, wie Buchanan (1971) zeigte, dass auf lange Sicht eine Gleichverteilung aller Güter und Chancen auf regelmäßige Umverteilungseingriffe angewiesen ist, da allein schon Unterschiede im Konsumverhalten ungleiche Besitzstände herausbilden.

Einer uneingeschränkten Durchsetzung der Leistungsgerechtigkeit steht jedoch entgegen, dass sie die Stabilität der Gesellschaft gefährdet und extreme Armut als ungerecht empfunden wird oder zumindest Mitleid erregt. Auch ist zu befürchten, dass eine ungleichmäßige Güterverteilung mit einer ungleichen Verteilung der Chancen einhergeht. Dieses führt aber wiederum zu einer Verschwendung von Ressourcen, weil Talente unentdeckt oder unterentwickelt bleiben. (Vgl. Hagel 1993: 268)

Demokratische Gesellschaften wählen daher einen Kompromiss zwischen beiden Formen von Verteilungsgerechtigkeit. Dabei gehört es zu den am weitesten akzeptierten Formen der Gleichverteilung, dass der Staat das Existenzminimum der Bürger sowie ihre Chancengleichheit gewährleistet. Dafür erhebt er notwendigerweise Steuern und Abgaben, die zu Lasten der Leistungsgerechtigkeit gehen und die Leistungsanreize senken. (Vgl. Hagel 1993: 263-270; Koller 1994: 103; Ricker 1997)

Kapitel 3.5 stellte bereits dar, dass mit der Entwicklung der Neuen Medien dem Zugang zu den Inhalten eine immer größere Bedeutung für die soziale Chancengleichheit zuwächst. Es ist daher zu erwarten, dass ein chancengleicher Zugang zu Medieninhalten in Zukunft ein wesentliches Element staatlich betriebener Gleichverteilung sein wird, wenn dies der Markt nicht eigenständig erreicht. Als mögliche Instrumente, die dem Staat dafür zur Verfügung stehen, nennen Kubicek und Wagner (1995: 183) (1) „inhaltliche Bestimmungen“, wonach die Anbieter bestimmte Inhalte gratis oder preisgünstig zugänglich machen müssen, (2) „finanzielle Zuschüsse für Nutzer“, damit diese sich mit frei gewählten Informationen versorgen können, und (3) einen „freie[n] Zugang über Bibliotheken“.

Vergleicht man diese Option mit dem CPDG, so stellt man zunächst fest, dass chancengleicher Zugang zu Medieninhalten durch den Staat wohl nie so weitgehend wie mit CPDG gewährleistet werden kann. Hinzu kommt, dass CPDG die nahezu vollkommene Chancengleichheit bei der Nutzung von Medieninhalten über freiwillige Vereinbarungen erreicht. Dagegen würden die staatlichen Maßnahmen autoritäre Eingriffe darstellen, welche die Leistungsgerechtigkeit möglicherweise stärker einschränken als CPDG. Die leistungsanreizsenkenden Wirkungen der – ansonsten wohlfahrtsoptimalen – Lindahl-Preise beim CPDG werden daher zumindest teilweise überkompensiert, weil staatliche Maßnahmen mit ähnlichen leistungsanreizsenkenden Wirkungen unnötig werden.

5.8.2 CPDG als zulässiges Verfahren zur Aufgabe individueller Freiheit

Der beim CPDG vorgesehene Autonomieverzicht des Individuums muss in Bezug auf zwei aufeinanderfolgende Phasen diskutiert werden: In der ersten, unproblematischeren Phase nimmt man vollkommen freiwillig an dem Verfahren teil, und man ist unabhängig in der Wahl der eigenen Gruppe. An der Zulässigkeit des Autonomieverzichts gibt es daher keinen Zweifel, da kein Druck ausgeübt wird.

In der zweiten Phase stellt sich der Autonomieverzicht jedoch in einem anderen Licht dar. Bei einer steigenden relativen Bedeutung der Umsätze, die Anbieter im CPDG-Verfahren bei einer weitgehenden Zurückdrängung des konventionellen Marktes erzielen, kann es für sie nämlich lukrativ sein, die Preise am konventionellen Markt zu erhöhen oder dort überhaupt nicht mehr anzubieten. Dann wird tatsächlich nur über das bloße Vorhandensein des CPDG-Verfahrens zusätzlicher Druck auf die Nachfrager ausgeübt, mit einem Eintritt in eine solche Gruppe ihre Autonomie beim Erwerb von Medieninhalten aufzugeben. Von einer konsensuellen Zustimmung aller Teilnehmer zum Autonomieverzicht kann also keine Rede mehr sein. Damit wird eine ethisch-moralische Rechtfertigung erforderlich.

Ein Versuch, den Zwang zum Autonomieverzicht in der zweiten Phase zu rechtfertigen, könnte in dem Argument bestehen, dass das Ergebnis des CPDG der einen oder anderen Gerechtigkeitsdefinition entspricht und dass daher auch das Mittel gerecht ist. Gerechtigkeitsdefinitionen, denen das Marktergebnis durch CPDG möglicherweise besser als alle anderen Vertriebsarten von Medieninhalten entspricht, sind:

(1) Leistungsgerechtigkeit: Die Anbieter von Inhalten werden ihrem tatsächlichen Wohlfahrtsbeitrag entsprechend kompensiert, was zugleich wohlfahrtsoptimale Produktionsanreize setzt (vgl. Kapitel 5.7.1).

(2) Verteilungsgerechtigkeit im Sinne der Grenznutzentheoretiker der Alten Wohlfahrtsökonomie: Es wird angestrebt, jedem Nachfrager jeden produzierten Inhalt zur Nutzung bereitzustellen (vgl. Kapitel 5.8.1).

(3) „Minimax"-Regel, von der Rawls (1971) behauptet, dass sie jeder Mensch wählen würde, wenn er unter Unkenntnis seiner persönlichen

Lebensumstände (Schleier der Unwissenheit – „veil of ignorance“) allgemeingültige Regeln des Zusammenlebens festlegen müsste. Nach der Minimax-Regel sind Entscheidungen dann gerecht, wenn sie die Wohlfahrt des am stärksten benachteiligten Individuums maximieren. CPDG entspricht dem, weil es Medieninhalte vollkommen gleichmäßig verteilt und bei der Finanzierung die kaufkraftschwächsten Teilnehmer besonders begünstigt.

Diese Gerechtigkeitsdefinitionen haben jedoch den gravierenden Nachteil, dass sie einem Menschen, der sich durch CPDG benachteiligt fühlt, einen *Gerechtigkeitsbeweis* für CPDG schuldig bleiben. Schon die Minimax-Regel von Rawls ist schnell ihrer Beweiskraft beraubt, wenn nur ein einziger Mensch standfest behauptet, dass er unter Unkenntnis seiner persönlichen Lebensumstände auf keinen Fall dieser Regel, sondern einer anderen zugestimmt hätte. Dies beweist allein schon das Vorhandensein vieler anderer Gerechtigkeitsdefinitionen, die sich alle auf Rawls Unwissenheitsschleier berufen. (Vgl. Tideman 1996)

Die utilitaristisch geprägten Gerechtigkeitsdefinitionen der Leistungsgerechtigkeit und der Grenznutzenmaximierung hingegen widersprechen der Kantschen Gerechtigkeitsforderung, dass die Menschen niemals nur als Mittel, sondern immer auch zugleich als Zweck betrachtet werden sollen. Tideman (1996: 6f) betrachtet daher die utilitaristischen Positionen entsprechend kritisch: „A person is then simply a device for generating utility; whether the utility is for herself or for someone else is irrelevant. [. . .] But justice is not concerned with largess. It is concerned with what is due to persons just from being persons, without having to prove their worthiness any further.“

Erwartete Nutzenmaximierung oder Vermutungen über die Wahl allgemeinverbindlicher Regeln hinter einem imaginären Schleier der Unwissenheit sind also unzureichend, um mögliche Vorwürfe der Ungerechtigkeit an CPDG zu entkräften. Erst der Liberalismus bietet eine Weltanschauung, die das Individuum als solches zum Maßstab einer Rechtfertigung von Machtausübung und Nötigung zum Autonomieverzicht macht. (Vgl. Tideman 1996: 7) So fordert Bruce Ackerman (1980: 6) vom Liberalismus, sich nicht auf Vorstellungen des Naturrechts oder imaginäre Verträge zwischen Individuen zu berufen, sondern sich statt dessen als „a way of talking about power, a form of political culture“ zu verstehen.

Gemäß dem Liberalismus im Sinne Ackermans muss eine Rechtfertigung von Machtausübung in der Form direkter Antworten an alle Menschen erfolgen, die das Recht auf Machtausübung in Frage stellen. Ackerman wendet sich dabei ausdrücklich gegen die Versuchung, die Fragen nach Machtrechtfertigung nur an den Staat zu richten. Auch nicht staatliche Formen der Machtausübung haben sich den Fragen nach der Übereinstimmung mit Grundsätzen der liberalen Weltanschauung zu stellen. Von den Antworten auf die Infragestellung von Macht fordert Ackerman (1980: 4-11) die Erfüllung folgender drei Prinzipien:

„*Rationality.* Whenever anybody questions the legitimacy of another's power, the power holder must respond not by suppressing the questioner but by giving a reason that explains why he is more entitled to the resource than the questioner is. [. . .]

Consistency. The reason advanced by a power wielder on one occasion must not be inconsistent with the reasons he advances to justify his other claims to power. [. . .]

Neutrality. No reason is a good reason if it requires the power holder to assert:
(a) that his conception of the good is better than that asserted by any of his fellow citizens, *or*
(b) that, regardless of his conception of the good, he is intrinsically superior to one or more of his fellow citizens."

Ackerman (1980) diskutiert in seinen Beispielen eines Machtgesprächs Situationen, in denen es um die Verteilung von Individualgütern geht. Beim CPDG geht es dagegen um die unterschiedliche Behandlung bei der Verteilung von Nutzungsrechten an öffentlichen Gütern sowie um die Forderung von Beiträgen zu deren Finanzierung. Trotzdem soll im Folgenden versucht werden, im Rahmen eines Machtgesprächs unter Beachtung der drei Ackermanschen Prinzipien CPDG zu rechtfertigen. Die kritischen Fragen, denen sich CPDG zu stellen hat, fordern Erklärungen für die Fälle, dass

(1) ein Nachfrager manchmal viel mehr für einen Inhalt zahlen muss als er zu zahlen bereit ist,

(2) manche kaufkräftige Nachfrager durch die Einführung des CPDG gezwungen werden können, am CPDG teilzunehmen, obwohl sie der konventionelle Markt besser bedient hätte,

(3) ein Anbieter den Nachfrager A mehr für sein Angebot zahlen lässt als Nachfrager B, und dass

(4) ein Anbieter einen Nachfrager A aufgrund einer unbeabsichtigt scheiternden CPDG-Abstimmung von der Nutzung des Gutes ausschließt, obwohl dieser mehr zu zahlen bereit ist als ein Nachfrager B, welcher von der Nutzung nicht ausgeschlossen wird.

Die folgenden vier Machtgespräche entsprechen der von Ackerman (1980) in Beispielen vorgeschlagenen Struktur:

Fall (1) wird in einem Machtgespräch zwischen dem Nachfrager und dem Anbieter diskutiert:

<u>Nachfrager:</u> Warum muss ich Dein Angebot kaufen, obwohl mein Finanzierungsbeitrag doch viel höher ist als ich freiwillig bereit bin zu zahlen?
<u>Anbieter:</u> Nicht ich habe Dich in diese Gruppe gezwungen, sondern Du bist freiwillig eingetreten. Nun musst Du Dich der gemeinsamen Entscheidung auch beugen. Ich bin es nicht, der Macht über Dich ausübt. Im übrigen bist Du aufgrund Deiner Erwartung eingetreten, *im Durchschnitt* Preise *unterhalb* Deiner Zahlungsbereitschaft zahlen zu müssen.

Hier kann die Diskussion von Fall (2) direkt anschließen:

<u>Nachfrager:</u> Ich erkenne wohl, dass ich im Durchschnitt mit meinen Zahlungen

unterhalb der Zahlungsbereitschaft bleibe. Ich weise aber eine so große Kaufkraft auf, dass ich im Vergleich zum konventionellen Markt beim CPDG viel mehr für Inhalte bezahle. Den konventionellen Markt gibt es aber schon fast gar nicht mehr. Nur noch wenige Angebote werden dort zu sehr hohen Preisen vertrieben. Auch Du zwingst mich mit Deiner Preispolitik am konventionellen Markt, am CPDG teilzunehmen.
Anbieter: Du hast zwar recht, dass ich ohne CPDG meine Preise am konventionellen Markt anders setzen würde, aber ich habe als Eigentümer auch das natürliche Recht, die Preise für meine Güter frei zu wählen. Es gibt keine Rechtfertigung dafür, dass Du mit Deinen Wünschen Einfluss auf meine Preispolitik nehmen solltest. Im übrigen bepreise ich meine Güter nur so, dass ich für meinen Beitrag zur sozialen Wohlfahrt eine vollständige Kompensation erhalte.

Fall (3) wird zwischen dem Anbieter und Nachfrager A diskutiert, da sich dieser benachteiligt fühlt:
Nachfrager A: Anbieter, warum zwingst Du mich, viel mehr für Dein Angebot zu zahlen als Nachfrager B?
Anbieter: Mir geht es darum, möglichst viel Geld einzunehmen. Das dient auch Dir, denn Du freust Dich über ein großes und hochwertiges Angebot an Medieninhalten. Ich kann von den Käufern jedoch nur so viel verlangen, wie sie zu zahlen bereit sind. Also differenziere ich die Preise so, dass sie mit der *Zahlungsbereitschaft* der Nachfrager harmonieren. So gesehen sind meine Preise für Dich und für B gleich hoch. Meine Gründe sind damit *rational* und *consistent.*
Nachfrager A: Aber im Gegensatz zu B bin ich fleißig. Darum habe ich soviel Geld. Mit Deinen Preisen bestrafst Du mich für meinen Arbeitseinsatz.
Anbieter: Wenn Du wirklich fleißiger bist als B, so tut es mir leid, dass ich von Dir höhere Preise verlange. Es kann aber auch sein, dass B fleißiger ist als Du, ich kann das nicht erkennen. Aber nehmen wir mal an, ich würde Dir einen ebenso niedrigen Preis wie B anbieten. Dann würdest Du von mir eine größere Menge an Medieninhalten nachfragen, als ich heute anbieten kann, oder?
Nachfrager A: Ja, aber ich würde trotzdem eine höhere Konsumentenrente erzielen.
Anbieter: Nicht unbedingt, denn wenn ich von allen Nachfragern einen gleich hohen Preis fordern würde, so würden meine Erlöse sinken. Ich würde dann nicht mehr ein wohlfahrtsoptimales, sondern ein schlechteres Angebot bereitstellen, was wahrscheinlich Deine Konsumentenrente senkt, obwohl Du weniger für Medieninhalte insgesamt bezahlst.
Nachfrager A: Aber verletzt Du nicht immer noch das Neutralitätsgebot?
Anbieter: Nein, denn ich erreiche mit meiner Erlösmaximierung nicht nur eigene Vorteile, sondern werde über den Wettbewerb gezwungen, die Erlöse für die Herstellung von Medieninhalten zu verwenden. CPDG garantiert, dass das Angebot wohlfahrtsoptimal sein wird. Welches Inhalteangebot aber wohlfahrtsoptimal sein wird, wird von den Nachfragern definiert und nicht von mir.

Auch Fall (4) wird zwischen dem Anbieter und Nachfrager A diskutiert:
Nachfrager A: Warum kann Nachfrager B Dein Angebot nutzen, obwohl seine Zahlungsbereitschaft viel kleiner ist als meine, ich aber von der Nutzung ausgeschlossen bleiben soll?
Anbieter: Mir wäre es auch lieber, wenn Du meine Inhalte nutzen könntest. Beim

CPDG sind solche Fälle wie Deiner aber leider nicht zu vermeiden, und es gibt kein besseres Marktverfahren, mit dem Deine und meine Interessen so gut miteinander zu vereinen sind.
Nachfrager A: Dem stimme ich nicht zu. Am Markt für private Güter kann ich mit meiner hohen Kaufkraft alles erwerben, aber bei dringend benötigten Medieninhalten unterliege ich den Zufällen wie jeder andere auch.
Anbieter: Aber dies ist die natürliche Eigenschaft von öffentlichen Gütern: Ihre Existenz kann von allen in gleicher Weise genossen werden. Beim CPDG ist die Chance, einen bestimmten Medieninhalt nutzen zu können, gleich verteilt. Pech bei dieser Verteilung zu haben ist daher *neutral*, *consistent*, und *rational*, denn CPDG nutzt letztendlich den von allen Nachfragern gemeinsam bestimmten Zielen am besten.

Nach diesen vier Machtgesprächen dürfte es keine Einwände mehr dagegen geben, dass CPDG gerecht im Sinne des Liberalismus ist. Auf keinen der beim CPDG Beteiligten wird Macht auf eine Art ausgeübt, die nicht unter Beachtung der Ackermanschen Prinzipien gerechtfertigt werden kann. Versucht man hingegen, den konventionellen Markt für Medieninhalte zu rechtfertigen, so scheitert man schon an der Ackermanschen Neutralitätsforderung: Niemand wird um Zustimmung dafür gebeten, dass die Erlöse im vorherrschenden Bertrand-Wettbewerb über den sozialen Wohlfahrtsbeitrag hinausgehen sollen. Auch wird das Prinzip der *consistency* verletzt, da von den Anbietern *privater* Güter (mit hohen Produktionsgrenzkosten) sehr wohl erwartet wird, am Markt ausschließlich Erlöse in Höhe ihres Wohlfahrtsbeitrags zu erzielen (vgl. Kapitel 4.2.2.1).

5.9 Juristische Beurteilung

Es ist nicht weiter verwunderlich, dass CPDG mit Teilen des in Deutschland gültigen Rechts kollidiert. Als neuartiges Marktverfahren für eine Güterart, die noch nie in einer wohlfahrtsoptimalen, angepassten Art gehandelt wurde, kann CPDG gar nicht in ein Rechtssystem passen, welches für eine grundsätzlich andere Art, Güter zu handeln, geschaffen wurde. Neben Teilen des Datenschutzrechts und dem Rabattverbot können jedoch keine weiteren Bestimmungen ausgemacht werden, denen das CPDG widerspricht.

5.9.1 Datenschutzrechtliche Probleme

CPDG erfordert, Daten über das individuelle Abstimmungsverhalten mit Daten über Käufermerkmale zu verknüpfen. Dieses Vorgehen ist notwendig, um anhand der unmanipulierbaren Käufermerkmale Voraussagen über die individuelle Zahlungsbereitschaft machen zu können, welche wiederum für die Bildung homogener Gruppen und die Durchführung gruppeninterner Preisdifferenzierung notwendig sind (vgl. Kapitel 5.2.3).

Nach dem Mediendienste-Staatsvertrag der Bundesländer ist jedoch die Erstellung von Nutzungsprofilen nur dann zulässig, wenn sie Pseudonymen zugeordnet und nicht mit Daten über den Träger des Pseudonyms zusammengeführt werden (§ 13 Absatz 4). Auch § 14 Absatz 2 des Mediendienste-Staatsvertrags erlaubt offenbar keine Verknüpfung der sogenannten Nutzungsdaten mit den Bestandsdaten über die unveränderlichen Käufermerkmale. Er bestimmt, dass lediglich eine „Verarbeitung und Nutzung der Bestandsdaten für Zwecke der Beratung, der Werbung, der Marktforschung oder zur bedarfsgerechten Gestaltung technischer Einrichtungen des Anbieters“ zulässig ist, und dies auch nur dann, „wenn der Nutzer in diese ausdrücklich eingewilligt hat.“ Nutzungsdaten bleiben von dieser Möglichkeit ausgeschlossen.[131]

Vielleicht ist es aber dennoch möglich, die erforderliche Verknüpfung von Daten über das individuelle Abstimmungsverhalten mit Teilnehmermerkmalen vorzunehmen. Zum einen soll es beim CPDG gar nicht darum gehen, personenbezogene Nutzerprofile zu erstellen, weil diese gar nicht verwendet werden dürfen. Ansonsten würden Anreize zur Verfälschung der offengelegten Präferenzen bestehen. Tatsächlich ist also reine Marktforschung das Ziel. Zum anderen werden keine echten Nutzungsdaten gesammelt, sondern nur die offengelegten Zahlungsbereitschaften – ähnlich wie bei einer Meinungsumfrage. Auch wäre es kein Problem, wenn die Zustimmung zur Nutzung dieser Daten freiwillig erfolgen würde, da es ausreicht, wenn lediglich ein repräsentativer Teil der Teilnehmer seine Daten zur Verfügung stellt.

5.9.2 Verstoß gegen das Gesetz über Preisnachlässe (Rabattgesetz)

Die Unzulässigkeit von Preisdifferenzierung wird in Deutschland in zwei Gesetzen geregelt. Das Gesetz gegen unlauteren Wettbewerb (UWG) regelt in erster Linie das Handeln der Unternehmen untereinander und ist daher für eine Beurteilung des CPDG weniger relevant. Das Gesetz über Preisnachlässe (Rabattgesetz) betrifft dagegen alle Unternehmen, die Güter an den „letzten Verbraucher“ verkaufen, unabhängig von ihrer Marktmacht. „Entscheidend ist, daß der letzte 'Verbraucher' ein Abnehmer ist, der *die Ware nicht mehr umsetzt.*“ (Hefermehl 1996: 1464, Hervorhebung im Original)

Als unzulässig gelten nach § 1 Absatz 2 Rabattgesetz insbesondere „Sonderpreise, die wegen der Zugehörigkeit zu bestimmten Verbraucherkreisen, Berufen, Vereinen oder Gesellschaften eingeräumt werden.“ Dem Wortlaut des Rabattgesetzes nach ist CPDG daher unzulässig. Es spricht jedoch einiges dagegen, dass dies zu einem Verbot durch die Gerichte führen muss: (1) Es gibt viele Anwendungen von Preisdifferenzierung, die dem

[131] Entsprechende Regelungen sieht das deutsche Informations- und Kommunikationsdienste-Gesetz in Artikel 2 §§ 4-6 vor.

Rabattgesetz widersprechen und dennoch nicht gerichtlich untersagt werden (vgl. Kapitel 4.2.3). (2) Ein Verbot des CPDG würde die Nachfrager schädigen statt Nutzen zu bringen. (3) Ein Verbot würde nicht den Wettbewerb an sich schützen, sondern nur den Wettbewerb mit Einheitspreisen, welcher aber wohlfahrtsschädlich ist (vgl. Kapitel 4). Weil das Rabattgesetz „wirtschaftliche Zwecke verfolgt" (Köhler und Pieper 1995: 1014), würde ein Verbot des CPDG also dem eigentlichen Sinn des Gesetzes widersprechen. (4) Der Fortbestand des Rabattgesetzes ist ungewiss, da seine ersatzlose Streichung Gegenstand regelmäßiger Bemühungen von Ökonomen, Interessenverbänden und seit November 2000 auch der deutschen Bundesregierung ist.

5.10 Untergeordnete Fragen

5.10.1 Lösung für den Werbemarkt

Nachfrager, die ihre Medieninhalte über CPDG beziehen, werden nicht mehr über die Verknüpfung von Werbebotschaften mit anderen Inhalten zur Rezeption von Werbung genötigt werden können. Statt dessen werden sie nur noch Werbeinhalte, die sie interessieren, gratis und gezielt abrufen und ansonsten für Werbetreibende nicht mehr erreichbar sein. Alle Werbebotschaften, von deren Existenz der Kunde keine Kenntnis hat oder für die ihm seine Aufmerksamkeit zu kostbar ist, werden nicht abgerufen.

In diesen Fällen kann es aber immer noch sein, dass ein Werbetreibendender ein starkes Interesse daran hat, seine Zielgruppe dennoch zu erreichen. Er wird dann bereit sein, dem am CPDG teilnehmenden Empfänger der Werbebotschaft eine monetäre Kompensation für die aufgewendete Aufmerksamkeit zu zahlen.[132] Mit möglicherweise spielerischen Formen kann die Rezeption der Werbebotschaften kontrolliert werden. Daran sollte die – ansonsten von der zeitlichen Länge der Botschaft und den Zeitopportunitätskosten des Empfängers abhängige – Kompensation gebunden werden.

Dieses Verfahren löst zwar nicht alle volkswirtschaftlichen Probleme der Werbung, gefährdet aber auch keine ihrer möglichen Vorteile (vgl. Kapitel 2.5.2). Die potentiellen Nachfrager sind auf diese Weise sogar viel gezielter erreichbar, und der Werbeerfolg ist besser überprüfbar. Die Vorteile für den Werbungskonsumenten sind noch viel deutlicher: Für seine Aufmerksamkeit erhält er vom Werbetreibenden eine Kompensation, die wesentlich effizienter erfolgt als beim Vertrieb der Werbung gemeinsam mit den eigentlich gesuch-

[132] Monetäre Kompensation für die Aufmerksamkeit, die Mediennutzer der Werbung widmen, ist bereits Grundlage des „Attention Brokerage"-Patents der Cybergold Corporation in Berkeley (CA) (Vgl. Goldhaber und Fitts 1998).

ten Medieninhalten. Auch wird der Nachfrager nicht mehr mit jenem Teil der Werbung belästigt, der ihn nicht interessiert oder von der Aufmachung her möglicherweise sogar abstößt.

5.10.2 Das Problem nicht substituierbarer Medieninhalte

Die meisten Medieninhalte unterliegen einer Substitutionskonkurrenz, die dem Nachfrager ein Ausweichen auf Alternativangebote erlauben, falls dieser von einem bestimmten Angebot ausgeschlossen wird. Es gibt jedoch auch Inhalte, deren urheberrechtlich geschützte Ausdrucksform selbst einen nicht substituierbaren Informations- oder Unterhaltungswert besitzt. (Vgl. Kapitel 2.2.3) Die besondere Bedeutung des für jeden Interessierten möglichen Zugriffs zu solchen Inhalten wurde vom Bundesverfassungsgericht in seiner Entscheidung zur Kurzberichterstattung über Sportereignisse im Fernsehen hervorgehoben: „Eine Monopolisierung der Berichterstattung“ würde „uniforme Information“ begünstigen und damit der „verfassungsrechtlich garantierte[n] Rundfunkfreiheit auf plurale Informationsvermittlung“ widersprechen. „Eine durchgängige Kommerzialisierung von Informationen von allgemeiner Bedeutung oder allgemeinem Interesse, die dem Erwerber der Verwertungsrechte gestattet, damit nach Belieben zu verfahren und Dritte auszuschließen oder in der Teilhabe zu beschränken, würde den Leitvorstellungen der Rundfunkfreiheit nicht gerecht.“ (Bundesverfassungsgericht 1998: 4f)

Auch ein Vertrieb solcher nicht substituierbaren Medieninhalte beim CPDG würde in diesem Sinne der Rundfunkfreiheit widersprechen. Der einzige Unterschied zum Pay-TV besteht in der Zufälligkeit des Nutzerausschlusses, was bei der verfassungsrechtlichen Beurteilung jedoch (vermutlich) ohne Belang ist. Ein Vertrieb von Inhalten mit extrem niedriger Substituierbarkeit über CPDG darf daher allenfalls als Ergänzung zu freien Zugangsformen angestrebt werden. Hier stehen öffentliche Finanzierungsformen, wie die Gebührenfinanzierung der öffentlich-rechtlichen Rundfunkanstalten oder die Werbefinanzierung als Alternativen zur Verfügung.

Beide Alternativfinanzierungen weisen aber die bereits ausführlich dargestellten Nachteile auf, an die hier kurz erinnert wird: (1) Öffentliche Finanzierungsformen setzen in der Regel Marktmechanismen außer Kraft und sorgen so für eine suboptimale Ressourcenallokation. (2) Werbefinanzierung stellt einen Einheitspreis je Nutzungseinheit dar. Da auf diese Weise der vom Nutzer zu tragende Preis der Inhaltenutzung über den Grenzkosten der Bereitstellung liegt, fällt die Nutzung unter das wohlfahrtsoptimale Niveau.

5.10.3 Teilnahme auch juristischer Personen am CPDG?

Als CPDG-Teilnehmer wurden bisher lediglich individuelle Nachfrager genannt. Neben diesen erwerben heute aber auch öffentliche Bibliotheken,

Unternehmen und sonstige Institutionen Medieninhalte. Wenn CPDG Vorteile für die Teilnehmer bietet, dann sollten eigentlich auch diese Institutionen an dem Verfahren teilnehmen. Bei öffentlichen Bibliotheken würde das aber allein schon deshalb keinen Sinn machen, weil sie eine Versorgung individueller Nutzer gewährleisten, die aber auch selbst beim CPDG teilnehmen können. Die Teilnahme öffentlicher Bibliotheken würde daher sowohl zu einer teilweisen Doppelversorgung führen als auch die individuelle Entscheidungsautonomie unnötig einschränken. Zudem ist die Teilnahme öffentlicher Bibliotheken schwierig zu organisieren, da wohl kaum wirklich homogene Gruppen zusammengestellt werden können.

Dieses Problem macht auch die Teilnahme von Unternehmen und sonstigen Arbeitgebern schwierig, die über CPDG möglicherweise geschäftliche Anwendersoftware oder Wirtschaftsinformationen erwerben wollten. Vielversprechender als die Ausweitung des CPDG auf juristische Personen scheint hingegen zu sein, den Erwerb grundsätzlich aller Medieninhalte durch natürliche Personen über CPDG anzustreben. Arbeitnehmer würden dann ihren Arbeitgebern mit Zusatzqualifikationen gegenübertreten, welche in der Nutzungsmöglichkeit von – für die Arbeit hilfreichen – Inhalten bestehen. Diese Zusatzqualifikationen können sich dann ebenso in den gezahlten Löhnen niederschlagen wie der Ausbildungsgrad oder sonstige Fähigkeiten der Arbeitnehmer. Ein existenzgefährdender Entzug dieser Qualifikationen durch scheiternde CPDG-Abstimmungen kann vermieden werden, indem man ergänzend am CPDG(a)-Verfahren teilnimmt und eine entsprechend weit nach oben abweichende Zahlungsbereitschaft angibt.

5.10.4 Übertragbarkeit auf andere Formen geistigen Eigentums

CPDG löst am Markt für Medieninhalte Probleme, die grundsätzlich bei allen Gütern auftreten, deren kostendeckender Einheitspreis über den Grenzkosten der Produktion liegen muss. Dieses Phänomen tritt auf, wenn die Entwicklungskosten oder die Fixkosten der Produktion einen sehr großen Teil der Produktionsgesamtkosten ausmachen und gleichzeitig eine Produktionsausdehnung nur relativ geringe zusätzliche Kosten verursacht.

Neben Medieninhalten, die ausschließlich Entwicklungskosten verursachen, weisen auch patentrechtlich geschützte Güter eine vergleichbare Produktionskostenstruktur auf. Hier sind Pharmazeutika sowie elektronische Produkte als Beispiele zu nennen. Jedoch können die Nutzungsrechte an den Patenten selbst nicht wie die Nutzungsrechte an Medieninhalten direkt von den Endverbrauchern erworben werden. Statt dessen müssen zunächst – unter Umständen unter Verwendung weiterer Patente – direkt nutzbare Produkte hergestellt werden. Auch kann ein einziges Patent in mehreren, vollkommen unterschiedlichen Produkten verwendet werden.

Eine direkte Übertragung des CPDG auf den Markt für entwicklungsintensive Produkte ist also nicht zu empfehlen. Es ist jedoch denkbar, die besonderen Umstände der Patentnutzung angemessen bei der Anwendung des CPDG zu berücksichtigen. Dazu müsste zur Verwaltung aller Patente eine erlösmaximierende Clearingstelle eingerichtet werden, an der die Patentbesitzer beteiligt sein sollten. Verwendet ein Hersteller eine Auswahl der verwalteten Patente für ein Produkt, so ermittelt die Clearingstelle zunächst die relative Bedeutung jedes einzelnen Patents. Sodann versucht sie, über das CPDG-Verfahren von allen potentiellen Nachfragern möglichst hohe Erlöse für das Recht zu erzielen, diese eine Produktart kaufen zu können. Da die Hersteller für die Verwendung der Patente keine Lizenzgebühren mehr zahlen müssen und andere Hersteller das Produkt nachahmen dürfen, wird der Marktpreis wohlfahrtsoptimal auf das Niveau der Produktionsgrenzkosten sinken.

Die praktische Umsetzbarkeit dieses Verfahrens ist jedoch schwer abzuschätzen. Insbesondere ist zu bedenken, dass bei diesen greifbaren und unvernetzten Produkten Arbitrage kaum zu kontrollieren ist.

5.10.5 Interessenpolitische Beurteilung

Die Auswirkungen eines Erfolgs des CPDG auf die Marktteilnehmer lassen sich allenfalls in ihrer Richtung abschätzen; quantifizierbar sind sie nicht. Zunächst ist aufgrund der Lösung des Marktversagens mit einem Wertverfall bei solchen Inhalten zu rechnen, welche einer starken Substitutionskonkurrenz unterliegen. Die Eigentümer dieser Medieninhalte werden daher durch die Einführung des CPDG einen wirtschaftlichen Verlust erleiden. Zugleich werden aber die Anbieter qualitativ überlegener Inhalte, die lediglich einer vertikal differenzierten Substitutionskonkurrenz unterliegen, ihre Konkurrenz im Preiskampf verdrängen und ihre Marktdominanz zu einem Monopol ausbauen können (vgl. Kapitel 5.7.2). Die Interessenkonflikte verlaufen daher quer durch die Reihen der Inhalteanbieter.

Die Urheber als eigentliche Inhalteproduzenten auf der Seite der Inhalteanbieter haben je nachdem, ob sie noch Verwertungsrechte an ihren Werken halten, die gleichen Vor- und Nachteile wie die Inhaltevermittler. Zumindest langfristig ist jedoch mit leichten positiven Impulsen für die Inhalteproduktion zu rechnen, weil CPDG mit der Freiheit des Inhaltekonsums einen zusätzlichen Mehrwert der Mediennutzung bietet und die Ausgaben der Verbraucher für Medieninhalte entsprechend steigen können.

Begünstigt werden sicherlich die Hardwareanbieter und die Telekommunikationsdienstleister: CPDG hilft, das gesamte Nutzungspotential der Neuen Medien zu verwirklichen, da auch kommerziell wertvolle Inhalte einer breiten Masse von Nutzern zur Verfügung gestellt werden. Entsprechend wird der Bedarf nach Netzwerk-, Server- und Übertragungskapazitäten sowie nach Endgeräten wachsen.

Am stärksten profitieren die Inhaltenutzer: Sie erhalten eine nahezu unbegrenzte Freiheit bei der Inhaltenutzung und zahlen aufgrund der beim CPDG nutzbaren Substitutionskonkurrenz einen Preis, der ihnen eine große Konsumentenrente lässt. Der Nachteil der Inhaltenutzer, nicht in einem politisch starken Interessenverband organisiert zu sein, wird dadurch ausgeglichen, dass sie durch freiwillige und individuelle Entscheidungen den Erfolg des CPDG bestimmen. Wenn sich genug Nachfrager beim CPDG-Verfahren beteiligen, hat kein Anbieter eine vergleichbare Teilnahmefreiheit wie die Nachfrager. Wichtig ist lediglich, dass den Nachfragern das Nutzenpotential des CPDG bewusst wird und der Wettbewerb der unterschiedlichen Vertriebsformen frei ist von politischer Reglementierung.

5.10.6 Praktische Probleme

Beim CPDG handelt es sich um eine neue Marktform, deren zu erwartende Startschwierigkeiten mit denen bei der Markteinführung von Kreditkarten zu vergleichen ist. Man trifft in beiden Fällen auf das Problem der kritischen Masse in zwei Bereichen: Erstens müssen viele Teilnehmer als Nachfrager teilnehmen, bevor überhaupt das Verfahren für Anbieter interessant wird. Zweitens werden die Nachfrager in einer Teilnahme erst dann einen Sinn sehen, wenn genügend Anbieter mit der Dienstleistung erreichbar sind. Beim CPDG kommt erschwerend hinzu, dass die Gruppe erst eine ausreichende Größe erreichen muss, bevor sie aktiv werden kann und die Teilnehmer einen Nutzen erzielen.

CPDG macht nur dann Sinn, wenn die Grenzkosten der Versorgung mit Medieninhalten vergleichsweise niedrig sind. Damit ist CPDG ebenso auf die Anwendung in den Neuen Medien beschränkt wie viele der Finanzierungsarten, die Kapitel 3.4 vorstellte. Ebenso gilt, dass erst mit Hilfe der – den Neuen Medien zu Grunde liegenden – neuen Telekommunikationstechnologien die Abstimmungskosten sehr niedrig sind und sonstige Verwaltungsaufgaben schnell und preiswert erledigt werden können. Für viele Inhalte jedoch gilt, dass sie zwar theoretisch über die Neuen Medien verfügbar wären, die Anbieter sich jedoch noch auf die konventionellen Medien beschränken. Um die Inhalte für CPDG zugänglich zu machen, müssten die Anbieter daher zusätzliche Kosten aufwenden. Das verschärft das Problem der kritischen Masse, da es die Bereitschaft der Anbieter zusätzlich senkt, sich in der Anfangsphase an dem Verfahren zu beteiligen.

Aufgrund des ungewöhnlichen Aufbaus erfordert CPDG von potentiellen Teilnehmern eine intensive Auseinandersetzung mit dem Verfahren. Die dafür notwendige Aufmerksamkeit kann aber nur sehr schwer gewonnen werden, denn Aufmerksamkeit ist knapp. Kelly (1997) empfiehlt, durch

Verschenken eines Gutes die öffentliche Aufmerksamkeit auf das eigene Angebot zu lenken. Erst in einem späteren Stadium der Marktentwicklung, wenn das allgemeine Interesse vorhanden ist oder die Leistungseigenschaften allgemein bekannt sind, können Zahlungsforderungen erhoben werden. (Vgl. Kelly 1997) Gerade eine mögliche CPDG-Gesellschaft, die Verwaltungsdienste für CPDG-Gruppen anbieten möchte, muss daher hinnehmen, dass sie erst nach einer sehr verlustreichen Phase tatsächliche Erlöse erzielen kann.

Mit der theoretischen Möglichkeit, beim CPDG umfangreiche Nutzungsprofile der Teilnehmer zu erstellen sowie mit der Existenz der für den ordnungsgemäßen Betrieb des CPDG erforderlichen Datenbestände werden drei Gefahren aufgeworfen:

(1) Verwalter von Gruppen können der Versuchung erliegen, Daten in einem illegalen oder nicht autorisierten Umfang zu erheben.

(2) Verwalter von CPDG-Gruppen könnten Daten für unzulässige Zwecke verwenden.

(3) Auch bei verantwortungsvoller Beachtung des Datenschutzes können sich möglicherweise Unbefugte Zugang zu Daten verschaffen und sie einer unerwünschten Verwendung zuführen.

Aus diesen Gründen muss der Schutz vor Datenmissbrauch höchste Priorität erhalten. Das dient nicht nur dem Schutz vor Strafverfolgung und den Teilnehmerinteressen, sondern auch dem langfristigen Geschäftsinteresse der CPDG-Betreiber. Schließlich können dort, wo das Kundenvertrauen noch schwach ausgeprägt ist, selbst vereinzelte Zwischenfälle in einem so sensiblen Bereich die weitere Markterschließung dauerhaft gefährden.

Piraterie im großen Stil ist beim CPDG ebenso schwierig zu betreiben wie bei den Neuen Medien insgesamt (vgl. Kapitel 3.1.1.2). Arbitrage, also die Versorgung von Inhaltenachfragern im Bekanntenkreis zu Grenzkosten, kann jedoch sehr leicht betrieben werden und zu einem Problem für die Inhalteanbieter werden: Selbst wenn sich die Fähigkeit zur Arbitrage in offengelegten Zahlungsbereitschaften widerspiegelt, werden die dadurch möglichen Mehrerlöse kaum die Mindererlöse bei den mitversorgten Nachfragern ausgleichen. Zudem würde es sehr viel schwieriger werden, tatsächlich homogene Gruppen zu bilden. Arbitrage muss daher verhindert werden, was zumindest in den Neuen Medien technisch kein unüberwindbares Problem darstellt (vgl. Kapitel 3.1.1.2).

Abschließend ist auf die Gefahr hinzuweisen, dass die Verwalter von CPDG-Gruppen versuchen könnten, die Abstimmungsergebnisse zu manipulieren. Der Grund kann in Bestechungsversuchen durch besonders am Ergebnis interessierte Inhalteanbieter oder Nachfrager liegen. Wenn der Verwalter am Umsatz der Gruppe beteiligt wird, wird er auch vom System selbst zur Abstimmungsmanipulation motiviert. Denkbare Selbstkontrollmechanismen bestehen in der Rotation von Verwaltungs- und Aufsichtsaufgaben unter den Mitgliedern sowie im regelmäßigen Austausch eines am Umsatz beteiligten Managements.

„Almost every marketing scheme in the information industry today could be construed as illegal under our antiquated antitrust laws. Information just doesn't obey the ordinary laws of economics, so the people who sell it can't obey ordinary antitrust laws. Judges had better get used to that. What we're talking about here is the future of our entire economy." (Huber 1993)

6 Fazit

Ein Markt für Medieninhalte, an dem es den Anbietern nicht möglich ist, perfekt differenzierte Lindahl-Preise von den Nachfragern zu erheben, verfehlt das Ziel allokativer Effizienz erheblich: Potentielle Nutzer werden vom Konsum bereits produzierter und praktisch kostenlos reproduzierbarer Inhalte ausgeschlossen, die Qualität der Inhalte ist zu niedrig und die Preise sowie möglicherweise auch die Angebotsvielfalt sind zu hoch. Es läuft den gesellschaftlichen Interessen zuwider, angesichts dieser Wohlfahrtsschäden die Anbieter auch noch gesetzlich zur Erhebung uniformer Preise zu zwingen, denn schon traditionelle Formen der Preisdifferenzierung können die Steuerungsfähigkeit des Marktes verbessern. Sinnvollerweise kann daraus nur eine Konsequenz gezogen werden: die Abschaffung des Preisdifferenzierungsverbotes.

Mit *Collective Pricing of Differentiated Goods (CPDG)* schlägt diese Untersuchung ein Vertriebsverfahren vor, mit dem sogar die Zuweisung perfekt differenzierter Lindahl-Preise ermöglicht wird. Erstmals wird damit ein Verfahren beschrieben, das über eine freiwillige Organisation der Marktteilnehmer eine wohlfahrtsoptimale Versorgung mit Medieninhalten ermöglicht. Mit diesem Verfahren können auch andere öffentliche Güter – ob differenziert oder homogen – wohlfahrtsoptimal und ohne staatlichen Zwang bereitgestellt werden, sofern ihre Exkludierbarkeit grundsätzlich gewährleistet werden kann. Das CPDG-Verfahren sollte jedoch nicht vom Staat selbst ausgeübt werden. Dieser sollte lediglich (1) die rechtlichen Barrieren abbauen, welche CPDG behindern, sowie (2) für einen fairen Wettbewerb zwischen den verschiedenen Gruppen sorgen, falls CPDG oder andere, noch zu entwickelnde Verfahren mit ähnlichen Zielen am Markt Erfolg haben.

Falls es gelingt, mit CPDG oder verwandten Verfahren einen funktionierenden Markt für Medieninhalte zu schaffen, wird es Aufgabe der Politikwissenschaft sein, neue Wege zur Förderung „publizistischer Werte" zu finden, sofern diese von der Kommunikationswissenschaft identifiziert werden können. Die neuen Wege werden notwendig, weil es nicht mehr ausreichen wird, als „wertvoll" betrachtete Inhalte lediglich gratis bereitzustellen: Zum einen treten die vermuteten externen (in diesem Fall sozialen) Effekte nur bei der Inhaltenutzung ein. Zum anderen erhalten die Nachfrager an einem optimal funktionierenden Inhaltemarkt grundsätzlich zu *jedem* bereits produzierten Inhalt die gleichen uneingeschränkten Nutzungsrechte. Es muss daher versucht werden, die externen Effekte der Inhalte direkt beim Konsum zu internalisieren und so die Nutzung wertvoller Inhalte attraktiver zu machen als die Nutzung anderer Inhalte.

Wettbewerbsstörungen mit wohlfahrtsschädigenden Effekten sind auch an einem Markt für Medieninhalte mit perfekter Preisdifferenzierung vor allem dort zu erwarten, wo es einzelnen Anbietern gelingt, die Substitutionskonkurrenz für ihre eigenen Angebote einzuschränken. Es wird daher die Aufgabe der Wettbewerbspolitik bleiben, für ein ausreichend fragmentiertes Angebot naher Substitute zu sorgen. Dies kann gelingen, indem neuen Inhalteanbietern ein ungehinderter Marktzutritt ermöglicht und die Konzentration von nahen Substituten bei einem Anbieter verhindert wird.

Die wichtigste Erkenntnis dieser Untersuchung besteht darin, dass ein wohlfahrtsoptimal funktionierender Markt für Medieninhalte sowohl die allokative Effizienz als auch die soziale Chancengleichheit in der Medieninhaltewirtschaft gewährleistet. Staatlich betriebene Sicherung der sozialen Chancengleichheit im Medienbereich wäre dann nur noch bei der Vermittlung von Medienkompetenz gerechtfertigt. Damit müsste der Staat gewährleisten, dass alle gesellschaftlichen Gruppen an den Möglichkeiten der Neuen Medien teilhaben können und nicht von wichtigen Mitteln des gesellschaftlichen Diskurses und der persönlichen Weiterbildung ausgeschlossen werden.

Sollte es hingegen nicht gelingen, wohlfahrtsoptimale Regeln am Markt für Medieninhalte durchzusetzen, so wären nicht nur die materiellen Wohlfahrtsverluste aufgrund der Allokationsineffizienz zu erwarten. Vielmehr würden auch umfangreiche staatliche Eingriffe in die Eigentumsrechte und Vertragsfreiheit der Menschen notwendig, um soziale Chancengleichheit bei der Mediennutzung zumindest näherungsweise gewährleisten zu können. Mit dem CPDG-Verfahren zeigt diese Untersuchung jedoch, dass (1) für solche Maßnahmen keine prinzipielle Notwendigkeit besteht und dass (2) ein freier Markt durchaus in der Lage ist, auch die wohlfahrtsoptimale Befriedigung der Nachfrage nach Medieninhalten mit überlegener Genauigkeit zu organisieren.

7 Quellen- und Literaturverzeichnis

7.1 Zitierte Gesetze, Urteile und Verträge

Berner Übereinkunft zum Schutz von Werken der Literatur und Kunst vom 9. September 1886, revidierte (Pariser) Fassung vom 14. Juli 1971 (BGBl. 1973 II: 1071, 1985 II: 81).

Bundesgerichtshof. 1972. „Fahrschul-Rabatt". Urteil vom 26. Mai 1972. Aktz.: I ZR 123/70 (OLG Stuttgart).

Bundesrepublik Deutschland. Gesetz gegen unlauteren Wettbewerb (UWG) vom 7. Juni 1909 RGBl. S. 499 in der Fassung der Änderungen vom 21. Juli 1965 BGBl. I: 625, vom 25. Juni 1969 BGBl. I: 645, vom 26. Juni 1969 BGBl. I: 633, vom 23. Juni 1970 BGBl. I: 805, vom 2. März 1974 BGBl. I: 469, vom 10. März 1975 BGBl. I: 685, vom 15. Mai 1986 BGBl. I: 721, vom 25. Juli 1986 BGBl. I: 1169, vom 22. Oktober 1987 BGBl. I: 2294, vom 7. März 1990 BGBl. I: 422, vom 17. Dezember 1990 BGBl. I: 2840, vom 25. Juli 1994 BGBl. I: 1738, vom 2. September 1994 BGBl. I: 2278, vom 5. Oktober 1994 BGBl. I: 2911, vom 25. Oktober 1994 BGBl. I: 3121 vom 13. August 1997 BGBl. I: 2040 und vom 22. Juni 1998 BGBl. I: 1481.

Bundesrepublik Deutschland. Gesetz gegen Wettbewerbsbeschränkungen (GWB). Neufassung vom 26. August 1998 (BGBl. I: 2546). Inkrafttreten: 1. Januar 1999

Bundesrepublik Deutschland. Gesetz über Preisnachlässe (Rabattgesetz) vom 25. November 1933 (RGBl. 1933 I: 1011) in der Fassung der Änderungen vom 21. Juli 1954 BGBl. I: 212, vom 11. März 1957 BGBl. I: 172, vom 12. Juni 1967 BGBl. I: 626, vom 2. März 1974 BGBl. I: 575 und vom 25. Juli 1986 BGBl. I: 1172.

Bundesrepublik Deutschland. Gesetz über Urheberrecht und verwandte Schutzrechte (Urheberrechtsgesetz, UrhG) vom 9. September 1965 (BGBl. I S. 1273) in der Fassung der Änderungen vom 25. Juni 1969 (BGBl. I: 645), vom 23. Juni 1970 (BGBl. I: 805), vom 7. Juli 1971 (BGBl. I: 1784), vom 8. Juli 1971 (BGBl. I: 1943), vom 10. November 1972 (BGBl. I: 2081), vom 17. August 1973 (BGBl. II: 1069) i.V.m. Bek. vom 5. Februar 1974 (BGBl. II: 165) und Bek. vom 15. Juli 1974 (BGBl. II: 1079), vom 2. März 1974 (BGBl. I: 469), vom 25. Oktober 1978 (BGBl. I/1979: 264), vom 24. Juni 1985 (BGBl. I: 1137), vom 18. Dezember 1986 (BGBl. I: 2496), vom 11. Oktober 1988 (BGBl. I: 187), vom 7. März 1990 (BGBl. I: 422), vom 9. Juni 1993

(BGBl. I: 910), vom 27. September 1993 (BGBl. I: 1666) i.V.m. Bek. vom 16. Dezember 1993 (BGBl. I: 2436), vom 25. Juli 1994 (BGBl. I: 1739), vom 2. September 1994 (BGBl. I: 2278), vom 25.Oktober 1994 (BGBl. I: 3082), vom 23. Juni 1995 (BGBl. I: 842), vom 19. Juli 1996 (BGBl. I: 1014), vom 22. Juli 1997 (BGBl. I: 1870), vom 8. Mai 1998 (BGBl. I: 902) und der Änderungen durch das 2. PatGÄndG - Artikel 12 - vom 16. Juli 1998, in Kraft ab 1. November 1998 (BGBl. I: 1836).

Bundesrepublik Deutschland. Grundgesetz. Stand: vom 23. Mai 1949 (BGBl.: 1). Zuletzt geändert durch das Gesetz zur Änderung des Grundgesetzes vom 3. November 1995 (BGBl. I: 1492).

Bundesrepublik Deutschland. Informations- und Kommunikationsdienste-Gesetz in Fassung des Beschlusses des Deutschen Bundestages vom 13. Juni 1997 (BT-Drs. 13/7934 vom 11. Juni 1997).

Bundesverfassungsgericht. 1961. 1. Rundfunkentscheidung (Deutschland-Fernsehen) des Bundesverfassungsgerichtes vom 28. Februar 1961, BverfGE 12, 205.

Bundesverfassungsgericht. 1981. 3. Rundfunkentscheidung (FRAG/Saarländisches Rundfunkgesetz) des BVerfGE vom 16. Juni 1981, BVerfGE 57, 295.

Bundesverfassungsgericht. 1986. 4. Rundfunkentscheidung (Landesrundfunkgesetz Niedersachsen) des BVerGE vom 4. November 1986, BVerfGE 73, 118.

Bundesverfassungsgericht. 1994. 8. Rundfunkentscheidung (Rundfunkgebühren) des Bundesverfassungsgerichtes vom 22. Februar 1994, BVerfGE 90, 60.

Rat der Europäischen Gemeinschaften. 1991. Richtlinie des Rates vom 14. Mai 1991 über den Rechtsschutz von Computerprogrammen (91/250/EWG) (Amtsblatt der Europäischen Gemeinschaften Nr. L 122 vom 17. Mai 1991: 42).

Rat der Europäischen Gemeinschaften. 1992. Richtlinie des Rates vom 19. November 1992 zum Vermietrecht und Verleihrecht sowie zu bestimmten dem Urheberrecht verwandten Schutzrechten im Bereich des geistigen Eigentums (92/100/EWG) (Amtsblatt der Europäischen Gemeinschaften Nr. L 346 vom 27. November 1992: 61).

Rat der Europäischen Gemeinschaften. 1996. Richtlinie des Europäischen Parlaments und des Rates vom 11. März 1996 über den rechtlichen Schutz von Datenbanken (96/9/EG) (Amtsblatt der Europäischen Gemeinschaften Nr. L 77 vom 27. März 1996: 20).

Staatsvertrag der Länder über den Rundfunk vom 31. August 1991 (ThürGVBl.29 1991: 635), zuletzt geändert durch den Dritten Rundfunkänderungsstaatsvertrag vom 26. August 1996 bis 11. September 1996 (ThürGVBl. 17 1996: 249).

Staatsvertrag der Länder über Mediendienste vom 20. Januar 1997 bis 12. Februar 1997 (NWGVBl. 1997: 158).

United States Supreme Court. 1936. International Business Machine Corp. versus United States, 298 U.S. 131.

World Intellectual Property Organization. 1996. Copyright Treaty vom 20. Dezember 1996. Im Internet aufrufbar unter http://www.wipo.int/eng/diplconf/distrib/94dc.htm.

World Intellectual Property Organization. 1996. Performances and Phonograms Treaty vom 20. Dezember 1996. Im Internet aufrufbar unter http://www.wipo.int/eng/diplconf/distrib/95dc.htm.

7.2 Literatur

Ackerman, Bruce. 1980. *Social Justice in the Liberal State*. New Haven u.a.: Yale University Press.

Adams, Roy D. 1993. The Traditional Distinction between Public and Priate Goods Needs to Be Expanded, not Abandoned. *Journal of Theoretical Politics* 5 (1): 109 116.

Adolph, Nicole. 1998. *Computer. Schau mir in die Augen, Kleines!* Zuletzt im Internet aufgerufen unter http://www.spiegel.de/netzweltarc/themen/emotions.html am 19. Februar 1998.

Akerlof, George A. 1970. The Market for "Lemons". Quality Uncertainty and the Market Mechanism. *Quarterly Journal of Economics* 84: 488-500.

Altmeppen, Klaus-Dieter. 1996a. Märkte der Medienkommunikation. Publizistische und ökonomische Aspekte von Medienmärkten und Markthandeln. In *Ökonomie der Medien und des Mediensystems*. Herausgegeben von Klaus-Dieter Altmeppen: 252-272. Opladen: Westdeutscher Verlag.

Altmeppen, Klaus-Dieter. 1996b. Medien und Ökonomie - Medienökonomie. In *Ökonomie der Medien und des Mediensystems. Grundlagen, Ergebnisse und Perspektiven medienökonomischer Forschung*. Herausgegeben von Klaus-Dieter Altmeppen: 9-24. Opladen: Westdeutscher Verlag.

Anderson, Elizabeth S. 1995. The Democratic University. The Role of Justice in the Production of Knowledge. In *The Just Society*. Herausgegeben von Ellen Frankel Paul, Fred D. Miller (Jr.) und Jeffrey Paul: 186-219. Cambridge, New York, Melbourne: Oxford University Press.

Anderson, Simon P. und Jaques-Francois Thisse. 1988. Price Discrimination in Spatial Competitive Markets. *European Economic Review* 32: 578-590.

Arndt, Hans-Wolfgang. 1996. Von der Selektion der Anbieter zur Selektion der Nachfrager – Das Neue und was bleibt. In *Medienentwicklung. Von der Selektion der Anbieter zur Selektion der Bürger – Individualisierung der Nachfrage als Gefährdung der kulturellen Integration? Symposium der Hanns-Martin-Schleyer-Stiftung, 7. - 8. Dezember 1995 in Berlin*. Herausgegeben von Friedhelm Hilterhaus und Rupert Scholz: 103-105. Köln: Bachem.

Arnold, Stephen E. und Erik S. Arnold. 1997. Vectors of Change. Electronic Information from 1977 to 2007. *Online* 21 (4): 18-33.

Arnold, Volker. 1992. *Theorie der Kollektivgüter*. München: Vahlen.

Arrow, Kenneth J. 1971. Economic Welfare and the Allocation of Resources for Invention. In *Economics of Information and Knowledge*. Herausgegeben von Donald M. Lamberton. Baltimore: Penguin Books.

Bailey, Martin J. 1997. The Demand Revealing Process. To Distribute the Surplus. *Public Choice* 91: 107-126.

Baker, Jonathan D. und Michael A. Oblon. 1996. *Intellectual Property and the National Information Infrastructure (The White Paper)*. Zuletzt im Internet aufgerufen unter http://roscoe.law.harvard.edu/courses/techseminar96/course/sessions/whitepaper/whitepaper.html am 10. September 1997.

Barlow, John Perry. 1996. Wein ohne Flaschen. Globale Computernetze, Ideen-Ökonomie und Urheberrecht. In *Kursbuch Neue Medien. Trends in Wirtschaft und Politik, Wissenschaft und Kultur*. Herausgegeben von Stefan Bollmann: 79-106. Mannheim: Bollmann. Im Original erschienen als "The Economy of Ideas: A framework for rethinking patents and copyrights in the Digital Age" in: *Wired*, Ausgabe März 1994.

Barrow, Edward. 1997. Copyright and the Global Information Infrastructure. *STI Review* (20/1997): 68-88.

Barzanti, Roberto für den Ausschuß für Recht und Bürgerrechte des Europäischen Parlaments. 1999. *Bericht über den Vorschlag für eine Richtlinie des Europäischen Parlaments und des Rates zur Harmonisierung bestimmter Aspekte des Urheberrechts und der verwandten Schutzrechte in der Informationsgesellschaft KOM(97)0628 - C4-0079/98 - 97/0359(COD). Dokument A4-0026/99 vom 28. Januar 1999*. Zuletzt im Internet aufgerufen unter http://www.europarl.eu.int am 26. Februar 1999.

Bates, Benjamin J. 1988. Information as an Economic Good. Sources of Individual and Social Value. In *The Political Economy of Information*.

Herausgegeben von Vincent Mosco und Janet Wasko. Madison: University of Wisconsin Press.

Baumol, William J. und Janusz A. Ordover. 1977. On the Optimality of Public-Goods Pricing with Exclusion Devices. *Kyklos* 30 (1): 5-21.

BDZV, Bundesverband Deutscher Zeitungsverleger e. V. 1998. *Zeitungen '98*. Bonn: BDZV.

Becker, Jürgen. 1994. Die digitale Verwertung von Musikwerken aus der Sicht der Urheber. In *Urheberrecht und digitale Technologie. Arbeitssitzung des Instituts für Urheber- und Medienrecht am 22. April 1994*. Herausgegeben von Jürgen Becker und Thomas Dreier. Baden-Baden: Nomos.

Beebe, Jack. 1977. Institutional Structure and Program Choice in Television Markets. *Quarterly Journal of Economics* 91: 15-37.

Bennett, Elaine und David Conn. 1977. The Group Incentive Properties of Mechanisms for the Provision of Public Goods. *Public Choice* 29 (2/Special Issue): 95-102.

Bertelsmann AG. 1997. *Die Medienmärkte der Zukunft. Supplement der Bertelsmann AG*. Zuletzt im Internet aufgerufen unter http://www.bertelsmann.de/bag/deutsch/news/reden/text/medien.html am 25. August 1997. Im Original erschienen in: *Massenmedien in der Bundesrepublik Deutschland*, Sonderdruck 1997. Herausgegeben von Hermann Meyn. Berlin: Edition Colloquium.

Besen, Stanley M. und Sheila Nataraj Kirby. 1989. Private Copying, Appropriability, and Optimal Copying Royalties. *Journal of Law and Economics* 32 (October): 255-280.

Besen, Stanley M. und Leo J. Raskind. 1991. An Introduction to the Law and Economics of Intellectual Property. *Journal of Economic Perspectives* 5 (1): 3-28.

Bethge, Herbert. 1996. Der Grundversorgungsauftrag des öffentlich-rechtlichen Rundfunks in der dualen Rundfunkordnung. *Media Perspektiven* (2): 66-72.

Bettig, Ronald V. 1997. *Copyrighting Culture. The Political Economy of Intellectual Property*. Boulder, CO: Westview Press.

Bonin, Andreas von. 1997/98. *Das Ende des Rundfunks*. Zuletzt im Internet aufgerufen unter http://www.columbia.edu/~av134/ende.htm am 2. Januar 1999.

Bonus, Holger. 1980. Öffentliche Güter und Gefangenendilemma. In *Die Zähmung des Leviathan. Neue Wege der Ordnungspolitik*. Herausgegeben von Warnfried Dettling: 129-160. Baden-Baden: Nomos.

Booz·Allen & Hamilton. 1996. *The iWorld Future*, 2. Zuletzt im Internet aufgerufen unter http://www.bah.com/viewpoints/insights/cmt_cyberspace.html am 30. April 1998. Auch erschienen in *Insights* 2 (3).

Booz·Allen & Hamilton (Hrsg.). 1997a. *Telekommunikation in der Welt von morgen – Marktstrategien, Konzepte und Kompetenzen für das 21. Jahrhundert*. Frankfurt: IMK.

Booz·Allen & Hamilton, in Zusammenarbeit mit dem Büro für Technikfolgenabschätzung beim Deutschen Bundestag (Hrsg.). 1997b. *Zukunft Multimedia. Grundlagen, Märkte und Perspektiven in Deutschland*. Kommunikation Heute und Morgen. Frankfurt am Main: IMK.

Borcherding, Thomas E. 1978. Competition, Exclusion, and the Optimal Supply of Public Goods. *Journal of Law and Economics* 21: 111-132.

Borchers, Detlef. 1998. Eherne Gesetze. *Die Zeit*, 10. September 1998: 75.

Bowen, Howard R. 1948. *Toward Social Economy*. New York: Rinehart & Company.

Branahl, Udo. 1996. *Medienrecht. Eine Einführung*. Herausgegeben von Stephan Ruß-Mohl und Gerhard Vowe. Fachwissen für Journalisten. Opladen: Westdeutscher Verlag.

Breyer, Stephen. 1970. The Uneasy Case of Copyright. A Study of Copyright in Books, Photocopies, and Computer Programs. *Harvard Law Review* 84: 281-351.

Bruck, Peter A. (Hrsg.). 1993. *Werbeboom und Medien. Zur Krise am Werbemarkt. Eine medienökonomische Bewertung*. Wien: Verlag Buchkultur.

Bruck, Peter A. und Hannes Selhofer. 1996. Sind die fetten Jahre vorbei? Zur internationalen Werbemarktentwicklung. In *Ökonomie der Medien und des Mediensystems. Grundlagen, Ergebnisse und Perspektiven medienökonomischer Forschung*. Herausgegeben von Klaus-Dieter Altmeppen. Opladen: Westdeutscher Verlag.

Buchanan, James M. 1967. Public Goods in Theory and Practice. A Note on the Minasian-Samuelson Discussion. *Journal of Law and Economics* 10 (October): 193-197.

Buchanan, James M. 1968. *The Demand and Supply of Public Goods*. Chicago: Rand McNally & Company.

Buchanan, James M. 1971. Equality as Fact and Norm. *Ethics* 81: 228-240.

Buchanan, James M. 1984. *Die Grenzen der Freiheit. Zwischen Anarchie und Leviathan*. Tübingen: Mohr Siebeck.

Buchholz, Agon S. 1997. *Kabelnetze als Telekommunikationsnetze*. Zuletzt im Internet aufgerufen unter http://194.235.176.9/privat/bitstream/netzstrukturen/map.htm am 18. Februar 1999.

Bullinger, Martin und Ernst-Joachim Mestmäcker. 1997. *Multimediadienste*. Baden-Baden: Nomos.

Bundesministerium für Wirtschaft (Hrsg.). 1996. *Info 2000 - Deutschlands Weg in die Informationsgesellschaft. Bericht der Bundesregierung*. Bonn: Bundesministerium für Wirtschaft.

Bundesregierung. 1998. *Medienbericht '98. Bericht der Bundesregierung über die Lage der Medien in der Bundesrepublik Deutschland 1998.* Bonn: Presse- und Informationsamt der Bundesregierung.

Bundesverfassungsgericht. 1998. Kernaussagen des Urteils des Bundesverfassungsgerichts zur TV-Kurzberichterstattung vom 17. Februar 1998. *Medienspiegel Dokumentation* 22 (9).

Burkart, Roland. 1998. *Kommunikationswissenschaft.* Wien u.a.: Böhlau.

Burns, Michael E. und Cliff Walsh. 1981. Market Provision of Price Excludable Public Goods. A General Analysis. *Journal of Political Economy* 89: 166-191.

Butters, Gerard. 1978. The Economic Analysis of Advertising. In *The Effect of Information on Consumer and Market Behavior.* Herausgegeben von Andrew Alexander Mitchell: 13-21. Chicago: American Marketing Association.

Canoy, Marcel. 1994. Natural Monopoly and Differential Pricing. *Zeitschrift für Nationalökonomie* 59 (3): 287-310.

Chamberlin, Edward Hastings. 1956. *The Theory of Monopolistic Competition (Erstausgabe 1933).* Cambridge: Harvard University Press.

CICCP, Committee for Information, Computer and Communications Policy. 1996. *Payment for Goods and Services on the Information Superhighway: Reproduction Rights and Remuneration in the Electronic Marketplace OCDE/GD(96)137.* Zuletzt im Internet aufgerufen unter http://www.oecd.org am 10. Juni 1998 (Organization for Economic Co-Operation and Development, Paris).

CICCP, Committee for Information, Computer and Communications Policy. 1997. Global Information Infrastructure - Global Information Society (GII-GIS). Policy Recommendations for Action. *OECD working papers* 5 (81).

Cisac. 1998. *Selbstdarstellung der International Confederation of Societies of Authors and Composers (CISAC), Paris.* Zuletzt im Internet aufgerufen unter http://www.cisac.org am 21. September 1998.

Clarke, Edward H. 1971. Multipart Pricing of Public Goods. *Public Choice* 11: 17-33.

Clarke, Edward H. 1977. Some Aspects of the Demand-Revealing Process. *Public Choice* 29 (2/Special Issue): 37-49.

Communications News. Erstellt für den TKRNEWS-Letter (Medien- und Telekommunikationsrecht im Internet) durch das Institut für Informations-, Telekommunikations- und Medienrecht (ITM), Abteilung für Öffentliches Recht. Archiv im Internet unter http://www.listserv.gmd.de/archives/tkrnews-l.html.

Cox, Brad. 1994. *Superdistribution?* Zuletzt im Internet aufgerufen unter http://www.hotwired.com am 27. August 1998.

Creed, Adam. 1999. *ISOC Speaks Out Against European Copyright Directive*. Zuletzt im Internet aufgerufen unter http://www.newsbytes.com/pubNews/127047.html am 4. März 1999.

Cyberatlas. 2000a. *The Narrow Approach to Broadband*, 2000. Zuletzt im Internet aufgerufen unter http://cyberatlas.internet.com/markets/broadband/article/0,,10099_500971,00.html am 24. November 2000.

Cyberatlas. 2000b. *Six Million Consumers Go Broadband in 2000*, 2000. Zuletzt im Internet aufgerufen unter http://cyberatlas.internet.com/markets/broadband/article/0,,10099_517701,00.html am 24. November 2000.

D'Aspremont, Claude, J. Jaskold Gabszewicz und Jacques-Francois Thisse. 1979. On Hotelling's 'Stability in Competition'. *Econometrica* 47: 1145-1150.

Davies, Gillian. 1994. *Copyright and the Public Interest*. Max Planck Institute for Foreign and International Patent, Copyright and Competition Law, München. Weinheim u.a.: VCH.

Demsetz, Harold. 1970. The Private Production of Public Goods. *Journal of Law and Economics* 13: 293-305.

Demsetz, Harold. 1973. Joint Supply and Price Discrimination. *Journal of Law and Economics* 16: 389-405.

DER SPIEGEL. 1998. Monster Microsoft? *DER SPIEGEL* 52 (12): 222-235.

Deutsche Post AG. 1998. *Geschäftsbericht 1997*. Bonn.

Deutsches Bibliotheksinstitut. 1999. *Bibliotheken in Deutschland*. Zuletzt im Internet aufgerufen unter http://www.dbi-berlin.de/bib_wes/zdf/st/st_all/st_all.htm am 20. Januar 1999.

Dieckmann, Dag-Sven und Holger Knöpke. 1996. Online Dienste – Ein Massenmedium der Zukunft? *Tendenz* 4.

Dixit, Avinash K. und Joseph E. Stiglitz. 1977. Monopolistic Competition and Optimum Product Diversity. *American Economic Review* 67 (June): 297-308.

Doelker, Christian. 1998. Multimedia ist Multikode. In *Multi Media Mania*. Herausgegeben von René Pfammatter: 37-44. Konstanz: UVK Medien.

Downs, Anthony. 1957. An Economic Theory of Political Action in a Democracy. *Journal of Political Economy* 65: 135-150. Deutsche Übersetzung von Regina Molitor: Eine ökonomische Theorie des politischen Handelns in der Demokratie. In Winfried Reiß (Hrsg.). 1992. *Mikroökonomische Theorie. Historisch fundierte Einführung*. 2. Auflage. München: Oldenbourg.

Dreier, Thomas. 1994. Perspektiven einer Entwicklung des Urheberrechts. In *Urheberrecht und digitale Technologie. Arbeitssitzung des Instituts für Urheber- und Medienrecht am 22. April 1994*. Herausgegeben von Jürgen Becker und Thomas Dreier. Baden-Baden: Nomos.

DSL Reports. 2000. *Napster users: Your payment is required!* Zuletzt im Internet aufgerufen unter http://www.dslreports.com/poll/vote?qid=NapsterPay&aid=7 am 26. November 2000.

Dussollier, Séverine. 1998. *Legal and Technical Aspects of Electronic Rights Management Systems (ERMS)*. Zuletzt im Internet aufgerufen unter http://www.jura.uni-muenster.de/eclip/institute/itm/workshop/16_Dussollier.doc am 23. Februar 1999.

Dyson, Esther. 1994. *Intellectual Property on the Net*. Zuletzt im Internet aufgerufen unter http://www.edventure.com am 10. September 1997.

Dyson, Esther. 1996. *Intellectual Property on the Net. Release 2.0*. Zuletzt im Internet aufgerufen unter http://www.edventure.com am 10. September 1997.

Dyson, Esther. 1997. *Release 2.0. Die Internet-Gesellschaft. Spielregeln für unsere digitale Zukunft*. Übersetzung von Henning Thies. München: Droemer Knaur.

Eaton, B. Curtis und Richard G. Lipsey. 1989. Product Differentiation. In *Handbook of Industrial Organization*. Herausgegeben von Richard Schmalensee und Robert D. Willig, 1: 732-768. Amsterdam u.a.: Elsevier Science.

Economides, Nicholas. 1984. The Principle of Minimum Differentiation Revisited. *European Economic Review* 24: 345-368.

Economides, Nicholas. 1986. Minimal and Maximal Product Differentiation in Hotelling's Duopoly. *Economics Letters* 21: 67-71.

Economides, Nicholas. 1989a. Quality Variations and Maximal Variety Differentiation. *Regional Science and Urban Economics* 19: 21-29.

Economides, Nicholas. 1989b. Symmetric Equilibrium Existence and Optimality in Differentiated Product Markets. *Journal of Economic Theory* 47 (1): 178-194.

Economides, Nicholas. 1993. Quality Variations in the Circular Model of Variety-Differenciated Products. *Regional Science and Urban Economics* 23: 235-257.

Economides, Nicholas. 1996. The Economics of Networks. *International Journal of Industrial Organization* 14: 673-699.

Economides, Nicholas und Steven S. Wildman. 1995. *Monopolistic Competition with Two-Part Tariffs*. Zuletzt im Internet aufgerufen unter http://raven.stern.nyu.edu/networks/95-10.pdf am 25. September 1998.

Eimeren, Birgit van, Ekkehardt Oehmichen und Christian Schröter. 1997. ARD-Online-Studie 1997. Onlinenutzung in Deutschland. *Media Perspektiven*: 548ff.

Eisenberg, Ulrich. 1993. Videopiraterie aus kriminologischer Sicht. In *Wesen und Bekämpfung der Videopiraterie. Schriftenreihe des Instituts für Rundfunkrecht an der Uni zu Köln.* Herausgegeben von Dietrich Oehler u.a.: 13-28. München: Beck.

Ellickson, Bryan. 1978. Public Goods and Joint Supply. *Journal of Public Economics* 9: 373-382.

eMarketer. 2000. *Q2 Online Ads: Another $2 Billion Spent.* Zuletzt im Internet aufgerufen unter http://www.emarketer.com/estats/dailyestats/advertising/20001005_iab.html am 24. November 2000.

Entman, Robert M. und Steven S. Wildman. 1992. Reconciling Economic and Non-Economic Perspectives on Media Policy Trancending the "Marketplace of Ideas". *Journal of Communication* 42 (1): 5-19.

Europäische Kommission. 1995. *Grünbuch Urheberrecht und verwandte Schutzrechte in der Informationsgesellschaft. KOM(95) 382 endg.* Luxemburg: Amt für amtliche Veröffentlichungen der Europäischen Gemeinschaften.

Europäische Kommission. 1996. *Mitteilungen der Kommission. Initiativen zum Grünbuch über Urheberrecht und verwandte Schutzrechte in der Informationsgesellschaft. KOM (96) 568 endg.* Zuletzt im Internet aufgerufen unter http://www.ispo.cec.be am 12. Februar 1999.

Europäische Kommission. 1997a. *Grünbuch zur Konvergenz der Branchen Telekommunikation, Medien und Informationstechnologie und ihren ordnungspolitischen Auswirkungen. KOM(97) 623.* Luxemburg: Europäische Kommission.

Europäische Kommission. 1997b. *Proposal for a European Paliament and Council Directive on the Legal Protection of Services based on, or consisting of, Conditional Access, prov. version, 9 July 1997.* Zuletzt im Internet aufgerufen unter http://www2.echo.lu/legal/en/converge/condaccess.html am 26. Februar 1999.

Europäische Kommission. 1997c. *Vorschlag für eine Richtlinie des Europäischen Parlaments und des Rates zur Harmonisierung bestimmter Aspekte des Urheberrechts und der verwandten Schutzrechte in der Informationsgesellschaft. Vorlage der Kommission vom 10. Dezember 1997, KOM(1997) 628 endg. 97/0359 (COD).* Zuletzt im Internet aufgerufen unter http://europa.eu.int am 16. September 1998: Europäische Kommission.

Europäische Kommission. 1998a. *Vorschlag für eine Richtlinie des Europäischen Parlaments und des Rates über bestimmte rechtliche Aspekte des elektronischen Geschäftsverkehrs im Binnenmarkt. 1999/C 30/04. KOM(1998) 586 endg. – 98/0325(COD). Von der Kommission vorgelegt am 23. Dezember 1998.* Zuletzt im Internet aufgerufen unter http://europa.eu.int/eur-lex/de/dat/1999/l_039/l_03919990212de05591234.pdf am 26. Februar 1999.

Europäische Kommission. 1998b. *Zusammenfassung der Ergebnisse der öffentlichen Konsultation zum Grünbuch zur Konvergenz der Branchen Telekommunikation, Medien und Informationstechnologien und Themen für weitere Überlegungen.* Zuletzt im Internet aufgerufen unter http://www.ispo.cec.be/convergencegp/ am 4. Februar 1999.

Europäisches Parlament. 1999. *Urheberrechte in der Informationsgesellschaft. Vorschlag für eine Richtlinie des Europäischen Parlaments und des Rates zur Harmonisierung bestimmter Aspekte des Urheberrechts und der verwandten Schutzrechte in der Informationsgesellschaft KOM(97)0628 - C4-0079/98 - 97/0359(COD) (Änderungen von der Sitzung am 10. Februar 1999 am Vorschlag der Europäischen Kommission).* Zuletzt im Internet aufgerufen unter http://www2.europarl.eu.int/ am 4. März 1999.

Faßnacht, Martin. 1996. *Preisdifferenzierung bei Dienstleistungen. Implementationsformen und Determinanten.* Neue Betriebswirtschaftliche Forschung. Wiesbaden: Gabler.

Feder, Dieter. 1993. Hochkonjuktur für Zulieferer in der TV-Unterhaltung. *Bertelsmann Briefe* 130: 40ff.

Festinger, Leon. 1957. *A Theory of Cognitive Dissonance.* New York: Peterson and Co. Zitiert in Gerhard Maletzke. 1988. Massenkommunikationstheorien. Tübingen: Niemeyer.

Fixmer, Rob. 1999. *Electronics Companies in Pact on Digital Watermarks.* Zuletzt im Internet aufgerufen unter http://www.nytimes.com/library/tech/99/02/biztech/articles/17phone.html am 27. Februar 1999.

Fleischhauer, Jan. 1998. Filmhandel: "Öl des 21. Jahrhunderts". *DER SPIEGEL* 52 (8): 96-106.

Foray, Dominique. 1994. Production and Distribution of Knowledge in the New Systems of Innovation. The Role of Intellectual Property Rights. *STI Review* 14: 119-152.

Frank, Björn. 1993. *Zur Ökonomie der Filmindustrie.* Hamburg: S + W Steuer und Wirtschaftsverlag.

Fritsch, Michael, Thomas Wein und Hans-Jürgen Ewers. 1993. *Marktversagen und Wirtschaftspolitik. Mikroökonomische Grundlagen staatlichen Handelns.* München: Vahlen.

Gates, Bill. 1995. *Der Weg nach vorn.* Übersetzung von Friedrich Griese und Heiner Kober. Hamburg: Hoffmann und Campe.

Gauron, André. 1996. Das digitale Zeitalter. In *Kursbuch Neue Medien. Trends in Wirtschaft und Politik, Wissenschaft und Kultur.* Herausgegeben von Stefan Bollmann: 24-40. Mannheim: Bollmann.

Gehring, Robert. 1996. *Freeware, Shareware und Public Domain. Geschichte, Begrifflichkeit, Urheberrecht und Haftung. Studienarbeit an der Technischen Universität Berlin, Fachbereich Informatik, Fachgebiet Informatik und Gesellschaft*. Zuletzt im Internet aufgerufen unter http://www.ig.cs.tu.berlin-de/SA/043/ am 2. Juli 1998.

GEMA, Gesellschaft für musikalische Aufführungs- und mechanische Vervielfältigungsrechte. 1998. *GEMA-Jahrbuch 1998/1999*. Baden-Baden: Nomos.

Geretschlaeger, Erich und Anton Leinschitz. 1993a. Postleistungen. In *Medienmanager Staat. Von den Versuchen des Staates, Medienvielfalt zu ermöglichen. Medienpolitik im internationalen Vergleich*. Herausgegeben von Peter A. Bruck. München: Reinhard Fischer.

Geretschlaeger, Erich und Anton Leinschitz. 1993b. Zeitungsvertrieb. In *Print unter Druck. Zeitungsverlage auf Innovationskurs. Verlagsmanagement im internationalen Vergleich*. Herausgegeben von Peter A. Bruck: 507-595. München: Reinhard Fischer.

Gervais, Daniel J. 1996. *Digital Technology and the "Copyright Industries"*. Zuletzt im Internet aufgerufen unter http://www.cisac.org/enart796.htm am 3. November 1997: International Confederation of Societies of Authors and Composers (CISAC), Paris.

Goldhaber, A. Nathaniel und Gary Fitts. 1998. *Attention Brokerage*. Ausgestellt durch United States Patents and Trademark Office (USA) am 29. Dezember 1998. Nummer: 5,855,008. Gefunden unter http://www.patents.uspto.gov am 8. Januar 1999 und http://www.patents.ibm.com/details?pn=US05855008__&s_clms=1#clms (Volltext).

Gossen, Hermann Heinrich. 1992 (1854). Entwicklung der Gesetze des menschlichen Verkehrs und der daraus fließenden Regeln für menschliches Handeln. (Original: Braunschweig, 1854, entnommen aus Nachdruck: Amsterdam 1967). In *Mikroökonomische Theorie. Historisch fundierte Einführung*. Herausgegeben von Winfried Reiß: 178-184. München: Oldenbourg.

Green, Brian und Marc Bide. 1997. *Unique Identifiers. A Brief Introduction*. Zuletzt im Internet aufgerufen unter http://www.bic.org.uk/bic/uniquid.html am 3. November 1997.

Green, Jerry, Elan Kohlberg und Jean-Jacques Laffont. 1976. A Partial Equilibrium Approach to the Free-Rider Problem. *Journal of Public Economics* 6: 375-394.

Green, Jerry und Jean-Jacques Laffont. 1977a. Characterization of Satisfactory Mechanisms for the Revelation of Preferences for Public Goods. *Econometrica* 45 (2): 427-438.

Green, Jerry und Jean-Jacques Laffont. 1977b. Imperfect Personal Information and the Demand Revealing Process. A Sampling Approach. *Public Choice* 29 (2/Special Issue): 79-94.

Griebel, Rolf und Ulrike Tscharntke. 1991. Das internationale Problem der gespaltenen Preise für wissenschaftliche Literatur. Bericht über ein Projekt der IFLA Section on Acquisition and Exchange. *Zeitschrift für Bibliothekswesen und Bibliographie* 38 (2): 129-142.

Grossekettler, Heinz. 1985. Options- und Grenzkostenpreise für Kollektivgüter unterschiedlicher Art und Ordnung. Ein Beitrag zu den Bereitstellungs- und Finanzierungsregeln für öffentliche Leistungen. *Finanzarchiv N.F.* 43: 211-252.

Grossekettler, Heinz. 1995. Öffentliche Finanzen. In *Vahlens Kompendium der Wirtschaftstheorie und Wirtschaftspolitik*. Herausgegeben von Dieter Bender und andere, 1: 483-628. München: Vahlen.

Groves, Theodore und John O. Ledyard. 1977. Optimal Allocation of Public Goods. A Solution to the Free Rider Problem. *Econometrica* 45: 783-809.

Groves, Theodore, John O. Ledyard, T. Nicolaus Tideman und andere. 1977. Some Limitations of Demand-Revealing Processes. *Public Choice* 29 (2/Special Issue): 102-124.

Gupta, Barnali. 1994. Competitive Spatial Price Discrimination with Strictly Convex Production Costs. *Regional Science and Urban Economics* 24 (2): 265f.

GVU, Gesellschaft zur Verfolgung von Urheberrechtsverstößen. 1998. *Wir über uns*. Zuletzt im Internet aufgerufen unter http://www.gvu.de am 13. September 1998.

Hagel, Joachim. 1993. *Effizienz und Gerechtigkeit*. Baden-Baden: Nomos.

Hall, Kent. 1981. The Economic Nature of Information. *The Informations Society* 2: 143-166.

Hartwig, Karl-Hans und Guido Schröder. 1998. Fernsehen über Gebühr? *Medien Dialog* (12): 11-13.

Haywood, Trevor. 1995. *Info-Rich – Info-Poor. Access and Exchange in the Global Information Society*. London u.a.: Bowker-Saur.

Head, John G. 1977. Misleading Analogies in Public Goods Analysis. *Finanzarchiv* 36: 1-18.

Hefermehl, Wolfgang. 1996. *Wettbewerbsrecht*. Beck'sche Kurz-Kommentare. München: Beck'sche Verlagsbuchhandlung.

Heffler, Michael. 1998. Der Werbemarkt 1997. *Media Perspektiven* (6): 270-277.

Heinrich, Jürgen. 1992. Publizistische Vielfalt aus wirtschaftswissenschaftlicher Sicht. In *Publizistische Vielfalt zwischen Markt und Politik. Mehr Medien – mehr Inhalte?* Herausgegeben von Günter Rager und Bernd Weber: 232-250. Düsseldorf u.a.: Econ.

Heinrich, Jürgen. 1994. *Medienökonomie. Band 1: Mediensystem, Zeitung, Zeitschrift, Anzeigenblatt*. Herausgegeben von Jürgen Heinrich. Opladen: Westdeutscher Verlag.

Hettinger, Edwin C. 1989. Justifying Intellectual Property. *Philosophy and Public Affairs* 18 (1): 31-52.

Hilterhaus, Friedhelm und Rupert Scholz (Hrsg.). 1996. *Medienentwicklung. Von der Selektion der Anbieter zur Selektion der Bürger – Individualisierung der Nachfrage als Gefährdung der kulturellen Integration? Symposium der Hanns-Martin-Schleyer-Stiftung, 7. - 8. Dezember 1995 in Berlin*. Köln: Bachem.

Hirshleifer, Jack. 1973. Where Are We in the Theory of Information? *American Economic Review. Papers & Proceedings* 63 (3): 31-39.

Hoeren, Thomas, Matthias Büning und Jan Kaestner. 1998. *Researchpaper Copyright. Deliverable 2.1.2. ESPRIT Project 27028. Electronic Commerce Legal Issues Platform*. Zuletzt im Internet aufgerufen unter http://www.jura.uni-muenster.de/eclip/documents/deliverable_2_1_2_copyright.rtf am 23. Februar 1999.

Hofman, Herbert und Christoph Saul. 1997. Qualitative und quantitative Auswirkungen der Informationsgesellschaft auf die Beschäftigung. Eine Literaturauswertung. In *Die Ware Information - auf dem Weg zu einer Informationsökonomie. Jahrbuch Telekommunikation und Gesellschaft*. Herausgegeben von Herbert Kubicek. Heidelberg: Decker (zuerst veröffentlicht in: *IFO-Schnelldienst* 10/1996: 12-24).

Hoover, Edgar M. 1937. Spatial Price Discrimination. *Review of Economic Studies* 4: 182-191.

Hoskins, Colin und Rolf Mirus. 1988. Reasons for the US Dominance in the International Trade in Television Programs. *Media, Culture, and Society* 10: 499-515.

Hotelling, Harold. 1929. Stability in Competition. *Economic Journal* 39 (March): 41-57.

HRRC, Home Recording Rights Coalition. 1997. *News from WIPO*. Zuletzt im Internet aufgerufen unter http://www.hrrc.org/newswipo.html am 3. November 1997.

Huber, Peter. 1993. *Two Cheers for Price Discrimination*. Zuletzt im Internet aufgerufen unter http://www.virtualschool.edu//cox/HuberForbes.html am 26. August 1998 (auch erschienen in *Forbes Magazine,* 27. September 1993: 142).

Hüetlin, Thomas und Cordt Schnibben. 1995. "Zwei Jahre Heu einfahren". Wie die Geldmaschine Fernsehen läuft. *DER SPIEGEL* 49 (35): 108-131.

Hummel, Marlies. 1989. *Die volkswirtschaftliche Bedeutung des Urheberrechts. Gutachten im Auftrag des Bundesministers der Justiz*. Herausgegeben von ifo Institut für Wirtschaftsforschung München. Schriftenreihe des ifo Institut für Wirtschaftsforschung. Berlin: Duncker & Humblot.

IFPI, International Federation of the Phonographic Industry. 1999. *Music Statistics*. Zuletzt im Internet aufgerufen unter http://www.ifpi.org/music_stats/index.html am 4. Februar 1999.

IIPA. 2000. *IIPA 2000 Special 301 Report February 18, 2000*. Zuletzt im Internet aufgerufen unter http://www.iipa.com/html/full_reports.html am 25. November 2000.

IIPA, International Intellectual Property Alliance. 1997. *Estimates of 1995 U.S. Losses Due to Foreign Piracy and Levels of Piracy*. Zuletzt im Internet aufgerufen unter http://www.iipa.com/html/piracy_losses.html am 17. Januar 1999.

Jansen, Maria. 1997. Wer soll für digitale Kopien künftig bezahlen? *Frankfurter Rundschau*, 9. Dezember 1997.

Johnson, William R. 1985. The Economics of Copying. *Journal of Political Economy* 93 (1): 158-174.

Jouhy, Ernest. 1985. New Media in the Third World. In *Video Media Competition. Regulation, Economics, and Technology*. Herausgegeben von Eli M. Noam: 416-439. New York: Colombia University Press.

Kahin, Brian. 1997. Das Internet in wirtschaftlicher Perspektive aus US-amerikanischer Sicht. Übersetzung von Anne Bausch. In *Die Ware Information - auf dem Weg zu einer Informationsökonomie. Jahrbuch Telekommunikation und Gesellschaft*. Herausgegeben von Herbert Kubicek: 170-183. Heidelberg: Decker.

Kantzenbach, Erhard. 1984. Zur wirtschaftlichen Beurteilung der Werbung. *Wirtschaft und Wettbewerb* (4): 297-301.

Katz, Michael L. und Carl Shapiro. 1986. Technology Adoption in the Presence of Network Externalities. *Journal of Political Economy* 94: 822-841.

Kelly, Kevin. 1997. *New Rules for the New Economy. Twelve dependable principles for thriving in a turbulent world*. Zuletzt im Internet aufgerufen unter http://www.wired.com am 26. Juni 1998 (auch erschienen in *wired* 5 (9)).

Koboldt, C. 1995. *Ökonomik der Versuchung. Drogenverbot und Sozialvertragstheorie*. Tübingen. Zitiert in Tietzel, Manfred und Christian Müller. 1998. Noch mehr zu Meritorik. *Zeitschrift für Wirtschafts- und Sozialwissenschaften* 118: 87-127.

Köhler, Helmut und Henning Pieper. 1995. *Gesetz gegen den unlauteren Wettbewerb. Mit Zugabeverordnung, Rabattgesetz und Preisangabenverordnung*. München: Beck.

Koller, Peter. 1994. Soziale Güter und soziale Gerechtigkeit. In *Theorien der Gerechtigkeit. 15. Tagung der Deutschen Sektion der Internationalen*

Vereinigunng für Rechts- und Sozialphilosophie, Hamburg, 30. September - 2. Oktober 1992. Archiv für Rechts- und Sozialphilosophie. Beiheft. Herausgegeben von Hans-Joachim Koch, M. Köhler und K. Seelmann: 79-104. Stuttgart: Steiner.

Kruse, Jörn. 1989. Märkte für Fernseh-Rechte. In *Medienökonomie*. Herausgegeben von Michael Schenk und Joachim Donnerstag: 255-263. München: Reinhard Fischer.

Kubicek, Herbert. 1996. Allgemeiner Zugang und informationelle Grundversorgung in der Informationsgesellschaft. In *Deutschlands Weg in die Informationsgesellschaft. Herausforderungen und Perspektiven für Wirtschaft, Wissenschaft, Recht und Politik.* Herausgegeben von Jörg Tauss, Johannes Kollbeck und Jan Mönikes: 156-182. Baden-Baden: Nomos.

Kubicek, Herbert und Heiderose Wagner. 1995. Community Networking und Universal Service in den U.S.A. In *Realität und Utopien der Informatik*. Herausgegeben von Hans-Jörg u.a. Kreowski. Münster: agenda.

Kuhlen, Rainer. 1995. *Informationsmarkt. Chancen und Risiken der Kommerzialisierung von Wissen.* Schriften zur Informationswissenschaft. Konstanz: Universitätsverlag.

Kurisaki, Yoshiko und Harumi Yanagimachi. 1992. The Impact of Information on the Economic Development of Sub-Regional Centres. In *The Economics of Information Networks*. Herausgegeben von Christiano Antonelli: 71-89. Amsterdam: North-Holland.

LAB, Legal Advisory Board. 1995. *Reply to the Green Paper on Copyright and Related Rights in the Information Society*. Zuletzt im Internet aufgerufen unter http://www2.echo.lu/legal/en/ipr/reply/reply.html am 3. November 1997.

Lancaster, Kelvin. 1975. Socially Optimal Product Differentiation. *American Economic Review* 65 (September): 567-585.

Lancaster, Kelvin. 1981. *Moderne Mikroökonomie*. Frankfurt am Main: Campus.

Landesmedienanstalten der Bundesrepublik Deutschland. 1998. Gemeinsame Richtlinien der Landesmedienanstalten für die Werbung, zur Durchführung der Trennung von Werbung und Programm und für das Sponsoring im Hörfunk vom 26.01.1993 in der Fasssung vom 16.12.1997. *Medienspiegel Dokumentation* 22 (29 (13. Juli 1998)): 13-21.

Langa, Fred. 1999. *High-Speed Surfing – Tired of the World Wide Wait and Overhyped Technologies that Don't Deliver? Here's Everything You Need to Know to Hit the Web at Warp Speed.* Zuletzt im Internet aufgerufen unter http://www.techweb.com/se/directlink.cgi?WIN19990201S0053 am 19. Februar 1999. (*Windows Magazine*, 1. Februar 1999).

Lanham, Richard A. 1994. *The Economics of Attention.* Zuletzt im Internet aufgerufen unter http://sunsite.berkeley.edu/ARL/Proceedings/124/ps2econ.html am 20. Dezember 1998.

Lederer, Phillip J. und Arthur P. Hurter. 1986. Competition of Firms: Discriminatory Pricing and Location. *Econometrica* 54: 623-653.

Lee, Dwight R. 1977. Discrimination and Efficiency in the Pricing of Public Goods. *Journal of Law and Economics* 20 (October): 402-420.

Lehman, Bruce A. 1995. *Intellectual Property and the National Information Infrastucture. The Report of the Working Group on Intellectual Property Rights of the Information Infrastructure Task Force. September 1995.* Zuletzt im Internet aufgerufen unter http://www.uspto.gov am 16. September 1997.

Lemons, Robert. 1998. *Would You Curl up with an Electronic Book?* Zuletzt im Internet aufgerufen unter http://www.zdnet.com/zdnn/stories/news/0,4586,2154569,00.html am 20. Februar 1999.

Lerner, Abba P. und H.W. Singer. 1937. Some Notes on Duopoly and Spatial Competition. *Journal of Political Economy* 45: 145-186.

Lesser, Lori und Sousan Arafeh. 1996. *Notes from Intellectual Property Online.* Zuletzt im Internet aufgerufen unter http://www.harvnet.harvard.edu/online/notes/ip_online.html am 10. September 1997.

Levin, Harvey J. 1971. Program Duplication, Diversity, and Effective Viewer Choices. Some Empirical Findings. *American Economic Review. Papers & Proceedings* 61 (2): 81-88.

Levin, Harvey J. 1980. *Fact and Fancy in Television Regulation. An Economic Study of Policy Analysis.* New York: Russell Sage Foundation.

Liedes, Jukka und Henry Olsson. 1998. Pre-Report of Working Group 4: Intellectual Property Issues. In *Challenges and Opportunities of the Digital Age. 6 - 8 April 1998 Birmingham, UK.* Herausgegeben von European Audiovisual Conference: 90-121. Birmingham.

Lindahl, Erik. 1958. Some controversial questions in the theory of taxation. Übersetzung von Elizabeth Henderson. In *Classics in the theory of public finance.* Herausgegeben von Richard A. Musgrave und Alan T. Peacock: 214-232. London, New York: Macmillan.

Lindahl, Erik. 1958 (1919). Just Taxation – A Positive Solution (Erstveröffentlichung 1919). Übersetzung von Elizabeth Henderson. In *Classics in the Theory of Public Finance.* Herausgegeben von Richard A. Musgrave und Alan T. Peacock: 168-176. London, New York: Macmillan.

Loeb, Martin. 1977. Alternative Versions of the Demand-Revealing Process. *Public Choice* 29 (2/Special Issue): 15-26.

Lorenz-Meyer, Lorenz. 1997. Urheberrecht in den digitalen Medien - die Resultate der WIPO-Konferenz in Genf. *SPIEGEL ONLINE (http://www.spiegel.de)* 51 (1).

Lübcke, Mark. 1998. *Netzzugang. Schluß mit den Wartezeiten? SPIEGEL ONLINE-Gespräch, geführt von Lorenz Lorenz-Meyer.* Zuletzt im Internet aufgerufen unter http://www.spiegel.de/netzweltarc/jump.phtml?channel=netzweltarc&rub=02&cont=themen/connectivity3.html am 19. Februar 1998.

Ludwig, Johannes. 1996. Kosten, Preise und Gewinne. Zur Betriebswirtschaft von Medienunternehmen. Das Beispiel DER SPIEGEL. In *Ökonomie der Medien und des Mediensystems. Grundlagen, Ergebnisse und Perspektiven medienökonomischer Forschung.* Herausgegeben von Klaus-Dieter Altmeppen: 81-99. Opladen: Westdeutscher Verlag.

Ludwig, Johannes. 1998. *Zur Ökonomie der Medien: Zwischen Marktversagen und Querfinanzierung.* Studien zur Kommunikationswissenschaft. Opladen: Westdeutscher Verlag.

Macavinta, Courtney. 1998. *House Clears Copyright Bill.* Zuletzt im Internet aufgerufen unter http://www.news.com/News/Item/Textonly/0,25,27440,00.html?pfv am 4. Februar 1999.

Machlup, Fritz. 1962. *The Production and Distribution of Knowledge in the United States.* Princeton: University Press.

MacLeod, W. B., George Norman und Jacques-Francois Thisse. 1988. Price Discrimination and Equilibrium in Monopolistic Competition. *International Journal of Industrial Organization* 6 (4): 429-446.

Magex. 2000. *Why Magex?* Zuletzt im Internet aufgerufen unter http://www.magex.com/whymagex/thesolution/ am 25. November 2000.

Maier-Rabler, Ursula und Erich Sutterlütti. 1996. Kommunikationsstatistik im Lichte der neuen Informationstechnologien. In *Ökonomie der Medien und des Mediensystems. Grundlagen, Ergebnisse und Perspektiven medienökonomischer Forschung.* Herausgegeben von Klaus-Dieter Altmeppen: 121-146. Opladen: Westdeutscher Verlag.

Makowsky, Louis und Joseph M. Ostroy. 1987. Vickrey-Clarke-Groves Mechanisms and Perfect Competition. *Journal of Economic Theory* 42 (2): 244-261.

Maletzke, Gerhard. 1988. *Massenkommunikationstheorien.* Tübingen: Niemeyer.

Mattessich, Richard. 1993. On the Nature of Information and Knowledge and the Interpretation in the Economic Sciences. *library trends* 41 (4): 567-593.

McCombs, Maxwell E. 1972. Mass Media in the Marketplace. *Journalism Monographs* 24: 1-104.

McQuail, Denis. 1983. *Mass Communication Theory. An Introduction.* London. (Zitiert in Schulz, Winfried. 1994. Kommunikationsprozeß. In *Fischer Lexikon Publizistik/Massenkommunikation.* Herausgegeben von Elisabeth Noelle-Neumann, Winfried Schulz und Jürgen Wilke: 140-171. Frankfurt am Main: Fischer).

Mecklinger, Roland. 1997. Wertschöpfungsketten für die Informationsgesellschaft. In *Die Ware Information - auf dem Weg zu einer Informationsökonomie. Jahrbuch Telekommunikation und Gesellschaft.* Herausgegeben von Herbert Kubicek: 30-41. Heidelberg: Decker.

Media Perspektiven. 1995. Hörfunk- und Fernsehgebühren in Westeuropa 1995. *Media Perspektiven* (9): 458.

Media Perspektiven. 1998. *Basisdaten. Daten zur Mediensituation in Deutschland.* Frankfurt am Main.

Medienspiegel. 1998a. Daten und Fakten zum Zeitungsmarkt 1997/98. *Medienspiegel Dokumentation* 22 (52/53).

Medienspiegel. 1998b. Frankfurter Thesen zur Werbung im Rundfunk. *Medienspiegel Dokumentation* 22 (39).

Medienspiegel. 1998c. Videomarkt: Trend zur "Mediathek". *Medienspiegel* 22 (16 (13. April 1998)): 6.

Medienspiegel. 1998d. Werbemarkt 2010 – Wie der Euro die Werbeindustrie verändert (Excerpte aus einer Studie der Prognos AG, Basel, im Auftrag der MediaGruppeMünchen). *Medienspiegel Dokumentation* 22 (34).

Medosch, Armin. 1997. *Weihnachtsgeschenk für die Unterhaltungsindustrie. Bericht über die WIPO-Konferenz Genf, 2.-20. Dezember 1996.* Zuletzt im Internet aufgerufen unter http://www.heise.de/bin/tp-issue/tp.html?artikelnr=1103&mode=html am 29. Dezember 1997.

Merten, Klaus. 1984. Vom Nutzen des "Uses and Gratifications Approach". Anmerkungen zu Palmgreen. *Rundfunk und Fernsehen* 32 (1): 66-72.

Microsoft Corporation. 1998a. *Microsoft Corporation Fights New Form of Software Piracy.* Zuletzt im Internet aufgerufen unter http://www.microsoft.com/presspass/press/1998/aug98/leportpr.htm am 13. September 1998.

Microsoft Corporation. 1998b. *Reducing Piracy is Key to Growth in European Software Industry.* Zuletzt im Internet aufgerufen unter http://www.microsoft.com am 13. September 1998.

Miller, David. 1993. Public Goods Without the State. *Critical Review* 7 (4): 505-523.

Minasian, Jora R. 1964. Television Pricing and the Theory of Public Goods. *Journal of Law and Economics* 7: 71-80.

Morris, Merrill und Christine Ogan. 1996. The Internet as Mass Medium. *Journal of Communication* 46 (1): 39-50.

Möschel, Wernhard. 1998a. Der öffentlich-rechtliche Rundfunk wird mit einem leisen Wimmern abtreten (Gastkommentar). *Handelsblatt*, 21. Dezember 1998: 2.

Möschel, Wernhard. 1998b. Elektronische Managementsysteme als Abhilfe. *Das Parlament*, 25. September 1998: 18.

Möschel, Wernhard und Ludwig Stiegler. 1996. *Neue Medien und Urheberrecht. Positionspapier zur Öffentlichen Anhörung der Bundestag-Enquête-Kommission "Zukunft der Medien in Wirtschaft und Gesellschaft - Deutschlands Weg in die Informationsgesellschaft"*. Zuletzt im Internet aufgerufen unter http://www.bundestag.de/gremien/14344y.htm am 3. November 1997.

Müller, Monica. 1998. *Markt- und Politikversagen im Fernsehsektor*. Frankfurt am Main u.a.: Lang.

Negroponte, Nicholas. 1995. *Total digital. Die Welt zwischen 0 und 1 oder die Zukunft der Kommunikation*. Übersetzung von Franca Fritz und Heinrich Koop. München: C. Bertelsmann.

Neue Westfälische. 1998. Digital-TV startet in den USA. *Neue Westfälische*, 6. Juni 1998.

Nickl, Markus. 1998. Web Sites – Die Entstehung neuer Textstrukturen. In *Kursbuch Internet*. Herausgegeben von Stefan Bollmann und Christiane Heibach: 388-400. Reinbek bei Hamburg: Rowohlt.

Noam, Eli M. 1987. A Public and Private Choice Model of Broadcasting. *Public Choice* 55: 163-187.

Noam, Eli M. 1995. *Towards the Third Revolution of Television. Presented at the Symposium on Productive Regulation in the TV Market: Beyond All National Borders? Political, Economic, and Regulatory Perspectives of Media Development in the USA. Gütersloh: Bertelsmann Foundation. December 1, 1995*. Zuletzt im Internet aufgerufen unter http://www.vii.org/papers/citinom3.htm am 2. Januar 1999. Deutsche Übersetzung erschienen als Noam, Eli M. 1996. *Cyber TV. Thesen zur dritten Fernsehrevolution*. Gütersloh: Bertelsmann Stiftung.

Noam, Eli M. 1996. *Cyber TV. Thesen zur dritten Fernsehrevolution*. Gütersloh: Bertelsmann Stiftung.

Noam, Eli M. und Joel C. Millonzi (Hrsg.). 1993. *The International Market in Film and Television Programs*. Herausgegeben von Brenda Dervin. The Communication and Information Science Series. Norwood, N. J.: Ablex Publishing.

Noll, R. G., M. J. Peck und J. J. McGowan. 1973. *Economic Aspects of Television Regulation*. Washington D.C.: Brookings Institution. Zitiert in Owen, Bruce M. und Steven S. Wildman. 1992. *Video Economics*. Cambridge, MA: Harvard University Press.

Novos, Ian E. und Michael Waldman. 1984. The Effects of Increased Copyright Protection. An Analytical Approach. *Journal of Political Economy* 92: 236-246.

Nozick, Robert. 1974. *Anachy, State, and Utopia*. New York: Basic Books.

o.V. 1997. *Electronic Commerce. Joint Statement released in conjunction with the U.S.-EU Summit Washington, DC, December 5, 1997*. Zuletzt im Internet aufgerufen unter http://www.state.gov am 10. Juni 1998.

Oakland, William H. 1974. Public Goods, Perfect Competition, and Underproduction. *Journal of Political Economy* 82 (Sept./Oct.): 927-939.

OECD, Organization for Economic Co-Operation and Development, Paris. 1997. *Communications Outlook 1997*. Paris: OECD.

Owen, Bruce M. 1969. The Perfectly Competitive Production of Collective Goods. A Comment. *The Review of Economics and Statistics* 51 (4): 475-476.

Owen, Bruce M. 1975. *Economics of Freedom of Expression*. Cambridge: Ballinger.

Owen, Bruce M., Jack Beebe und Willard Manning. 1974. *Television Economics*. Lexington, MA: Lexington Books.

Owen, Bruce M. und Steven S. Wildman. 1992. *Video Economics*. Cambridge, MA: Harvard University Press.

Palmgreen, Philip. 1984. Der "Uses and Gratifications Approach" – Theoretische Perspektiven und praktische Relevanz. *Rundfunk und Fernsehen* 32 (1): 51-62.

Panethiere, Darrel. 1998. *On-Line Copyright Infringement Liability and the Significance of Recent US Legislation*. Zuletzt im Internet aufgerufen unter http://www.jura.uni-muenster.de/eclip/institute/itm/workshop/03_Panethiere.doc am 23. Februar 1999.

Pethig, Rüdiger. 1988. Copyright and Copying Cost. A New Price-Theoretic Approach. *Zeitschrift für die gesamte Staatswissenschaft* 144: 462-495.

Pethig, Rüdiger. 1997. Information als Wirtschaftsgut in wirtschaftswissenschaftlicher Sicht. In *Information als Wirtschaftsgut. Management und Rechtsgestaltung*. Herausgegeben von Herbert Fiedler und Hanns Ullrich: 1-31. Köln.

Pfammatter, René. 1998a. Hypertext – das Multimediakonzept. Strukturen, Funktionsweisen, Qualitätskriterien. In *Multi Media Mania*. Herausgegeben von René Pfammatter: 45-75. Konstanz: UVK Medien.

Pfammatter, René (Hrsg.). 1998b. *Multi Media Mania. Reflexionen zu Aspekten neuer Medien*. Konstanz: UVK-Medien.

Picard, Robert G. 1989. *Media Economics. Concepts and Issues*. Newbury Park, CA u.a.: Sage.

Pigou, Arthur Cecil. 1960. *The Economics of Welfare*. London: Macmillan.

Priest, W. Curtiss. 1994. *The Character of Information. Characteristics and Properties of Information Related to Issues Concerning Intellectual Property. Report to the Congress of the United States, Office of Technology Assessment. Washington, DC.* Zuletzt im Internet aufgerufen unter http://www.eff.org/pub/Groups/CITS/Reports/cits_nii_framework_ota.report am 31. Oktober 1998.

QuickLinks. *Links to News Items about Legal and Regulatory Aspects of Internet and the Information Society, and Market and Technology.* Herausgegeben von Richard Swetenham (richard.swetenham@cec.be). Mit Beiträgen von Gerhard Heine und Erich Moechel. Archiv: http://www.qlinks.net/.

Ramsey, Frank P. 1927. A Contribution to the Theory of Taxation. *Economic Journal* 37 (March): 47-61.

Rawls, John. 1971. *A Theory of Justice*. Cambridge: Harvard University Press.

Rechtskommission des Deutschen Bibliotheksinstituts (Hrsg.). 1992. *Rechtsvorschriften für die Bibliotheksarbeit*. Berlin: Deutsches Bibliotheksinstitut.

Recke, Martin. 1998. *Medienpolitik im digitalen Zeitalter. Zur Regulierung der Medien und der Telekommunikation in Deutschland.* Schriftenreihe der MABB, Medienanstalt Berlin-Brandenburg. Berlin: Vistas.

Reiter, Udo. 1996. Unentbehrlichkeit eines öffentlich-rechtichen Rundfunks: Neue Strukturen – neue Maßstäbe? In *Medienentwicklung. Von der Selektion der Anbieter zur Selektion der Bürger – Individualisierung der Nachfrage als Gefährdung der kulturellen Integration? Symposium der Hanns-Martin-Schleyer-Stiftung, 7. - 8. Dezember 1995 in Berlin*. Herausgegeben von Friedhelm Hilterhaus und Rupert Scholz: 95-101. Köln: Bachem.

Richter, Rudolf und Eirik Furubotn. 1996. *Neue Institutionenökonomik. Eine Einführung und kritische Würdigung*. Übersetzung von Monika Streissler. Tübingen: Mohr.

Ricker, Reinhard. 1998. Öffentlich-rechtliche und Private haben sich weitgehend angenähert. *Das Parlament*, 25. September 1998: 2.

Ricker, Reinhart. 1997. Chancengleichheit und Multimedia. In *Die Ware Information - auf dem Weg zu einer Informationsökonomie. Jahrbuch Telekommunikation und Gesellschaft. Heidelberg*. Herausgegeben von Herbert Kubicek: 240-245. Heidelberg: Decker.

Riehm, Ulrich und Bernd Wingert. 1995. *Multimedia. Mythen, Chancen und Herausforderungen*. Mannheim: Bollmann.

Roberts, Donald John. 1974. The Lindahl Solution for Economies with Public Goods. *Journal of Public Economics* 3: 23-42.

Robinson, Joan. 1933. *The Economics of Imperfect Competition*. London: MacMillan.

Rodgers, James D. 1969. The Perfectly Competitive Production of Collective Goods. A Comment. *The Review of Economics and Statistics* 51 (4): 476-478.

Ronte, Dieter und Holger Bonus. 1993. *Werbung*. Volkswirtschaftliche Diskussionsbeiträge (176). Münster.

Rosse, James N. 1987. Competition of the Mass-Media in the USA. In *Wettbewerb im Medienbereich*. Herausgegeben von Burkhardt Röper. Berlin: Duncker & Humblot.

Rothenberg, J. 1962. Consumer Sovereignty and the Economics of TV Programming. *Studies in Public Communication* 4: 45-54.

Rothman, David R. 1998. *The ABC's of TeleRead*. Zuletzt im Internet aufgerufen unter http://www.teleread.org/#tech am 7. März 1999.

Rötzer, Florian. 1996. Interaktion – das Ende herkömmlicher Massenmedien. In *Kursbuch Neue Medien. Trends in Wirtschaft und Politik, Wissenschaft und Kultur*. Herausgegeben von Stefan Bollmann: 57-78. Mannheim: Bollmann.

Ruanaidh, J.J.K. Ó, F.M. Boland und O. Sinnen. 1997. *Watermarking Digital Images for Copyright Protection*. Zuletzt im Internet aufgerufen unter http://cuiwww.unige.ch/~oruanaid/eva_pap.html am 3. November 1997.

Salop, Stephen C. 1979. Monopolistic Competition with Outside Goods. *Bell Journal of Economics* 10: 141-156.

Samuelson, Paul A. 1954. The Pure Theory of Public Expenditure. *Review of Economics and Statistics* 36 (November): 387-389.

Schauz, Michael. 1997. *Video-on-demand. Bedrohung für das Verleihgeschäft der Videotheken. Zugl. Münster (Westfalen), Univ., Diss., 1997*. Reihe Medien-Skripten. München: Reinhard Fischer.

Schenk, Michael und Matthias Hensel. 1986. *Medienwirtschaft. Eine kommentierte Auswahlbibliographie*. Baden-Baden: Nomos.

Schenk, Michael und Matthias Hensel. 1987. Medienökonomie - Forschungsgegenstand und Aufgabe. *Rundfunk und Fernsehen* 35 (4/1987): 535-547.

Scheuch, Fritz und Hartmut Holzmüller. 1989. *Die Wirtschaftliche Bedeutung des Urheberrechts in Österreich. Die Wertschöpfung der Copyright-Industries*. Wien: Orac.

Schmalen, Helmut. 1995. *Preispolitik*. UTB für Wissenschaft. Grundwissen der Ökonomik: BWL. Jena, Stuttgart: Gustav Fischer.

Schmidtz, David. 1991. *The Limits of Government. An Essay on the Public Goods Argument*. Boulder, Colorado: Westview. (Zitiert in Miller, David. 1993. Public Goods Without the State. *Critical Review* 7 (4): 505-523).

Schmitz, Alfred. 1990. *Rundfunkfinanzierung: Bestandsaufnahme der Rundfunkfinanzierung in der Bundesrepublik Deutschland und ökonomische Analyse der Interdependenzen von Finanzierungsformen und medienpolitischen Zielen.* Köln: Müller Botermann.

Schneidewind, Thomas. 1997. Schöne Summe: Gebühren. *IW-Medienspiegel* 21 (8): 3.

Scholz, Rupert. 1996. "Grundversorgung" trotz Angebotsvielfalt? Neue ordnungspolitische Legitimation für die Erhebung von Zwangsgebühren? In *Medienentwicklung. Von der Selektion der Anbieter zur Selektion der Bürger – Individualisierung der Nachfrage als Gefährdung der kulturellen Integration? Symposium der Hanns-Martin-Schleyer-Stiftung, 7. - 8. Dezember 1995 in Berlin.* Herausgegeben von Friedhelm Hilterhaus und Rupert Scholz: 77-85. Köln: Bachem.

Schönbach, Klaus. 1984. Ein integratives Modell? Anmerkungen zu Palmgreen. *Rundfunk und Fernsehen* 32 (1): 63-65.

Schricker, Gerhard (Hrsg.). 1997. *Urheberrecht auf dem Weg zur Informationsgesellschaft.* Von Thomas Dreier, Paul Katzenberger, Silke v. Lewinski und Gerhard Schricker. Baden-Baden: Nomos.

Schröder, Guido. 1997. *Die Ökonomie des Fernsehens – eine mikroökonomische Analyse. Mit einem Vorwort von Hans-Jürgen Ewers.* Herausgegeben von Klaus Backhaus, Heinz-Lothar Grob, Bernd Holznagel, Wolfram-Manfred Lippe und Gerhard W. Wittkämper. Telekommunikation und Multimedia. Münster: LIT.

Schulz, Winfried. 1994. Kommunikationsprozeß. In *Fischer Lexikon Publizistik/Massenkommunikation.* Herausgegeben von Elisabeth Noelle-Neumann, Winfried Schulz und Jürgen Wilke: 140-171. Frankfurt am Main: Fischer.

Schumann, Jochen. 1984. *Grundzüge der mikroökonomischen Theorie.* Berlin u.a.: Springer.

Schumpeter, Joseph A. 1908. *Das Wesen und der Hauptinhalt der theoretischen Nationalökonomie.* Leipzig. (Zitiert in Heinrich, Jürgen. 1994. *Medienökonomie. Band 1: Mediensystem, Zeitung, Zeitschrift, Anzeigenblatt.* Herausgegeben von Jürgen Heinrich. Opladen: Westdeutscher Verlag).

Sennewald, Nicola. 1998. *Massenmedien und Internet. Zur Marktentwicklung in der Pressebranche. Zugl.: München, Univ., Diss., 1998.* Wiesbaden: Deutscher Universitätsverlag.

Shaked, Avner und John Sutton. 1982. Relaxing Price Competition through Product Differentiation. *Review of Economic Studies* 49: 3-14.

Shapiro, Carl und Hal R. Varian. 1999. *Information Rules. A Strategic Guide for the Network Economy.* Boston, MA: Harvard Business School Press.

Shapiro, Gary J. 1997. *Statement Before the House Committee on the Judiciary, Subcommittee on Courts and Intellectual Porperty, Hearing on WIPO Treaty Implementation Legislation am 17. September 1997.* Zuletzt im Internet aufgerufen unter http://www.hrrc.org/index.html am 3. November 1997 (Home Recording Rights Coalition).

Siegele, Ludwig. 1998. Denken und Verschenken. *Die Zeit*, 10. September 1998: 74.

Simon, Herbert A. 1978. Rationality as Process and as Product of Thought. *American Economic Review. Papers & Proceedings* 68: 1-16.

Sinn, Hans-Werner. 1986. Sufficient Conditions for a Vanishing Clarke Tax. Miscellany. *Journal of Economics* 46 (1): 65-72.

Siwek, Stephen E. und Gale Mosteller. 1998. *Copyright Industries in the U.S. Economy. The 1998 Report.* Washington, DC: International Intellectual Property Alliance.

Sohmen, Egon. 1971. *Marktwirtschaft, Presse und Werbung*. Herausgegeben von Walter Eucken Institut. Vorträge und Aufsätze. Tübingen: Mohr.

Spence, A. Michael. 1976. Product Selection, Fixed Costs and Monopolistic Competition. *Review of Economic Studies* 43: 217-235.

Spence, A. Michael und Bruce M. Owen. 1977. Television Programming, Monopolistic Competition and Welfare. *Quarterly Journal of Economics* 91: 103-126. (Erstveröffentlichung als Anhang zu Kapitel 3 von Bruce M. Owen. 1975. *Economics of Freedom of Expression: Media Structure and the First Amendment.* Cambridge, Mass.: Ballinger Publishing.).

Statistisches Bundesamt. 1996. *Presse (Fachserie 11, Reihe 5).* Stuttgart: Metzler-Poeschel.

Statistisches Bundesamt. 1998. *Statistisches Jahrbuch für die Bundesrepublik Deutschland.* Stuttgart: Metzler-Poeschel.

Steiner, Peter O. 1952. Program Patterns and Preferences, and the Workability of Competition in Radio Broadcasting. *Quarterly Journal of Economics* 66: 194-223.

Steinmueller, W. Edward. 1992. The Economics of Production and Distribution of User-Specific Information via Digital Networks. In *The Economics of Information Networks.* Herausgegeben von Christiano Antonelli: 173-194. Amsterdam: North-Holland.

Stigler, George J. 1955. The Nature and Role of Originality in Scientific Progress. *Economica* 22 (November): 293-302.

Stoller, Michael A. 1992. Economic Issues in Copying Easily Reproducible Goods. *Journal of Consumer Policy* 14 (4): 393-411.

Stolte, Dieter. 1998. Fernsehen ist ein Kulturgut eigener Art. *Frankfurter Allgemeine Zeitung*, 25. November 1998: 18.

Tabscott, Don. 1996. *Die digitale Revolution. Verheißungen einer vernetzten Welt - die Folgen für Wirtschaft, Management und Gesellschaft.* Übersetzung von Regina Berger. Wiesbaden: Gabler.

Tacke, Georg. 1989. *Nichtlineare Preisbildung. Höhere Gewinne durch Differenzierung*. Herausgegeben von Horst Albach, Herbert Hax, Paul Riebel und Klaus von Wysocki. Beiträge zur Betriebswirtschaftlichen Forschung. Wiesbaden: Gabler.

Taylor, Michael. 1987. *The Possibility of Co-operation*. Cambridge, Mass.: Cambridge University Press. (Zitiert in Miller, David. 1993. Public Goods Without the State. *Critical Review* 7 (4): 505-523).

Telser, Lester G. 1965. Abusive Trade Practices. An Economic Analysis. *Law and Contemporary Problems* 30: 488-505.

Thaler, R.H. und H.M. Shefrin. 1981. An Economic Theory of Self-Control. *Journal of Political Economy* 89: 392-406. (Zitiert in Tietzel, Manfred und Christian Müller. 1998. Noch mehr zu Meritorik. *Zeitschrift für Wirtschafts- und Sozialwissenschaften* 118: 87-127).

The Standard. 1999. *Digital Cash Is Back*. Zuletzt im Internet aufgerufen unter http://www.thestandard.com/article/display/0,1151,6192,00.html am 26. November 2000.

The Standard. 2000. *Digital Dollars: The Next Generation*. Zuletzt im Internet aufgerufen unter http://www.thestandard.com/article/display/0,1151,12301,00.html am 26. November 2000.

Thompson, Earl A. 1968. The Perfectly Competitive Production of Collective Goods. *The Review of Economics and Statistics* 50: 1-12.

Thompson, Earl A. 1969. The Perfectly Competitive Production of Public Goods. Reply. *Review of Economics and Statistics* 51: 479-482.

Thoms, Frank. 1999. *Telefonat mit Dr. Frank Thoms, Justiziar bei der Verwertungsgesellschaft Wort (München)*. 20. Januar 1999.

Thurow, Norbert. 1994. Die digitale Verwertung von Musik aus der Sicht von Schallplattenproduzenten und ausübenden Künstlern. In *Urheberrecht und digitale Technologie. Arbeitssitzung des Instituts für Urheber- und Medienrecht am 22. April 1994*. Herausgegeben von Jürgen Becker und Thomas Dreier. Baden-Baden: Nomos.

Tideman, T. Nicolaus. 1977. Introduction. *Public Choice* 29 (2/Special Issue): 1-13.

Tideman, T. Nicolaus. 1983. An Experiment in the Demand-Revealing Process. *Public Choice* 41: 387-401.

Tideman, T. Nicolaus. 1996. *The Ethics of Coercion in Public Finance*. Unveröffentlichtes Manuskript, Virginia Polytechnic Institute and State University Blacksburg, VA. Department of Economics. Autor erreichbar per e-mail unter ntideman@vt.edu.

Tideman, T. Nicolaus. 1997. Voting and the Revelation of Preferences for Public Activities. In *Perspectives on Public Choice: A Handbook*. Herausgegeben von Dennis C. Mueller: 226-247. Cambridge: Cambridge University Press.

Tideman, T. Nicolaus und Gordon Tullock. 1976. A New and Superior Process for Making Social Choices. *Journal of Political Economy* 84 (6): 1145-1159.

Tideman, T. Nicolaus und Gordon Tullock. 1977. Some Limitations of Demand-Revealing Processes. Comment. *Public Choice* 29 (2/Special Issue): 125-128.

Tietzel, Manfred und Christian Müller. 1998. Noch mehr zu Meritorik. *Zeitschrift für Wirtschafts- und Sozialwissenschaften* 118: 87-127.

Tirole, Jean. 1995. *Industrieökonomik*. Übersetzung von Bruno Schönfelder und Peter Seidelmann Roland Ladwig. München u.a.: Oldenbourg.

Tuck, Bill. 1997. *Copyright Management in an Electronic Environment*. Zuletzt im Internet aufgerufen unter http://www.nla.gov.au/aima/tuckcop.html am 3. November 1997.

Tullock, Gordon. 1990. Demand Revealing – Two Minor Notes. *Public Choice* 64: 179-184.

TV Spielfilm. 1998. Grisham scheffelt. *TV Spielfilm* (7): 276.

Varian, Hal R. 1993. *Intermediate Microeconomics. A Modern Approach*. New York, London: W.W. Norton & Company.

Varian, Hal R. 1995. *The Information Economy. How much will two bits be worth in the digital marketplace?* Zuletzt im Internet aufgerufen unter http://www.sims.berkeley.edu/~hal/people/hal/papers.html am 21. Oktober 1998. Auch erschienen in Scientific American, September, 1995, Seiten 200-201; und in Educom Review, Januar/Februar 1996, Seiten 44-46.

Varian, Hal R. 1996. *Differential Pricing and Efficiency*. In *First Monday*. Zuletzt im Internet aufgerufen unter http://www.firstmonday.dk am 9. Juni 1998.

Varian, Hal R. 1997. *Versioning Information Goods*. Zuletzt im Internet aufgerufen unter http://ksgwww.harvard.edu/iip/econ/varian.html am 27. August 1998.

Varian, Hal R. 1998. *Markets for Information Goods (überarbeitete Fassung vom 16. Oktober 1998)*. Zuletzt im Internet aufgerufen unter http://www.sims.berkeley.edu/~hal/people/hal/papers.html am 21. Oktober 1998.

Varis, Tapio. 1984. The International Flow of Television Programs. *Journal of Communication* 34 (1): 143-52.

VG Bild-Kunst. 1998. *Geschäftsbericht der Verwertungsgesellschaft Bild-Kunst 1997*. Bonn.

VG Wort. 1998. *Geschäftsbericht der Verwertungsgesellschaft Wort 1997*. München.

Waterman, David. 1985. Prerecorded Home Video and the Distribution of Theatrical Feature Films. In *Video Media Competition: Regulation, Economics and Technology*. Herausgegeben von Eli M. Noam: 221-243. New York: Colombia University Press.

Waterman, David. 1990. Diversity and Quality of Information Products in a Monopolistically Competitive Industry. *Information Economics and Policy* 1989/90 (4): 291-303.

Webb, G. Kent. 1983. *The Economics of Cable Television*. Lexington, Mass.: Lexington Books.

Weiß, Heinz-Dieter. 1972. *Preisdifferenzierung und funktionsfähiger Wettbewerb. Eine Untersuchung zur Frage der wettbewerbspolitischen Begründung von Diskriminierungsverboten*. Hamburg: Verlag Weltarchiv.

Wenzel, Frank. 1990. Fernsehgebühren – Äquivalenz- oder Alimentationsprinzip? *Zeitschrift für Urheber- und Medienrecht* 11: 497-501.

Wicksell, Knut. 1958 (1896). A New Principle in Just Taxation. Übersetzung von James M. Buchanan. In *Classics in the Theory of Public Finance*. Herausgegeben von Richard A. Musgrave und Alan T. Peacock: 72-118. London: Macmillan. (Exzerpte aus *Finanztheoretische Untersuchungen.* 1896).

Wilde, Graham. 1992. Der Markt für Fernsehprogramme in Westeuropa 1990-2000. *Media Perspektiven* (2): 108-116.

Wildman, Steven S. und Bruce M. Owen. 1985. Program Competition, Diversity, and Multichannel Bundling in the New Video Industry. In *Video Media Competition: Regulation, Economics and Technology*. Herausgegeben von Eli M. Noam: 244-273. New York: Colombia University Press.

Wildman, Steven S. und Stephen E. Siwek. 1988. *International Trade in Films and Television Programs*. Herausgegeben von American Enterprise Institute. Trade in Services Series. Cambridge Mass: Ballinger.

Wildman, Steven S. und Stephen E. Siwek. 1993. The Economics of Trade in Recorded Media Products in a Multilingual World. Implications for National Media Policies. In *The International Market in Film and Television Programs*. Herausgegeben von Eli M. Noam und Joel C. Millonzi. Norwood, N. J.: Ablex Publishing.

Wiles, Peter. 1963. Pilkington and the Theory of Value. *Economic Journal* 73 (June): 183-200.

WIPO, Chairman of the Committees of Experts (World Intellectual Property Organization). 1996. *Basic Proposal for the Substantive Provisions of the Treaty on Intellectual Property in Respect of Databases to be Considered by the Diplomatic Conference (30. August 1996)*. Zuletzt im Internet aufgerufen unter http://www.spiegel.de/archiv/index.html am 3. November 1997.

Wirtz, Bernd W. 1994. *Neue Medien, Unternehmensstrategien und Wettbewerb im Medienmarkt. Eine wettbewerbstheoretische und -politische Analyse*. Frankfurt am Main u.a.: Lang.

Wittkämper, Gerhard W. 1998. Steuert die Politik oder wird sie gesteuert? Politisches Handeln im Multimediazeitalter. In *Politik im Wandel – Themen der Zeit. Ausgewählte Vorträge 1989 bis 1997*. Herausgegeben von Gerhard W. Wittkämper: 260-280. Münster: agenda (Referat auf der Klausurtagung: Ethische Herausforderungen der Informationsgesellschaft unter Beteiligung der Enquête-Kommission des Deutschen Bundestags: Zukunft der Medien in Wirtschaft und Gesellschaft – Deutschlands Weg in die Informationsgesellschaft, Münster 5. und 6. Dezember 1997).

Wittlage, Helmut. 1965. *Probleme der Preisdifferenzierung*. Dissertation, Westfälische Wilhelms-Universität Münster. Rechts- und Staatswissenschaftliche Fakultät.

Wittmann, Reinhard. 1991. *Geschichte des deutschen Buchhandels. Ein Überblick*. München: Beck.

Wössner, Mark. 1997. Pay-TV ist ein Abenteuer. Spiegel-Gespräch mit dem Bertelsmann Vorstandschef Mark Wössner über seinen Nachfolger Thomas Middelhoff, den neuen Partner Leo Kirch und die Zukunft des deutschen Fernsehens. *DER SPIEGEL* 51 (28): 76-79.

Wyckloff, Andrew. 1997. *Imagining the Impact of Electronic Commerce*. Zuletzt im Internet aufgerufen unter http://www.oecd.org am 14. April 1998. (Original erschienen in *The OECD OSERVER*. (208 October/November): 5-8.

ZAW. 1998. *Werbung in Deutschland*. Herausgegeben von Zentralverband der deutschen Werbewirtschaft. Jahrbuch. Bonn: edition ZAW.

Zerdick, Axel, Arnold Picot, Klaus Schrape, Alexander Artopé, Klaus Goldhammer, Ulrich Lange, Eckart Vierkant, Esteban López-Escobar und Roger Silverstone. 1999. *Die Internet-Ökonomie. Strategien für die globale Wirtschaft. European Communication Council Report*. Herausgegeben von European Communication Council. Berlin, Heidelberg: Springer.

Zhou, Lin. 1991. Impossibility of Strategy-Proof Mechanisms in Economies with Pure Public Goods. *The Review of Economic Studies* 58 (193): 107-119.

Zimmer, Jochen. 1996. Profile und Potentiale der online-Nutzung. *Media Perspektiven* (9): 487-492.

Zimmer, Jochen. 1998. Fernsehempfang: In Zukunft Satellit vor Kabel? *Media Perspektiven* (7): 352-365.